건강심리학

건강심리학

김미리혜 · 박예나 · 최설 · 김유리 지음

Σ 시그마프레스

건강심리학

발행일 | 2018년 9월 1일 1쇄 발행
2023년 1월 5일 2쇄 발행

지은이 | 김미리혜 · 박예나 · 최설 · 김유리
발행인 | 강학경
발행처 | (주)시그마프레스
디자인 | 이상화
편 집 | 류미숙

등록번호 | 제10－2642호
주소 | 서울시 영등포구 양평로 22길 21 선유도코오롱디지털타워 A401～403호
전자우편 | sigma@spress.co.kr
홈페이지 | http://www.sigmapress.co.kr
전화 | (02)323-4845, (02)2062-5184～8
팩스 | (02)323-4197

ISBN | 979-11-6226-105-7

* 책값은 책 뒤표지에 있습니다.

이 도서의 국립중앙도서관 출판예정도서목록(CIP)은 서지정보유통지원시스템 홈페이지(http://seoji.nl.go.kr)와 국가자료공동목록시스템(http://www.nl.go.kr/kolisnet)에서 이용하실 수 있습니다.(CIP제어번호 : CIP2018021457)

이 책은 2017년도 덕성여자대학교 교내 연구비 지원을 받았음.

머리말

과거에 비해 평균수명이 크게 늘어난 오늘날, 단순한 장수를 넘어 건강하게 오래 사는 것이 누구나 바라는 소망이 되었다. 대중매체에서는 건강을 다루는 프로그램이 연일 방송되고, 유기농 제품과 전원생활 등 건강한 삶의 방식을 추구하는 것이 현대인의 커다란 관심사가 되었다.

건강은 단순히 질병이 없다는 것을 벗어나 이제는 신체적 · 심리적 · 사회적 안녕(well-being) 상태를 뜻하는 말로 변화했다. 건강심리학은 건강 증진, 질병의 예방 및 치료, 건강 위험요인 파악, 건강에 대한 여론 형성 등 건강한 삶을 추구하는 데 심리학적 지식과 방법을 적용하는 학문이다. 건강심리학자는 건강에 해로운 행동을 변화시켜 질병을 예방하고, 건강한 상태를 유지하며, 의료적 지침을 잘 준수하도록 하고, 질병에 따른 통증 및 스트레스를 줄이도록 돕는 일을 한다. 또한 이러한 주제로 연구를 수행한다.

1978년 미국심리학회에서 건강심리학회가 태동한 이후, 1994년 국내에서도 한국심리학회의 8번째 분과로 건강심리학회가 설립되었다. 건강심리학은 문제가 발생한 후의 해결책뿐 아니라 예방할 수 있는 길을 찾고, 건강할 때 이를 유지하는 방법에 초점을 맞춘 접근의 유용성을 인정받았다. 그 결과 건강과 관련된 정책과 교육에 건강심리학자가 참여하는 것은 물론 정부기관, 학교, 건강증진센터, 사설상담센터, 병원 등 다양한 현장에서 건강심리학 지식과 기술이 쓰이고 있다.

건강심리학은 시내적 요구로 인해 세계적으로 급성장하고 있는 분야이고, 우리나라에서도 마찬가지지만 아직 국내에서 제작된 교재는 부재한 실정이었다. 수업 시간에 대부분 외국 서적이나 그 번역서를 주로 사용하고 있어서, 국내의 보건의료 현황과 연구 자료를 살펴보기는 힘들었다. 그러한 외국 서적이나 번역서는 외국의 문화적 배경, 사회 환경만을 다루므로 한국의 문화와 섭식, 생활양식의 독특성이 반영된 연구를 살펴보고 우리에게 적절한 자료로 삼기는 어려운 부분도 있었다.

따라서 이러한 아쉬움에 국내 실정을 반영한 교재를 만들고 싶었다. 날로 성장하고 있고, 앞으로의 가능성이 무궁무진한 건강심리학 분야를 알리고 싶은 마음은 물론이다. 이 교재가 건강심리학은 무엇인지, 건강심리학자는 어떤 일들을 하는지 정보를 찾는 사람들에게 도움이 되었으면 한다. 또한 이 책을 통해 자신이 건강한 생활습관을 찾고 유지할 수 있는 유용한 정보를 얻기를 바란다. 모쪼록 읽기 쉽고 이해가 쉬운 유용한 교재가 되길 바랄 뿐이다.

이 책에서는 먼저 건강심리학과 건강행동에 대해 짚은 다음 건강의 기본이 되는 섭식과 운동, 스트레스와 대처에 대해 살펴본다. 그 뒤 통증 및 각종 질환, 물질남용에 대한 여러분의 이해를 도모할 것이다.

이 책의 제1 · 2장은 김미리혜, 제3 · 6 · 8장은 김유리, 제4 · 5장은 박예나, 제7 · 9 · 10장은 최설이 담당하였다. 이 책의 기획에서부터 집필과 교정에 이르기까지 저자들은 더 좋은 책을 만들기 위해 수차례 서로 내용 검토를 하고, 의견 조율을 하며 많은 노력을 기울였다. 필자들이 각고의 노력을 들여 집필했지만 여러 부분에서 부족한 점이나 보완할 점이 많으리라고 생각된다. 건강심리학의 내용이 워낙 방대하여 선별하고 축약하는 과정에서 제외하거나 놓친 부분이 있는데, 이에 대한 그리고 담은 내용의 정보와 전달력에 대한 독자들의 충고와 조언은 언제든 감사한 마음으로 받아들일 것이다. 여러분의 조언으로 이 책이 건강심리학에 관심이 있는 학생, 임상가, 많은 심리학자들에게 더욱 유용한 자료가 되길 바란다.

이 책은 지금 이 순간에도 여러 현장에서 고군분투하고 있는 수많은 건강심리학자들의 연구가 없었으면 나오지 못했을 것이다. 이에 귀한 연구를 담을 수 있도록 땀 흘리며 애써주신 건강심리학자와 건강심리학도들께 감사드린다. 특히 추천사를 써주신 덕성여자대학교 심리학과 김정호 교수님, 그리고 임상건강심리전공 선배들과 동료들에게 감사의 마음을 전한다. 항상 물심양면으로 지원해주시는 저자들의 가족, 그리고 이 책의 집필을 격려하고 지원해주신 (주)시그마프레스의 강학경 대표님과 편집과 교정에 수고해주신 이상화, 류미숙 님께 진심으로 감사드린다.

2018년 7월

저자 일동

HEALTH PSYCHOLOGY

차례

H E A L T H P S Y C H O L O G Y **01**

건강심리학이란

01_ 건강심리학이란 무엇인지 알아본다.

02_ 건강심리학이 발달하게 된 이유와 그 과정을 알아본다.

03_ 건강의 이론모형을 간단히 개관하고 그중 생물심리사회 모형을 중점적으로 살펴본다.

04_ 건강심리학자가 하는 일이 무엇인지 알아봄으로써 건강심리학 연구와 현장 서비스의 중요성을 되새긴다.

건강심리학은 심리학의 원리와 연구결과를 적용하여 질병의 통합적 이해, 치료 및 예방 그리고 건강증진을 추구하는 분야로서, 상대적으로 짧은 역사를 가졌음에도 불구하고 세계적으로 급성장하고 있다. 제1장에서는 건강심리학이 무엇인지, 어떻게 형성되었는지, 건강심리학자가 무슨 일을 하는지, 또 건강심리학자가 되려면 어떻게 해야 하는지 알아볼 것이다. 질병과 건강에 대한 이론을 배우면서 바이러스 같은 병원체에 노출되면 병에 걸리며, 병원체를 물리치고 질병을 극복한 상태가 건강이라는 생의학적 이론모형과 그 대안모형으로서 질병과 건강에 대한 생물적 · 심리적 · 사회적 영향을 아우르는 생물심리사회 모형을 이해하게 될 것이다.

❝ 당신의 건강을 지키기 위한 유일한 방법은 먹고 싶지 않은 것을 먹고, 좋아하지 않는 것을 마시고, 또 하고 싶지 않은 것을 하는 것이다. ❞

– 마크 트웨인

건강심리학자의 도움을 받으면 먹고 싶지 않던 것이 먹을 만해지고
하고 싶지 않던 것이 할 만한 것이 되니 너무 걱정하지 않아도 된다.

건강심리학과 건강

건강심리학의 정의

여러분은 "심리학과 건강이, 혹은 심리학과 의학(임상심리학과 관련이 있는 정신건강의학과를 제외하고)이 무슨 상관인가?"라고 생각할지 모르겠다. 그러나 잘 생각해보면, 여러분의 심리(감정상태, 생각 등)가 신체상태에 영향을 주는 것이 당연하다고 고개를 끄덕일 것이다. 좋은 일이 있을 때 신이 나서 종이에 손가락을 베인 것도 몰랐던 적이 있을 것이다. 부상을 입고도 투혼을 불태우며 펄펄 날던 운동선수가 경기 후 쓰러지는 모습을 봤을 것이다. 수술 전 불안이 심했던 환자들은 수술에 대한 교육, 긴장이완요법 등으로 수술불안을 낮췄던 환자들에 비해 수술 후 부작용이나 합병증을 많이 보인다.

또한 신체상태가 심리상태에 영향을 줄 수 있다는 점도 여러분은 이미 알고 있다. 2~3일간 변비로 고생하고 있을 때 짜증이 쉽게 나거나 병으로 입원해 있는 동안 우울해하고 비관적이 된 경험이 있을 것이다. "춥고 배고프니까 비참한 기분이 드네."라고 말한 적도 있을 테고 "혈당이 떨어져서 그런가? 공부에 집중이 안 되는

© shutterstock.com

[그림 1.1]
부상투혼 부상을 입은 선수가 투혼을 발휘하다가 경기 후 들것에 실려 나가는 모습을 보는 것은 자주 있는 일이다.

군. 초콜릿이라도 먹어 줘야겠네."라고 생각한 적도 있을 것이다.

이렇듯 몸과 마음은 서로 영향을 줄 수 있다. 그리고 심리학의 원리와 지식으로 몸에 영향을 줄 수 있고 몸이 마음에 미치는 영향을 조절할 수 있다. 가령 인지행동치료, 마음챙김 명상 등을 통해 불안을 해소하고 긴장을 풀면 과민성대장염이 경감될 수 있고 암 진단 후 감정반응을 조절하여 잘 대처할 수 있다.

건강심리학(health psychology)은 심리학의 한 분야로서 심리학을 신체건강에 적용하는 분야다. 건강심리학자들은 심리학 지식과 서비스를 의학장면에 제공하며 [글상자 1.2]에 나열한 질문에 답하고자 노력한다. 1978년 미국심리학회의 건강심리분과학회를 설립하는 데 기여했고 초대 건강심리분과학회장을 지낸 마타라조는 자신이 의대에서 가르치던 경험, 임상 및 연구 경험을 토대로 건강심리학을 정의했는데(글상자 1.1 참조)[1] 여러분의 이해를 돕기 위해서 전체 정의를 나누어 제시하면 다음과 같다.

1. 건강심리학은 심리학이 건강에 기여하는 모든 것의 집합체다.
2. 이 집합체는 교육, 과학적 요소, 전문적인 요소들을 모두 포함한다.
3. 심리학이 기여하는 건강의 측면은 다음과 같다. 우선 건강 증진과 유지에 기여한다. 둘째, 질병의 예방과 치료에 기여한다. 셋째, 건강 · 질병 및 관련장애의 원인과 진단 관련요인의 파악에 기여한다(Matarazzo, 1980).

이듬해 "보건 시스템과 건강정책 수립을 분석하고 개선한다."[2]라는 구절을 네 번째로 추가함으로써 정의를 확장하였고 총회의 승인을 얻었다(Robison, 1981).

---

1 영어 원문은 다음과 같다. Health psychology is the aggregate of the specific educational, scientific, and professional contributions of the discipline of psychology to the promotion and maintenance of health, the prevention and treatment of illness, and the identification of etiologic and diagnostic correlates of health, illness and related dysfunction(Matarazzo, 1980, p. 815).

2 추가된 구절의 영어 원문은 다음과 같다. "…… and to the analysis and improvement of the health care system and health policy formation,"

글상자 1.1

건강의 정의

여러분은 '건강'이 무엇이라고 생각하는가? 혹시 병이 없는 것이 '건강'한 것이라고 생각한다면 그것은 너무나도 협소한 생각이다. 나쁜 일이 생기지 않았다고 해서 행복한 것은 아닌 것처럼! 세계보건기구(WHO, 1948)에서는 이미 오래전부터 건강이 '단순히 병이 없는' 상태를 뜻하지는 않는다고 못 박았다. 건강은 '신체적 · 정신적 · 사회적 웰빙이 온전한 상태'라고 정의함으로써 건강의 긍정적이고 능동적인 면을 강조했다.

글상자 1.2

건강심리학자가 답하려는 질문

- 마음과 몸의 관계는?
- 건강증진과 질병예방/치료를 위해 심리학자는 어떤 일을 할 수 있을까?
- 건강을 유지 · 증진하기 위해 무엇을 하면 좋을까? 어떻게 개인을 도울 수 있을까? 어떻게 정책이나 교육 분야 등에서 개인 수준을 넘는 도움을 줄 수 있을까?
- 무엇이 병을 일으키나?
- 질병을 어떻게 치료하면 효과적인가?

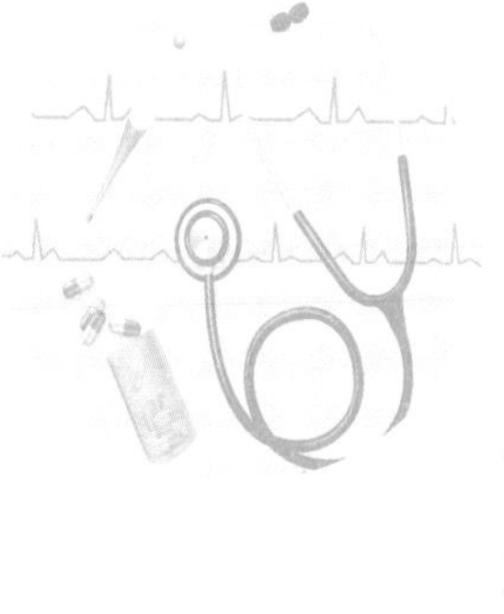

건강기대수명과 생활습관

여러분 중 조부모님이 사망한 경우가 있다면, 몇 살 때 돌아가셨는지 기억할 수 있는가? 우리나라 어르신들의 평균수명은 1910년생의 경우 대략 50세, 1930년생은 대략 70~80세이다. 평균수명은 사망연도에서 출생연도를 뺀 값의 평균치로 계산할 수 있다. 아직 젊은 여러분은 몇 살까지 살 수 있으리라 생각하는가? 이것은 예측해

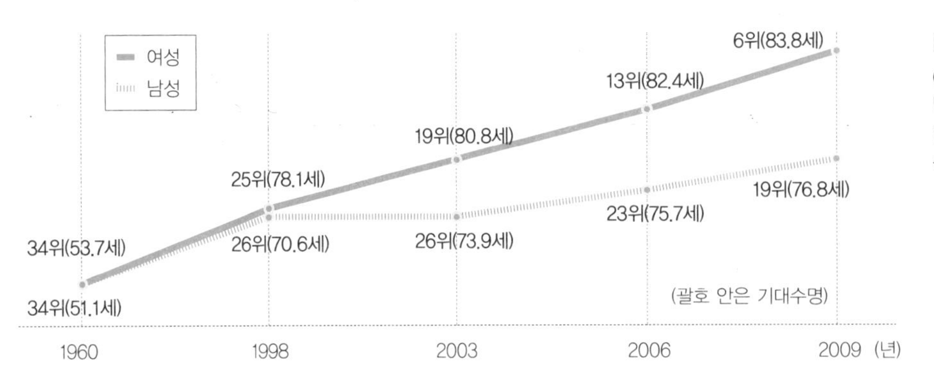

[그림 1.2]
OECD 국가 중 한국 남녀의 기대수명 순위 변화
출처 : OECD

야 하는 부분이다. 따라서 **기대수명**(life expectancy)이라는 용어를 쓴다. 지금 살아 있는 사람의 '평균수명'은 예측을 할 수밖에 없기 때문이다. 기대수명은 신생아가 생존할 것으로 예상되는 평균생존연수이다. 따라서 [그림 1.2]에서 보듯 탄생연도마다 기대수명이 달라질 수 있다.

기대수명은 수집된 인구 관련 기초자료를 보정해서 산출하며 매년 12월 통계청에서 업데이트한다.

그림에서 보듯 여러분이 1998년생이라면 여성의 경우 평균 약 78년, 남성의 경우 약 70년이 '기대되는' 혹은 '예측된' 수명이다. 남성의 기대수명이 상대적으로 짧은 데 대해서는 일반적으로 음주와 흡연 등 건강하지 않은 생활습관, 더 높은 사고율(교통사고 등)을 이유로 들 수 있다(Williams, 2003). 그림에서 보듯 여러분보다 늦게 태어난, 어린 사람들은 평균기대수명이 여러분보다 길다. 참고로 우리나라는 경제협력개발기구(OECD) 회원국 중 기대수명이 현재도 높은 편이고 점점 순위가 올라가는 추세이다. 연도별 기대수명을 보여주는 통계청의 생명표(통계청, 2016)를 찾아보면 여러분의 연령에 따른 기대수명을 알 수 있다.

[그림 1.3]을 보면 기대수명과 함께 건강수명에 대한 자료도 제시되어 있다. 건강수명은 질병이나 사고로 고통받는 기간을 제외한 주관적으로 느끼기에도 건강한 삶을 유지하는 기대수명을 뜻한다. (참고로 통계청 생명표에는 이러한 의미가 담긴 '건강수명'이 아니라 질병이 있는, '유병기간'이 제외된 기대수명만 수치로 제시되었다. 따라서 사실은 이 생명표의 '건강수명'보다 수치가 더 작아야 한다. 정식으로

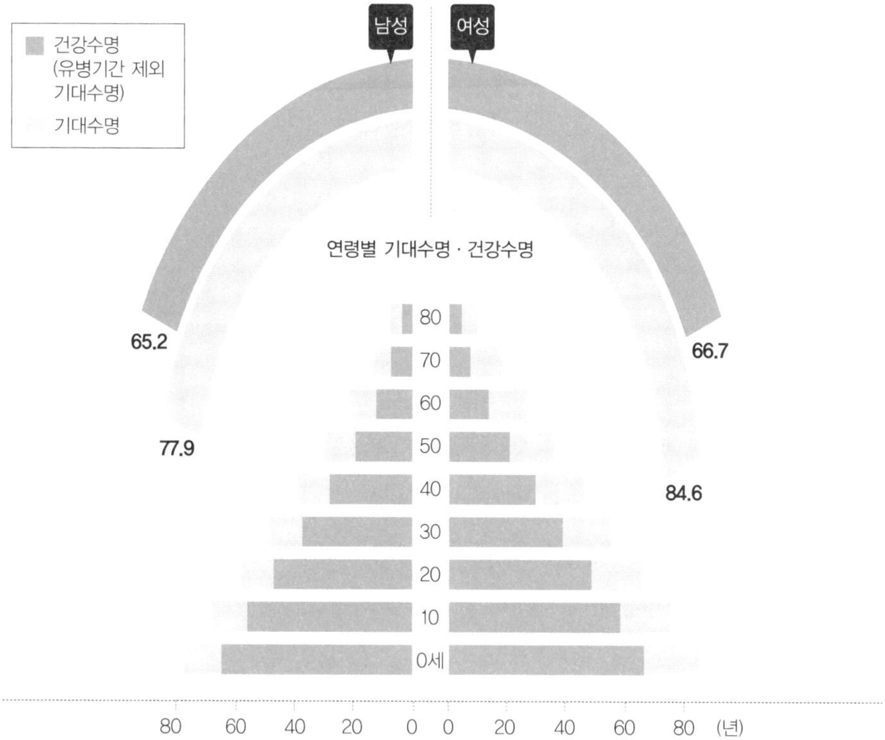

[그림 1.3]
기대수명과 건강수명
출처 : OECD

진단 받은 질병이 없어도 건강하지 않다고 느끼는 기간까지도 기대수명에서 빼야만 진정한 의미의 건강수명이기 때문이다.) 기대수명보다 훨씬 짧은 건강수명을 보면, 나중에 평균 10년 정도 아프다가 죽게 된다는 것을 알 수 있다. 누구나 아픈 곳 없이 건강하게 활동하다가 죽기를 원할 것이다. 건강수명을 연장해주기 위해 건강심리학자들이 노력해야 할 것이 바로 이 지점이다.

최근 OECD 35개 회원국의 기대수명을 분석한 연구(Kontis, Bennett, Mathers, Li, Foreman, & Ezzati, 2017)에서 대다수 조사대상국의 기대수명이 늘어난 가운데 우리나라의 기대수명 증가세가 특히 주목을 받았다. 2010년 기대수명은 우리나라 여성이 약 84세로 6위, 남성은 약 77세로 19위였는데, 2030년 출생 예정자들은 여성의 경우 90세가 넘으며 남성은 84세로, 남녀 모두 1위로 등극한다. 오래전부터 아동의 전염병 사망률이 줄었고 최근에는 다른 나라보다 만성질환으로 인한 사망이 유예된 데서 비롯된 듯하다. 연구자들은 우리나라의 경제와 교육 등 사회적 서비스의 개선으로 아동기 및 청년기 영양이 좋아졌고 병원, 보건소 같은 의료시설을 대중이 수월하게 그리고 평등하게 이용할 수 있으며 의료기술이 발달된 점을 이유로 들었다. 또한 다른 나라들보다 비만 정도와 혈압이 낮으며 여성의 경우 흡연율이 낮다는 점을 덧붙였다.

다음 절에서 이러한 행동, 생활습관이 질병 및 사망과 어떻게 관련되어 있는지 자세하게 설명하고자 한다.

행동과 질병

건강을 유지하고 질병을 예방하기 위해 영양가 있는 음식을 잘 먹고 많이 움직여야 한다는 것은 당연한 말이다. 인간의 행동과 행동변화 방법을 연구하는 심리학이 건강을 유지하고 질병을 예방하는 데 기여할 수 있는 이유다. 음식섭취, 운동 등 건강한 생활습관은 모두 행동이기 때문이다. 이에 대해 자세히 살펴보겠다.

생물학적 요인, 행동, 그리고 다양한 요인

우리의 심리적 활동(생각하는 것, 감정을 느끼는 것 등)은 기본적으로 생물학적 사건이다. 심리학과 학생들이 생물심리학(혹은 생리심리학)을 배우는 이유다. 우리 몸의 해부학적 구조나 생물학적 기능이 특정 조합을 이루면 특정 심리적 활동이 된다.

그런데 또 그런 조합을 이루게 되기까지 이전의 심리적 활동이나 맥락의 영향을 받을 것이다. 가령 '우울하다, 술 마시고 싶다'는 상태를 들여다보면, 1년 사귄 애인에게 차였고 그 결과 비참한 기분이 들었고 친구가 옆에서 달래며 술을 사주겠다고 해서 그런 느낌이 들었을 수도 있다. 그래서 술집에 가서 술을 마시다가 옆 테이블에 앉은 사람들과 시비가 붙었다고 치자. 아마도 분노가 치밀면서 테스토스테론 호르몬 수준이 증가했을 것이다. 이 사람이 여성이었다면 애당초 남성호르몬인 테스토스테론 호르몬 수준이 낮았을 것이라는 점을 한번 생각해보라. 여성이라고 해도 분노가 치밀어 테스토스테론 수준이 높아지고 술을 옆 테이블에 끼얹어서 분노를 표출할 수도 있다. 여하튼 이 경우는 주먹다짐을 벌여 큰 상처를 입고 병원에 입원했다고 치자. 여기서 지적할 것은 호르몬 수준의 변화와 같은 생물학적 사건이나 공격행동이 '무'에서 일어나지 않는다는 사실이다. 이 같은 점을 염두에 두고 건강 심리학을 공부할 것을 권하고 싶다.

건강심리학자는 위 사례를 어느 단계에서 어떻게 도와줄 수 있었을까? 또 앞으로 어떻게 도울 수 있을까?(힌트 : 가령 건강심리학자가 성별을 바꿔줄 수는 없는 노릇이다. 이러한 폭력사건을 예방하기 위해 어떠한 연구를 하고 어떠한 조처를 취할 수 있을까? 이 책을 통해 계속 공부하면서 여러분이 답을 생각해보라.)

사망원인

예전에는 사람들이 죽는 원인이 주로 단기적인 **급성질환**(acute disorder)이었다. 특히 결핵, 디프테리아 같은 세균 혹은 바이러스 침입으로 발병하는 전염성 질병들로서, 공중위생 수준이 높아지고 해당 치료법이 개발되면서 대부분의 선진산업국가에서는 발병이 감소했다. 그러면서 암, 심장병 같은 **만성질환**(chronic diseases)이 사망원인의 상위를 차지하기 시작했다(그림 1.4). 만성질환은 말 그대로 살면서 서서히 발전하며 오랜 기간 지속되며 좋아졌다가도 악화되거나 재발한다. 많은 경우 완치가 불가능하고 내내 '관리'하면서 살아야 한다. 또 건강을 해치는 생활습관(life style)이나 행동이 사망의 원인이 된다. 예를 들어 스트레스를 받아 수년간 술을 자주, 많이 마신 결과 간질환이 생겨 죽음을 맞을 수 있다. 이러한 병은 미리 예측할

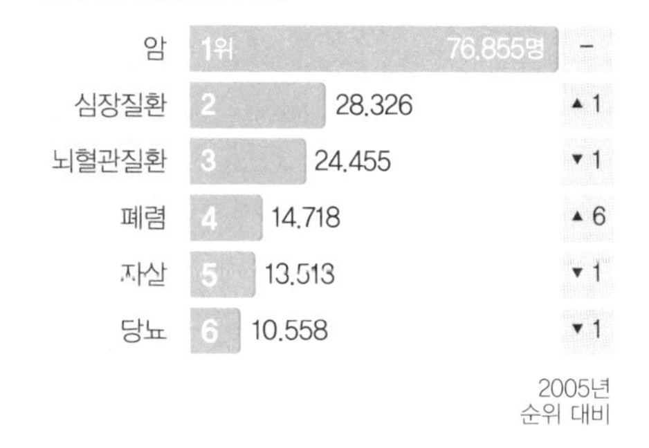

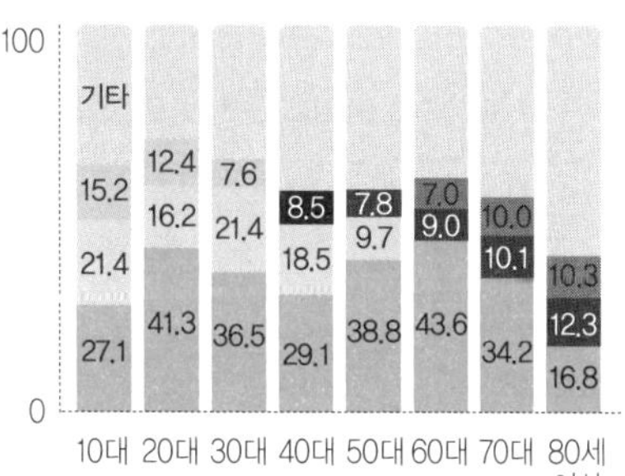

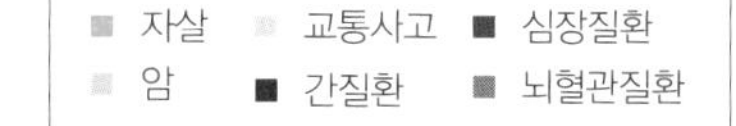

[그림 1.4]
우리나라의 사망원인 순위
출처 : 통계청

수 있고 행동을 바꾸어 예방하거나 조절할 수 있다.

건강관리를 위해 건강에 해로운 행동을 중단하고, 건강에 좋은 행동을 시작하고 지속하도록 심리학자들이 도울 수 있었고, 이러한 심리학자들의 역량과 기술이 건강심리학이 발달할 수 있는 발판이 되었다. 생활습관이나 행동이 일으키는 만성질환들이 사망원인의 상위를 차지하면서 행동과학인 심리학의 유용성이 더욱 부각된 것이다.

건강심리학의 역사 : 건강심리학회의 탄생

심리학이 태동한 때부터 건강에 관심이 있었다. 예를 들어 Helmholtz, James, Wundt 등이 의학훈련을 받았다. 그럼에도 불구하고 최근까지도 심리학의 주요 초점은 신체건강보다 정신건강에 맞춰져 있었다. 그러다가 제2차 세계대전 후 정신건강 주제가 아닌 것들에 관한 연구를 수행하는 사람들이 늘어나기 시작했다. 이러한 연구들 중 Neal Miller의 생리적 과정의 조건화 연구가 주목받았다. 세계대전 후 재활전문 보훈병원과 의대, 간호대, 공중보건기관 등에서 일하는 심리학자들의 수가 증가했고, 이들은 심리학 이론을 신체건강 영역에 적용했다. 한편 1953년 임상심리학회지에서 발간된 논문(Guze, Matarazzo, & Saslow, 1953)에 나온 생물심리사회 모형[3]을 1977년 의사인 G. Engel이 유행시켰다.

1969년 William Schofield는 미국심리학회지인 *American Psychologist*에 '건강 서비스 제공에서 심리학의 역할(The role of psychology in the delivery of health services)'(Schofield, 1969)이라는 제목의 논문을 게재했다. 이 논문 덕에 1973년부터 당시 매년 증대되고 있던 의료비용을 줄이기 위한 특별위원회(task force)를 맡게 되었다. 건강관리 및 환자들의 지원과 관리를 강구해서 보건 서비스의 효율성을 제고하고자 3년간 회의를 거듭한 끝에, '건강 연구에 심리학이 기여하기 : 패턴, 문제, 잠재력(Contributions of psychology to health research: Patterns, problems, and potentials)'이라는 논문이 발간되었다. 이 논문에서는 심리학 모든 분야가 신체

3 질병은 항상 생물학적 원인 탓이라는 생의학적 이론에 대비되는, 질병과 건강이 생물적 요인뿐 아니라 심리적 · 사회적 요인의 영향을 받는다는 관점. 이에 대해서는 뒤에 자세히 설명하였다.

적 질병에 대한 취약성과 질병에 대응 및 예방과 관련된 행동변인의 파악에 기여할 수 있다고 주장했다. 드디어 1978년에 미국심리학회의 제38분과로 건강심리학회(https://societyforhealthpsychology.org/)가 조직되었는데, 그 취지는 심리학 기초분야와 임상분야의 연구, 교육, 서비스 제공을 통해 건강과 질병을 이해하기 위한 노력을 경주하여 심리학 지식으로 건강과 질병에 관한 생물의학적 정보를 교류하고 통합하는 것이었다. 2015년 개정된 미국건강심리학회의 규약에 따르면 학회의 목적 및 과제는 다음과 같다. (1) 건강과 웰빙 증진, 질병과 장애의 예방과 관리를 위한, 과학으로서의 건강심리학을 발전시킨다. (2) 건강심리학의 전 생애주기에 걸친 증거중심 적용을 지원한다. (3) 유능성에 근거한 교육과 수련을 제고한다. (4) 건강심리학을 대중, 전문가, 학자, 기관, 정책 및 법에 전파한다(Society for Health Psychology, 2017). 미국건강심리학회는 미국심리학회의 연차학술대회 때 논문발표, 토의 등의 프로그램을 운영하며 정기적으로 학술지와 뉴스레터를 발간하고 있다.

미국을 필두로 다른 나라의 심리학회에서도 건강심리학분과를 창설하였다. 예를 들어 영국에서는 1986년에 영국심리학회 내 건강심리학 섹션을 만들었고 1997년에는 이 섹션이 건강심리학분과로 발전했다. 우리나라에서도 1994년, 한국심리학회의 8번째 산하학회로 건강심리학회(https://healthpsy.or.kr)가 설립되어 활발한 활동을 벌이기 시작했다.

한국건강심리학회 역시 미국건강심리학회와 유사한 목적으로 다음과 같이 운영되고 있다.

> "신체 및 정신건강의 생물 · 심리 · 사회적 측면에 관심이 있는 심리학자들과 관련 분야 연구자들, 그리고 보건 전문가 간의 상호협력적 관계를 촉진하는 데 목적을 두고 설립되었습니다. 본 학회는 건강과 질병의 원인에 관한 통합적인 이해로부터 건강을 증진하고 질병을 예방하는 과정에 이르기까지 다양한 건강 관련 영역에 심리학적 지식이 활용될 수 있도록 돕고 있습니다."(한국건강심리학회, 2017b)

또한 건강심리학 관련 영역으로 스트레스, 심혈관계 질환 등 만성질환을 포함한 신체 질병, 알코올 등 물질 및 행위 중독, 폭식 등 섭식 문제, 건강관리 및 증진, 통증 관리, 삶의 질, 웰빙, 건강 커뮤니케이션, 건강 정책 등을 들었다. 이렇게 보면 내용 영역이 임상이나 상담심리학과 조금 다른 것을 알 수 있다. 건강심리학은 심리적 차원과 신체적 차원을 모두 포함하기 때문이다. 계속해서 건강과 신체적 질병이 생활습관이나 행동, 스트레스 대처방식 등 개인의 심리적인 면과 분리될 수 없다는 전제를 설명해주고 있다.

> "예를 들어 분노나 불안 등의 부정적 감정을 마음속에 장기간 쌓아 두거나 타인에 대한 적대적 태도를 지속시키는 것, 고지방 위주의 식습관 등은 심혈관계 이상의 주범으로 알려져 있으며, 장기간의 흡연이나 억압 위주의 스트레스 대처 전략은 암과 밀접한 관련이 있는 것으로 알려져 있습니다."(한국건강심리학회, 2017b)

1년에 수차례 건강심리학의 연구결과를 공유하는 학회지(한국심리학회지 : 건강)와 회원들의 소식을 담은 소식지를 발간하고 있고, 학술발표대회와 워크숍을 정기적으로 개최하여 회원 간 교류와 연수를 통해 전문성을 제고하고 있다. 미국건강

[그림 1.5]
한국건강심리학회 홈페이지
출처 : 한국건강심리학회, 2017a

The Health Psychologist

Introducing the Korean Health Psychological Association

Jung-Ho Kim and Mirihae Kim
Korean Health Psychological Association/ Department of Psychology,
Duksung Women's University,
Seoul, Republic of Korea

The Korean Health Psychological Association was established as the 8th division of the Korean Psychological Association in 1994. It now represents the 3rd largest organization in the Korean Psychological Association (there are 12 divisions/organizations under the umbrella of the Korean Psychological Association). Its 580+ members (including about 300 associate members) are committed to the advancement of health psychology in Korea. The members are mainly psychologists and psychology students. We hold several ad hoc workshops and meet 3 times a year for conferences. In addition to these major

For example, in our ongoing effort to collaborate with other similar organizations, our 2011 Spring Conference addressed the extremely important issue of suicide in South Korea. The suicide rate in Korea is the highest of the 30 members of the Organization for Economic Cooperation and Development (OECD). The South Korean suicide rate is triple the OECD average and suicide is the 4th cause of death in Korea. In March, 2011, the South Korean government passed The Law for Suicide Prevention and Promoting Respect for Life in an effort to help lower the suicide rate. In our spring conference (in partnership

[그림 1.6]
미국건강심리학회지 뉴스레터에 실린 한국건강심리학회 소개글
출처 : Society for Health Psychology, 2011, 2017a

심리학회를 비롯한 해외 건강심리학회와도 교류하고 있고, 2004년에는 서울에서 아시아건강심리학회를 성공적으로 개최하였다.

건강의 이론모형 : 생물심리사회적 관점을 중심으로

건강의 의학적 모형

마음과 몸이 따로 기능한다고 보는 기존의 의학적 모형은 **생의학적 모형**(biomedical model)이다. 질병이나 건강의 생의학적 모형에서는 모든 질병을 생화학적 불균형이나 신경생리학적 이상 같은 비정상적인 신체 기능으로 설명하며 심리적 · 사회적 변인들은 질병과 그리 관련이 없다고 본다.

생의학적 모형에서는 마음과 몸이 따로 기능한다는 **심신이원론**(mind-body dualism)을 받아들여 마음이 몸에 미치는 영향력을 인정하지 않다 보니 여러 현상을 설명하는 데 한계에 부딪혔다. 가령 왜 똑같은 상처를 입었는데 누구는 아프다 하고 누구는 상처 입었는지도 모른다고 하는 것일까? 왜 똑같이 독감 바이러스에 노출되었는데 누구는 걸리고 누구는 안 걸리는 것일까?라는 의문들이다.

건강의 생물심리사회 모형

내과에 갔더니 의사가 약도 먹고 운동도 하고 스트레스를 덜 받으면서 살라고 충고했는가? 그러면 그 의사는 단순히 생물의학적 모형에 따르지 않고 그 이상을 받아들이고 있는 것이다. 다시 말해 개인의 행동이나 스트레스 상태가 질병에 영향을 끼친다는 것을 인정하고 있는 것이다. 마음과 몸, 모두 건강과 질병을 결정하고, 건강과 질병은 생물학적 · 심리적 · 사회적 영향을 받은 결과라는 것이 **생물심리사회 모형**(biopsychosocial model)의 기본가정이다(Keefe, 2011). 건강심리학에서는 건강이나 질병에 대해 생물심리사회적 관점을 취한다(그림 1.7).

생물심리사회 모형을 이해하기 위해 통증을 예로 들어보겠다. 이 건강심리학 책장을 넘기다가 종이에 손가락을 베였다고 하자. 손가락 끝에 작은 상처가 났다. 날카로운 통증을 느끼면서 생각한다. '지난번에도 이 정도 베였는데 하루 종일 아팠던 것 같은데……' 하며 걱정하던 찰나 전화기가 울린다. 빨리 보고 싶다는 연인의 목소리에 기분이 좋아진다. 지금 뭐 하고 있느냐는 질문에 손가락 상처를 보면서 생각한다. '나도 이제 대학생인데 이 정도 다친 걸 가지고 아프다고 할 순 없지!' 그래서 종이에 손가락을 베였다는 말을 하려다가 만다. 이 상황에서 내가 느끼는 통증은 생물학적으로, 심리학적으로 그리고 사회적으로 영향을 받은 산물이다. 다시 말해 피부조직의 손상은 생물학적인 영향력을 행사하고, 연인의 목소리를 들으면서 느끼

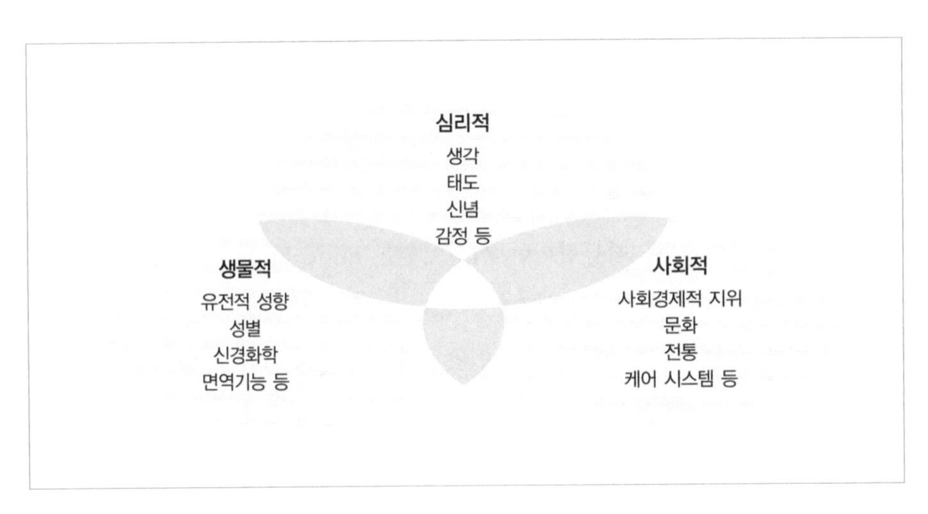

[그림 1.7]
생물심리사회 모형 생물적, 심리적, 사회적 요인들이 어떻게 합쳐지고 상호작용해서 신체건강 및 정신건강에 영향을 주는지 설명해주는 접근법

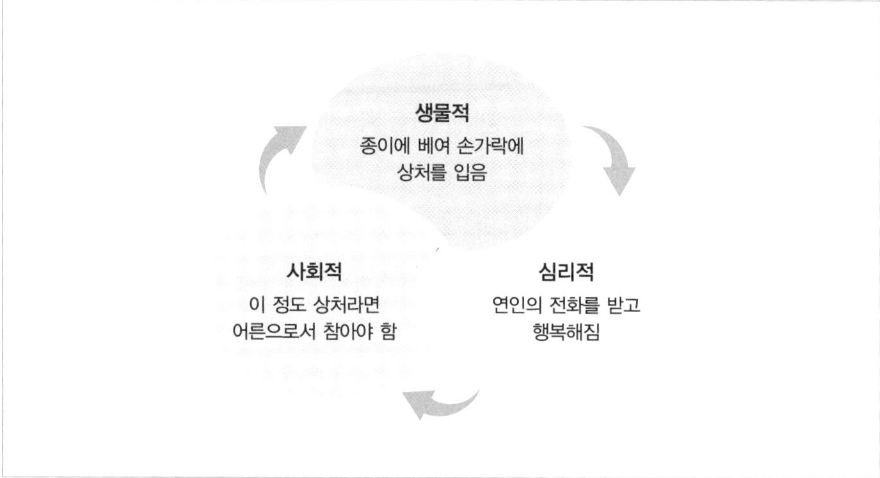

생물적
종이에 베여 손가락에
상처를 입음

사회적
이 정도 상처라면
어른으로서 참아야 함

심리적
연인의 전화를 받고
행복해짐

[그림 1.8]
통증(본문의 예시)에 대한 생물심리사회 모형

는 행복감은 심리적 영향력을, '어른이라면 종이에 베인 것 정도로는 아프다고 느끼지도 않지.'라는 사회문화적 분위기가 사회적 영향력을 행사한 것이다. 베인 부위가 작다면 통증을 덜 느낄 테고 기분이 별로 좋지 않다면 통증을 더 느낄 수 있다. 또 본인이 아직 어린아이라면 아파하고 울며 달래줄 사람을 찾을 수도 있다.

[그림 1.7]은 질병이나 건강상태에 관한 일반적 모형을 보여주고 [그림 1.8]은 예로 든 통증의 생물심리사회 모형이다.

만약 약한 심장을 가지고 태어났다면 건강한 식습관과 적절한 운동으로 심장병으로 발전되는 것을 막을 수 있다. 건강심리학자는 개인의 취약성을 보완해줄 생활습관을 파악하고 이해하며 개인이 건강한 생활습관을 실천에 옮기도록 도울 수 있다. 또한 질환에 걸렸다면 의료진의 처치를 준수하고 증상과 증상으로 인한 스트레스를 관리하도록 도와 악화를 막고 회복을 촉진할 수 있다. 또한 보건정책의 수립과 수정에 관여하는 등 규모가 큰 개입에 나설 수도 있다. 이러한 활동이 건강심리학자의 역할과 기여할 부분들이다.

건강심리학자의 업무

건강심리학자들은 대학교 등의 교육기관, 지역사회 클리닉, 병원, 회사, 보건 관련 국가기관 등의 직장에서 근무한다.

다른 심리학자들과 마찬가지로 건강심리학자도 기본적으로 교육자, 연구자, 임상가로 일한다. 많은 건강심리학자들이 대학교 심리학과나 스포츠과학부 등 관련 학과 및 의대 등에서 학생들을 가르치고 수련시킨다.

교육자로서의 역할을 하는 건강심리학자들은 연구도 함께 수행하는 경우가 많은데, 주로 건강심리와 관련한 주제들을 연구한다. 예를 들어 특정 질병의 발생에 영향을 주는 심리적 기제를 파악하거나 어떻게 하면 건강을 위협하는 흡연 같은 행동을 중지시킬 수 있을지, 그 개입법이 효과적인지 검증한다.

병원, 개업 클리닉(예 : 중독센터) 등의 임상 및 상담장면에서 일하는 건강심리학자들은 임상건강심리학자로 불리는데, 이 호칭이 말해주듯 임상심리학자의 한 부류로 볼 수 있다.

임상가로서 건강심리학자들은 건강 문제를 안고 있는 환자/내담자, 고위험군, 신

[그림 1.9]
건강심리학에서는 건강의 생물심리사회 모형을 상정한다. 질병의 물리적·생물학적 원인을 부정하는 것이 아니라 다차원적으로 살펴보는 것이다.

체적으로 건강한 사람들을 대상으로 심리평가를 시행하고 심리학적 치료기법을 동원하여 건강문제를 호전시켜주거나 악화를 막고 치료와 예방 목적의 건강행동을 교육하고 실행을 돕는다. 만성질환을 효과적으로 관리하도록 돕고 재활 서비스도 제공한다. 병원에서는 다양한 영역에서 건강심리학자의 수요가 증가하고 있으며[4] 이러한 현상은 국내 의료시장에도 반영되기 시작했다. 예를 들어 한국심리학회 웹사이트에 따르면 가톨릭대학병원(서울)이나 영남대의료원 등에서는 이미 통합의학과나 건강증진센터, 재활의학과, 가정의학과 등과 함께 건강심리전문가들이 활동하고 있다.

마지막으로, 연구방법론에 강한 건강심리학자들은 보건 관련 공공기관에서 정책 관련 연구나 건강 관련 행동 연구를 수행한다.

한국건강심리학회 홈페이지에는 건강심리전문가들의 명단을 볼 수 있으며 소속기관이 병기되어 있으니 개별 경우를 알고 싶으면 찾아보라. 실제로 건강심리학자들이 어디서, 무슨 일을 하고 있는지 살펴보면 건강심리학이 무엇인지에 대해 더 잘 이해할 수 있을 것이다.

건강심리학자가 되는 길

건강심리학자, 건강심리전문가 자격증

이러한 건강심리학자가 되기 위해서는 대학원에 진학해서 전문성을 개발하는 것이 좋다. 병원 등 현장에서 평가, 치료 등 환자에게 직접 서비스를 제공하고 싶으면 대학원의 임상심리학이나 임상건강심리학 혹은 임상 및 건강심리학 과정에서 훈련을 받을 것을 권한다. 물론 심리학 관련 학부만 졸업해서도 건강심리학 관련 주제의 연구에 참여해서 연구원으로 일하거나 병원 등 임상장면에서 건강문제가 있는 환자들에게 간단한 평가나 상담 서비스를 제공할 수는 있다. 참고로 건강심리학자라

---

4 제1저자가 근무했던 미국 대학병원에는 정신과뿐 아니라 신경과, 통증클리닉, 소아과 등에서 심리학자가 일하고 있었다.

글상자 1.3

건강심리전문가

심리학 분야가 방대하다 보니 다양한 자격증이 존재한다. 여러분이 명심할 것은 국가기관(예 : 보건복지부)이나 한국심리학회에서 공인하는 자격증이 공신력이 있다는 점이다. 공인 자격증 소지는 심리학 서비스를 펼치는 사람이 갖추어야 할 기본요건이다. 따라서 자격증 획득은 전문가로서의 첫 단계에 불과하며 끊임없는 자기개발과 연수 및 윤리 재교육으로 전문성과 유능성을 제고하도록 단계를 높여가야 한다.

건강심리전문가가 되는 길은 다음의 세 가지가 있다.

1. 건강심리학 관련 분야에서 석사 혹은 박사학위를 받고 소정의 수련과정을 마치고, 건강심리전문가 자격시험(필기시험 및 면접)에 합격
2. 한국심리학회 정회원 및 건강심리학회 회원으로서 건강심리학 분야에서 10년 이상의 경험을 쌓고 건강심리전문가 자격심사 위원회의 심사(서류심사와 면접)를 통과
3. 외국에서 건강심리학 관련 분야로 박사학위나 자격증을 취득하고, 건강심리전문가 자격심사 및 수련위원회의 심사를 통과

(출처 : 한국건강심리학회 웹사이트)

는 호칭은 적어도 대학원 석사과정을 마치고 전문가자격증을 취득하거나 박사과정을 마친 경우에 사용한다.

한국심리학회 산하 한국건강심리학회가 인정하는 최고의 자격증은 건강심리전문가 자격증으로서, 건강심리전문가는 "건강증진과 질병예방, 진단, 치료 및 재활 영역에서 활동하며 건강심리전문가 수련생들의 수련감독 권한을 갖는다."(건강심리학회 웹사이트). 건강심리전문가 자격증을 취득하려면 건강심리학 관련 분야에서 석사 혹은 박사학위를 받고 병원 등에서 수련과정을 마치고 학회의 자격시험에 합격해야 한다. [글상자 1.3]에 건강심리전문가 자격증에 관한 설명이 나와 있으니 참고하기 바란다.

건강심리학 관련 대학원 프로그램

국내에는 덕성여자대학교 일반대학원 심리학과에 임상건강심리학 전공이, 아주대학교에 건강심리학 전공이 있다. 많은 대학의 일반대학원 임상심리학 전공 프로그

램에서는 담당교수의 연구관심 분야가 비만, 신체질환 등의 건강심리학 주제인 경우 지도를 받으며 건강심리학 주제의 연구를 수행하고 임상건강심리학 현장에서 일할 때 필요한 심리평가, 심리치료 등의 훈련을 받을 수 있다. 건강심리전공 관련 석사과정을 둔 대부분의 대학에는 석사학위 소유자만 입학이 허가되는 독립된 박사과정이 있고, 입학 후 박사학위를 취득할 때까지 한 번에 과정을 밟는 석박사 통합과정을 운영하는 대학도 증가하는 추세다.

미국 중심이지만 해외대학에 관해 간단히 설명하자면 건강심리학 관련 대학원 과정으로 다음을 들 수 있다. 건강심리학(Health Psychology), 건강 및 성격심리학(Health and Personality Psychology), 임상 및 건강심리학(Clinical and Health Psychology), 임상건강심리학(Clinical Health Psychology), 임상심리학(Clinical Psychology) 등의 과정 중 세부전공으로 건강심리 세부전공(Health Psychology Concentration). '임상(clinical)'이 들어간 커리큘럼상 심리측정, 심리치료, 실습 등이 강화되며 병원 등의 임상현장에서 직접 심리 서비스를 펼칠 것에 대비해주는 훈련이 교육과정의 큰 부분을 차지한다. '임상'이라는 단어가 빠진 경우 상대적으로 연구중심의 과정을 운영한다. 임상 및 건강심리학의 경우 임상심리학과 건강심리학 중 어느 한쪽에 집중하거나 적당히 균형을 이룰 수 있는 경우가 많고 임상건강심리학은 건강심리학의 임상심리적 요소(임상장면에서 제공할 수 있는 심리 서비스)를 중심으로 훈련받을 것이다. 대체적인 차이보다 개별 프로그램의 커리큘럼이나 지도교수의 연구 관심 주제가 더 큰 차이를 결정하게 된다는 점을 유의하고 각 학교 대학원의 웹사이트 정보를 면밀히 분석하기 바란다.

참고문헌

통계청(2016). 완전생명표(1세별). Retrieved November 1, 2017, http://kosis.kr/statHtml/statHtml.do?orgId=101&tblId=DT_1B42&conn_path=I2

한국건강심리학회(2017a). 홈페이지. Retrieved October 21, 2017, https://healthpsy.or.kr:6028/

한국건강심리학회(2017b). 건강심리학회란. Retrieved October 21, 2017, https://healthpsy.or.kr:6028/?c=introduce&m=health.

Keefe, F. J.(2011). Behavioral Medicine: A voyage to the future. *Annals of Behavioral Medicine*, 41, 141-151.

Kim, J., & Kim, M.(Fall, 2011). Introducing the Korean Health Psychological Association. *The Health Psychologist*, *33*(3), 12. Retrieved from October, 21, 2017, https://societyforhealthpsychology.org/wp-content/uploads/2016/08/Fall2011.pdf.

Kontis, V., Bennett, J. E., Mathers, C. D., Li. G., Foreman, K., & Ezzati, M.(2017). Future life expectancy in 35 industrialised countries: projection with a Bayesian model ensemble. *Lancet*, *389*(10076), 1323-1335.

Matarazzo, J. D.(1980). Behavioral health and behavioral medicine. Frontiers for a new health psychology. *American Psychologist*, *35*, 808-817.

Robison, J. T.(Summer-Fall, 1981). A note from the secretary. *The Health Psychologist*, *3*(2), 6.

Schofield, W.(1969). The role of psychology in the delivery of health services. *American Psychologist*, *24*, 565-58.

Society for Health Psychology(2017). SfHP Bylaws. Retrieved October 21, 2017, https://societyforhealthpsychology.org/about/who-we-are/sfhp-bylaws/

Williams, D. R.(2003). The health of men: Structured inequalities and opportunities. *American Journal of Public Health*, *93*, 724-731.

World Helath Organisation(1948). Constitution of the World Health Organisation. Geneva: WHO Basic Documents.

HEALTH PSYCHOLOGY 02

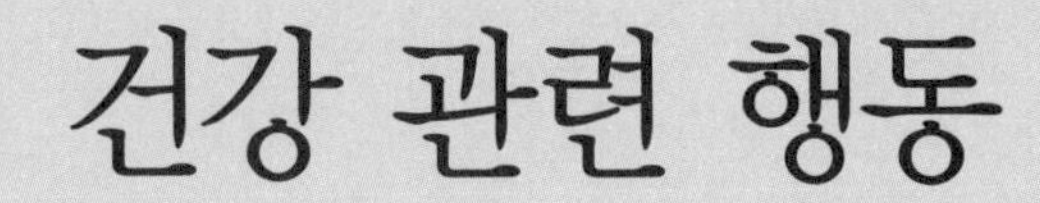

건강 관련 행동

01_ 우리가 일상적으로 하는 행동과 습관이 건강에 장기적, 단기적으로 미칠 영향에 대해 생각해본다.

02_ 우리가 건강 관련 행동을 하는 이유는 무엇인가? 가령 흡연자는 어떠한 상황에서 금연을 결심하고 실천하는가? 이에 답하기 위한 이론들을 살펴본다.

03_ 사람들이 건강에 도움이 되는 행동을 하도록 건강심리학자들이 어떻게 도울 수 있을 것인가? 개인 수준에서, 또 집단이나 사회 수준에서 어떻게 개입할 수 있을지 생각해본다.

본인이나 주위 사람이 최근에 금연하기로 결심하고 담배를 멀리하려 하고 있나? 그렇다면 왜 그런 결심을 하게 되었나? 그런 결심을 실행하게 될 때까지 어떤 일이 일어났고 어떤 노력을 했나? 제2장에서는 우선 건강을 증진 · 유지해주는 행동과 건강을 저해하는 행동, 그리고 그러한 행동들의 장 · 단기적 영향에 대해 고찰해본다. 그리고 건강을 증진 · 유지해주는 행동(예 : 운동)을 시작하고, 또 건강을 저해하는 행동(예 : 흡연)을 끊기로 결심하는 데 어떤 요인들이 작용하는지 알아보고, 어떻게 실행에 옮기게 되는지 진행 과정을 설명해주는 이론들을 살펴본다. 또한 사람들이 건강을 증진 · 유지해주는 행동을 많이 하도록, 그리고 건강을 저해하는 행동을 덜 하도록 돕기 위한 접근법에는 어떠한 것들이 있는지 알아본다.

"'건강은 매일매일을 살아가게 해주는 자원입니다.'라고 Breslow 박사는 말문을 열었다. '등산이든, 오페라 감상이든, 게임이든, 건강은 여러분이 하고 싶어 하는 것을 하게 해주는 역량이라는 뜻입니다.'"

*– UCLA Fielding School of Public Health*의 인터뷰에서

건강행동과 건강습관

여러분 중에는 거의 매일 운동하는 학생이 있을 것이다. 담배를 피우지 않으며 담배연기를 되도록 멀리하도록 애쓰는 학생도 있을 것이다. 이렇게 '운동하기', '담배 멀리하기'는 '몸에 좋다'. 이러한 행동은 질병에 걸릴 위험을 낮추고 건강을 유지·증진하기 위한 **건강행동**(health behavior)이다. "세살 버릇 여든까지 간다. 어렸을 적부터 좋은 습관을 들여라." 하는 이야기를 많이 들었을 것이다. 여러분 중에는 자기 전에 꼭 이를 닦는 습관, 차에 타자마자 안전벨트를 매는 습관이 몸에 밴 사람들이 있을 것이다. 이렇게 '몸에 밴' 행동, 굳어진 행동을 습관이라고 한다. **건강습관**(health habit)은 건강과 관련된 습관, 즉 이미 습관이 된 건강행동을 뜻한다.

그렇다면 어떤 행동이나 습관이 건강을 유지·증진해주고 어떤 행동이나 습관이 건강을 해치거나 질병에 걸릴 위험을 높이는 걸까?

여러분은 상식적으로 "담배는 건강에 해롭다.", "규칙적 운동은 건강에 이롭다."는 말을 흔하게 듣고, 정말 그런 것으로 알고 있을 것이다. 그런데 실제로 그렇다는 과학적 증거가 있을까?

답은 '있다'. 실제로 과학적 증거라고 할 만한 연구결과들이 많이 축적되었다. 한 가지 예로 미국의 한 동네 주민 7,000여 명에게 흡연과 운동 여부를 묻고 약 10년간 그들의 건강을 지속적으로 평가한 결과 비흡연자나 운동하는 사람들이 그렇지 않은 사람들보다 사망률이 낮고 질병에 덜 걸렸다(Breslow & Enstrom, 1980).

건강행동으로는 이외에도 충분히 수면, 술은 하루 1~2잔 이내로 제한하기, 싱겁게 먹기, 30분 이상 걷기 등을 들 수 있다.

지금까지 설명한 건강행동을 건강증진행동(health-enhancing) 혹은 건강유지행동(health-protective)이라고 한다면 건강을 해칠 우려가 있는 흡연, 과음, 과식 등은 건강저해행동(health-risk behavior)이라 할 수 있다. 이러한 용어들을 구별하는 것이 크게 중요하지는 않은데, 그 이유는 흡연을 뺀 대부분의 행동은 행동 그 자체라기보다 행동의 정도(예 : 과음 아니면 적정 음주? 과식 아니면 적정 식사?), 빈도, 밸런스 등이 건강에 영향을 미치기 때문이다. 가령 다이어트를 하면 체중이 감소되어

[그림 2.1]
건강증진행동의 예 : 채소 많이 먹기와 운동

성인병에 걸릴 위험을 낮춰 주지만 그 정도가 지나치거나 마른 사람이 계속 다이어트를 할 경우 충분한 영양을 섭취하지 못해서 오히려 질병에 걸릴 위험을 높인다. 또 어떤 행동은 직접적으로 건강에 영향을 주지만 또 다른 행동은 간접적으로 영향을 주거나 직·간접적으로 모두 영향을 준다. 예를 들어 술은 직접적으로 건강에 해를 끼치기도 하지만 술안주로 고칼로리 음식을 과잉섭취하게 만들거나, 술자리를 자주 가져 충분히 휴식을 취하지 못해 건강이 나빠질 수도 있는 것이다.

또한 건강에 즉각적인 영향을 미치는 행동과 장기적인 영향을 미치는 행동도 구

[그림 2.2]
건강저해행동의 예 : 흡연과 폭음

분해볼 필요가 있다. 가령 콘돔을 사용하지 않은 채 성관계를 한 결과 성병에 감염되는 경우와 과음 후 만취상태에서 차를 운전해서 상해사고가 난 경우는 행동이 즉각적으로 건강에 영향을 미친 예이다. 10대 초반부터 담배를 피우기 시작했는데 비교적 큰 병 없이 살다가 50세 건강검진에서 심각한 병을 발견한 경우는 흡연의 장기적 폐해를 예시해준다.

건강행동에 대한 이론

여러분은 왜 어떤 흡연자는 금연을 시작하고 다른 흡연자는(담배가 몸에 해롭다는 것을 알면서도) 계속 피우는지 궁금할 때가 있을 것이다. 어떤 사람들이 어떤 경우에 규칙적인 운동을 시작하나? 왜 같은 키, 같은 몸무게인 사람인데 누구는 다이어트에 돌입하고 누구는 비만한 자신의 몸이 싫다고 말로만 투덜대지 행동은 그대로인 걸까?

이에 대한 답을 안다면 특정 건강행동을 시행할 사람들을 미리 알 수 있을 것이고, 그렇게 하지 않을 사람들에게는 건강행동을 시행하도록 돕는 방법을 강구할 수 있을 것이다. 건강심리학자들은 이러한 이유로 다음에 설명할 이론모형들을 개발했다.

건강신념 모형

여러분이 비흡연자라면 담배를 피우지 않는 이유가 있는가? 폐가 약하고, 흡연으로 인해 심각한 병에 걸리거나 죽을 수 있고, 피부도 상하고 노화도 빨라지는 등 담배를 피우지 않아야 건강을 지킬 수 있다는 신념 때문에 담배를 피우지 않기로 결심한 것인가? 그렇다면 여러분의 선택에 **건강신념 모형**(health belief model)이 적용된 것이다.

건강신념 모형에 따르면 특정 건강행동을 하겠다고 결정하는 데 영향을 끼치는 요인들은 [그림 2.3]에서 보듯 네 가지로 구분된다. 우선 (1) 질병 취약성에 대한 인식

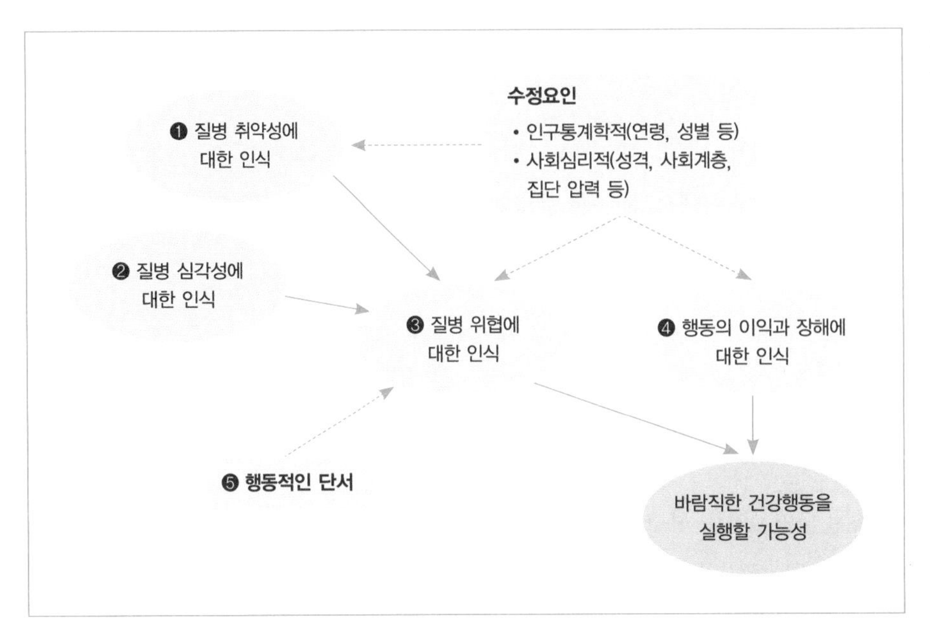

[그림 2.3]
건강신념 모형

(perceived susceptibility to disease)으로 자신이 특정 질병에 얼마나 취약한지 인식하는 정도이다. 앞서 말했듯 자신의 폐가 약해서 폐암에 걸릴 가능성이 높다고 믿으면 담배를 피우지 않기로 결심할 가능성이 커질 것이다. 마찬가지로 폐가 아닌 혈관이 약해서 뇌졸중이 걱정된다고 해도 담배를 피우지 않기로 결심할 가능성이 커질 것이다. 이는 동시에 '흡연과 관련된 질병에 걸릴 가능성이 낮다고 믿으면 금연할 가능성이 작아질 것이다.'라는 해석도 될 수 있다. 두 번째 요인은 (2) **질병 심각성에 대한 인식**(perceived severity of disease)으로서, 특정 질병에 걸리면 어떠한 심각한 결과가 초래될지 인식하는 정도이다. 폐암에 걸리면 젊은 나이에 고통스럽게 죽을 것이고, 어린 자녀들이 아빠를 잃게 된다고 생각한다면 담배를 피우지 않기로 결심할 가능성이 커질 것이다. 이 두 가지 요인을 합쳐 (3) **질병 위협에 대한 인식**(perceived threat of the disease)이라고 할 수 있다. 세 번째 요인은 (4) **행동의 이익과 장해에 대한 인식**이다(그림 2.4). 이는 행동을 했을 때 얻을 수 있는 이익에서 그 행동을 실행할 때 부딪힐 장해물을 뺀 부분으로 이해할 수 있다. 금연을 했을 때 이득도 있지만, 담배 없이는 당장의 스트레스를 이겨내기 힘들다고 믿는다면 금연을

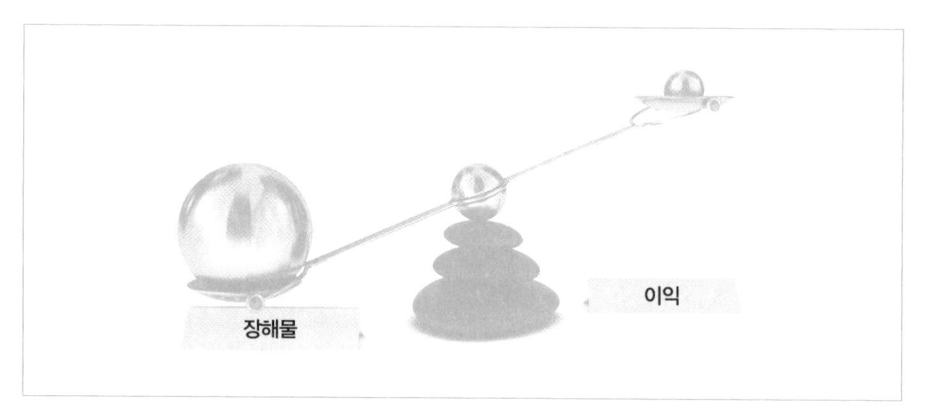

[그림 2.4]
행동의 이익과 장애에 대한 인식(행동을 했을 때 얻을 수 있는 이익과 그 행동을 실행할 때 직면할 장해물)

결심할 가능성이 줄어들 것이다. 네 번째 요인은 (5) **행동적인 단서**이다. 가령 금연 캠페인으로 인한 인식변화, 금연에 성공한 친구의 조언 등이 금연의 '방아쇠'가 될 수 있다. 금연하면 각종 질병 위험이 줄어들 것이라는 믿음이 굳어져서 금연을 결심할 가능성이 커진다는 말이다.

건강신념 모형을 보면 왜 누구는 특정 건강행동을 하고 누구는 건강을 해치는 행동을 계속하는지 어느 정도 설명이 되고, 건강행동을 증진시키기 위해 어떻게 개입할 수 있을지 알 수 있다. 그러나 이 모형에도 한계가 있다. 가령 자기효능감(self-efficacy)이 낮은 사람은 특정 건강행동을 하지 않으면 병에 걸리고 당장 건강행동을 시행하면 나아질 것이라는 믿음이 있더라도 아예 행동에 옮기지를 않는다. 흡연이 몸에 나쁘고 당장 담배를 끊으면 건강이 좋아질 것이라는 사실을 아는 사람도 자기효능감이 낮다면 '나는 담배 없이는 살 수 없다.', '나는 며칠은 참더라도 분명히 또 그만둘 것이다.'라며 금연시도를 하지 않는 경우를 들 수 있다.

계획행동이론

계획행동이론(theory of planned behavior)에서는 개인을 사회적 맥락에 두고 사회적 인지를 중시한다(Ajzen, 1985). 흡연은 건강을 해친다는 것을 분명히 알고, 주위 사람들이 흡연을 좋지 않게 보며(또 그런 입장을 따르고자 하며), 또한 금연에 성공할 자신이 있다면 이러한 요소들이 결합하여 금연하고자 하는 의도가 확실해진다.

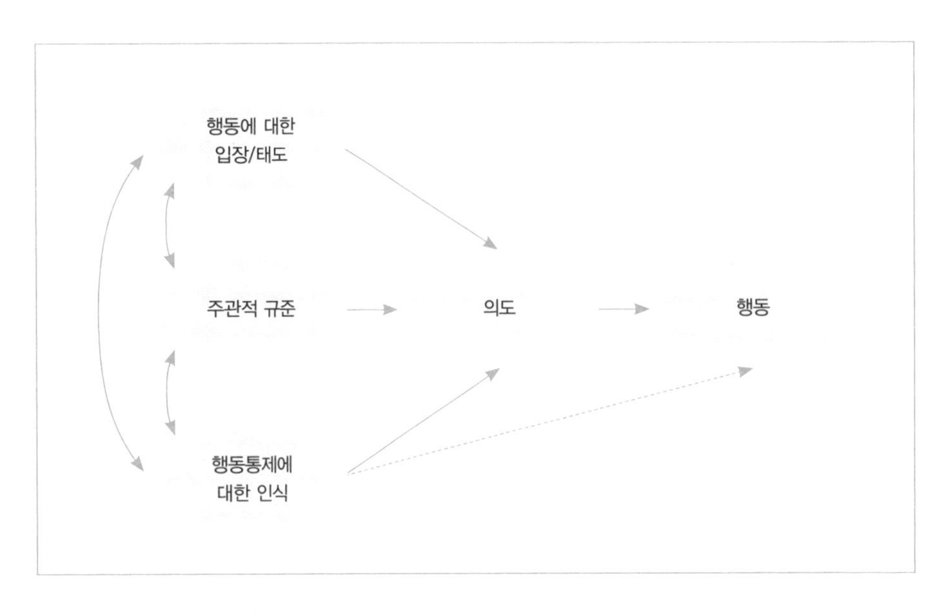

[그림 2.5]
계획행동이론

그리고 행동에 옮긴다는 것이 계획행동이론의 설명이다. 계획행동이론에서는 행동에 대한 입장/태도(attitude toward the behavior), 주관적 규준(subjective norm) 및 행동통제에 대한 인식(perceived behavioral control)이 행동하고자 하는 의도를 생성한다고 상정한다(그림 2.5). **행동에 대한 입장**은 행동의 결과에 대한 믿음과 그 결과의 가치로 구성되며 **주관적 규준**은 중요인물들이 행동을 어떻게 보는지, 이 인물들의 견해를 따르고자 하는 동기가 얼마나 강한지에 대한 인식이다. 마지막으로 **행동통제에 대한 인식**은 행동을 실행에 옮기는 데 필요한 지식, 기술 등을 갖추었고 기회가 되므로 행동을 성공적으로 수행할 수 있을 것이라는 믿음을 말한다. 이러한 요소들로서 행동하고자 하는 의도를 예측할 수 있고, 이러한 의도는 곧 행동을 예측하는 요인이라는 것이 계획행동이론의 가정이다(그림 2.6).

이 이론은 청소년 금연(McMillan, Higgins, & Conner, 2005), 알코올과 마약 사용(McMillan & Conner, 2003) 등을 잘 설명해줄 수 있었으나 많은 행동의 경우, 주관적 규준이 의도에 큰 영향력을 발휘하지 않는다는 것을 시사해주는 연구결과들도 있다.

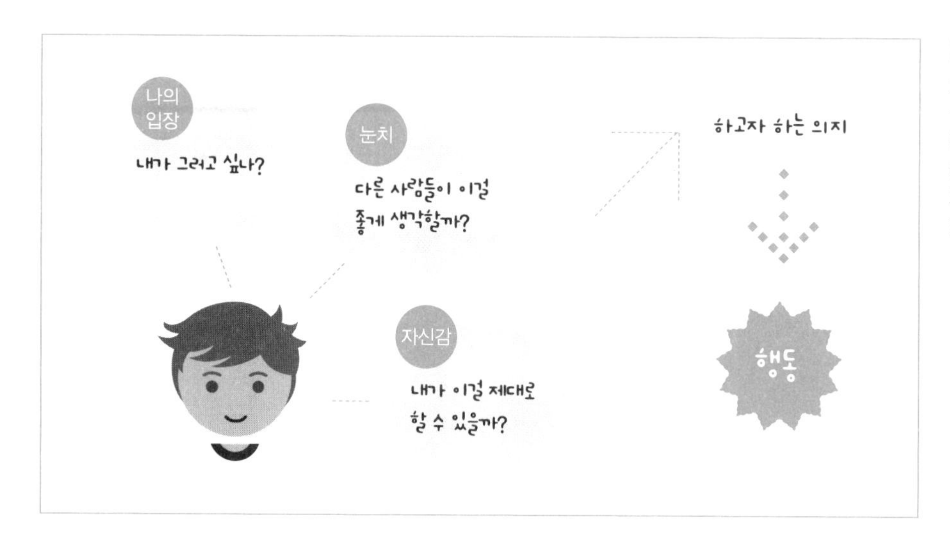

[그림 2.6]
계획행동이론을 간단히 설명하자면 이러한 질문들에 대한 대답이 모두 긍정적이면 의도가 생기고 행동으로 옮겨진다는 것이다.

범이론적 모형

위에서 설명한 모형에서 우리는 건강행동으로 이끄는 요인들을 파악하고, 이것들의 조합이 개인을 특정방식으로 행동하게 하는지 예측하고자 했다.

Prochaska 등의 **범이론적 모형**(transtheoretical model)에서는 건강행동이 과거 행동과 의도에 따라 정해진 단계들을 거쳐 일어난다고 가정한다(그림 2.7).

숙고 전 단계

행동을 수행할 혹은 개선하려는 의도가 전혀 없는 단계다. 가령 주위에서 현재 행동(예 : 흡연)이 건강을 위협할 것이라고 알려줘도 자기는 문제없다고 본다. 가령 흡연을 계속하면서 “우리 할아버지는 90세에 돌아가시기 전날까지 하루에 한 갑씩 피우셨는걸.”이라고 주위사람들에게 자랑하는 경우를 말한다.

숙고단계

자신의 문제행동을 변화시킬 것인가 ‘숙고’한다. 문제를 인지하고 있으나 행동의 변화는 없는 단계이다. 그 예로 계단을 올라갈 때 친구들보다 숨이 빨리, 많이 차오르자 “담배를 끊어야 하나 봐.”라고 생각했다가 “아니야, 취업 준비로 스트레스를

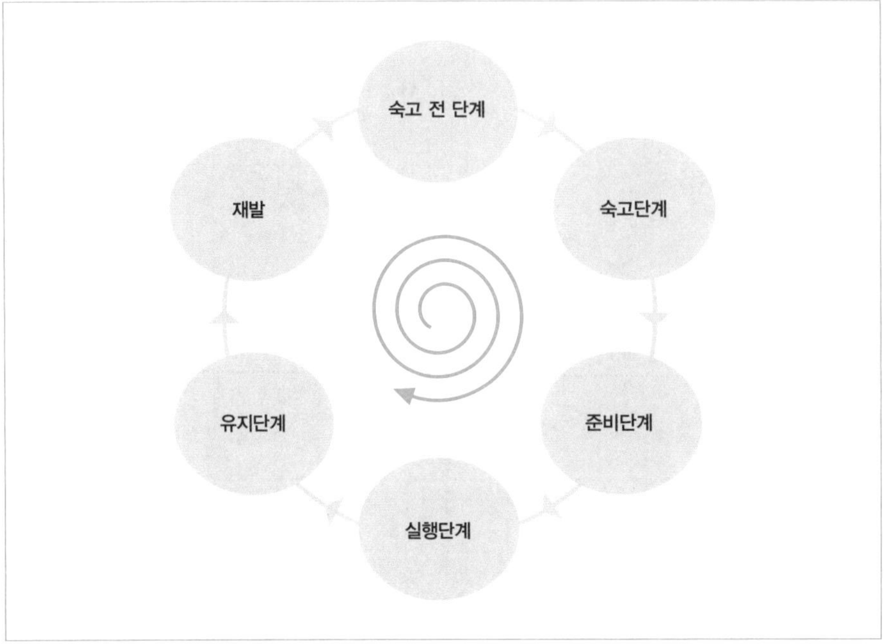

숙고 전 단계
숙고단계
준비단계
실행단계
유지단계
재발

[그림 2.7]
범이론적 모형에서 말하는 변화단계
출처 : Prochaska, DiClemente, & Norcross, 1992.

너무 받아서 담배 없이는 견디지 못해!"라고 곧 포기하는 경우이다.

준비단계

이제 변해야겠다고 마음먹고 준비한다. 그리고 언제, 어떤 방식으로 담배를 끊을지 계획해본다. "이번 주말부터 금연해야지."라고 주위에 알리고 집 근처에 금연 클리닉이 있나 알아본다.

실행단계

말 그대로 행동단계다. 실제로 시간과 에너지를 쏟으며 문제행동을 변화시키는 행동을 한다.

유지단계

변화를 시작한 지 반년 이상 되어 재발 방지와 굳히기 단계에 들어선다.

범이론적 모형은 나선형 모형을 상정한다. 다시 말해 [그림 2.7]에서 보듯 각 단계가 잇달아 일어나고 전 단계로 다시 되돌아가기도 한다. 또한 유지단계에 있다가 재발을 경험할 수도 있다. 예를 들어 금연하고자 하는 사람은 숙고단계에서 유지단계까지 과정을 한 번 이상(경우에 따라서는 여러 번) 오가다가 결국 금연상태를 유지하는 데 성공한다.

행동의 변화를 위한 개입

위에서 설명한 건강신념모형이나 계획행동모형도 건강행동을 증진하기 위한 개입방식을 설명해주지만 범이론적 모형은 보다 체계적으로 개입방법을 제안한다.

범이론적 모형에서의 개입접근

범이론적 모형에서는 단계마다 개입법이 달라지며(그림 2.8) 다음 단계로 이끄는 접근을 시도하라고 한다(Prochaska, Velicer, Diclemente, & Fava, 1988). 숙고 전 단계에 있는 사람에게는 섣불리 변화를 종용할 것이 아니라 본인의 행동을 가치관이나 삶의 목적에 비추어 생각해보게끔 돕거나, 문제행동에 관한 정보를 제공해서 자신의 행동으로 인한 결과를 인식하게 하여 변화를 위한 다음 단계로 끌어올려준다. 예를 들어 자녀와 오래도록 함께 살고 싶다고 하면서 계속 흡연하며 아버지인 본인의 건강을 해치고 있다는 점, 자녀들을 생각해서 집에서는 담배를 피우지 않는다지만 옷에 남은 담배연기가 자녀들의 건강을 위협할 수 있다는 점을 깨닫게 하는 것이 금연에 대해 한 번쯤 고민해보게 만들 수 있다.

숙고단계에서는 변화하지 않으면 어떻게 될 것인지, 건강을 해치는 행동을 끊으면 어떤 이익과 불이익이 있을지 따져보는 **결정균형**(decisional balance) 과정이 도움이 된다(그림 2.9). 결정균형은 여러분도 무엇인가를 결정할 때 사용할 수 있다. 금연, 헬스장 등록 등 무언가를 실행할지 말지 혼란스러울 때 이를 사용하여 더 효율적으로 결정할 수 있다. 금연을 예로 들면 금연과 관련된 장 · 단점을, 단기적 및 장

[그림 2.8]
단계에 따른 대표적 중재

기적 관점에서 따져보는 과정이 되는데, 이미 결정이 끝난 다음 단계부터는 필요가 없거나 마음이 약해질 때 한 번씩 간단히 복습하는 정도로만 활용하면 된다.

준비단계에서는 효과적 실행법들에 대해 알아보고 각각의 장단점을 따져보게 하

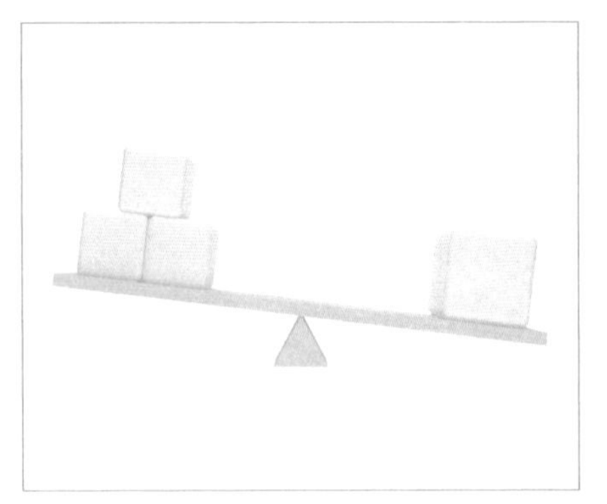

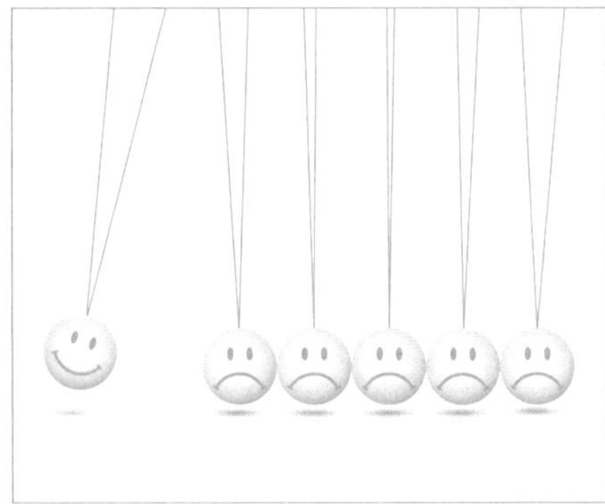

[그림 2.9]
결정균형 결정균형 과정을 밟으면서 어떤 경우는 단 하나의 이점이 여러 단점을(혹은 하나의 단점이 여러 장점을) 일당백 식으로 누르는 경우가 있다. 그래서 이점과 단점의 명단을 일단 만든 뒤 가중치를 주며 따져보는 절차가 필요하다.

면 좋을 것이다. 건강교양(health literacy), 즉 건강 관련 정보를 얻고 읽고 이해할 수 있으며 적절히 활용할 수 있는 역량이 이 단계에 필수적이다.

실행단계에서는 일반 심리치료에서 활용하는 **자극통제**(stimulus control), **강화수반성 관리**(reinforcement management) 등을 적용할 수 있다.[1] 일일 운동목표를 세우고 그것을 달성하면 주위에서 탄성을 지른다든지 좋아하는 게임을 즐기게 한다든지 하는, 보상(강화물)을 주는 것이 강화수반성 관리의 예이다. 자극통제란 특정 반응이 좀 더 많이 일어나거나 좀 더 적게 일어나도록 환경을 바꾸거나 재배열하는 것을 뜻한다. 그 예로 금연하기로 다짐했는데 주위에서 담배를 피우면 흡연욕구가 생겨 결심이 자꾸 흔들리는 경우, 이 사람은 당분간 골초 친구들을 피하면 흡연욕구가 생길 기회가 줄어들 것이다. 또 집안 여기저기 금연표시와 함께 일주일 담뱃값을 모아서 살 수 있는 갖고 싶은 물건사진을 붙여놓으면 금연을 유지하는 데 도움이 될 것이다.

유지단계에 도달한 사람에게는 계속 건강행동을 할 수 있도록 장애물에 대한 대처기술과 자기강화기술을 갖추는 데 주력하면 좋을 것이다. 또한 한 번 실수

[그림 2.10]
행동변화에 이르는 길은 멀고 여기저기 장해물이 놓여 있는 경우가 많다.

1 실행단계에서 사용되는 자극통제 등 인지행동적 개입에 관해서는 뒤에 더 자세히 설명하였다.

[그림 2.11]
건강한 삶을 위하여
출처 : www.evansHealthLab.com

를 저질렀을 때 행동변화에 완전히 실패했다고 좌절하는 **절제위반효과**(abstinence violation effect)를 다루어야 변화를 포기하고 재발의 늪에 빠지는 것을 막을 수 있다. 예를 들어 여러분이 금주를 잘 실천하다가 연인의 이별 통보 후 폭음했다고 치자. 이때 술을 안 마시기로 다짐했는데 금세 무너졌다는 생각에 후회, 자신에 대한 실망, 자신감 저하가 오고 "역시 나는 안 되는구나. 나는 의지박약이야. 나는 실패자야." 하면서 금주를 완전히 포기할 수 있다. 건강심리학자는 이러한 상황에 대처할 수 있는 전략을 미리 개인에게 훈련시킬 필요가 있다. 가령 "역시 나는 안 되는구나."를 "한 번 그런 건데 뭐.", "나는 의지박약이야."를 "의지박약이라면 아예 시도하지도 않았을걸. 다시 나를 다잡아 보자." 하는 식으로 절제위반효과를 최소화하고 지속적으로 행동변화를 이어가도록 도와준다.

ABC 분석

인지행동적 개입에서는 보통 타깃 행동(target behavior, 예 : 흡연)을 정하고 그 행동의 선행사건(antecedent, 예 : 다툼 등 대인관계문제) 및 결과(consequence, 예 : 단기적으로는 위안, 가족의 눈총, 장기적으로는 건강폐해)를 파악하는 ABC 분석을 시행하는 것으로 시작된다. 가능하다면 변인 자체뿐 아니라 변인 간 어떠한 함수관계가 이루어지는지도 살펴본다(그림 2.12). 위의 예에서 다툼이 어느 정도로 커지면 흡연량이 많아지는지, 담배를 피워서 위로 받는 것은 어느 정도이고, 가족들의 눈총은 어느 정도인지 살펴보는 것이다.

치료계획을 수립하기 전에 일정 기간 관찰과 자기감찰(self-monitoring)을 거치면서 ABC 분석이 이뤄지고 효과적인 개입설계가 가능해진다. 예를 들어 2주 동안 흡연일지를 쓰면서 흡연 욕구는 주위사람과의 갈등이 있거나, 눈앞에 담배가 보일 때 주로 일어나며 흡연하는 동안에는 마음이 좀 편해지지만, 가족과 주위사람들이 잔소리를 하며 눈총을 주는데 그런 것이 신경 쓰인다는 것이 분명해질 것이다. 이러한 ABC 분석을 토대로 대인갈등을 다루는 기술을 배우고 담배를 치우는 등 A를 조작하는 개입계획을 세울 수 있을 것이다. 또한 담배를 하루 동안 피우지 않았을 때 가족들이 잔소리를 그치고 금연을 격려하고 칭찬하도록 도움을 구하는 계획도 세울 수 있을 것이다.

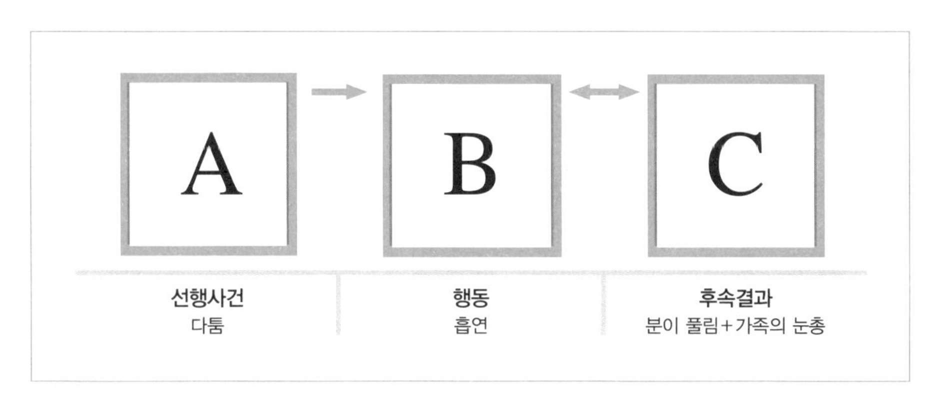

[그림 2.12]
A는 선행사건, B는 행동, C는 행동의 후속결과. 분석 후 B의 변화를 위해 A와 C를 바꾸는 것이 개입이다.

혐오치료

위에서 예를 든 어떤 사람의 흡연행동에 대한 ABC 분석을 다시 생각해보자. 담배를 피우면 생기는 후속결과인 C를 어떻게 바꿀 수 있을 것인가? 우선 '기분이 좋아진다'는 C를 바꾸고자 담배에 메스꺼움을 유발하는 화학물을 첨가할 수도 있을 것이다. 그러면 여러분이 심리학개론이나 학습심리학 수업에서 배운 대로 담배와 혐오스러운 자극이 짝지어져 좋은 기분은 사라지고 메스꺼움만 남을 것이다. 이러한 혐오치료(aversive therapy)는 주로 알코올중독에 사용되었다(그림 2.13).

다이설피램 복용 후 술을 마시면 구역질 등 혐오반응을 야기한다. 술과 다이설피램을 매일 짝지으면(다시 말해 매일 다이설피램 복용 후 술을 마시면) 고전적 조건화의 원리에 따라 술만 마셔도 혐오반응을 유발한다. 물론 이러한 치료는 신체적 처벌과 마찬가지로 윤리적인 문제를 야기할 소지가 있다. 그리고 여러분이라면 이러한 혐오조건 형성과정을 거쳐서라도 금연이나 금주를 할 것인가? 특별한 경우가 아니고는 아마도 다른 방법을 먼저 고려할 것이다.

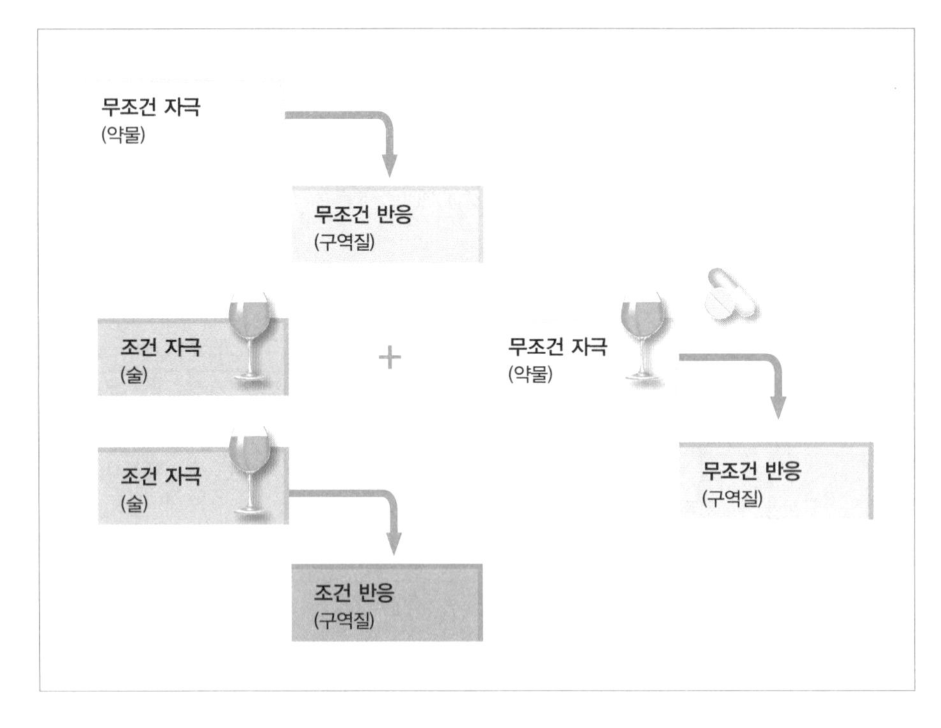

[그림 2.13]

알코올중독의 혐오치료 다이설피램 복용 후 술을 마시면 구역질 등 혐오반응을 야기한다. 술과 다이설피램을 매일 짝지으면(다시 말해 매일 다이설피램 복용 후 술을 마시면) 고전적 조건화가 형성되어 술만 마셔도 혐오반응을 유발한다.

글상자 2.1

불면증 치료를 위한 자극통제와 수면위생

불면증을 겪는 사람들의 경우 침대와 침실이 불면공포와 연결되어 있다. 따라서 자극통제를 통해 이 연결고리를 끊어줄 필요가 있다. 그래서 침실과 침대가 잠과 새롭게 연결되도록 도와주어야 한다.

지침

1. 졸릴 때까지 가능한 한 침대로 자러 가지 않는다.
2. 침대에서는 활동(TV 시청, 먹기 등)하지 않는다.
3. 자려고 누운 지 30분이 지나도 잠이 안 오면 일어난다. 깬 상태와 침대 간 연결고리를 약화시켜야 한다.
4. 잠이 안 와서 일어났다면 가능한 한 침실을 나와 다른 곳에 가서 다시 졸릴 때까지 조용하고 단조로운 활동을 한다.
5. 그러다가 졸리면 또 자러 간다. 또 잠이 안 오면 같은 절차를 반복한다.
6. 같은 시간에 일어난다(같은 시간에 알람을 맞춰 놓는다).
7. 나만의 취침의식을, 마치 제례의식처럼 정해서 지킨다. 가령 취침 10분 전 이를 닦는 것으로 취침의식을 시작해서 베개를 가지런히 둔다. ···▸ 이불을 정리한다. ···▸ 간단한 스트레칭을 실시한다. 등의 순서를 정한 뒤 매일 그대로 지킨다.

불면증의 인지행동적 개입의 일부로 위에 든 자극통제에 더해서 **수면위생**을 시행하면 효과적이다. 여러분이 상식적으로 알고 있듯이 오후부터는 카페인이 들어간 음식 섭취하지 않기, 쾌적하게 잘 수 있도록 빛, 온도, 소리 등이 통제된 환경 조성하기, 정기적으로 운동을 하되 취침 4시간 전에 끝내기, 만약 낮잠을 잔다면 20~30분 정도로 짧게 자기 등이 포함된다.

자극통제

앞에서 든 흡연자의 예에서 금연을 위해 담배를 치우는 개입법을 언급했다. 행동을 유발하기 쉬운 선행사건, 상황을 바꾸는 개입법이 **자극통제법**(stimulus control)이다.

교육과 캠페인

앞에서 소개한 건강신념모형이나 범이론적 모형에서 보듯 질병 심각성에 대한 인식을 높이고 숙고전단계에서 숙고단계로 넘어가기 위해서는 교육이나 캠페인 같은 개인을 넘어서 밖에서 진행하는 전향적인 접근이 효과적으로 이루어져야 한다.

건강심리학자들은 행동변화를 이끄는 요인들을 파악해서 교육이나 캠페인에 활용함으써 효과를 거두려는 노력을 한다. 예를 들어 흡연자가 금연하지 못하는 이유는 다양하지만 대부분 중 · 고등학교 때 친구의 권유로 흡연을 시작한다. 그래서 그러한 권유에 대항하기 위한 방법을 동원하게 된다. 가령 청소년들이 열광하는 연예인을 모델로 기용해서 금연 캠페인을 펼치는 것을 많이 본다. 이는 **모델링**(modeling)을 활용한 예다. 모델링은 모방을 포함한 인지행동적 개입법의 하나로, Bandura(1977)의 학습이론인 사회학습이론에서 비롯되었다. TV 프로그램 속 등장인물, 부모, 치료자 등 모델이 행동을 예시하면 관찰하는 이들의 행동이 촉구된다.

위에서 생활습관 변화를 강조하면서 개인의 결정과 실행, 그리고 개인의 결정과 실행을 돕기 위한 접근을 살펴보았다. 그러나 개인이 통제하기 어려운 건강 관련 요인들, 예를 들면 공기오염, 문화적 가치, 사회의 압력 같은 것들을 개선하기 위해서는 정부 보건관련부처를 비롯하여 전국가적인 협업이 필요하다는 사실은 두말할 나위 없을 것이다.

참고문헌

김미리혜(2010). 불면증의 인지행동치료. 한국심리학회지 : 건강, 15. 601-615.

Ajzen, I.(1985). From intentions to action: A theory of planned behaviour. In J. Kuhl & J. Beckham (Eds.), *Action control: From cognitions to behaviours* (pp. 11-39). New York : Springer.

Breslow, L., & Enstrom, J. E.(1980). Persistence of health habits and their relationship to mortality. *Prev Med.* 9(4), 469-483.

McMillan, B., Higgins, A. R., & Conner, M.(2005). Using an extended theory of planned behaviour to understand smoking amongst schoolchildren. *Addiction Research and Theory*, *13*, 293-306.

McMillan, B., & Conner, M.(2003). Applying an extended version of the theory of planned behavior to illicit drug use among students. *Journal of Applied Social Psychology*, *33*, 1662-1683.

Prochaska, J. O., DiClemente, C. C., & Norcross, J. C.(1992). In search of how people change: Application to addictive behaviors. *American Psychologist*, *47*, 1102-1114.

Prochaska, J. O., Velicer, W. F., Diclemente, C. C., Fava, J. L.(1988). Measuring processes of change: Applications to the cessation of smoking. *Journal of Consulting and Clinical Psychology*, *56*(1), 520-528.

음식섭취와 운동

01_ 식습관과 질환의 관련성에 대해 배우고, 건강한 섭식에 대해 알아보다.

02_ 운동의 이점과 운동 지속을 위한 개입에 대해 알아본다.

03_ 체중은 어떻게 결정이 되는지 알아본다.

04_ 비만의 정의와 위험에 대해 알아보고 건강한 비만치료 방법을 배운다.

05_ 섭식장애란 무엇인지 배우고 그 위험성에 대한 경각심을 일깨운다.

건강한 섭식과 운동은 건강을 유지하기 위한 필수요소다. 앞에서 보았듯 암이나 심장혈관질환 등이 사망의 주원인이고 이러한 만성질환은 평소에 건강한 행동습관으로 예방할 수 있다. 이 장에서는 건강증진 및 질병예방을 위해 음식과 질환과의 관련과 건강한 식습관에 대해 살펴보겠다. 또 건강하지 않은 식습관과 좌식 생활습관에서 비롯된 비만에 대해 살펴보고, 건강한 체중조절과 운동의 이점에 대해 알아보겠다.

“기분이 나쁘면 산책하라. 그래도 기분이 나쁘면 한 번 더 산책하라.”

– 히포크라테스

건강한 섭식

"우리가 먹는 것이 우리를 구성한다."라는 말이 있다. 우리가 먹는 음식의 질과 양에 따라 신체적 건강, 정신적 건강 및 삶의 질이 결정된다.

식생활은 경제상태, 문화, 식사기호, 식사시간 등의 다양한 영역을 아우르며, 오랜 기간에 걸쳐 식습관이 형성된다. 과거 우리나라는 곡류 위주에다 짜고 매운 음식을 선호했기 때문에 단백질 부족, 빈혈, 위장장애가 많았으나, 최근에는 식습관이 서구화되면서 동물성 지방과 설탕 섭취가 늘어 영양소의 과잉섭취 및 불균형 문제가 대두되고 있다.

우리가 일상적으로 먹는 음식과 그 속에 포함된 영양소가 건강에 어떻게 영향을 미치는지 알아보면서 균형 잡힌 식단에 대한 지침을 소개하고자 한다.

균형 잡힌 식습관

건강한 삶을 유지하기 위해서는 음식을 통해 1일 열량 에너지와 46개 영양소를 채워야 한다. 자신의 식습관을 파악하고 영양에 대한 올바른 지식을 가지고 올바른 식품을 선택하면 적어도 식생활로 인한 생활습관 질환의 발생 위험은 크게 줄어들 것이다.

영양이란 : 음식섭취에 필요한 영양소

영양(nutrition)은 보통 섭취, 소화, 흡수, 대사 작용을 포함하며 살아가는 동안 이루어지는 음식섭취에 대한 모든 과정을 말한다. 이 정의는 영양의 생물학적인 면을 강조하고 있지만, 미국당뇨학회(American Dietetic Association, ADA)에서는 영양이 심리적 · 사회적 · 경제적 요소들에 의해 영향을 받는다는 점을 강조한다.

우리가 음식을 먹는 근본적인 목적은 영양소를 얻어 생명을 유지하기 위해서다. **영양소**(nutrient)는 식품으로부터 얻을 수 있는 유기물질과 무기물질을 말한다. 현재까지 총 50여 종의 영양소가 알려져 있으며, 생명활동과 성장에 필요한 탄수화물(당질), 지방(지질), 단백질, 비타민, 무기질, 물을 6대 영양소라고 한다. 탄수화물과

영양소	종류	에너지 공급	신체 구성	생리기능조절
탄수화물	단당류, 이당류, 올리고당, 다당류	✓		
지방	중성지방, 인지방, 지방산, 콜레스테롤	✓		
단백질	아미노산, 단백질(완전단백질, 불완전단백질)	✓	✓	✓
비타민	지용성 비타민(비타민 A, D, E, K) 수용성 비타민(비타민 B군, C)			✓
무기질	다량 무기질(칼슘, 인, 나트륨, 염소, 칼륨 등) 미량 무기질(철, 아연, 구리, 불소, 요오드, 셀레늄)		✓	✓
수분			✓	✓

[표 3.1]
영양소의 기능과 종류

지방은 인체 대사활동을 위한 에너지를 제공한다. 단백질은 근골격계와 같은 신체 조직을 구성하고 성장을 촉진하는 역할을 한다. 비타민, 무기질, 단백질은 인체 대사과정과 생리기능을 조절한다. 영양소의 종류와 기능은 [표 3.1]에 정리되어 있다.

영양상태 신체의 영양상태에 따라 영양이 균형을 이루는 상태와 불균형인 상태로 구분할 수 있다. 균형 잡힌 영양상태는 인체에 필요한 모든 영양소가 충분히 저장되어 있고 정상적인 대사과정이 이뤄지는 것을 말하며, 신체건강뿐만 아니라 심리적인 건강까지도 유지할 수 있는 기본 바탕이 된다.

영양 불균형 상태는 섭취한 영양소의 양과 질이 신체에서 요구하는 것보다 부족하거나 과다해서 발생하는 **영양불량 상태**이다. 영양소를 적정수준보다 적게 섭취하면 **영양결핍 상태**가 되며, 적정수준보다 많이 섭취하면 **영양과잉** 혹은 **영양독성 상태**로 분류한다. 결핍 초기단계에는 체내에 영양소 저장량이 감소하여 대사과정이 느려지는데, 이때 특별한 증상은 보이지 않지만 쉽게 피로하며, 면역저하로 인해 감기 · 스트레스 등에 대한 저항력이 떨어진다. 영양결핍 상태가 지속되어 단백질이 부족해지면 머리카락이 건조해지고 윤기가 없어지는 증상이 나타나며, 에너지나 철분이 부족해지면 빈혈 증세와 집중력이 저하되는 등의 증상이 나타난다. 반대로 영양소가 장기간 과잉 섭취되어도 인체에 해로운데, 예를 들어 신체 소비량보다 많은 에너지를 섭취하여 나타나는 비만도 영양 불균형 상태이다.

[그림 3.1]
식품혈당지수

GI가 높은 음식 (> 70)		GI가 중간인 음식 (56~69)		GI가 낮은 음식 (< 55)	
찹쌀밥	86~98	보리밥	66	바나나	52
쌀밥	75~95	파인애플	66	두부	42
감자	95	파스타	65	복숭아	42
식빵	90	건포도	64	사과, 딸기	36
떡	85	아이스크림	63	귤, 토마토	33
옥수수	75	복숭아 통조림	62	우유	25
라면	73	고구마	61	콩	18
수박	72	현미밥	50~60	미역	16

혈당 지수 혈당 지수(glycemic index, GI)는 특정 음식의 탄수화물이 혈당 수준에 미치는 영향을 수치로 나타낸 것으로, 섭취 후 약 2시간 후 혈당 수준이 얼마나 상승하는지를 알려준다. 혈당은 혈액 속 포도당의 수치이기 때문에 포도당을 먹은 후 혈액에 나타나는 포도당 양을 100으로 잡고 특정식품 섭취 후의 포도당 양을 상대적인 값으로 계산한 것이다. 당지수가 높은 음식은 대표적으로 흰쌀 · 흰빵 · 설탕 등이고, 현미밥 · 채소 · 콩 등은 당지수가 낮은 음식들이다. GI 지수가 높은 음식을 먹어서 갑자기 많아진 혈당이 채 사용되지 못하면 지방으로 축적되고 공복감과 식욕도 빨리 생긴다. 따라서 GI 지수가 낮은 음식 위주로 섭취하는 것이 체중조절에 유리하다.

질환과 식습관

만성질환과 식습관 변화

우리나라에 선진국의 식문화가 유입된 후 선진국들이 안고 있는 영양문제와 질병 패턴을 그대로 답습하기 시작했다. 2013년에 실시된 국민건강영양조사 결과에 따르

질병	위험요인	위험 감소	위험 증가
비만	확실	• 정기적 신체활동 • NSP(monounstaturated fatty acid)의 섭취	• 좌식 생활양식 • 에너지 밀도가 높고 영양가 낮은 음식의 섭취
	위험 가능성	• 아이들에게 건강한 음식 선택을 지원하는 가정 및 학교 환경 • 모유 수유	• 에너지 밀도가 높은 음식, 패스트푸드 • 가당음료의 섭취 • 낮은 사회경제적 상태
당뇨병	확실	• 과체중 및 비만인 경우 체중감량 • 신체활동	• 과체중, 비만, 복부 비만비 신체활동 • 모성 당뇨
	위험 가능성	• NSP	• 포화지방 • 자궁내 성장지연
심혈관계 질환	확실	• 정기적 신체활동 • 리놀레산 • 생선과 생선기름 • 채소와 과일, 칼륨 • 알코올 섭취 적정량까지 낮춤	• 미리스트와 팔미트산 • 트랜스 지방산 • 염분 과다섭취 • 과체중 • 알코올 과다섭취
	위험 가능성	• 알파-리놀레산(ALA), 올레산 • NSP, 정제하지 않은 곡류 • 견과류(무염), 식물 스테롤/스타놀 • 엽산	• 식이 중 콜레스테롤 • 여과하지 않은 끓인 커피
암	확실	• 신체활동(결장)	• 과체중, 비만(식도, 대장, 폐경기 여성의 유방, 자궁내막, 신장) • 알코올(구강, 인두, 후두, 식도, 유방) • 아폴라톡신 • 중국식 염장 생선(비인두)
	위험 가능성	• 과일과 채소(구강, 식도, 위, 대장) • 신체활동(유방)	• 보존육류(대장), 염장식품(위) • 뜨거운 음식과 음료(구강, 인두, 식도)
골다공증	확실	• 비타민 D, 칼슘	• 알코올 과다섭취 • 저체중

[표 3.2]

WHO가 제시한 만성질환과 식이섭취 요인과의 관련성

출처 : WHO Technical Report Series 916, Diet, nutrition and the prevention of chronic disease, 2003.

면 총 에너지량 대비 지방섭취 비율과 설탕의 섭취량이 지속적으로 증가하고 있다. WHO에서는 특정 식품섭취가 어느 만성질환의 위험을 높이는지 안내했다(표 3.2).

만성질환과 식단관리

2013년 세계보건총회(WHA)에서는 '만성질환 예방과 통제를 위한 액션플랜 2013

~2020'을 채택했다. 여기서 담배와 알코올 사용의 감소를 권하고 신체활동 증가와 함께 적절한 식이섭취를 중요 전략으로 강조했다(WHO, 2013). 식단의 변화는 이미 만성질환 위험군이거나 만성질환 진단을 받은 사람에게도 중요하다(Center for the Advancement of Health, 2000). 미국암학회의 역학 연구에서 낮은 식사질 지수(DQI)[1]가 전체사망률과 심혈관계 질환 사망과 암 사망 위험을 높이는 것으로 파악되었다(Seymour et al., 2003).

관상동맥 심장질환 혈중 콜레스테롤 수준은 특히 심혈관계 질환과 관련이 높은데 이는 제8장 심혈관계 질환에서 프레이밍햄의 심장연구결과를 설명하는 절에서 자세히 설명할 것이다. 심장병과 식습관의 관계를 보여주는 또 하나의 연구는 딘 오니쉬 박사의 '심장질환을 위한 생활습관 시행' 연구이다. 그는 심장질환 환자들을 실험집단과 통제집단으로 나누고 실험집단에 속한 환자들의 수면, 음식섭취, 운동 등의 생활습관을 통제했고 통제집단의 환자들에게는 일반적인 치료만 받도록 했다. 실험집단의 환자들은 1년 동안 저지방 식물성 음식을 권장했고, 달걀 흰자와 하루에 1컵의 무지방 우유나 요구르트를 제외하고는 그 어떠한 동물성 식품도 허용하지 않았다. 식이요법 외에도 명상, 호흡훈련, 이완 같은 스트레스 관리 요법을 최소한 하루에 1시간씩 실천하도록 했다. 그 결과 실험집단의 환자들은 1년 후에 심장질환의 증상의 빈도, 지속기간, 강도가 감소했으며, 나쁜 콜레스테롤이라고 불리는 LDL이 2배 이상 감소하여 다른 질병의 발병 위험까지 감소했다.

암 붉은 육류 및 동물성 식품에 포함된 포화지방은 유방암, 전립선암, 대장암 등의 위험요인이다. 한편 비타민 C와 E는 암 발생의 주범인 활성산소로부터 신체를 보호하는 역할을 한다. 또 채소와 과일에 함유된 베다가로딘은 비타민 A로 합성되어 면역력을 높여줘서 암을 예방하는 데 도움을 준다.

---

1 식사질 지수(diet quality index, DQI) : 전반적인 식사의 질을 나타내는 지수

올바른 식사모형

올바른 식생활을 위해서는 매일 곡류군, 어육류군, 채소군, 과일군, 우유군, 지방군을 빠뜨리지 않은 균형 잡힌 식사를 하는 것이 중요하다. 이에 대해 나라별로 식사 지침을 제시하고 있는데, 한국, 미국, 일본에서 말하는 올바른 식단과 섭취 지침에 대해 알아보고자 한다.

식품구성자전거 정부는 균형 잡힌 식생활을 위한 영양소 섭취 지침을 수차례 개정했는데, 가장 최근 형태는 보건복지부에서 2015년 권장 식단을 자전거 형태의 원그래프로 제시한 **식품구성자전거**이다(그림 3.2). 식품구성자전거는 우리가 주로 먹는 식품들의 종류와 영양소 함유량, 기능에 따라 비슷한 것끼리 여섯 가지 식품군으로 나누고 각 식품군의 섭취 횟수와 분량에 따라 자전거 바퀴 면적을 배분하여 만든 식품모형이다. 충분한 수분섭취와 신체활동도 함께 권하고 있다.

마이플레이트 미국 농무부와 아동비만퇴치단체인 레츠무브(Let's Move)에서 만든

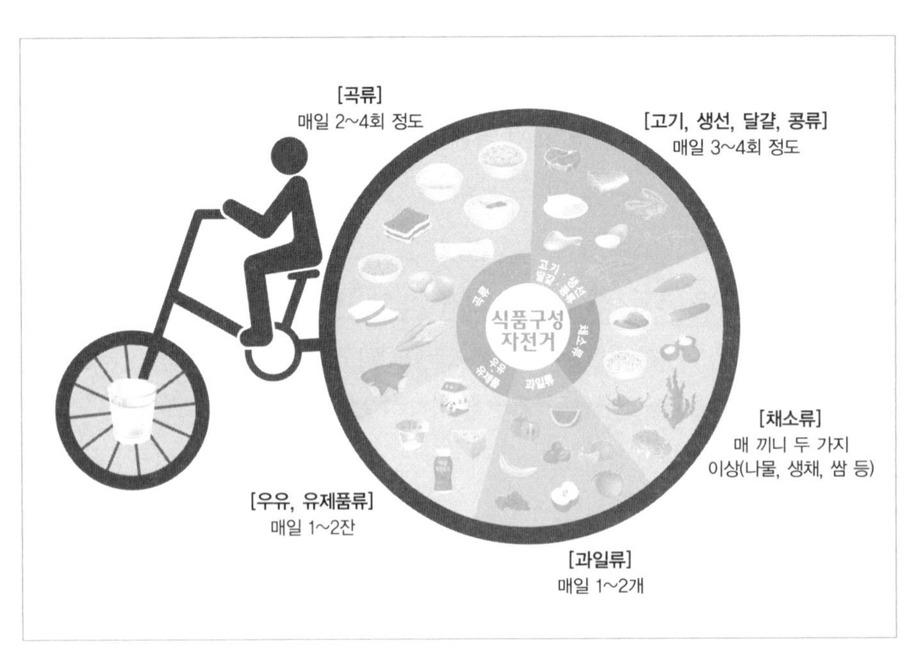

[그림 3.2]
식품구성자전거
출처 : 보건복지부(2015 한국인 영양소 섭취기준)

영양식단표인 '마이플레이트(MyPlate)'는 한 끼 식사 때 섭취해야 할 다섯 가지 식품군(채소류, 과일류, 곡물류, 단백질, 유제품)을 권장 섭취량에 따라 접시 위에 배분해 놓았다. 접시의 절반은 채소와 과일로 채우고 나머지 1/4은 곡물로, 1/4은 단백질을 섭취하는 형태로, 지방과 설탕을 지양하도록 권고하고 있다. 또한 해당 군에 속한 식품의 종류, 권장량, 조리법 등을 상세히 설명하고 있다.

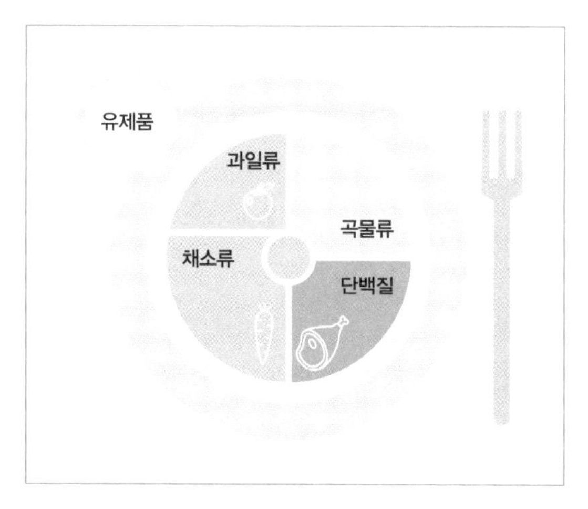

[그림 3.3]
마이플레이트
출처 : United States Depart ment of Agriculture(2017). Myplate. Retrieved October 21, 2017, from https://search.usa.gov/search?query=myplate&affiliate=usda-fns

식사 밸런스 가이드 식사 밸런스 가이드는 일본 농림수산성과 후생노동성이 2005년, 건강 유지를 위해 하루에 무엇을 얼마나 섭취하면 좋을지를 삽화를 사용해 알기 쉽게 해설한 것이다(그림 3.4). (1) 주식(밥, 빵 등), (2) 주 반찬(생선, 육류, 알류, 두부 등), (3) 부 반찬(채소, 버섯류, 해조류 등), (4) 우유 및 유제품, (5) 과일, (6) 과자 및 기호음료, (7) 열량. 이렇게 7개 항목의 적정한 기준량을 제시하고 있다. 운동은 팽이가 회전하는 것처럼 달리는 것을 보여주며, 수분은 팽이의 축을 형성해서 식사의 가장 기본적인 요소임을 강조하고 있다. 팽이를 돌리기 위한 끈은 기호식품을 나타내며 식생활의 즐거움을 고려하

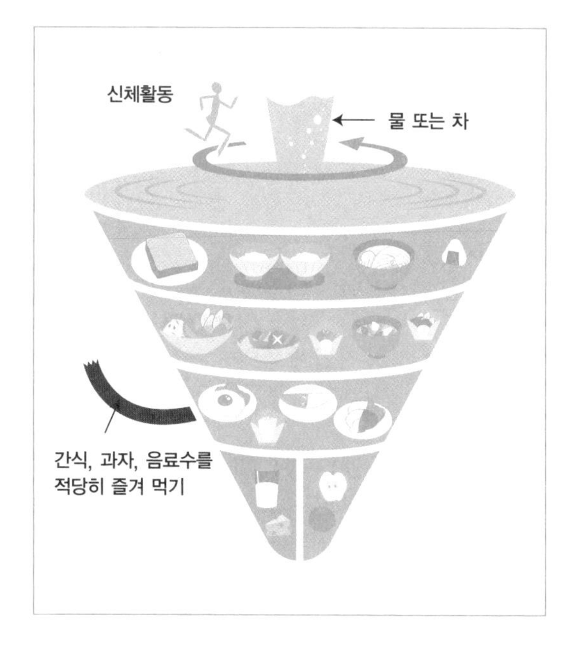

[그림 3.4]
일본의 식사 밸런스 가이드
출처 : 일본 농림수산성과 후생노동청 자료(http://www.maff.go.jp/)

여 최대 200kcal까지 허용했다. 식사 밸런스 가이드는 밸런스를 우선적으로 고려했음을 보여준다.

운동

운동은 정신건강과 신체건강을 유지할 수 있는 건강보호 및 예방요인이다. 만성질환의 치료 및 재활을 위한 가장 중요한 요법으로 운동이 들어가며, 운동을 통해 다양한 건강상의 이득을 얻을 수 있다는 연구결과는 매우 흔하다. 이처럼 운동이 좋다는 이야기는 많지만 그에 비해 꾸준히 운동을 이어가는 사람은 적다. 건강심리학자적 관점에서 어떻게 하면 사람들이 꾸준히 운동할 수 있도록 도울 수 있을까?

우선, 운동에 대한 개념과 운동이 우리의 몸과 마음에 어떤 이익을 주고 있으며, 왜 우리가 운동을 꾸준히 못하는지 방해요인들을 살펴볼 것이다. 운동을 어떻게, 어느 정도로 하는 것이 필요한지, 운동을 꾸준히 할 수 있는 방법에 대해서도 알아보고자 한다.

신체활동이란

신체활동은 골격근의 수축으로 일어나는 신체의 모든 움직임을 의미하며 눈 깜박임, 손가락 움직임과 같은 단순한 움직임에서부터 이동, 집안일, 걷기, 등산 등과 같은 운동 형태에 이르기까지 다양한 의미로 해석될 수 있다. 즉, 신체활동은 몸을 움직이는 모든 행동을 뜻한다. **신체운동**은 특정한 목적을 가지고 계획적 · 구조적 · 반복적으로 하는 신체활동을 의미하며, 일반적으로 체력 · 수행력 · 건강 등의 개선 및 유지를 목적으로 여가시간에 수행하는 신체활동을 의미한다(국민건강지식센터, 2015).

운동은 크게 유산소 운동과 무산소 운동의 두 가지 범주로 나뉜다. **유산소 운동**은 산소를 이용한 운동으로, 상당한 시간 동안 경도에서 중등도의 강도로 실시하는 운동의 종류다. 수영, 걷기 등이 대표적인 유산소 운동에 해당된다. 유산소 운동은

	건강한 성인 및 65세 미만	65세 이상 성인 및 30~64세 만성질환자
유산소 운동	• 중강도 운동 : 1회 30분씩, 주 5회 • 고강도 운동 : 1회 20분씩, 주 3회	• 중강도 운동 : 1회 30분씩, 주 5회 • 고강도 운동 : 1회 20분씩, 주 3회
근력 운동	• 8~10가지 동작 • 한 동작당 8~12회, 주 2회	• 8가지 동작 • 한 동작당 10~15회, 주 2~3회

[표 3.3]
건강증진을 위한 주간 권장운동량
출처 : 국민건강지식센터 (http: //hqcenter.snu.ac.kr)

심장박동수와 호흡에 따라 체내에 공급된 산소를 이용하여 탄수화물, 지방 등과 같은 영양소를 연소시켜서 활동 에너지로 만들어내는 운동이다. 유산소 운동은 지방 감소와 심폐기능 향상에 효과적이다. **무산소 운동**은 운동을 지속하는 데 필요한 에너지를 생산하는 과정에서 산소가 필요 없는 에너지 대사과정이 동원되는 형태의 운동이다. 100m 달리기나 역도와 같이 30초 이내의 짧은 시간 내에 최대의 힘을 발휘해야 하는 고강도의 운동이나 근력운동은 무산소 운동으로 분류된다.

운동의 이익

신체 능력의 획득

우선 무산소 운동인 근력운동은 근력과 근지구력을 발달시켜준다. 근력(muscle strength)은 근육이 수축할 때 발생하는 힘의 양을 뜻하며, 근지구력(muscle endurance)은 오랜 시간에 걸쳐 활동을 반복할 수 있는 근육의 능력을 뜻한다. 근육을 강화하는 운동을 하게 되면, 노화로 인한 근력 감소를 늦춰준다(Spirduso & Cronin, 2001). 또한 근육 강화는 외모에 대한 자신감을 높이는 데 그 효과가 크다(Dunn, Trivedi, & O'Neal, 2001).

유산소 운동은 심폐체력을 강화하는 데 효과적이다. 심폐체력(cardiorespiratory fitness)은 신체활동을 오래 시간 지속할 때 근육이 자동하도록 산소를 공급하는 심장, 혈관, 폐의 능력을 뜻한다. 심폐체력은 각종 질병과 사망률의 예측할 수 있는 강력한 요인이다. 심폐체력이 높을수록 심혈관계 질환과 심장질환의 발병 위험을 낮춰주며(Kodama et al., 2009), 제2형 당뇨병의 위험성을 낮춰준다. 또한 혈압이 낮아지고, 뼈의 밀도가 높아지는 효과를 기대할 수 있다(Kesaniemi et al., 2001).

또한 스트레칭 운동을 통해 유연성을 기를 수 있다. 유연성이란 관절의 전체 동작 범위에 걸쳐 자유롭게 움직일 수 있는 능력이다.

마지막으로, 운동은 노화를 지연시켜주는 역할을 한다. 예를 들어 나이 들면서 근육이 감소되어 일상생활의 부상위험이 커지거나, 관절근육의 기능이 저하되어 관절염 등의 만성질환 문제가 발생하는데, 근력운동을 통해 이런 근육 관련질환을 예방할 수 있다.

신체건강의 유지와 개선

운동과 신체건강 사이에는 꽤 높은 상관이 있다. 운동은 특히 수명연장과 만성질환 관리 및 치료에 중요한 역할을 한다. 이후에 나올 만성질환 및 심혈관계 질환 장(제 8~9장 참조)에서도 언급되겠지만, 신체운동은 심혈관질환 및 대장암, 유방암, 전립선암 등과 고지혈증, 대사증후군 등의 성인병 발병 위험도를 낮춰준다.

적당한 운동은 몸의 면역체계를 강화해준다(Nieman & Pedersen, 1999). 또한 운동을 하게 되면 심장기능이 활성화되어 뇌로 공급되는 혈액이 증가한다. 그러면 혈액을 통해 영양소가 충분히 공급되어 전반적인 뇌 기능이 향상된다. 운동이 인지기능에 미치는 효과를 보기 위해 28개의 연구를 메타분석한 결과 유산소 운동을 한 집단에서 주의집중, 수행속도, 수행능력과 기억 개선 효과가 있는 것으로 나타났다(Smith et al., 2010). 운동은 뇌의 노화를 막아주는 역할도 한다. 치매 전 단계의 환자들을 3년간 추적 조사한 결과 그동안 운동을 하지 않은 노인은 운동을 한 노인보다 인지기능이 39%나 나빠진 것으로 나타났다. 또한 이미 뇌손상이 시작된 사람도 유산소 운동을 꾸준히 하면 인지기능이 개선된다는 연구결과도 있다(Jung et al., 2017).

심리 건강의 유지와 개선

여러분 중에서도 운동으로 감정을 조절하는 사람이 있을 것이다. 심심할 때, 슬플 때, 화날 때, 불안할 때 운동을 하면 기분전환이 된다(Dubbert, 2002; Hansen, Stevensen, & Coast, 2001). 또한 자아존중감(Sontroem & Morgan, 1989), 활력

글상자 3.1

신체활동 피라미드

운동과학자인 Chunk Corbin과 Robert Pangrazi는 신체활동을 위한 가이드로 **신체활동 피라미드**(The Physical activity Pyramid) 모형을 만들었다. 신체활동 피라미드는 만성질환 환자와 일반인을 대상으로 활동적인 생활양식을 할 수 있도록 제안하는 모형으로서 면적이 넓을수록 활동을 적극적으로 해야 하며 면적이 좁을수록 해당 활동을 적게 해야 한다는 의미이다. 일주일간 할 수 있는 신체활동 및 운동의 적정량을 제시하고 있으며, 건강한 사람의 경우에는 피라미드 전체를 포함하는 다양한 활동을 할 것을 권장하고 있다(Corbin, 2000).

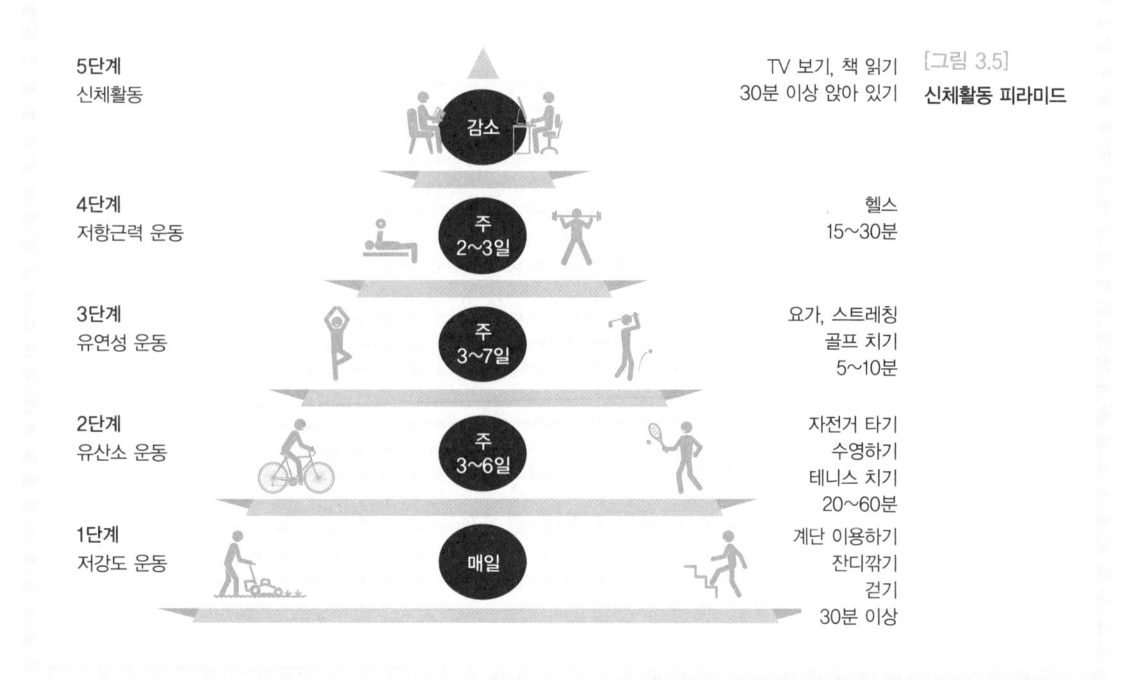

[그림 3.5] **신체활동 피라미드**

(Salmon, 2001), 웰빙, 외모 만족감 등과 같은 다양한 측면에서의 개선 효과가 있다는 것이 증명되었다(Paluska & Schwenk, 2000).

운동은 오래전부터 우울증의 심리치료나 약물치료에서 보조치료로 사용되는데, 우울증의 예방효과도 시사해주는 연구도 찾아볼 수 있다(Mead, 2009). 또한 만성

정신질환인 조현병과 양극성 장애로 진단받은 환자들에게 운동이 우울, 불안, 스트레스 수준을 낮춘다는 연구결과가 보고되었다(Malchow, 2013; Ng, Dodd, & Berk, 2007).

운동 지속 관련요인

운동을 꾸준히 하지 못하는 여러 가지 이유가 있다. 우선 나이가 많을수록 운동에 참여하는 비율이 줄어든다. 이는 전 세계에서 공통적으로 나타나는 현상이다. 이는 나이가 들면서 자신들의 인생과업을 휴식과 이완의 시기로 생각하기 때문에 운동 참여량이 줄어드는 것으로 추정된다. 문화체육관광부에서 실시한 2016년도 국민생활체육 참여실태조사 결과에 따르면 여성(56.2%)이 남성(51.1%)보다 운동에 참여하지 않는 비율이 더 높았다. 다만 우리나라의 경우 여성의 운동참여율이 증가하는 추세다. 여성의 사회활동 참여가 늘어나고, 다이어트 및 건강에 대한 관심이 증가하기 때문인 것으로 추정된다. 또한 학력 수준이 높을수록 규칙적인 운동에 참여하는 비율이 높으며, 학력이 낮을수록 참여하지 않거나 중단하는 경우가 높게 나왔다. 이러한 경향은 미국에서도 동일하게 관찰되는 현상으로, 사회경제적 지위가 낮은 근로자는 운동을 할 수 있는 시간적 · 공간적 · 경제적 여유가 없기 때문인 것으로 파악된다.

자기동기화와 자기효능감은 운동지속과 관련이 있다. 특정 행동에 대해 동기를 부여하는 외부강화물이 없는 상황에서도 노력하려는 경향을 자기동기화라고 정의한다. 스스로의 내재적 동기가 높아서 자기동기화가 잘된다면 운동을 시작하고 유지하는 데 큰 어려움이 없을 것이다. 또한 운동에 대한 자기효능감은 운동을 잘 할 수 있다는 자신감이다. 자기효능감이 행동의 가장 강력한 요인이라고 주장한 Albert Bandura(1997)의 견해대로 자기효능감이 운동 유지에 결정적 역할을 한다는 연구결과들이 발표되었다(Sallis & Owen, 1999).

사회적 지지 또한 중요하다. 운동을 혼자서 할 때보다 다른 사람과 같이할 때 지속이 잘된다(Prestwich et al., 2012). 다른 사람으로부터 받는 다양한 형태의 정서적 지지와 행동에 대한 피드백 등을 통해서 운동하는 재미가 커질 것이다.

글상자 3.2

운동중독

운동중독(exercise addiction)이란 정기적으로 운동을 하면서 의존하는 상태로 운동을 하지 않으면 금단증상을 나타낸다. 운동중독을 겪는 사람들은 부상, 일, 가족 등과 같은 여러 가지 이유로 운동을 할 수 없을 때도 무리해서 운동하려 든다. 운동을 중단하면 죄의식, 허전함, 불안함, 피로감과 같은 금단증상을 느끼며, 항상 운동을 할 때 본인이 의도하거나 계획한 것 이상으로 운동에 지나치게 많은 시간을 투자한다. 또한 오랜 시간 운동을 해야 하기 때문에 일상생활에서 해야 하는 일을 포기하고 오직 운동에 매진해야만 본인이 해야 하는 양의 운동을 마칠 수 있다. 혹시 여러분이 해당되는가?

문화체육관광부에서 조사한 보고서에 따르면 운동에 참여하지 않는 가장 큰 이유는 시간이 부족해서이며, 두 번째 이유는 너무 피곤하다는 것이다. 운동을 자연스러운 일과로 인식하기보다 종일 일하고 나서도 해야 하는 일처럼 생각하는 사람일수록 이렇게 대답한 비율이 높았다. 미국 또한 이런 비슷한 패턴으로 운동 참여의 방해요인을 꼽는다.

개인적인 특성이 운동의 방해요인으로 작용하기도 하지만, 운동을 하지 않는 또 다른 이유는 운동시설의 접근성이 좋지 않기 때문일 경우도 있다. 운동시설을 설치하는 등 운동 환경을 개선했을 때, 자신의 거주 지역이 안전하고, 사회적으로 고립되어 있지 않다고 느낄 때, 운동을 할 수 있는 장소가 가깝다고 여길 때 신체활동을 더 하는 경향이 있다(Hawkley, Thisted, & Cacioppo, 2009; van Stralen, de Vries, Bolman, Mudde, & Lechner, 2010).

체중조절

체중은 에너지의 섭취와 소비 간에 균형을 이루고 있을 때에 안정 상태를 유지하며, 균형이 깨지면 살이 찌거나 빠진다. 체중조절의 원리를 이해하기 위해서 체중이 어떻게 결정되는지에 대한 가설을 알아보고, 에너지 섭취와 에너지 소비에 대한 기초지식을 알아본다.

체중은 어떻게 결정되는가

설정점 이론

우리의 몸은 체온, 혈당과 같은 체내 환경을 항상 일정한 상태로 유지하고자 하는 **항상성**(homeostasis) 기능이 있다(제4장 참조). 체중과 체지방에 대해서도 마찬가지다. 그런데 체온과 체중이 다른 점이 한 가지 있다. 체온은 남녀노소, 동서양을 막론하고 누구나 동일한 범위 내에서 변화하며 이 범위를 벗어나면 생명이 위험하다. 하지만 체중과 체지방의 범위는 사람마다 다르다. 사람마다 생김새나 키가 다른 것과 마찬가지다.

Richard Keesey(1993)에 따르면 우리 몸은 체중의 자연적인 안정점을 나타내는 설정점(set point)을 유지하려고 한다. 이 **설정점 이론**(set-point theory)에 따르면 신체는 체중을 안정적으로 유지하기 위해서 지방세포 수준을 관리한다. 즉, 우리의 몸은 특정 시점에 자신에게 맞는 체중이 정해지면 항상 그 상태를 유지하기 위해 체중이 변하면 복구하려 노력한다. 따라서 한 번 정해진 설정점은 쉽게 바뀌지 않는다.

하지만 설정점에 맞춰진 체중도 어느 정도 조절 가능하다. 예를 들어 과식, 스트레스, 우울, 불안 등의 심리상태, 질병 때문에 에너지 섭취량이 증가한다면 일시적으로 체중이 늘어나게 된다. 만약 일정 기간 증가된 체중을 유지한다면 이전의 설정점 수치보다 높은 새로운 설정점이 탄생하게 된다. 반대로 오랜 기간 식사조절 및 운동에 의해 에너지의 섭취량을 줄이고 소비량을 늘리면 설정점 체중은 내려갈 수 있다.

지방세포설

지방세포의 수와 크기가 체중을 결정한다는 것이 **지방세포설**(fat cell theory)이다. 정상 체중의 사람은 대략 250~300억 개의 지방세포가 있다. 지방세포 수의 증식은 생후 1년에 매우 왕성하고, 그 이후 꾸준히 진행된다. 성인이 되면 세포 수는 더 이상 늘어나지 않는데, 성인이 과체중이 되는 것은 지방세포의 크기가 늘어났기 때문이다. 지방세포는 한 번 생기면 사라지지 않는다. 그렇기 때문에 아동기에 지방세포의 수가 늘어난 상태(아동 비만)로 성인이 되면 비만이 될 가능성이 다른 사람에 비해 높다. 만약에 에너지 공급량이 계속 과잉이면 지방세포 크기가 20배까지 늘어난다.

체중을 조절하는 생리학적 기제

체중을 조절하는 요인으로 뇌의 해부학적 구조와 신경전달물질, 호르몬 등이 작용하며 이를 통해 체중의 설정점이 증가하거나 감소한다.

뇌의 시상하부 : 섭식 중추와 포만 중추

1940년대 미국 노스웨스턴대학교의 Hetherington 박사와 Ranson 박사는 쥐의 뇌 시상하부 내측에 전기자극을 주어 신경조직을 손상시켰더니 쥐들이 음식을 조절하지 못하고 질식사할 때까지 끊임없이 먹어댄다는 사실을 확인했다. 시상하부가 식욕조절에 중요한 역할을 한다는 사실을 처음 입증한 연구였다. 시상하부 외측핵에 전기자극을 주어 신경조직을 파괴했더니 반대로 식욕이 떨어진다는 사실도 확인했다. 시상하부 외측핵의 조직이 파괴된 쥐는 결국 굶어 죽었다.

이후 뇌의 외측 시상하부에는 섭식 중추, 내측 시상하부에는 포만 중추가 있다고 믿었다. 하지만 연구가 이어지면서 식욕은 이렇게 2개의 중추만으로 단순하게 조절되는 것이 아니라 교감신경과 부교감신경, 위장관에서 분비되는 화학물질도 관여한다는 결과가 밝혀졌다.

식욕억제 호르몬 : 렙틴

1994년, Friedman 교수팀은 섭식을 통제하는 호르몬인 렙틴을 찾아내었다. 렙틴은 지방조직에서 분비되며 체지방을 일정하게 유지하도록 돕는다. 시상하부에서 렙틴 수용체와 렙틴 호르몬이 결합하면 식욕억제작용이 일어나고, 교감신경이 자극되어

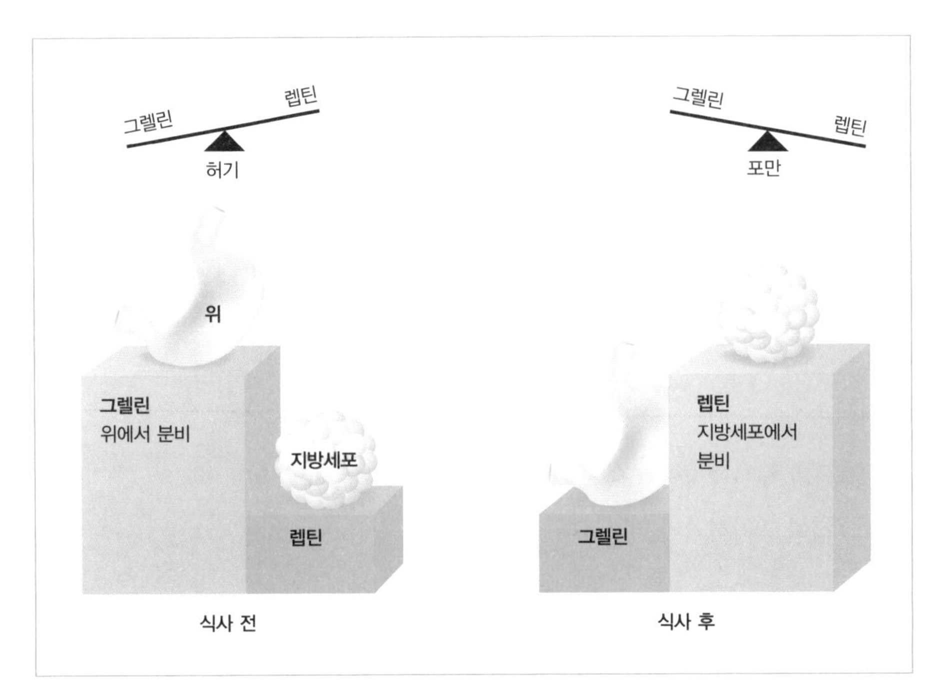

[그림 3.6]

렙틴과 그렐린의 작용 그렐린의 분비가 활발해지면 식욕을 느껴서 음식을 섭취하게 되고, 어느 정도 먹고 나면 그렐린 분비가 감소하면서 동시에 렙틴의 분비가 활성화되어 포만감을 느끼게 된다.

신체의 다양한 대사 작용이 일어난다. 이를 통해 저장되어 있는 지방들이 분해된다. 렙틴에 문제가 생기면 섭식행동이 늘어나 극도의 비만 상태가 되고 당뇨병으로 이어지게 된다.

체지방이 증가하면 체내 렙틴 양이 늘어난다. 그러다가 렙틴 수치가 정상 이상으로 높아지게 되면 오히려 저항 반응이 일어나게 된다. 렙틴 저항성(leptin resistance)이 커지면 렙틴이 시상하부에 '먹지 마'라는 신호를 보내도 반응하지 못하고 계속해서 먹게 된다. 심지어 뇌는 렙틴이 부족하다고 단정하고 더욱 배고픔을 느끼게 된다. 비만한 사람일수록 렙틴 저항성이 높다.

식욕촉진 호르몬 : 그렐린

그렐린은 위와 췌장에서 분비되는 펩티드 호르몬 계열로 공복일 때 식욕을 촉진시키는 역할을 한다. 그렐린은 식전에 최고조로 상승되고 식후에 감소된다. 공복 시 그렐린이 분비되면 뇌의 시상하부에 존재하는 뉴로펩티드 Y(neuropeptide Y, NPY)

라는 물질이 활성화되어 시상하부의 섭식 중추가 자극을 받고 식욕을 느껴 먹을 것을 찾게 된다. 이후 음식물을 섭취해 위장이 차고 혈당이 높아지게 되면 그렐린 분비는 감소되면서 동시에 렙틴 분비량이 증가한다. 다시 렙틴은 시상하부의 포만 중추를 자극해 포만감을 느끼게 만든다.

혈당과 인슐린

식사 후 혈중포도당(혈당) 수준이 오르면 인슐린이 분비되어 잉여 포도당을 글리코겐이라는 저장 가능한 형태의 포도당으로 만든다. 당장 필요한 에너지를 보충하고 글리코겐 저장고를 채운 뒤에도 남은 포도당이 있다면 모두 지방으로 바뀐다.

섭식 중추에는 **포도당 감수성 뉴런**(glucose sensitive neuron, GSN)이 있으며, 이 신경은 혈중 포도당을 통해 조절된다. 즉, 공복으로 혈당이 낮아지면 GSN이 활성화되어 섭식 중추가 작용하게 되고, 이때 우리는 배고픔을 느끼며 음식을 섭취한다. 반면 포만 중추에는 **포도당 수용 뉴런**(glucoreceptor neuron, GRN)이 존재하며,

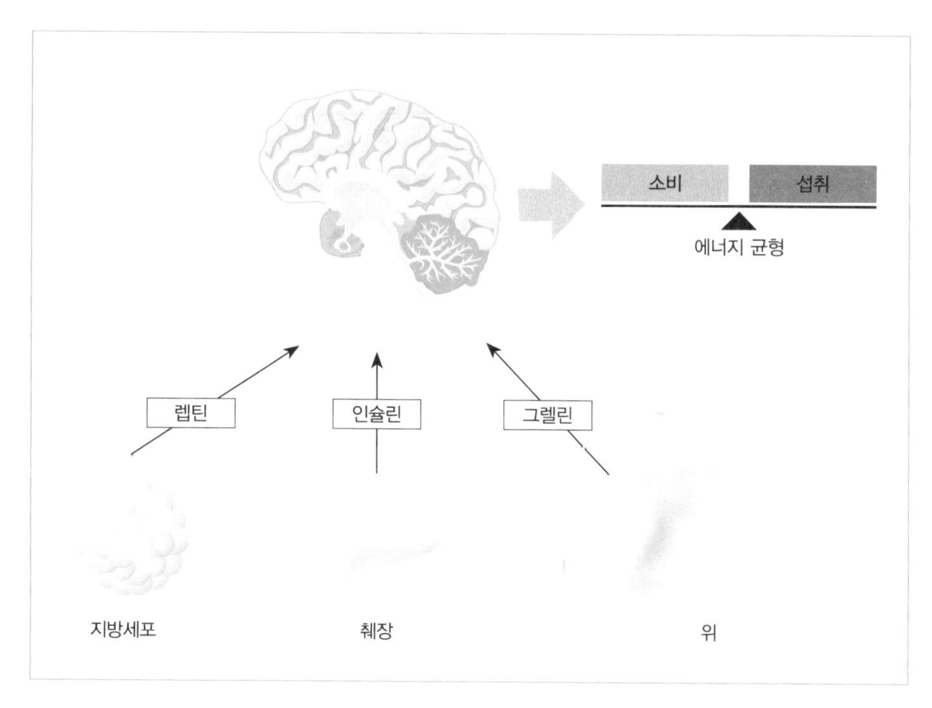

[그림 3.7]
음식섭취의 생리학적 통제기제 호르몬에 따라 섭식 중추나 포만 중추가 활성화되고 웬만하면 에너지 섭취/소비의 균형을 유지한다.

이는 포도당에 의해 활성화된다. 따라서 고혈당이 되면 포만 중추가 자극을 받아 음식을 더 이상 섭취하지 않게 한다. 이를 통해 인슐린은 혈당 조절을 통해 섭식 행동에 관여한다.

체중조절의 에너지 균형

음식을 통해서 섭취하는 에너지와 다양한 활동을 통해서 소비하는 에너지를 늘리거나 줄임으로써 체중을 조절할 수 있다. 에너지 균형이란 에너지 섭취량과 에너지 소비량이 같은 상태를 말하며, 에너지 균형 상태에서는 체중의 변화가 없고, 현재의 체중이 유지된다. 에너지 섭취량이 에너지 소비량보다 많으면 양(+)의 에너지 균형 상태로, 잉여의 에너지가 쌓여서 체중이 증가한다. 반대로 에너지 섭취량이 에너지 소비량보다 적으면 음(−)의 에너지 균형 상태가 되며, 부족한 에너지를 채우기 위해 체내에 저장된 체지방을 사용하기 때문에 체중이 감소하게 된다.

에너지 섭취량

우리가 일상생활을 해나가려면 많은 에너지가 필요하다. 숨 쉬기, 눈 깜박이기와 같은 모든 신체활동에 에너지가 사용되기 때문이다. 우리가 섭취하는 식품 속에 포함된 탄수화물, 지방, 단백질이 체내에서 산소와 결합하여 연소하는 과정을 거쳐 에너지를 내는 연료가 된다. 섭취한 에너지를 측정하는 단위로 영양학에서는 칼로리(Cal)를 사용한다. 우리가 영양분을 섭취하고 그 주어진 칼로리를 다 사용 못하면 우리 몸에 지방질로 축적되기 마련이고 비만이 된다. 우리가 섭취하는 모든 음식물에는 일정한 칼로리가 포함돼 있어서 탄수화물 1g에 4.1Cal, 지방에는 9.3Cal, 그리고 단백질에는 4.1Cal가 포함되어 있다. 무기질과 섬유소 등은 칼로리가 없다.

에너지 대사량

1일 에너지 소비량을 크게 휴식 시 소비하는 에너지와 활동 시 소비하는 에너지로 구분하여 계산할 수 있다. 휴식 시 소비하는 에너지의 총량을 **휴식대사량**(resting metabolic rate, RMR)이라고 하며, 이는 생명현상을 유지하는 데 필요한 최소한의 에너지인 **기초대사량**(basal metabolic rate, BMR)을 포함하는 개념이다. 다시 말해 오랫동안 몸을 전혀 움직이지 않는 상태를 유지하기란 사실상 불가능하기 때문에 기초대사량은 실제로 직접 측정이 불가능하므로 보다 현실적인 휴식대사량이라는 개념과 그 측정법을 사용한다. 많은 경우 두 용어를 구별하지 않고 혼용해서 쓰고 있다. 기초대사량은 성별, 나이, 체지방량 등의 요인에 영향을 받는다. 기본적으로 성별에서 가장 큰 차이를 보이는데, 남성이 여성보다 기초대사량이 높다. 남성의 기초대사량은 평균 1,600~1,800kcal이며 여성은 1,200~1,450kcal이다.

활동 시 소비하는 에너지는 활동에 필요한 근육의 수축과 이완에 소비되는 에너지로, 이를 **활동대사량**(thermic effect of activity, TEA)이라고 부른다. 보통 1일 에너지 소비량의 15~30% 정도를 차지한다.

비만

국제비만특별조사위원회(IOTF)의 조사에 따르면 전 세계에서 과체중 또는 비만에 해당하는 사람이 17억 명 이상에 달하는 것으로 추산된다. 이는 전 세계 인구의 약 28%에 해당하는 수치이다. 2015년 국민건강영양조사 결과에 따르면 우리나라의 만 19세 이상 성인의 비만 유병률이 2007년부터 최근 8년간 31~33% 수준을 유지하고 있다. 성별에서 차이가 나타나는데, 남성은 2012년부터 비만 유병률이 점차 증가하여 39.7%에 달했고, 여자는 2007년부터 약 23~27%의 수준을 유지하고 있다. 이는 여성이 남성보다 다이어트, 몸매관리에 더 각별히 신경을 쓰기 때문인 것으로 추측된다(그림 3.8).

비만은 여러 만성질환의 위험요인으로서 건강 및 기대수명과 연관이 깊다. 또한 비만은 개인의 삶의 질을 저하시킬 뿐 아니라 노동생산성을 떨어뜨리고 보건 의료비용을 증가시키는 등 사회경제적 비용을 초래한다.

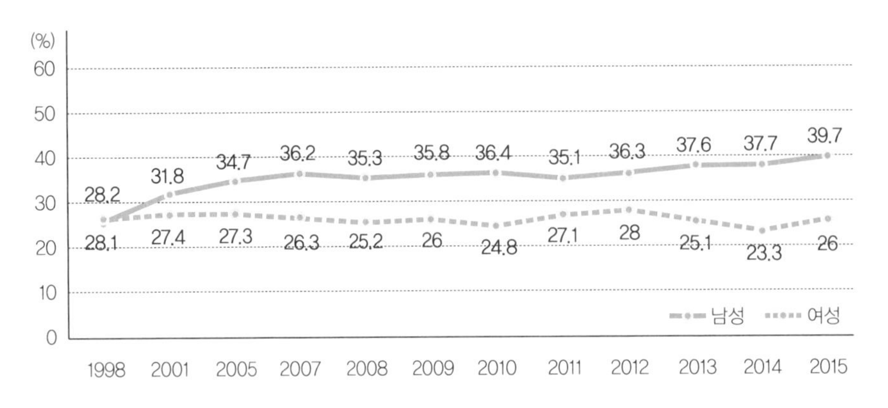

[그림 3.8]
비만 유병률 추이(체질량지수 기준)
출처 : 2015 국민건강통계 : 보건복지부, 질병관리본부 국민건강영양조사

비만의 정의

앞서 배웠던 체중조절의 에너지 균형이론에서 말하는 '양의 에너지 균형 상태'가 비만을 초래한다. 즉, 신체활동에 의해서 소비된 칼로리보다 음식물로 섭취된 칼로리가 많은 경우 여분의 에너지는 지방의 형태로 체내에 축적되고 지방의 비율이 일정 기준 이상인 상태를 비만으로 본다.

비만도 평가방법

표준체중 체지방을 측정하기 여의치 않았던 과거에는 체중만으로 비만 여부를 판정했었다. 체육과학연구원에서 설정한 **표준체중**(ideal body weight)은 해당되는 성별, 체중에 있어서 사망률이 가장 낮은 체중을 말하며, 한국 사람들을 대상으로 표준화한 방법이다.

- 남성 : 표준체중(kg) = [신장(cm) − 100] × 0.92
- 여성 : 표준체중(kg) = [신장(cm) − 100] × 0.86

이렇게 계산해낸 표준체중에 비해 실제체중이 얼마나 초과되어 있는지가 '추정된 비만도'가 되는데, 그 공식은 다음과 같다.

- 비만도(%) = 실제체중(kg) − 표준체중(kg)/표준체중(kg) × 100

[표 3.4]
비만도에 따른 비만 기준

비만도	판정
90~110%	정상
110~120%	과체중
120~130%	경도 비만
130~150%	중등도 비만
150% 이상	고도 비만

체질량지수

체질량지수(body mass index, BMI) 역시 신장과 체중만을 가지고 계산한다. 체지방량과 체질량지수는 높은 상관관계를 가지고 있으며 비만을 판정하는 데 비교적 타당한 방식이라고 할 수 있다. 계산법은 다음과 같다.

- BMI = 체중(kg)/(신장) × (신장)(m^2)

이 방법은 몇 가지 문제점이 있다. 우선 체질량지수와 체지방량의 상관이 체지방량 · 앉은키 · 성별 · 연령에 의해 영향을 받으며, 질환으로 인한 부종이나 근육량 때문에 비만도가 실제보다 높게 나올 수 있는 등의 문제가 있다. 가령 운동을 많이 해서 체지방은 적어도 근육이 많다면 체질량지수가 높게 나와 비만으로 분류되는 오류가 생길 수 있다.

복부비만 측정법

복부비만은 여러 만성질환을 예측하는 강력한 요인으로 다음 두 측정법이 있다.

허리-엉덩이 둘레비(waist-hip ratio, WHR)는 허리둘레를 엉덩이 둘레로 나눈 값이며 이 수치가 클수록 복부에 지방이 많다는 의미다. 측정하는 방법은 허리둘레는 허리 부위의 가장 작은 값을, 엉덩이둘레는 엉덩이 부위의 가장 큰 값을 측정한다.

[표 3.5]
체질량지수에 따른 체중 기준과 건강 위험도

구분	BMI 범주	위험요인에 따른 건강 위험도	
		위험요인이 없는 경우	위험요인이 있는 경우
저체중	18~22	매우 낮음	낮음
정상	22~23	낮음	중간
과체중	23~25	중간	높음
비만	25~30	높음	매우 높음
고도 비만	> 30	매우 높음	매우 높음

다만 WHR이 동일한 사람들이라도 복부의 내장 지방량에 차이가 있을 수 있다.

허리둘레(waist circumference, WC)는 허리-엉덩이 둘레비보다 복부 내장 지방량을 더 잘 반영한다. BMI가 높지 않더라도 허리둘레가 굵은 경우 질병 발병률이 증가할 수 있다. 특히 BMI가 25kg/m^2 미만인 경우에도 허리둘레가 크면 제2형 당뇨병, 고지혈증, 고혈압, 관상동맥 질환 등의 질병발생 위험이 높아지는 것으로 보고되었다. WHO는 유럽 연구결과를 토대로 남자의 경우 102cm, 여자의 경우 88cm 이상을, 우리나라의 경우 보수적인 기준을 적용하여 남자 90cm, 여자 80cm 이상을 복부비만으로 정의한다.

기타 측정방법

컴퓨터단층촬영술(computerized tomography, CT)은 신체조직을 X선 스캐닝을 통해 영상화하여 피하지방량을 측정한다. 비용이 고가이며 부분적인 지방량만을 측정할 수 있다는 단점이 있다. 이 외에도 **자기공명영상**(magnetic resonance imaging, MRI)은 초음파와 PET 스캔 등의 영상화기술을 사용해서 비만도를 평가할 수 있다. 다만 비싸고 병원 임상장면에서 사용되기 때문에 접근성이 낮다.

피부두께 측정법(skinfold measurement)은 팔, 복부와 같은 특정 부위를 집게로 잡아서 잡힌 피부의 두께를 재는 방법이다. 측정치의 상대비교가 아닌 개인내 비교를 통해 비만치료 전과 후의 변화 여부를 확인할 수 있다. 저렴하고 측정하기 쉬운 장점이 있으나 측정오차가 심하고(잡을 때마다 수치가 조금씩 달라짐) 복부의 내장지방이 많으면 오차가 더욱 커지게 된다는 문제점이 있다. 생체전기저항 분석법(bioelectric impedance analysis)은 전류가 지방조직에서는 잘 흐르지 않으므로 체지방이 많을수록 전기 저항도가 높아진다는 원리를 이용하는 방법이다. 수검자의 다리와 팔에 약한 전류를 통하게 하여 신체의 전기 저항값을 측정하고 이 값을 계산하여 체지방량을 구한다. 이 방법을 이용해 근육량과 골격근량도 구할 수 있다. 실시가 간편하고, 비교적 정확한 결과치를 내며, 비용이 크게 들지 않아서 현재 비만 측정에 많이 쓰이고 있다. 국내 회사가 개발한 도구로 세계적으로 '인바디(inbody)'를 많이 사용한다.

비만의 유형

원인에 따른 분류

비만은 원인에 따라 단순비만과 증후성 비만으로 분류한다. 단순비만은 과식과 신체활동 부족에 의해 발생한 것이며, 비만인의 약 95%가 이에 해당한다. 증후성 비만은 비만이 내분비계, 시상하부 및 대사 관련질환에 의해 살이 찐 경우이며, 쿠싱 증후군과 갑상선기능저하증이 그러한 원인 질환의 예이다.

발생 시기에 따른 비만

발생 시기를 기준으로 비만을 구분하기도 하는데 성장기에 시작된 비만을 아동비만이라 하고, 성장기가 멈춘 이후 성인기에 시작된 비만을 성인비만이라 한다. 아동비만은 대부분 지방세포의 수가 증가하는 형태로 심화된다. 성인비만은 나이가 들면서 기초대사량이 낮아지면서 두드러진다. 남자 35세 이후, 여자는 45세 이후부터 체지방이 축적되기 쉬우며, 성인이 되면 지방세포의 크기가 커지는 형태로 비만이 발전한다. 최근 연구에 따르면 성인기에도 에너지 섭취가 초과잉(체지방량 증가량이 30kg 이상, 초고도 비만) 상태가 되면 지방세포 수가 증가한다고 한다.

부위에 따른 분류

지방 분포에 따른 체형을 기준으로 상체 비만과 하체 비만으로 구분할 수 있다. 남성의 경우 주로 상체에 지방세포를 많이 가지고 있기 때문에 상체와 복부, 허리를 중심으로 지방이 축적된다. 그래서 남성형, 상체형, 복부형, 사과형 비만으로 불리기도 한다.

여성은 하체, 특히 엉덩이, 허벅지 등의 부위에 지방이 많이 축적된다. 여성형 하체형, 둔부형, 서양배형 비만으로 불린다. 일반적으로 상체비만이 하체비만보다 당뇨병이나 심장질환에 걸릴 위험성이 높은 것으로 알려져 있다.

비만의 원인

비만은 유전적 요인과 환경적 요인, 심리 · 사회경제적 요인이 서로 복잡하게 연관되어 발생한다.

환경적 요인

우선 섭식 환경에 대해 살펴보면 음식의 포장 단위가 더 커졌으며, 고열량 저영양식(칼로리만 높고 필수 영양소가 부족한 음식)과 같은 '맛있는' 음식을 적은 비용으로 손쉽게 먹을 수 있게 되었다. 또한 여러 이유로 밤에 깨어 있는 사람들이 많아 야식을 먹는 횟수가 많아졌다. 스웨덴의 20~47세 성인을 대상으로 실시한 연구에서 비만한 사람의 야식 비율이 정상체중인 사람에 비하여 남녀 각각 2.5배, 2.8배 높았다(Gluck et al., 2008). 또한 바빠서 혹은 전날 늦게까지 깨어 있다가 아침식사를 거르게 되는데 대만의 국민조사(Huang et al., 2010)와 우리나라 2016년도 국민건강영양조사의 결과를 보면 아침식사 섭취 횟수가 증가할수록 비만율이 감소했다.

또한 인간의 생활이 점점 편리해지고 자동화되면서 신체활동의 급격한 감소를 가져왔다. TV 시청, 휴대전화 사용 등으로 여가시간을 채우고 일상적인 노동도 주로 앉아서 하는 방식으로 바뀌었다. 또 우리나라의 음주 문화 환경이 비만을 조장하는 경우가 많은데, 회식 때 먹는 음식들을 보면 거의 하루 필요 칼로리 이상이다. 예를 들어 삼겹살 2인분(1인분 200g 기준), 소주 1병(20도 기준), 공기밥 1그

릇, 반찬 등을 섭취했을 때의 칼로리는 삼겹살 1,300Cal + 소주 400Cal + 공기밥 300Cal + 반찬 및 된장찌개 약 200Cal로 총 2,200Cal 정도이다. 보통 술자리에서 이보다 더 많은 양의 술과 음식, 음료를 섭취하게 된다. 인간은 에너지 섭취와 소비의 균형을 잡는 적응력이 있지만, 이를 압도할 만한 환경에서는 비만할 수밖에 없는 상황에 처한다.

유전적 요인

식생활 습관이나 문화적 배경, 행동양식 등이 가족 구성원 간에 공유되기 때문에 유전적 요인의 영향력만을 따로 규명하기가 쉽지 않다. 그렇지만 연구자들은 유전적 요인이 적어도 체중의 33%를 조절하는 것 같다고 말한다(조성일, 2004). 통계적으로 부모 모두 비만인 경우 자녀가 비만일 확률은 80%나 되고 부모 중 한 명만 비만인 경우 자녀가 비만일 확률은 50%이며, 부모 모두 정상체중인 경우에 자녀가 비만일 확률은 10% 미만으로 추측한다. 12쌍의 일란성 쌍둥이에게 3개월간 1,000Cal를 추가로 섭취하도록 하였을 때 쌍둥이들의 체중 증가폭 상관이 높았다(Bouchard, et al., 1990).

기타 요인

최근의 역학연구를 살펴보면 사회경제적 요인도 비만과 관련이 큰 것으로 나타나는데, 과거와 달리 현대에서는 사회경제적 지위가 낮을수록 비만의 유병률이 더 높다. 이는 사회경제적 지위가 낮으면 적절한 운동과 올바른 식습관을 갖기 어려운 환경적 영향에 처했기 때문일 것이다.

그 외에도 스트레스가 원인으로 지적되기도 한다. 항상 스트레스에 노출되어 있는 사람은 식욕이 증가하는 경향이 있다. 스트레스를 받을 때 코르티솔 호르몬의 생리적 기전으로 인해 고열량, 고당분 간식을 더 많이 섭취하게 된다(제4장 참조). 또한 스트레스를 받을 때 운동을 거르는 등 신체활동량이 급격하게 떨어지는 것도 하나의 원인이다. 또한 과체중인 사람들은 과체중으로 인한 스트레스(부정적 정서)로 인해 섭식 조절에 어려움을 겪게 되며, 이러한 문제가 악순환된다.

비만의 위험성

다른 장에서도 강조했지만 비만은 비만 자체로도 위험하고 모든 성인병과 만성질환의 강력한 원인으로 작용한다. 제2형 당뇨병, 이상지질혈증, 고혈압, 지방간, 담낭질환, 관상동맥 질환, 수면무호흡증, 통풍, 골관절염, 월경 이상, 대장암, 유방암, 난소암등이 대표적인 비만 관련질환이다.

비만과 대사장애 질환

당뇨병의 발병은 현재의 비만도뿐만 아니라 과거의 비만력과도 관련이 있으며, 비만도가 높거나 비만의 지속기간이 길어지면 당뇨병의 발병 위험은 더 증가한다. 비만한 사람이 체중을 5~10% 정도 줄이면 당뇨병에 걸릴 확률은 50%나 감소한다. 당뇨병에 대해서는 제8장 심혈관계 질환에서 자세히 다루었다.

혈압상승, 복부비만, 이상지질혈증, 혈당상승 등의 각종 심혈관계 위험인자들이 한 사람에게서 동시에 관찰되는 현상을 대사증후군이라 한다(표 3.6). 대사증후군이 있는 관상동맥 질환, 심근경색, 뇌졸중, 당뇨병의 위험이 증가되는데, 무엇보다 복부비만이 대사증후군의 가장 큰 위험요인으로 간주된다. 대사증후군 환자들은 여러 증상을 동시에 가지고 있기 때문에 여러 질병의 발생 위험이 높은 고위험군으로 분류된다.

구성요소	기준
복부비만	남자 90cm 이상, 여자 85cm 이상
높은 혈압	130/85mmHg 이상 또는 고혈압 약제 복용 중인 자
높은 중성지방	150mg/dL 이상 또는 이상지질혈증 관련 약제 복용자
낮은 고밀도 저단백 콜레스테롤	남자 40mg/dL 이하, 여자 50mg/dL 이하 또는 이상지질혈증 관련 약제 복용자
높은 공복혈당	공복혈당 100mg/dL 이상 또는 당뇨병 관련 약제 복용자

[표 3.6]
대사증후군 자가진단표 증상이 3개 이상이면 대사증후군 진단을 내린다.

비만과 심혈관계 질환

비만이면 정상체중보다 더 많은 대사활동이 일어나므로 필요한 혈액량도 많아진다. 많은 혈액을 펌프질하면 심장에 과부하가 걸린다. 이런 과부하는 심혈관계 질환의 발생 위험을 높인다. 또한 비만할수록 혈관벽에 콜레스테롤이 쌓여 죽상동맥경화증을 유발하게 된다(병리기전에 대해서는 제8장 참조). 국민건강영양조사에 의하면 체질량지수가 25 이상인 비만 집단은 적정체중 집단보다 고중성지방혈증과 저HDL 콜레스테롤혈증의 발생 위험이 높다.

비만과 암

비만이 암 발생 위험을 높이고 암환자의 예후를 악화시킨다는 증거가 쌓이고 있다. 우리나라에서 수행된 연구들도 그러한 연관성의 근거를 제공해주는데, 한 예로 성인 남성들을 10년간 추적한 결과 비만이 다양한 암의 발생에 위험요인으로 작용한다는 것을 보여주었다. 이 연구에서 비만집단이 정상체중집단보다 대장암이나 전립선암에 걸릴 위험이 1.9배, 담도암과 갑상선암이 2.2배 높았고 고도비만인 경우 정상체중보다 암에 걸릴 위험이 26% 더 높은 것으로 나타났다(Oh, Yoon, & Shin, 2005).

비만과 기타 질환

퇴행성 관절염은 관절에서 쿠션으로 작용하는 연골조직이 노화로 인해 손상되어 뼈끼리 마찰하면서 통증과 운동장애를 보이는 질환이다. 늘어난 체중만큼 지탱하느라 관절, 특히 허리와 무릎 관절이 지속적으로 무리하게 되므로 비만한 사람들에게는 관절염이 빨리 찾아온다. 통풍 역시 관절질환의 일종으로 요산이 관절에 요산결정으로 쌓여서 고통을 유발한다. 비만한 사람들은 요산으로 대사되는 음식을 과다 섭취하거나 체내에서 요산이 과잉 생산되기 때문에 통풍의 발병 위험이 높다.

수면무호흡증은 수면 중 기도가 막혀 자는 동안 호흡에 문제가 발생하는 질환이다. 이 질환은 흔히 비만의 동반질환으로 나타나며, 심할 경우 돌연사의 원인이 되기도 한다.

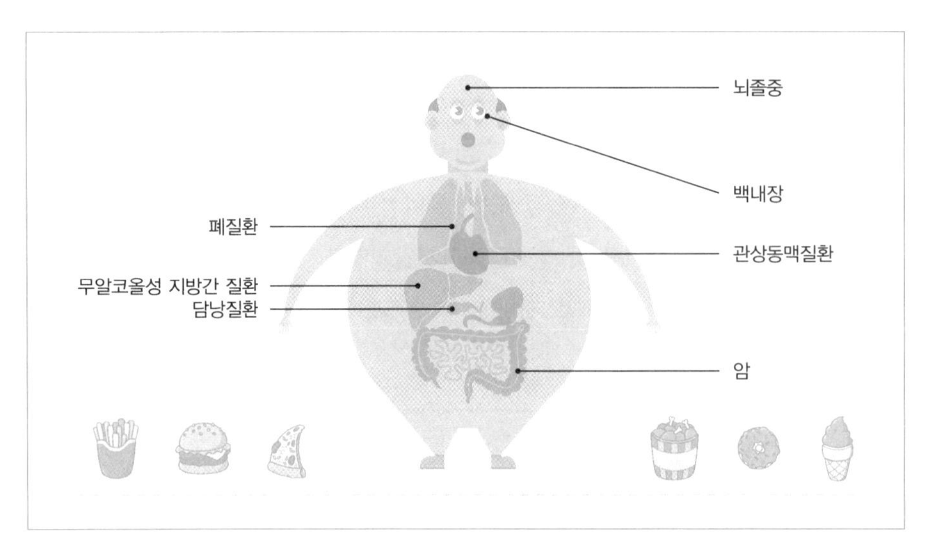

[그림 3.9]
비만의 동반질환

지금까지 설명한 신체적 문제 외에도 비만한 사람은 낮은 자아존중감, 사회적 편견, 차별대우 등으로 힘들어할 수 있다. 특히 젊은 여성들이나 사춘기 학생들은 날씬해지고자 인위적 구토행동을 시작하고 급기야 섭식장애로 발전하기도 한다.

비만치료 및 관리

체중을 조절하는 방법에는 수술, 운동요법, 식이요법, 행동수정요법 등이 있다. 비만의 치료 및 관리방법을 하나씩 알아보고 잘못된 식습관이나 신체활동 습관을 교정하는 방법을 알아보자.

수술치료

수술은 고도비만 환자에게 추천되는 치료방법이다. 수술을 권고하는 경우는 다음과 같다. 20~65세 성인에게서 체질량지수가 35kg/mm 이상이면서 동반질환이 있거나, 체질량지수가 40 이상인 경우이다. 에너지 섭취량을 줄이기 위해 위 절제술이나 위 우회술[2]을 통해 위의 크기를 제한할 수 있다. 수술 후 관리가 매우 중요한

2 위의 식도 연결 부분만 남기고 나머지는 음식이 통과하지 못하도록 완전히 분리시킨다. 그리고 소장을 중간에서 집어 올려 식도에 연결된 위에 가져다 붙인다. 그 결과 식도에 연결된 부분이 30cc 정도

데 약 3개월간 식사 적응에 어려움을 겪고 영양 부족 현상이 나타나기 때문에 적절한 영양상담, 운동처방, 체중감소 유지개입이 동시에 실시되어야 한다.

또한 지방제거술과 지방흡입술로 체내 지방을 제거할 수 있는데, 이 경우 역시 아래에 살펴볼 식이요법, 운동요법, 행동수정요법 등을 병행해야 감량효과가 지속된다. 2014년 가수 신해철이 의료사고를 당한 이후 우리나라의 고도비만 환자들이 수술을 거부하여 90% 이상 수술이 줄었다고 한다.

식이요법

비만치료에서는 에너지 섭취량을 조절하는 것이 핵심이다. 그러나 열량 이외의 필수 영양소들이 결핍되어서는 안 되며, 너무 심한 섭취량 절감도 위험하다는 사실을 염두에 두어야 한다. 전형적인 에너지 제한 식사법으로 열량을 줄이는 저열량 식이요법과 초저열량 식이요법을 들 수 있는데, 이러한 체중감량에서 가장 문제시되는 것은 체중이 다시 증가하는 요요 현상(yo-yo effect)[3]이다.

저열량 식이요법은 하루에 800~1,500Cal를 섭취하는 것으로 일주일에 0.5kg의 체중감량이 목표이다. 장기간 유지한다면 초기 체중의 15~20%를 감량할 수 있고 심혈관질환, 수면무호흡증 등과 같은 동반질환의 치료효과도 기대할 수 있다. 저열량 식사의 성공 여부는 꾸준히 유지하는 것에 달렸다. 저열량 식이요법을 실시할 때는 전문가와 함께 치료동맹을 맺고 지속적인 경과 관찰과 행동치료를 동시에 적용할 필요가 있다. **초저열량 식이요법**은 중증 이상 비만 환자들을 대상으로 적용한다. 하루 섭취 칼로리가 400Cal 이상 800Cal 미만인 식사를 초저열량 식사로 정의한다. 초저열량 식이요법은 단기간에 체중감량과 동반된 대사이상을 호전시킬 수 있다는 장점이 있지만 부작용으로 부정맥, 기립성 저혈압, 탈모, 피부 건조증 등이 생길 수 있다. 보통 병원에 입원하여 의료진의 감독하에 시행하게 되며 2주 이상 지속하지 않는 것을 원칙으로 한다.

만 먹을 수 있게 되고 그나마 먹은 양도 흡수과정을 거의 거치지 않아 음식의 소화흡수량이 아주 적다.

3 다이어트 이후 다시 살이 찌는 현상으로 단순히 살이 다시 찌는 것이 아니라 다이어트를 하면서 함께 빠진 체성분 중 근육과 수분 등이 모두 체지방으로 교체되어 체중증가가 일어나는 현상

열량을 제한하는 또 다른 방법으로 단식을 들 수 있는데, 이는 생명유지에 꼭 필요한 물과 전해질을 제외하고 열량이 있는 음식을 섭취하지 않는 것이다. 단식의 문제는 우리 몸이 에너지를 얻기 위해 지방뿐 아니라 근육도 분해하기 때문에 근육이 손실되고 기초대사율이 낮아지는 것이다. 인체는 단식을 위기상황으로 받아들여 칼로리 소모를 최대한 줄이고 비축된 지방을 최대한 아껴 쓰기 때문이다. 단식을 끝내고 이전의 정상 식습관으로 돌아가도 손실된 근육량과 낮아진 기초대사율은 복구되지 않는다. 이로 인해 요요 현상을 겪을 수 있다. 또한 케톤증, 저혈압, 통풍, 담석 등의 부작용이 생길 수 있다.

원푸드 다이어트는 사과, 포도 같은 한 가지 식품만을 섭취하면 먹는 것이 즐겁지 않고 음식에 질려서 잘 먹지 않게 된다는 점을 이용한 방법으로 영양 불균형이 오기 쉬우며 오래 지속하기 힘들다.

글상자 3.3

식사원칙 10계명

1. 하루 3끼, 적정량의 식사를, 규칙적인 시간에 천천히 잘 씹어 섭취한다. 끼니를 거르면 칼로리를 저장하려는 경향이 나타나 오히려 살찌는 원인이 된다.
2. 나쁜 생활습관은 줄인다. 밥 빨리 먹기, 끼니 거르기, 밥 대신 군것질하기, 먹는 것으로 스트레스 풀기, 책이나 TV 볼 때 군것질하기, 가까운 거리도 차 타기 등을 하지 않는다.
3. 채소와 해조류를 충분히 먹는다.
4. 튀기거나 볶는 것보다 찌거나 굽는 요리법을 택하고 설탕과 기름을 적게 쓴다.
5. 기상 직후 또는 식사 사이에 물을 하루 6~8컵 마신다. 신진대사를 위해 수분은 필수다.
6. 저녁식사 이후에는 가능한 한 먹지 않는다.
7. 외식 시에는 기름기 많은 음식, 짠 국물은 피하고 채소가 많이 함유된 메뉴로 하되 밥은 2/3 공기만 주문해 먹는다.
8. 간식은 1일 2회 정도로 하되, 당근, 오이 같은 생채소, 과일 약간, 무가당 요구르트, 탈지유나 저지방 우유, 찐 옥수수 등을 선택한다. 달고 기름지거나 짠 스낵류나 라면, 과자, 청량음료는 횟수를 제한한다.
9. 식사일기를 매일 쓴다.
10. 매일 하루 한 번 아침에 체중을 체크한다. 체중은 좁은 범위에서 오르락내리락한다는 점을 이해한다.

고단백 · 저탄수화물 다이어트는 탄수화물의 섭취를 제한하면서 단백질과 지방은 제한 없이 마음껏 섭취하는 방법이다. 주로 동물성 단백질을 섭취하는데, 이로 인해 포화지방과 콜레스테롤의 섭취량이 많아진다. 우리나라에서 황제다이어트라고 불리는 앳킨스 다이어트와 덴마크 다이어트가 여기에 속한다. 장점은 초기에 빨리 체중감소가 나타나며, 체내의 많은 케톤체가 생성되어 식욕이 억제되어 공복감이 비교적 적다. 하지만 비타민, 무기질 등의 영양 불균형 상태가 오기 쉽고 피로, 탈수, 메스꺼움, 체액의 산성화 등의 현상이 나타날 수 있다. 또한 심혈관계 질환의 위험이 증가한다. 덴마크 다이어트는 덴마크국립병원에서 치료식으로 개발된 식단에서 유래한 것으로 일주일치 식단을 2주 동안 2번 반복하도록 구성되어 있다. 달걀과 채소와 같은 고단백, 저탄수화물 식품 위주로 1일 섭취 열량이 700~900Cal로 맞춰져 있다. 앳킨스 다이어트보다 탄수화물의 제한이 심하지는 않으나 허용된 식품의 종류가 제한적이고 모든 요리에 소금이 들어가지 않기 때문에 음식 맛이 없어서 장기간 유지가 힘들다. 또한 제시한 식단 구성을 빠지지 않고 시행해야 하기 때문에 다른 다이어트보다 번거롭다.

운동요법

운동은 비만을 예방하고 치료하는 데 중요하다. 굳이 시간을 내서 헬스장에 가서 하는 운동뿐 아니라 평소의 생활 속에서 활동량을 증가시키는 것 역시 운동만큼 건강에 긍정적인 효과를 주는 것으로 알려져 있다. 따라서 생활 속에서 할 수 있는 운동을 찾아 하고 앉아 있는 시간을 줄이며 몸을 많이 움직이는 생활습관을 들이는 것이 필요하다.

규칙적인 운동 실천하기 운동요법으로는 체중감량이 아주 느리게 일어나지만, 기초대사량과 근육량의 감소를 막고 감량된 체중을 오랫동안 유지할 수 있는 방법이다.

체중감량의 가장 중요한 목표는 과다한 체지방을 줄이는 것인데, 이를 위해 하루에 최소 30분 이상 저강도 유산소 운동을 꾸준히 실시하라고 권한다. 이는 유산소 운동을 시작하고 15분 정도가 지나야 신체에서 지방을 에너지원으로 사용하기 때문이다. 장기적인 측면으로 볼 때 근력운동을 권하는데, 근육이 발달하면 기초대사량이 증가하기 때문이다.

자신에게 맞는 운동 프로그램 구성하기 운동을 하기 전에 체성분을 측정해서 자신의 체지방과 근육 및 기초대사량을 고려하여 운동의 종류, 빈도, 강도 시간 등을 정하는 것이 좋다. 체지방이 많은 체형이라면 지방을 연소시키는 데 유리한 유산소 운동이 유리할 것이며, 근육량이 부족한 경우라면 근력운동에 초점을 맞추는 것이 효율적일 것이다. 일반적으로 유산소 운동과 근력운동을 병행하는 복합운동 프로그램을 실시하게 되며 부상을 피하기 위해 스트레칭부터 시작하여 워밍업을 한 후에 단계적으로 운동을 하는 것이 좋다. 앞서 제시한 [표 3.3] 건강증진을 위한 주간 권장 운동량을 참고하여 자신에게 맞는 운동계획을 짜고 전체 운동시간이 1시간 30분이 넘지 않도록 한다.

운동 프로그램의 지속적인 수행 운동의 체중감량 효과를 보기 위해서는 꾸준히 하는 것이 가장 중요한데도 '작심삼일'로 끝나는 경우가 많다. 운동을 중단하는 가장 대표적인 이유는 운동효과에 대한 불만족이다. 운동을 하면 지방이 줄어들지만 근육이 늘어나서 체중의 변화가 거의 없거나 변화량이 작아 보일 수 있다. 그렇지만 근육의 증가로 인해 기초대사량이 증가하여 에너지 소비량이 증가하게 된다는 것을 알게 되면 고비를 넘길 수 있을 것이다.

행동수정요법

비만의 행동수정요법은 개인의 노력과 의지를 지지해서 잘못된 식습관과 운동습관을 포함한 개인의 생활습관을 교정하는 방법이다. 자기관찰, 목표설정, 자극통제, 스트레스 관리, 보상하기(강화) 등의 다양한 방법을 이용한다(제2장의 인지행동치료 절 참조).

자기관찰 행동을 수정하기 위해서는 자기감찰(self-monitoring)을 통해 자신의 생활습관을 명확히 파악해야 한다. 음식을 먹는 행동뿐만 아니라 운동, 관련상황 등을 기록하여 스스로 모니터링을 하는데, 보통 일지 형식으로 작성한다. 일지는 시간대별로 구체적인 질문형식에 맞춰서 작성하고, 기록을 보면서 자신도 몰랐던 생활습관의 문제점을 파악한다. 동기를 부여하는 자료를 얻을 수도 있다. 아래에 식사일지를 예로 들었다.

[예시] 식사일지(음식 먹는 상황의 파악)

- 어떨 때 먹었나요 : '배고파서', '심심해서'
- 먹은 뒤 어땠나요, 어떤 기분으로 먹었나요 : '스트레스가 해소되는 기분', '기분이 더 나쁜 상태', '살찔까 봐 죄책감을 느꼈다' (먹은 후 결과)
- 어디에서 : '식탁에서', '침대에서' (먹는 행동과 연합된 장소 확인)
- 무엇을 하면서 : '휴대전화를 만지면서'
- 누구와 : '친구와' (친구나 가족 중에 자신의 건강하지 않은 식사습관을 조장하는 사람은 없는지 확인)
- 무엇을 : (고지방 음식을 주로 먹는지, 탄수화물 음식을 주로 먹는지 등을 확인)

목표설정 단기 목표와 장기 목표, 원하는 감량 정도와 시행시기, 구체적인 계획을 정하는 것이 중요하다. 이때 구체적인 행동과 시간 단위 등 세부적인 사항을 정할수록 실천이 쉬우며, 목표는 자신이 생각했을 때 도전이 될 정도여서 성공했을 때 성취감을 느낄 수 있을 정도인 것이 좋다.

자극통제 문제를 유발하는 자극을 피한다. 예를 들면 맛집탐방 같은 TV 프로그램을 보지 않으면 체중감량에 수월한 환경이 조성된다.

스트레스 관리 스트레스를 받게 되면 폭식행동으로 이어져서 체중증가를 초래하거나 좌절해서 체중감량을 포기하게 된다. 스트레스를 받을 때 먹는 것 대신 다른 행동으로 대처하는 훈련을 쌓으면서 평소에 다음에 예시한 대안 행동 목록을 만들어

두면 스트레스 상황에서 골라서 실천하기가 수월할 것이다(제5장 '대처' 참조).

스트레스 받을 때 먹는 대신할 수 있는 대안행동

- 친구에게 전화를 건다.
- 샤워나 목욕을 한다.
- 음악을 듣는다(혹은 악기를 연주한다).
- 감량하면 자신에게 어떤 보상을 줄지 생각해본다.
- 산책을 나간다.
- 이를 닦는다.
- 휴대전화의 사진을 정리한다. 사진을 수정한다.
- 감량에 성공한 모습을 상상한다.

보상하기(강화) 좋은 행동습관을 유지했을 경우 가족이나 파트너가 보상해주는 것이 치료에 큰 도움이 된다. 물론 자기 스스로에게 보상하는 방법도 좋다. 보상할 때는 행동의 부산물인 체중감량보다 좋은 행동습관을 유지한 것에 대하여 보상하는 것이 더 좋으며, 음식으로 보상하지 않도록 주의한다. 강화물로는 스스로에 대한 칭찬이나 인정, 헤어스타일의 변화, 그리고 금전적인 보상까지 다양한 강화물을 생각해볼 수 있다.

섭식장애

섭식장애(eating disorders)는 먹는 행동에 문제가 생겨 부적응적인 증상들이 나타나서 개인의 신체적 건강과 심리사회적 기능을 심각하게 손상시키는 정신장애이다. 크게 **신경성 식욕부진증**(거식증, anorexia nervosa), **신경성 폭식증**(폭식증, bulimia nervosa), **폭식장애**(대식증, binge eating disorder)로 나뉜다.

섭식장애는 생물학적 원인과 심리 · 사회적 원인이 상호작용하여 발생하는 것으로 알려져 있다. 생물학적 원인으로는 유전적 원인과 신경전달물질의 변화, 식욕 및 포만감에 관여하는 호르몬의 변화, 에너지 대사과정의 변화 등이 있다. 또한 심리 · 사회적 원인으로는 날씬함을 강조하는 사회적 압력, 낮은 자존감, 음식과 체중에 대한 강박증적 사고 등이 섭식장애 발병에 영향을 준다.

미국의 경우 15~40세 여성 중 적어도 3~5%가 폭식증을 겪고 있다(Hudson, Hiripi, Pope, & Kesskerm 2007). 우리나라의 경우 건강보험심사평가원의 통계에 의하면, 지난 2015년 기준 13,002명이 섭식장애 진단을 받았고 환자 수가 증가하는 추세이다. 다만, 공식적인 통계수치는 병원진료를 받은 환자만 해당되며, 전문가를 찾아가지 않는 환자가 더 많을 것으로 추정된다.

신경성 식욕부진증

신경성 식욕부진증(anorexia nervosa, 거식증)은 주로 청소년기나 젊은 여성들에게서 나타난다. 생명을 위협할 정도로 극단적인 체중감소를 보이는 것이 특징이다. 체중증가와 비만에 대한 극심한 두려움 때문에 음식섭취를 현저히 줄이거나 거부함으로써 체중이 비정상적으로 저하되어 있으며, 외견상 현저하게 말라 있다. 심각한 저체중 상태임에도 불구하고 강박적으로 운동하고 식사를 제한하며 일부러 구토를 하거나 살 빼는 약을 먹기도 한다. 일반적인 질환과 달리 환자가 거식증을 문제라고 생각하지 않기 때문에 주위 사람들이 느끼지 못하는 사이에 병이 급속하게 악화되는 경우가 흔히 발생한다.

신경성 식욕부진증의 증상과 특징

오랜 기간 저체중을 유지하면 저혈압, 빈혈, 무월경, 어지럼증, 탈수증, 골밀도 손실, 영양 불균형 등 여러 합병증이 동반된다. 또한 영양 부족으로 인해 피부는 건조해지고 모발은 가늘어지며 손발톱이 잘 부서지며, 가는 솜털들이 온몸을 덮기도 하고 늘 추위를 타게 된다. 영양 불균형으로 인한 면역력 약화로 자주 병에 걸리기도 한다. 심리적으로 우울한 기분, 사회적 위축, 과민성, 불면증, 성행위에 대한 흥미감소 등이 나타나며, 늘 배고픔을 느끼지만 먹어서는 안 된다는 강박감과 싸워야

© shutterstock.com

[그림 3.10]
신경성 식욕부진증, 신경성 폭식증, 폭식장애 모두 섭식행동과 체중조절 사이의 균형이 무너진 상태를 의미한다.

하기 때문에 정서상태가 불안정하다. 이로 인해 과도하게 억제된 정서표현이 나타날 수 있다. 에너지 대사의 불균형으로 인해 인지기능이 약화되어 집중력이 떨어지기도 한다.

신경성 식욕부진증의 원인

스웨덴의 쌍생아 등록체계를 이용한 대규모의 연구에서 유전적 요인이 신경성 식욕부진증의 56%를 결정하는 것으로 나타났다(Bulik, 2006). 심리적 요인으로는 외모에 대한 집착, 완벽주의, 예민하고 강박적인 성격을 들 수 있다. 또한 날씬함을 강조하는 사회적 분위기와 여성을 외모로만 판단하는 그릇된 가치관의 영향도 무시할 수 없다.

신경성 식욕부진증의 치료

신경성 식욕부진증의 경우 심리적 · 내과적 증상이 함께 나타나므로 입원, 가족치료, 행동치료가 포함된 집중치료가 필요하다. 신경성 식욕부진증의 치료목표는 정상체중을 회복하고, 정상적인 식사행동과 균형 잡힌 식단의 회복, 체중, 체형, 음식에 대한 정상적 사고의 회복이다. 약물치료는 항우울제와 향정신병 약물이 포함되

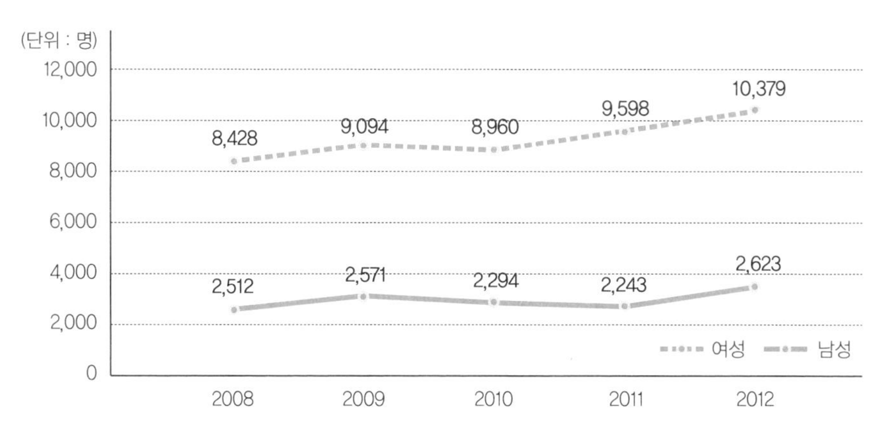

[그림 3.11]
성별 섭식장애 진료인원 추이(2008~2012)
출처 : 건강보험심사평가원. 통계로 보는 질병정보

며 식욕촉진제도 사용된다. 또한 인지행동치료를 통해 체중의 변화량을 관찰하고 식사일기를 쓰고 신체상 왜곡을 수정하도록 돕는다. 또한 가족치료를 적용하여 가족의 지지와 협조로 치료의 성공 가능성을 높인다.

신경성 폭식증

신경성 폭식증(bulimia nervosa)에서는 짧은 시간 내에 많은 양의 음식을 먹는 폭식행동과 이로 인한 체중의 증가를 막기 위해 구토 등의 보상행동을 반복한다. 신경성 식욕부진증의 특징과 마찬가지로 체중과 체형이 자기평가에 과도하게 영향을 미친다. 폭식을 하는 동안에는 자제력을 상실하여 먹기를 멈출 수 없거나 통제할 수 없다고 느낀다. 대부분 자신의 식사문제를 수치스럽게 여기고 숨기고자 하여 몇 년 동안 가족조차도 증상을 모르는 경우가 많은 편이다. 폭식과 보상행동의 반복으로 인한 우울감, 무기력감, 실패감, 자기비하적 생각을 많이 하며, 자살사고도 많이 나타난다.

신경성 폭식증의 진단

여러분이나 여러분 주위 사람들이 신경성 폭식증의 진단을 받을지 다음 질문에 답해보자.

글상자 3.4

다이어트 약물의 부작용

우리나라는 세계보건기구(WHO)에서 심각하게 우려를 표한 비만치료제 오남용 국가이다. 빠르고 쉽게 체중을 조절하고자 다이어트 약물을 복용하는 사람들이 늘어나면서 부작용을 호소하는 사례도 늘고 있다.

한 20대 여성이 펜타민 성분의 식욕억제제를 처방받아 복용하기 시작하면서 환각을 경험하거나 자해하는 등의 증상이 발현되었다. 가족들은 이를 염려하여 약물 복용을 중단하라고 애원했지만, 가족들 몰래 약을 복용했다. 어느 날 그녀는 옷을 다 벗고 온 동네를 뛰어다니는 등의 심각한 정신증 증세를 보였다. 결국 회복 불가능이라는 진단과 함께 지적장애 3급을 판정받았다.

이 여성이 복용한 펜타민은 식욕억제제의 일종이며 중추신경계 교감신경을 흥분시켜서 식욕을 떨어뜨린다. 즉, 몸을 계속 긴장상태로 머물게 하여 입맛을 떨어뜨리는 것이다. 공식적인 부작용으로 두근거림, 식은땀, 입 마름, 혈압상승, 불면증, 불안감 등이 있다. 하지만 위의 사례와 같이 장기간 복용했을 경우 우울증, 조울증, 인지기능 손상, 환각 및 환청 등의 정신증적 증상이 발현될 수 있다. 식욕억제제는 배가 고프지 않거나 배가 부르다고 느껴 음식을 덜 먹게 하는 약이며 펜타민, 펜디메트라진, 마진돌, 플루옥세틴, 토피라메이트 등이 있다. 지방분해효소억제제는 몸에 들어온 지방이 분해되어 몸에 흡수되는 것을 방해하여 지방이 체내에 쌓이지 않고 배출될 수 있도록 도와주는 약을 말하며, 그 종류로는 제니칼, 베타히스틴, L-카르니틴 등이 있다.

다이어트의 모든 약물이 다 그렇지는 않지만, 대부분의 약물이 향정신성 의약품으로 분류되어 있으며, 토피라메이트는 원래 간질 치료약으로 분류된 약품이다. 다이어트 약물은 기존의 다른 질환의 치료제가 원래 질환의 치료효과 외에 이차적으로 체중을 감소시키는 효과가 밝혀져서 비만치료제로 사용되고 있다. 환자들 대상으로 사용했을 경우에 비해 일반인들이 사용했을 경우에 부작용이나 증상에 대한 임상적 연구가 충분히 이뤄져 있지 않으며, 그 위험성도 정확하게 예측할 수 없는 상태다 . 현재 미국 식품의약국(FDA)에서는 펜타민과 제니칼 성분 등에 대한 부작용 보고서를 연령, 복용기간 등을 통해 제시하고 있으며, 우리나라의 경우 식품의약품안정청에서 제니칼과 같은 지방분해효소억제제를 제외하고는 임상적 안전성을 고려해 12주 이상 처방하지 않을 것을 권고하고 있다. 이런 위험성과 부작용에 대한 경고에도 불구하고 미국이나 한국에서 비만치료제가 오남용되고 있는데, 그 이유는 다른 약물에 비해 식욕억제 효과가 뛰어나기 때문이다.

또 다른 문제점은 향정신성 비만치료제들은 마약류로 분류되는 암페타민과 유사한 화학구조와 작용기전을 나타낸다. 다시 말해 향정신성 비만치료제는 암페타민처럼 내성과 의존성을 갖고 있으며, 이로 인해 장기간 복용 시에 중독 및 금단증상이 나타날 수 있다. 현재 FDA가 '몇 주(a few weeks)'로 치료기간을 명시한 것에 비하면 식품의약품안정청에서 제시한 12주는 약 3개월에 걸친 비교적 긴 시간이다. 유럽의 경우 펜타민을 부작용과 위험성을 증거로 들어 의약품으로 사용할 수 없도록 제한했다.

다이어트 약물로 날씬해지는 것이 편하고 손쉬울 수 있지만 그 부작용에 대해서는 잊지 말아야 할 것이다. 체중감량을 위해 건강을 잃는다면 그것만큼 위협적인 부작용은 없을 것이다.

- 반복적인 폭식행동을 보이는가? 또한 폭식을 하는 동안 스스로 먹는 것을 조절할 수 없다는 통제감 상실을 느끼는가?
- 스스로 구토를 유도하거나 설사제, 이뇨제, 관장약 등의 약물을 사용하거나 과도하게 운동하는 것 같이 부적절한 보상행동을 반복적으로 시행하는가?
- 폭식과 보상행동이 적어도 1주일에 1회 이상 3개월 동안 발생하는가?
- 자신을 평가할 때 체형과 체중이 주된 기준인가?

신경성 폭식증의 특징

남성보다 여성에게 더 흔히 일어나며, 젊은 여성에게서 신경성 폭식증의 유병률은 1~1.5% 정도이다. 신경성 식욕부진증과 달리 신경성 폭식증으로 사망하는 경우는 드물지만 신체 · 정신건강에 해로운 결과가 뒤따른다.

신경성 폭식증 환자는 종종 알코올이나 약물남용, 자살생각 등과 같은 충동성 문제가 있다. 대부분의 폭식증 환자는 폭식 이후 토하기 때문에 치아의 법랑질이 손상되어 구강건강에 나쁘다. 또한 만성적인 하제(예 : 설사제) 사용으로 인한 수분이나 전해질의 장애로 인하여 심부정맥, 위장관 손상, 면역기능의 손상 등이 나타난다.

신경성 폭식증의 치료

폭식증 환자들은 자신이 섭식장애라는 것을 알기 때문에 치료에 적극 참여하는 편이며 치료예후도 좋은 편이다. 건강한 신체 이미지를 형성하도록 도와주고, 신체적 · 심리적 건강을 회복시켜주는 것이 치료의 궁극적인 목표다. 입원치료와 약물치료 등을 같이 권장하기도 하지만 폭식증 환자들의 극단적이고 경직된 사고방식과 체형과 체중에 대한 강박적인 집착, 왜곡된 신체상과 관련된 오류 등을 교정해주는 인지행동치료 위주로 치료가 진행된다.

신경성 폭식증을 예방하는 프로그램 또한 유병률을 낮추는 데 효과적이다. 프로그램을 통해 자신의 신체상을 수용하고 외모지상주의에 대항할 수 있는 자존감을 키우며 대중매체에서 심어준 신체 이미지에 도전하고 비판할 수 있게 도와준다.

폭식장애

폭식장애(binge eating disorder)는 폭식행동으로 힘들어하지만 구토, 설사제, 이뇨제, 관장제 남용 등의 보상행동을 거의 하지 않으며, 다른 섭식장애에 비해 자신의 체형에 관해 크게 걱정하지 않고 과체중이나 비만인 경우가 많다. 폭식장애가 있는 사람은 일정 시간 동안 반복적으로 많은 양의 음식을 섭취하는데, 음식중독처럼 보이기도 한다.

폭식장애의 진단 및 특성

폭식장애의 진단기준은 신경성 폭식증에서 보상행동을 뺀 기준이라고 보면 된다. 다만 폭식행동에 대한 명확한 기준에 부합할 때 폭식장애로 분류한다.

폭식장애를 지닌 사람은 자신을 폭식장애라고 인식하는 경우가 드물며 이 장애의 진단을 복잡하게 하는 다른 행동적 또는 정신의학적 문제도 겪는 경향이 있다. 대체로 30~40대에 많이 발병한다.

폭식장애의 치료

치료는 식사치료와 체중감량이라는 두 가지 목표를 설정하고 진행한다. 항우울제를 처방하기도 하지만 주로 인지행동치료를 실시한다. 먼저 환자가 식사일지를 쓰면서 자신의 섭식행동을 관찰하고 폭식행동을 모니터링한다. 또한 폭식을 유발하는 단서들을 찾고 이에 대한 다른 대처방식을 찾도록 지도한다. 필요시 체중감량을 위해 필요한 운동요법과 식이요법을 병행하며, 체중감량 목표에 맞는 행동수정요법도 적용한다.

참고문헌

건강보험심사평가원(2014). 통계로 보는 질병정보.

국민건강지식센터(2015). 건강증진을 위한 주간 권장운동량. http://hqcenter.snu.ac.kr/archives/jiphyunjeon/%ec%9a%b4%eb%8f%99%ec%9d%98-%ec%a0%95%ec%9d%98.

김명, 김옥수, 조미숙, 홍양자(20 08). 건강과학의 이해. 서울 : 이화여자대학교 출판부.

김선효, 이경애, & 이현숙(2016). 기초영양학. 경기 : 파워북.

김순경, 최미경, 김미현, 배윤정(2013). 현대인의 질환과 생애주기에 맞춘 영양과 식사관리. 경기 : 교문사.

김율리, 전옥순(2013). 섭식장애의 치료 : 환자와 가족 그리고 치료자를 위한 지침서. 서울 : 학지사.

김은애(2002). 운동참여, 운동중단 및 운동지속에 대한 요인분석 연구. 이화여자대학교 대학원 석사학위 논문.

김혜련(2010). 비만예방 정책의 방향과 과제. 보건복지포럼, 163, 39-49.

김화영, 김미경, 왕수경, 장남수, 신동순, 정혜경, 장문정, 권오란, 김양하, 김혜영, 양은주, 김우경, 이현숙, 박윤정. (2016). 영양 그리고 건강 (4th ed,). 경기 : 교문사.

박선민, 박재영, 부소영(2015). 비만관리학. 서울 : 한미의학.

박선민, 송요숙, 윤군애(2012). 비만과 식생활. 서울 : 라이프사이언스.

박용우(2015). 음식중독. 경기 : 김영사

보건복지부(2013). 국민건강통계. 질병관리본부 국민건강영양조사.

보건복지부(2015). 국민건강통계. 질병관리본부 국민건강영양조사.

보건복지부(2016). 2015 식품구성자전거. Retrieved from United States Department of Agriculture. (2017). Myplate. Retrieved from https://search.usa.gov/search?query=myplate&affiliate=usda-fns

이강헌(2015). 운동행동과 스포츠심리학. 대한미디어.

장신이, 주은영, 조성일, 김덕경, 이승욱(2004). 내시경 검사로 확인된 Helicobacter pylori 감염과 관상동맥 질환의 위험인자와의 상관관계. 보건학논집, 41(1), 23-33.

조희숙, 김춘배, 이희원, 정헌재(2004). 건강신념 모형을 적용한 한국인 건강관련행동 연구에 대한 메타 분석. 한국심리학회지 : 건강, 9(1), 69-84.

한국문화관광연구원(2016). 국민생활체육참여실태조사.

AACVPR.(2013). Guidelines for Cardia Rehabilitation and Secondary Prevention Programs-(with Web Resource): Human Kinetics

Ajzen, I.(1991). The theory of planned behavior. *Organizational behavior and human decision*. *50*(2),

179-211

Ajzen. I.(1985). From Intentions to Actions: A Theory of Planned Behavior. *Action Control,* 11-39.

Arthur F. K., Chaddock, L., Erickson, K. I., Prakash, R. S., Kim, J. S., Voss, M. W., VanPatter, M., Pontifex, B. M., Raine, B. L., Konkel, A., Hillman, H. C., & Cohen, N. J. (2010). A neuroimaging investigation of the association between aerobic fitness, hippocampal volume, and memory performance in preadolescent children. *Brain research*, *1358*, 172-183.

Bandura, A.(1986). The Explanatory and Predictive Scope of Self-Efficacy Theory. *Journal of Social and Clinical Psychology*, *4*, 359-373.

Bandura, A.(1997). *Self-efficacy: The exercise of control*. Macmillan.

Bouchard, C., Tremblay, A., Despres, J. P., Nadeau, A., Lupien, P. J., Theriault, G., Dussault, J., Moorjani, S., Pinault, S., & Fournier, G. (1990). The response to long-term overfeeding in identical twins. *New England Journal of Medicine*, *322*(21), 1477-1482.

Bulik, C. M., Sullivan, P. F., Tozzi, F., Furberg, H., Lichtenstein, P., & Pedersen, N. L.(2006). Prevalence, heritability, and prospective risk factors for anorexia nervosa. *Archives of general psychiatry*, *63*(3), 305-312.

Center for the Advancement of Health.(2000). Selected evidence for behavioral risk reduction in clinical settings: *Dietary practices*. Washington, DC: Author.

Center for the Advancement of Health.(2000f). Selected evidence for behavioral risk reduction in clinical settings: *Dietary practices*. Washington, DC: Author.

Chakraborty, D, Benham, V., & Bernard, J. J.(2017). Elucidating the role of adipose tissue secreted factors in malignant transformation. Online published *Adipocyte*.

Chun, D. M., Corbin, C. B., & Pangrazi, R. P.(2000). Validation of criterion-referenced standards for the mile run and progressive aerobic cardiovascular endurance tests. *Research Quarterly for Exercise and Sport*, *71*(2), 125-134.

Dubbert, P. M.(2002). Physical activity and exercise: Recent advances and current challenges. *Journal of Consulting and Clinical Psychology*, *70*, 526-536.

Dunn, A. L., Trivedi, M. H., & O'Neal, H. A.(2001). Physical activity does-response effects on outcomes of depression and anxiety. *Medicine and Science in Sports and Exercise*, *33*(6), 587-597.

Fishbein, M., & Ajzen, I.(1975). Belief, attitude, intention, and behavior : An introduction to theory and research, Reading, MA: Addison-Wesley.

Friedman, J. M., Zhang, Y., Proenca, R., Maffei, M., Barone, M., & Leopold, L.(1994). Positional cloning of the mouse obese gene and its human homologue. *Nature*, *372*(6505), 425-432.

Gluck, M. E., Venti, C. A., Salbe, A. D., & Krakoff, J.(2008). Nighttime eating: commonly observed and related to weight gain in an inpatient food intake study. *The American Journal of Clinical Nutrition*, *88*, 900-905.

Hansen, C. J., Stevens, L. C., & Coast, J. R.(2001). Exercise duration and mood state: How much is enough to feel better?. *Health Psychology*, *20*(4), 267.

Hawkley, L. C., Thisted, R. A., & Cacioppo, J. T.(2009). Loneliness predicts reduced physical activity: Cross-sectional &longitudinal analyses. *Health Psychology*, *28*(3), 354-363.

Hetherington, A. W., & Ranson, S. W.(1940). Hypothalamic lesions and adiposity in the rat. *The Anatomical Record*, *78*(2), 149-172.

Huang, C. J., Hu, H. T., Fan, Y. C,, Liao, Y. M., &, Tsai, P. S.(2010). Associations of breakfast skipping with obesity and health-related quality of life: evidence from a national survey in Taiwan. *International Journal of Obesity* (*London*), *34*(4), 720-725.

Hudson, J. I., Hiripi, E., Pope, H. G., & Kessler, R. C.(2007). The prevalence and correlates of eating disorders in the National Comorbidity Survey Replication. *Biological psychiatry*, *61*(3), 348-358.

Huijbregts, P., Feskens, E., Rasanen, L., Fidanza, F., Nissinen, A., Menotti, A., & Jung, Y., Boot, B. P., Mielke, M. M., Ferman, T. J., Geda, Y. E., McDade, E., Christianson, T. JH., Knopman, D, S., St Louis, E. K., Silber, M. H., Petersen, R. C., & Boeve, B. F.(2017). Phenoconversion from probable rapid eye movement sleep behavior disorder to mild cognitive impairment to dementia in a population-based sample. *Alzheimer's & Dementia: Diagnosis, Assessment & Disease Monitoring*, *8*, 127-130.

Keesey, R. E.(1993). Physiological regulation of body energy: Implications for obesity. *Obesity: Theory and therapy*, 77-96.

Keesey, R. E.(1995). A set-point model of body weight regulation. *Eating disorders and obesity: A comprehensive handbook*, 46-51.

Kesaniemi, Y. K., Danforth, E. Jr., Jensen, M. D., Kopelman, P. G., Lefebvre, P., & Reeder, B. A.(2001). Dose-response issues concerning physical activity and health: an evidence-based symposium. *Medicne and Science in Sports and Exercise*, *33*, 6, 351-358.

Kodama, S., Saito, K., Tanaka, S., Maki, M., Yachi, Y., Asumi, M., Totsuka, K., Shimano, H.,Ohashi, Y., Yamada, N., & Sone, H.(2009). Cardiorespiratory fitness as a quantitative predictor of all-cause mortality and cardiovascular events in healthy men and women: a meta-analysis. *JAMA*, *301*(19), 2024-2035.

Kromhout, D.(1997). Dietary pattern and 20 year mortality in elderly men in Finland, Italy, and The Netherlands: longitudinal cohort study. *Bmj*, *315*(7099), 13-17.

Malchow, B., Reich-Erkelenz, D., Oertel-Knochel, V., Keller, K., Hasan, A., Schmitt, A., Scheewe, W. T., Cahn, W., Kahn, S. R., & Falkai, P.(2013). The effects of physical exercise in schizophrenia and affective disorders. *European Archives of Psychiatry and Clinical Neuroscience*, *263*(6), 451-467.

Mead, G. E., Morley, W., Campbell, P., Greig, C. A., McMurdo, M., & Lawlor, D. A.(2009). Exercise for depression. *Cochrane Database System Reviews*, *3*, 1-65.

Myhrstad, M., Pihlajamaki, J., Dungner, E., Sjolin, E., Gunnarsdottir, E., Cloetens, L., Landin-Olsson, M., Akesson, B., Rosqvist, F., Hukkanen, J., Herzig, K. H., Dragsted, O. L., Savolainen, J. M., Brader, L., Hermansen, K., Riserus, U., Thorsdottir, I., Poutanen, K. S., Uusitupa, M., Arner, P., & Dahlman, I.(2014). Healthy Nordic diet downregulates the expression of genes involved in inflammation in subcutaneous adipose tissue in individuals with features of the metabolic syndrome—. *The American Journal of Clinical Nutrition*, *101*(1), 228-239.

Ng, F., Dodd, S., & Berk, M.(2007). The effects of physical activity in the acute treatment of bipolar disorder: a pilot study. *Journal of Affective Disorders*, *101*(1), 259-262.

Nieman, D. C., & Pedersen, B. K.(1999). Exercise and immune function: Recent developments. *Sports Medicine*. *27*(2), 73-80.

Oldenburg, B. F., Sallis, J. F., Ffrench, M. L., & Owen, N.(1999). Health promotion research and the diffusion and institutionalization of interventions. *Health Education Research*, *14*(1), 121-130.

Ornish, D.(1996). Dean Ornish's program for reversing heart disease: the only system scientifically proven to reverse heart disease without drugs or surgery.

Osler, M., & Schroll, M.(1997). Diet and mortality in a cohort of elderly people in a north European community. *International Journal of Epidemiology*, *26*(1), 155-159.

Paluska, S. A., & Schwenk, T. L.(2000). Physical activity and mental health: current concepts. *Sports Medicine*, *29*, 167-180.

Prestwich, A., Conner, M. T., Lawton, R. J., Ward, J. K., Ayres, K., & McEachan, R. R. C.(2012). Randomized controlled trial of collaborative implementation intentions targeting working adults' physical activity. *Health Psychology*, 31(4), 486-495.

Salmon, P.(2001). Effects of physical exercise on anxiety, depression, and sensitivity to stress: A unifying theory. *Clinical Psychology Review*. *21*(1), 33-61.

Seymour, J. D., Calle, E. E., Flagg, E. W., Coates, R. J, Ford, E. S. & Thun, M. J.(2003). Diet quality Index as a predictor of short-term mortality in the American Cancer Society Cancer Prevention Study II Nutrition Study. *American Journal of Epidemiology*, *157*(11), 980-988.

Shakersain, B., Santoni, G., Larsson, S. C., Faxen-Irving, G., Fastbom, J., Fratiglioni, L., & Xu, W.(2016). Prudent diet may attenuate the adverse effects of Western diet on cognitive decline. *Alzheimer's & dementia: the journal of the Alzheimer's Association*, *12*(2), 100-109.

Smith, P. J., Blumenthal, J. A., Hoffman, B. M., Cooper, H., Strauman, T. A., Welsh-Bohmer, K., Bohmer, W. K., Browndyke, N. J., & Sherwood, A.(2010). Aerobic exercise and neurocognitive performance: a meta-analytic review of randomized controlled trials. *Psychosomatic Medicine*, *72*(3), 239.

Sonstroem, R. J., & Morgan, W. P.(1989). Exercise and self-esteem: rationale and model. *Medicine & Science in Sports & Exercise*, *21*(3), 329-337.

Spiduso, W. W. & Cronin, D. L.(2001). Exercise does-response effects on quality of life and independent ling in older adults. *Medicine & Science in Sports & Exercise*, *33*(6), 598-608.

Strecher, P., & Rosenstock, I. M.(1997). *Health Behavior and Health Education; Theory, Research and Practice*, 2nd edition, Jossey-Bass, 41-59

Stunkard, A. J., Sørensen, T. I., Hanis, C., Teasdale, T. W., Chakraborty, R., Schull, W. J., & Schulsinger, F.(1986). An adoption study of human obesity. *New England Journal of Medicine*, *314*(4), 193-198.

Trichopoulou, A., Lpirs-Biazos, A,. Wahlqvist, M. L., Gnardellis, C., Lagiou, P., Polychronopoulos, E., Bassilakou, T., Lipworth, L, & Trichopoulos, D.(1995). Deit and overall survial in eeldery people. *BMI*, *311*, 1457-1460.

United States Department of Agriculture (2017). My plate. Retrieved October 21, 2017, from https://search.usa.gov/search?query=myplate&affiliate=usda-fns

van Stralen, M. M., de Vries, H., Bolman, C., Mudde, A. N., & Lechner, L.(2010). Exploring the efficacy and moderators of two computer-tailored physical activity interventions for older adults: a randomized controlled trial. *Annals of Behavioral Medicine*, *39*(2), 139-150.

World Health Organization.(2003). WHO Technical Report Series-Diet, nutrition and the prevention of chronic diseases.

World Health Organization.(2013a). The top 10 causes of death. World Health Organization fact sheet. http://www.who.int/mediacentre/factsheets/fs310/en/

HEALTH PSYCHOLOGY 04

스트레스

학습 목표

01_ 스트레스를 설명하는 이론들은 무엇이 있는지 살펴본다.

02_ 스트레스의 원인은 무엇이며 우리에게 어떤 영향을 주는지 생각해본다.

03_ 스트레스로 인한 생리적 변화를 설명할 수 있다.

04_ 스트레스는 어떻게 측정하는지 살펴본다.

학습 개요

스트레스에 관한 대표적인 두 이론은 한스 셀리에와 리처드 라자루스의 이론이다. 셀리에는 스트레스를 반응으로 보았다. 위협적인 자극을 만났을 때 그 자극에 적응하려는 시도로 나타나는 일반적인 생리적 변화를 스트레스로 보고, 이를 일반적응증후군이라 불렀다. 라자루스는 스트레스에 있어 개인의 인지적 평가를 강조했다. 한 자극이 개인의 평가에 따라 스트레스이기도 하고 아닐 수도 있다는 것이다. 스트레스에 대한 생리적 변화는 자율신경계의 교감신경계가 활성화되고 스트레스 관련 호르몬이 방출되어 생긴다. 스트레스는 생리적 · 생화학적 측정 및 스트레스 사건에 대한 자기보고 등 여러 방법으로 측정할 수 있다.

❝ 우리를 죽이는 것은 스트레스 자체가 아니라 그에 대한 우리의 반응이다. ❞

– 한스 셀리에

스트레스란 무엇인가

우리나라 사람들이 가장 많이 사용하는 외래어 1위가 바로 **스트레스**(stress)라고 한다. "아! 과제가 많아서 너무 스트레스 느껴.", "그런 사람과 같이 일하는 것 자체가 스트레스야.", "그 사람 얼굴 보기만 해도 스트레스 받아." 많은 사람들이 일상생활에서 스트레스라는 단어를 많이 사용하지만 스트레스가 무엇인지 물으면 막상 잘 설명하지 못한다. 앞서 든 예에서도 우리가 보통 스트레스 자극[스트레스 반응을 일으키는 사건, **스트레스원**(stressor)]과, 스트레스에 대한 반응을 혼용해서 쓰고 있는 것이 드러난다. 예를 들어 "아! 과제가 많아서 너무 스트레스 느껴."에서의 '스트레스'는 과제가 많은 상황(스트레스원)이 유발한 반응을 뜻하고 "그런 사람과 같이 일하는 스트레스"는 아마도 분노감, 혈압 오름 등의 반응을 불러일으킬 것이다.

스트레스란 말은 어디서 유래되었을까? 처음 스트레스라는 용어가 사용되기 시작한 곳은 물리학 · 공학 분야로 라틴어인 *stringor*(팽팽히 죄다, 긴장)이다. 심리학자들은 수십 년 동안 스트레스에 대해, 그리고 스트레스가 심리적 · 신체적 건강에 주는 영향에 대해 연구해 왔다. 스트레스에 관한 정의도 많이 내렸는데, 여기서 하

© shutterstock.com

나를 소개하자면 다음과 같다. 상황을 바꾸거나 그 영향에 적응하기 위해 일어나는, 예상 가능한 생물화학적 · 생리적 · 인지적 · 행동적 변화를 수반하는 부정적인 정서 경험을 뜻한다(Baum, 1990).

좋은 스트레스와 나쁜 스트레스

적당한 스트레스는 우리에게 긍정적인 영향을 준다. 몸의 활력을 유지할 뿐만 아니라 작업을 수행하거나 새로운 것을 습득할 때 능률을 높여준다. 미국의 심리학자 여키스와 도슨(1908)은 실험 대상에게 과제를 준 다음 수행능력을 측정하였다. 그 결과 뇌와 신체가 적당히 각성된 상태일 때 수행을 잘한다는 사실을 밝혀냈다. [그림 4.1]에서 보듯 수행과 각성상태 간 관계가 뒤집힌 U 형태로 그려지는데, 이를 **여키스-도슨 법칙**(Yerkes-Dodson Low)이라고 한다(그림 4.1). 이는 스트레스로 인한 각성과 수행능력 간의 관계를 나타내는 법칙으로 스포츠, 학술활동, 예술활동 등의 상황에도 적용된다. 여러분도 이 법칙을 수긍할 것이다. 예를 들어 완전히 풀려 있을 때보다 적당히 긴장했을 때 발표를 더 잘했던 경험이 있기 때문이다. 이처럼 스트레스가 있더라도 생명체가 제기능을 유지할 뿐 아니라 일상 속 다양한 상황에 적절히 대응하고 활동할 수 있는 상태를 **유스트레스**(eustress) 또는 **적정 스트레**

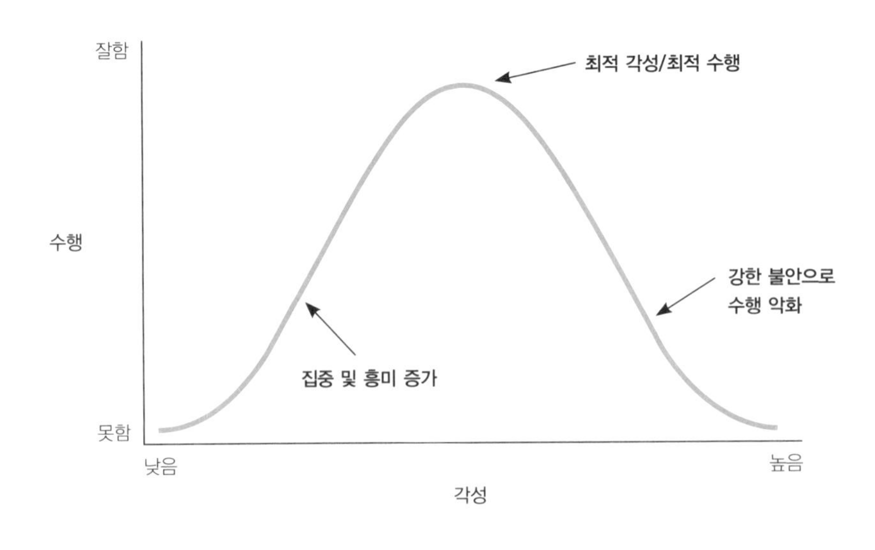

[그림 4.1]
여키스-도슨 법칙 각성도가 적당할 때 수행능력이 최적이 되고, 각성도가 지나치게 낮거나 높을 때는 수행능력이 떨어진다.

스라 한다. 그러나 우리 뇌와 신체가 과도하게 흥분하거나 지나친 압박을 받게 되면 수행능력이 떨어진다. 이런 나쁜 스트레스 상태를 **디스트레스**(distress)라고 한다(Fricchione, Ivkovic, & Yeung, 2017).

이처럼 적정수준의 스트레스는 긍정적으로 작용하여 사람들로 하여금 수행을 촉진시키고(평소보다 능력을 발휘하게끔) 성장과 발전의 기회를 제공하지만, 과도한 스트레스는 심리적 고통을 주고 정신적 · 신체적 질병을 일으키며 심한 경우 죽음에까지 이르게 한다.

스트레스의 이해

자극으로서의 스트레스

스트레스 연구자들이 첫 번째로 선택한 관점은 통상적이지 않은 반응을 일으키는 자극(사건이나 상황)을 스트레스라고 보는 입장이다. 여기에는 외적 환경조건에서부터 내적인 생리현상까지 다양한 자극이 포함된다. Lazarus와 Cohen(1977)은 자극으로서의 스트레스를 세 가지로 구분했다. (1) 다수의 사람들에게 격변을 일으키거나 영향을 주는 중대한 변화로서 천재지변, 전쟁, 투옥과 같은 어느 누구도 통제할 수 없는 사건들이 포함된다. (2) 해당되는 사람들에게만 영향을 주는 변화로 질병, 실직, 이혼, 사별, 출산, 중요한 시험처럼 해롭거나 위협이 되는 부정적인 경험을 말한다. (3) 일상의 골칫거리로서 일상생활에서 경험하는 크고 작은 사건들로 시끄러운 이웃이 이사를 와서 층간소음을 일으킨다든지, 주차 문제 등을 들 수 있다.

스트레스를 자극으로 보는 가장 대표적인 접근법은 재적응이 힘든 생활사건은 건강을 해칠 수 있다고 보고 개인이 경험한 힘든 생활사건들로 미래(2년 내)의 건강상태를 예측하는 방법이다. Holmes와 Rahe(1967)의 사회 재적응 척도를 보면 결혼, 배우자의 죽음, 이혼, 임신 등의 사건들이 나열되어 있고 옆에 점수가 적혀 있다. 각 점수는 해당 사건에 대해 재적응을 요하는 정도이고 해당 사건이 개인의 삶을 흔드는 정도라고 할 수 있다. 개인은 자신에게 일어난 사건들을 체크하고 합계를 내는데, 합계점수가 높을수록 미래에 질병에 걸릴 위험이 높아진다. 생활사건 이후 우리가 재적응하는 것이 질병과 관련되는 이유는 우리 신체가 보유한 한정적인 에너지 중에서 적응하는 데 에너지가 많이 쓰이면 그만큼 질병에 저항하는 데 쓸 에너지가 부족해지기 때문이다. 생활사건 및 사회 재적응 척도에 관해서는 곧이어 스트레스의 원인에 대해 설명하면서 자세히 살펴보겠다.

반응으로서의 스트레스

이 관점은 위협적 사건에 대한 반응으로 스트레스를 보는 입장으로 초기의 스트레스에 대한 정의들은 주로 이 입장을 취했다. Walter Cannon(1932)은 추위나 산소가 결핍된 환경에서 우리 신체의 **항상성**(homeostasis) 유지에 장애가 왔을 때 경험하는 상태를 스트레스로 보았다. 항상성은 *homeo*(same)와 *stasis*(to stand or to stay)의 합성어로서 우리 몸이 외부환경의 변화에 대응하여 생명을 유지하고 그 변화에 적응하기 위해 체내 환경을 일정하게 유지하려는 경향을 말한다. 항상성 조절 시스템의 기저는 생명에 필수적인 장기들과 이들의 반응이다. 심장, 폐, 혈관, 소화기관 같은 우리 몸 필수장기들은 고유의 반사조절 능력이 있어서 여력의 범위 내에서 필요에 따라 강하게 또는 약하게 작용한다. 이러한 조절은 주로 자율신경계와 내분비계(호르몬)에 의해서 무의식중에 자동적으로 이루어진다. 이 때문에 외부 환경이 변해도 우리 몸의 항상성이 유지되어 몸의 조화와 건강이 유지될 수 있다.

투쟁-도피 반응

스트레스를 느낄 때 우리 몸은 어떻게 반응할까? 중요한 시험을 앞두고 있는 사람을 생각해보자. 시험지를 받기 전부터 이 사람은 큰 스트레스를 겪을 것이다. 심장은 쿵쾅쿵쾅 뛰고 입 안은 바싹 마르고 근육이 긴장되며 숨이 가빠지는 것을 느낄 것이다. 시험 자체가 신체적인 해를 입는 일은 아니지만 심리적으로 위협감을 느끼기에 우리 몸은 긴장하게 된다. Cannon(1932)은 긴박한 위협 앞에서 자동적으로 나타나는 생리적 각성상태를 **투쟁-도피 반응**(fight or flight response)이라고 불렀다. 투쟁-도피 반응은 혈압이 오르고 팔, 다리 근육이 긴장되는 등의 반응들로 이루어져서 개인이 위협적인 대상과 싸우거나 멀리 도망칠 준비를 시킨다. 스트레스에 대한 투쟁-도피 반응은 다음 순서로 활성화된다.

- **스트레스 평가** : 눈앞에 혀를 날름거리는 뱀이 있거나 트럭이 나를 향해 돌진하는 것과 같이 신체적으로 해가 된다고 평가되는 자극은 투쟁-도피 반응을 일으킨다. 또한 심리적으로 위협적인 자극, 많은 사람 앞에서 발표를 하거나 중요한 시험을 치르는 상황에서도 투쟁-도피 반응이 일어난다. 즉, 위협으로 지각되는 신체적 혹은 심리적 자극은 모두 투쟁-도피 반응을 유발한다(김정호, 김선주, 2007).
- **시상하부** : 어떤 자극이 신체적 혹은 심리적으로 위협이 된다고 지각될 때 이러한 평가는 우리 뇌의 시상하부를 자극한다. 이에 따라 시상하부는 뇌하수체로 하여금 스트레스에 대항하여 싸우는 호르몬인 ACTH(adrenocorticotropic hormone)라는 부신피질자극호르몬을 분비하도록 명령하며 동시에 자율신경

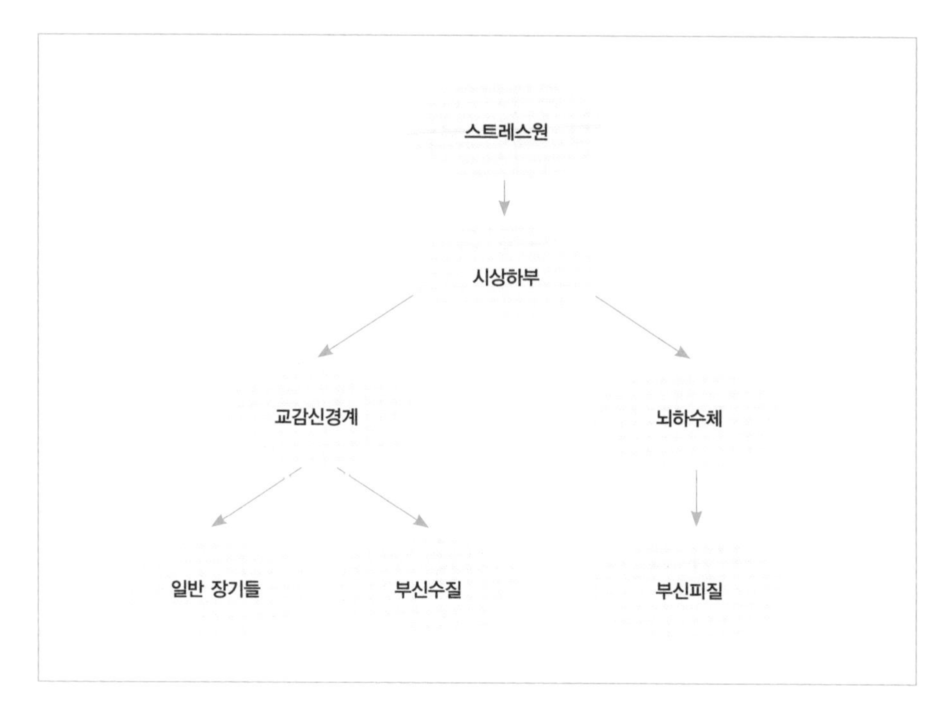

[그림 4.2]
신체적 스트레스 반응의 기제

계의 교감신경을 활성화한다.

- **교감신경의 활성화** : **자율신경계**(autonomic nervous system)는 두 부분으로 나뉜다. 하나는 교감신경(sympathetic nerve)이고, 다른 하나는 부교감신경(parasympathetic nerve)이다. 스트레스를 지각할 때 시상하부에 의해 활성화되는 교감신경은 스트레스를 유발하는 신체적 · 심리적 위협에 맞서 문제를 해결할 수 있도록 투쟁-도피 반응인 생리적 각성 반응을 일으킨다.

투쟁-도피 반응은 유기체가 위협에 빠르게 반응하도록 하므로 적응적이기도 하지만, 스트레스가 계속되어 신체적 기능을 어지럽히는 경우 건강을 크게 해치게 된다(Taylor, 2014).

돌보기와 친구 되기

Shelly Taylor와 동료들은 전반적으로 스트레스 반응에 대한 연구와 이론이 남성에게 초점이 맞추어져 있어서 편향되어 있고, 투쟁-도피 반응은 여성보다 남성에게게 좀 더 타당한 설명이라고 보았다. 이들은 스트레스에 대한 남성과 여성의 신경계 반응이 사실상 동일할지라도, 여성은 스트레스에 대해 남성과는 다른 내분비 반응을 보인다고 했다. 이러한 차이의 핵심은 **옥시토신**(oxytocin) 호르몬 때문이다. 옥시토신은 인간관계에서 안정감과 편안함을 주고 모성 행동을 일으키는 호르몬으로, 어미 쥐의 옥시토신 분비를 인위적으로 억제하면 아기 쥐를 방치하고, 옥시토신 기능에 결함이 있는 동물은 친밀감의 형성이나 짝 결속을 맺는 데 어려움을 보인다. 이들은 스트레스 사건에 대한 여성의 생리적 반응은 **투쟁-도피**보다는 **돌보기와 친구 되기**에 더 가깝다고 보았다. 실제로 스트레스에 대처하는 방법에 있어서 성별에 따른 가장 큰 차이는 사회적 지원을 구하는 것이었다. 남성에 비해 여성은 스트레스를 받았을 때 다른 사람을 더 찾고 위로를 구했으며(Taylor et al., 2000; Taylor, 2006), 더 많은 돌보기 행동을 보였다(Tamres, Janicki, & Helgeson, 2002).

얼어붙기 반응

압도적인 스트레스 상황에서 투쟁-도피 반응 외에도 **얼어붙기**(freezing) 혹은 부동(immobilization) 반응이 나타나는 것이 밝혀졌다(Levine, 2016). 얼어붙기 반응은 야생 동물에게서 흔히 볼 수 있는 반응이지만, 트라우마 연구가 본격적으로 진행되면서부터 인간도 이런 반응을 하는 것이 드러났다. 도망갈 수 없다고 판단되거나 생명의 위협을 느끼는 공포에 직면했을 때 인간과 동물 모두 얼어붙기 반응을 보일 수 있다. 이 반응은 무의식적이고 반사적으로 일어나는 생리적인 현상으로 나름의 진화적 이점을 갖는다. 대부분의 포식자는 죽은 동물에게는 관심이 없기 때문에 죽은 척함으로써 위험한 순간을 모면할 수 있고, 얼어붙기 반응 동안에는 심리적으로 고통을 느끼지 못하는 상태가 되어 공포 상황에서 고통을 줄이는(즉, 둔감해지는) 효과가 있다.

다중미주신경 이론(polyvagal theory)이 얼어붙기 반응의 뇌신경학적 근거가 된다. Porges와 Furman(2011)은 미주신경체계는 계통발생적으로 2개의 독립된 시스템으로 구성되어 있다고 주장한다. 두 시스템 중에서 파충류에서 볼 수 있는 원시적인 체계는 얼어붙기 반응을 담당하고, 진화적으로 더 최근에 형성된 체계는 사회적 의사소통과 자기위로 행동을 담당한다. 이때 스트레스 사건에서 더 진화한 체계가 적응에 실패하면 얼어붙기 반응을 일으키는 원시적인 회로가 활성화된다는 것이다.

셀리에의 일반적응증후군

한스 셀리에(Hans Selye)는 1950년대에 접어들며 새로운 자극이 나타났을 때 이에 대응하려는 신체적인 방어의 틀인 비특정적 반응(일반적응증후군)으로 스트레스를 정의했고, 자극에 대해서는 **스트레스원**(Stressor)이라는 용어를 사용했다. 그는 실험실의 쥐들이 경계 반응을 일으키는 자극에 노출되었을 때 스트레스를 받아 신체적 이상징후들을 보이는 것을 디딤돌로 삼아 스트레스가 인체에 미치는 영향을 밝혀냈다.

일반적응증후군(general adaptation syndrom, GAS)은 신체가 위협적 사건으로부

터 자신을 방어하려는 노력을 뜻한다. 셀리에는 동물들에게 나타나는 생리적 흥분 양상이 스트레스원의 종류에 상관없이 동일함을 관찰했는데, 스트레스원에 따라 신체반응이 다르게 나타나는 것이 아니라는 점에서 '일반'적응증후군이라고 이름 붙인 것이다. 이 적응과정은 경보, 저항, 소진의 세 단계를 거친다.

경보반응단계 **경보반응단계**(alarm reaction stage)는 우리가 스트레스원에 처음 노출될 때 겪는 신체반응으로 우리를 위험으로부터 보호해줄 '투쟁-도피' 반응이다. 우리 몸은 싸우거나 도망칠 힘을 극대화하도록 교감신경계가 활성화되고 부신에서 스트레스 호르몬인 코르티솔을 분비한다. 이러한 반응은 응급상황에 대한 단기적인 반응으로는 적응적이라고 할 수 있다. 그러나 스트레스에 장기간 노출되면 이러한 반응이 꼭 적응적이라고 하기 어렵다. 이때의 긴장감과 에너지 소모가 너무나 크기 때문에 우리 몸은 오랫동안 이 상태를 유지할 수 없고, 곧 일정한 흥분 수준을 유지하는 저항단계가 뒤따른다.

저항단계 처음 스트레스원에 노출된 데 대한 쇼크 상태가 지나면 우리 몸은 스트레스원에 적응하기 시작한다. 이 **저항단계**(resistance stage)가 얼마나 지속될지는 스트레스원의 심각성과 유기체의 적응 능력에 달려 있다. 이 단계 동안 우리 몸의 생리적 각성수준은 여전히 높지만 경보단계 때보다는 덜하다. 이때 스트레스를 극

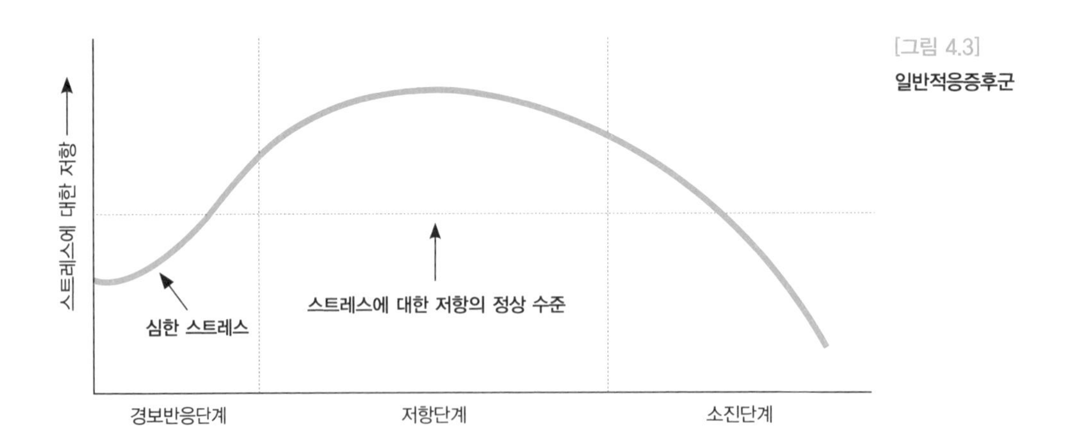

[그림 4.3]
일반적응증후군

복하거나 상황이 종료되면 우리 몸은 스트레스를 겪기 전의 상태로 돌아가지만 그렇지 않은 경우 신경계와 호르몬의 변화가 지속될 것이고, 우리 몸은 질병에 취약한 상태가 된다. 본인은 상황에 잘 대처하고 있다고 믿을지라도 짜증, 좌절, 집중력 저하 등의 증세를 보일 수 있다.

소진단계 도저히 극복할 수 없는 스트레스가 오랜 기간 계속된다면, 이에 저항할 수 있는 우리의 한정된 신체 자원은 결국 고갈되고 스트레스와 싸울 기력을 잃는다. 바로 **소진단계**(exhaustion stage)이다. 소진되고 쇠약해진 우리 몸에선 셀리에가 **적응의 질병**(diseases of adaptation)이라고 일컬은 스트레스 관련질병들이 나타나게 된다. 그 질병들로는 면역결핍으로 인한 각종 알레르기 반응, 위궤양, 궤양성 대장염, 고혈압, 심혈관계 질환, 갑상선기능항진증, 기관지 천식 등을 들 수 있다(Brannon, Feist, & Updegraff, 2015). 이 시점에서 우리 몸이 보유한 신체 에너지는 극히 낮은 수준이기에 스트레스가 계속된다면 사망에까지 이를 수 있다.

일반적응증후군 개념에 대한 비판

셀리에의 개념은 스트레스 연구에 큰 영향을 미쳤다. 스트레스원이라는 개념은 연구자들로 하여금 사람들에게 스트레스가 되는 여러 환경적 조건을 연구하게끔 했고, 다양한 스트레스 평가척도를 개발하도록 했다(Brannon, Feist, & Updegraff, 2015). 그러나 너무 단순하다는 점을 비판받는다.

셀리에는 모든 스트레스원에 대한 신체적 반응을 동일하다고 보았는데, 실제로 모든 스트레스원이 같은 내분비 반응을 만들어내지는 않는다(Kemeny, 2003). 또한 셀리에는 스트레스를 결과로 보았고, 오직 일반적응증후군 과정을 통해서만 스트레스가 발생한다고 주장했지만, 실제로 사람들은 스트레스 사건이 일어날 것이라고 예상하는 것만으로도 많은 스트레스를 겪는다. 셀리에는 상황적 · 심리적 요인의 영향을 간과하였고, 스트레스원에 대한 개인의 지각과 해석 같은 심리적 요인과 개인의 대처기술이 어떻게 영향을 미칠 수 있는지에 대해서는 다루지 않았다.

스트레스에 대한 연구가 축적되면서 20세기 후반에는 셀리에의 스트레스 이론이 수정되었다. 첫째, 스트레스 요인의 특성과 상관없이 우리 몸이 한결같은 스트레스 반응을 보인다는 가설이 바뀌었다. 가령 혹한과 같은 스트레스 요인이 발생하면 교감신경계가 자극되지만 다른 호르몬 반응계는 비교적 잠잠한 상태를 유지하는 것을 볼 수 있다. 또한 항상성 유지에 관여하는 생리적 체계가 역동적이고 쌍방향적으로 시시각각으로 변하는 신체 외부와 내부의 요구사항에 대응한다는 사실이 밝혀졌다(Fricchione, Ivkovic, & Yeung, 2017).

상호작용 관점

상호작용 관점은 스트레스를 자극으로 보는 관점과 반응으로 보는 관점을 통합한 것이다. 이 관점은 개인과 환경 사이의 역동에 주목하며, 환경이 제공하는 기회와 요구, 개인의 능력과 기대 사이의 상호작용이 부적합할 때 스트레스가 유발된다고 보았다.

라자루스의 교류모형

리처드 라자루스(Richard Lazarus)의 관계론적 관점은 현대심리학자들 사이에서 가장 잘 수용되는 모형이다. 이는 스트레스 사건에 대한 개인의 해석을 사건 자체보다 더 중요하게 보는 것으로, 스트레스성 여부는 자극이나 반응 자체에 달린 것이 아니라 유기체가 환경을 해석하고 그 요구에 반응할 수 있는 대처 자원을 해석하는 과정에서 밝혀진다는 이론이다.

라자루스가 셀리에와는 달리 해석과 지각을 강조할 수 있었던 것은 연구 대상의 차이에서 비롯되었다. 라자루스는 주로 인간을 대상으로 연구했기 때문이다. 다른 동물과는 달리 미래에 대해 생각하고 사건을 예측하고 염려하고 대비하는 인간만의 특징은 뛰어난 성취와 위대한 업적을 만들어내는 바탕이지만, 불안이나 고통과 같은 부정적인 정서와 스트레스를 안겨주는 요인이 되기도 한다.

심리적 요인 라자루스와 포크먼(Lazarus & Folkman, 1984)이 제안하는 교류모형은 스트레스가 개인에게 미치는 효과는 스트레스 사건 자체보다는 위협과 대처능력에 대한 그 사람의 지각에 기반을 둔다고 상정한다. 즉, 개인의 자원이 스트레스원을 감당할 수 없다고 생각되면 스트레스라는 것이다. 만약 그 사람의 개인적 · 사회적 자원이 충분하다면, 다른 사람이 견디기 어려워하는 스트레스 상황일지라도 이 사람에게는 스트레스가 아닐 수 있다. 반대로 그 사람의 대처 자원이 부족하다면, 다른 사람의 경우에는 전혀 스트레스 상황이 아닐지라도 이 사람의 경우에는 심한 스트레스가 될 수 있다.

라자루스는 사람과 그들의 환경 사이의 교류는 잠재적인 스트레스원에 대한 인지적 평가에 의해 결정된다고 믿었다. 인지적 평가는 (1) 상황이나 사건이 우리의 안녕을 위협하는지, (2) 그 요구를 다루기 위해 이용 가능한 개인적 자원이 충분한지, (3) 상황이나 사건을 다루기 위한 전략이 잘 작동되는지를 평가하는 것이다(Straub, 2015). 상황이나 사건의 요구가 스트레스를 유발할 때 우리의 반응은 일정하지 않다. 환경과 우리의 대처 사이에 교류(transactional)라고 하는 지속적인 상호작용과 적응의 과정이 생기는 것이다. 우리 모두는 각자 가진 자원으로 잠재적 스트레스원의 영향력을 줄이고 바꿀 수 있는 활동적 행위자라고 볼 수 있다.

평가 라자루스와 포크먼(1984)은 사람들이 상황을 평가할 때 1차평가, 2차평가, 및 재평가를 한다고 주장했다.

1차평가(primary appraisal)는 최초의 평가를 뜻한다. 지금부터 한 장면을 생각해보자. 직장인인 내가 어느 날 출근을 했는데 예상치 못하게 승진과 동시에 본사로 이동하라는 발령이 난 상황이다. 우리는 이때 재빠르게 (혹은 나도 모르게) 이 상황이 나에게 해가 되는지 득이 되는지 생각해본다. 1차평가 때 우리는 일어난 사건을 자신과 무관한 것, 긍정적인 것, 스트레스적인 것(해로운 것)의 세 가지 중 하나로 해석한다. 사무실에서 일하는 중에 밖에서 잠깐 쏟아지는 소나기나, 약속 없는 주말에 날씨가 좋은지, 비가 오는지의 여부처럼 나에게 무관한 사건으로 여겨지는 경우를 생각해보면 이해가 쉬울 것이다. 긍정적 평가는 그 사건을 좋은 의미로 여긴다는 뜻이다. 사건이 나와 무관한 것이거나 긍정적인 것으로 평가된다면 심한 각성과 스트레스는 발생하지 않는다. 스트레스적 평가는 그 사건이 해롭거나, 위협적이거나, 도전적으로 보인다는 뜻이다. 이 세 가지(해로움, 위협, 도전) 평가는 각각 다른 정서를 일으킨다. 라자루스(1993)는 해로움을 이미 일어난 손상으로, 위협은 해로움의 예측으로, 도전은 어려운 요구를 극복할 수 있다는 확신으로 정의했다. 연구에 따르면 스트레스적 평가의 차이가 성과의 차이를 가져다주고, 도전으로 지각하면 위협으로 지각할 때보다 높은 성과를 가져다주었다(Gildea, Schneider, & Shebilske, 2007).

사건이 도전적이거나 위협적인 것으로 평가될 때 우리는 2차평가(secondary appraisal)로 들어간다. 이 평가는 "이 상황에 대처하기 위해 내가 무엇을 할 수 있을까?"라는 질문에 대해 대답하는 과정으로, 위협적 사건에 대한 우리의 대처능력을 평가하는 과정이다. 만약 자원이 충분하다고 생각했을 때는 스트레스는 거의 발생하지 않는다. 위협이나 도전 수준이 높고 대처 자원이 부족할 때 스트레스가 발생하게 된다(Straub, 2015).

그들의 교류 모형은 스트레스에 대한 평가 과정이 계속해서 진행된다는 점을 강조한다. 이 모형에 따르면 **재평가**(reappraisal)를 통해 우리는 스트레스원에 관한 새로운 정보를 토대로 다시 상황을 평가한다. 만약 대처 반응이 실패하거나, 우리가 사건을 다르게 보기 시작했다면 원래 무관하거나 긍정적으로 평가된 사건도 위협적이고 해로운 사건으로 인식될 수도 있다. 앞서 든 예를 다시 생각해보자. 본사 발령 소식을 들었을 때 승진해서 기분이 참 좋았으나, 본사가 있는 지역이 지금 살고 있는 곳에서는 도저히 출퇴근이 불가능할 만큼 먼 곳인데, 그 지역의 집값이 내가 감당할 수 없을 만큼 비싸다는 정보를 들었을 경우, 본사 발령은 매우 스트레스가 되는 사건으로 바뀔 수 있다.

스트레스의 원인

환경

소음

소음(noise)은 개인이 듣고 싶지 않은 소리이기 때문에 객관적으로 정의하기가 매우 어렵다. 어떤 사람에게는 감미로운 음악이 다른 사람에게는 소음이 될 수도 있다. 대부분의 사람에게 고도의 소음은 스트레스 요인으로 혈중 카테콜아민(catecholamine) 수준을 높인다는 보고가 많다(김형석, 1996). 만성적인 소음 노출은 정신건강에 큰 해가 되는데, 만성적으로 항공기 소음에 노출되는 지역에 사는 거주자들은 그렇지 않은 지역에 사는 거주자들에 비해 불안 및 우울 증상이 많았으며, 소음 노출 수준에 따라 수면장애 및 스트레스 반응척도 점수 등에서도 유의한 차이를 보였다(임명호 외, 2009).

인구 밀집

인구 밀집의 영향에 대한 동물의 행동을 관찰한 고전적 연구에서 존 칼훈(John B. Calhoun, 1973)은 한 쌍의 쥐에게 자유롭게 먹고 마시고 번식하도록 허락하는 이상적인 주거 환경을 제공하였다. 주거 공간이 충분할 때 쥐들은 평범하게 행동하고 안정된 사회적 집단을 꾸리고 새끼 쥐가 건강하게 자라도록 양육했다. 쥐의 출산율은 상승 곡선을 이어갔고 315일이 지나자 쥐의 개체 수는 총 660마리로 늘어났다. 그러나 인구가 증가하자 쥐들의 공격성이 고개를 들고 출산율이 점차 줄어들기 시작했다. 쥐가 짝짓기를 하고 새끼를 키우려면 일정 공간이 필요하다. 수컷 쥐들은 점점 자주 싸우며 영역을 지키려고 했고, 암컷 쥐들은 어린 새끼를 돌보지 않기 시

[그림 4.4]
존 칼훈의 쥐 실험 죽을 가능성을 최대한 배제한, 물과 먹이가 풍부한 유토피아 환경에서 쥐들이 어떻게 살아가는지 살펴보았다.

작했고, 젖도 안 뗀 새끼를 쫓아내는 행동을 보였으며 심지어 몇몇 쥐는 다른 쥐들을 잡아먹기 시작했다.

높은 인구 밀도와 밀집의 구분은 무엇일까? Daniel Stokols(1972)는 높은 인구 **밀도**(population density)를 많은 인구가 제한된 공간을 점유하는 물리적 상태로 정의했다. 반면 **밀집**(crowding)은 개인이 속한 환경의 높은 밀도에 대한 그 사람의 지각으로부터 발생하는 심리적 상태라고 하였다. 그러므로 높은 밀도는 밀집의 필요조건이기는 하지만 높은 밀도가 꼭 밀집을 의미하는 것은 아니다. 콘서트홀에 사람들이 꽉 차 있는 것은 인구 밀도가 아주 높지만 밀집만큼 스트레스로 느껴지지는 않는 것처럼 말이다. 높은 밀도와 밀집의 구분은 개인의 지각에 달렸다.

소음과 밀집은 가난한 환경에서 나타나는 경우가 많다. 저소득층 아동의 경우 일반 아동에 비해 상대적으로 가정과 지역사회 환경이 열악한 상태에서 성장하게 된다. 저소득층 아동은 일반 아동에 비해 한정된 대처 자원을 가지고 있으며, 정서조절 능력이 낮고 행동문제 수준이 상대적으로 높아 적극적 개입이 필요하다(김병옥, 이진숙, 2008). 실제로 가난한 환경에서 자란 아이들은 만성적 스트레스와 알로스타시스 과부하[1]가 심한 경향이 있었고(Matthews, Gallo, & Taylor, 2010), 더 많은 위협과 가족갈등을 지각했고 연령이 증가할수록 코르티솔의 분비가 높아졌다(Chen, Cohen, & Miller, 2010).

빈곤

빈곤(poverty)과 스트레스는 서로 밀접한 관계가 있다. 빈곤 여성 가장의 스트레스를 조사한 연구에서 조사 대상자 중 55.5%가 우울 경향이 있는 것으로 나타났고, 생활사건 스트레스 중 경제 스트레스에 뒤이어 자녀양육 스트레스, 배우자상실 스트레스, 부모역할수행 스트레스, 대인관계 스트레스 순으로 힘든 정도를 꼽았다(김유심, 곽지영, 2010). 경제적인 빈곤은 그 자체도 스트레스지만 불결한 환경, 소음,

---

1 알로스타시스와 알로스타시스 과부하에 관해서는 뒤에 '스트레스와 신체반응' 절에서 자세히 설명하였다. 우선 지금은 스트레스에 대항하여 항상성을 유지하고 적응하기 위한 시도에 과부하가 걸렸다는 뜻 정도로 이해하면 된다.

밀집 등 다른 수많은 스트레스원을 동반한다. 특히 빈곤계층과 같이 사회적으로 불리한 입장에 있을 경우 스트레스를 극복하기 위한 사회적 조건 및 대처 자원이 빈약할 수밖에 없다. 따라서 스트레스에 대한 대처를 제대로 못할 가능성이 높고 악순환에 빠지게 될 것이다. 이처럼 자원 결핍에서 발생하는 빈곤 관련 스트레스(poverty related stress, PRS)는 장기화되는 경향이 있다. 다른 만성 스트레스와 마찬가지로 PRS는 우리 몸의 스트레스 반응계에 과부하가 계속 걸리게 만들고 질병에 걸리는 취약성을 높여 여러 가지 만성 스트레스 질환을 유발할 수 있다. 또한 경제적 어려움에서 비롯되는 스트레스와 피로감은 우울, 불안, 알코올남용 등과 밀접한 관련이 있는 것으로 밝혀졌다(Fricchione, Ivkovic, & Yeung, 2017).

재난

유엔재해기구(UNDP)와 유엔발전계획(UNCRD)에서는 재난(disaster)을 “갑작스럽게 발생하여 지역사회의 기본조직과 정상 기능을 와해시키는 큰 규모의 사건으로서 그 영향을 받은 지역사회가 외부의 도움 없이는 극복할 수 없고 생명과 재산, 사회간접시설과 생활수단에 일상적인 능력으로 처리할 수 없는 피해를 일으키는 단일 또는 일련의 사건”이라고 정의했다. Lazarus와 Cohen은 재난을, “그 경험을 공유한 사람들이 중대한 적응 반응을 해야 하는 갑작스럽고 독특하며, 강렬한 사건들”로 보았다.

우리나라도 수없이 많은 재난을 겪었다. 태풍과 가뭄, 화재 등의 자연재해뿐만 아니라 삼풍백화점 참사, 성수대교 붕괴, 대구 지하철 참사, 씨랜드 참사, 세월호 참사 등 당사자는 물론 국민에게 큰 슬픔과 스트레스를 주는 사건을 겪었으며, 이러한 사건 모두가 재난이다. 이런 사건들은 그 사건의 생존자와 지인들, 매체를 통해 그 사건을 간접적으로 접한 사람들에게 외상 경험을 겪게 했다. 84명이 세월호 유가족 부모를 대상으로 한 연구에서는 94%의 부모가 사고 18개월 후에도 슬픔에 시달리고 있으며, 절반 이상이 심한 우울과 높은 외상후 스트레스장애(PTSD) 증상을 보이고 있다고 밝혔다(Huh et al., 2017). 다른 연구에서는 조사된 세월호 유족 131명 중 124(95%)명이 위염, 소화불량, 만성두통 등 신체적 질환을 겪고 있었으나,

47명(36%)의 부모는 자녀를 잃은 비탄으로 인해 전혀 치료를 받고 있지 않았고, 우울과 자살사고가 있는 경우에도 마찬가지 이유로 심리치료를 대부분 받고 있지 않았다(박기묵, 2015). 세월호 뉴스 노출을 통한 간접적 외상 조사에서도 뉴스에 더 노출된 집단일수록 더 강한 부정적 정서, 생명의 위협, 죽음불안, 신체의 과잉각성을 경험했다(이흥표 외, 2016).

생활사건

Holmes와 Rahe(1967)는 스트레스 생활사건과 질병 간의 관계를 연구했다. 이들은 수천 명의 결핵 환자들을 만나 이들이 병에 걸리기 전에 겪은 사건들에 관해 인터뷰했다. 환자들이 겪은 사건 중에는 이혼이나 실직처럼 부정적인 것만 있는 것이 아니라 결혼, 출산, 휴가처럼 기분 좋은 사건도 많았다. Holmes와 Rahe에 따르면 결혼이나 휴가처럼 긍정적인 사건도 일종의 변화이며 부정적인 변화와 마찬가지로 재적응을 요구하기 때문에 스트레스가 된다. 오랜 세월 다른 가족들과 다른

글상자 4.1

외상후 스트레스장애

외상후 스트레스장애(PTSD)는 사람이 전쟁, 고문, 자연재해, 폭력, 테러, 사고 등의 심각한 사건을 경험한 후 그 사건에 공포감을 느끼고 사건 후에도 계속적인 재경험을 통해 고통을 느끼며 거기서 벗어나기 위해 에너지를 소비하게 되는 질환을 뜻한다. PTSD는 재난을 직접 경험하거나 목격한 사람은 물론, 사태를 수습한 구급대원, 의료진, 경찰관 등에서도 보이고, 외상을 경험했던 사람의 가족이나 친구들도 겪는 경우가 있다(Fricchione, Ivkovic, & Yeung, 2017). 사건 후 수개월 이상 다음 증상을 보인다면 PTSD를 의심해볼 만하다.

PTSD의 증상

1. 외상성 사건을 재경험한다. 예를 들어 플래시백(순간적이고 연속적인 회상)이나 악몽을 체험하며 사건을 떠올릴 때 강력한 신체적, 정서적 반응을 보인다.
2. 외상성 사건을 떠올리는 것을 피한다. 외상을 떠올리는 장소, 대상들을 피한다. 외상의 중요한 부분을 기억하지 못하거나 일상생활에 대한 흥미를 잃고 주변과 고립됨을 느낀다.
3. 불안과 정서적 각성이 증가한다. 수면 상태를 유지하기 어려우며 집중력이 저하되고 분노 표출이 늘며 깜짝 놀라는 일이 많다.

가풍에서 살아온 성인 두 사람이 결혼해서 갑자기 한 집에서 살게 된다고 생각해보자. 치약을 짜는 방식, 물건을 정리하는 방식까지도 서로 다를 것이고, 그 차이를 조율하는 과정에서 크고 작은 스트레스와 다툼이 있을 것이다. 이처럼 한꺼번에 많은 변화가 일어났을 때 그에 따른 스트레스와 적응으로 인해 우리의 신체건강이 훨씬 취약해질 수 있다. 이에 따라 Holmes와 Rahe는 스트레스를 유발하는 생활변화 정도를 측정하기 위해서 **사회 재적응 평가 척도**(Social Readjustment Rating Scale, SRRS)를 개발했다(표 4.1 참조). SRRS에서 생활변화 사건들은 '사소한 법규 위반' 같은 낮은 점수(10점)에서 '배우자나 사랑하는 사람의 죽음' 같은 높은 점수(100점)까지 열거하였다. 6개월에서 1년 이내에 겪은 생활변화 사건 점수가 높을수록 질병에 걸릴 가능성도 커지는 것이다. 이 연구들은 생활사건이 스트레스가 될 수 있음을 알려줬지만 비판적 시각도 있다. 예를 들어 스트레스가 객관적 생활사건들에 의해 결정되는지, 아니면 이 사건들에 대한 주관적 평가에 의해 결정되는지에 대한 논쟁이 남아 있다(Harrington, 2015).

일

개인이 직무와 관련하여 조직 내에서 상호작용하는 과정에서 조직의 목표와 개인의 욕구 사이에 불균형이 생길 때 **직무 스트레스**(job stress)가 일어난다. 위험한 작업 조건 및 환경, 복잡한 업무 내용, 업무 과부하, 직장 내 대인관계 갈등, 직무 불안정, 비합리적이고 권위적인 조직문화, 보상의 부적합성, 가족-일 영역 간의 부조화 등이 직무 스트레스의 원인이 된다. Peterson과 Spiga(1982)는 직장인이 겪는 스트레스는 직무 영역에만 국한되지 않으며, 직장생활을 하면서 경험하는 심리적 · 신체적 · 인지적 변화와 자아정체감을 형성해 나가는 발달과업 그 자체도 스트레스로 볼 수 있다고 주장하였다. 직무 스트레스는 우울을 야기하고, 직장-가정 갈등 요인과도 관련이 높아 직장에서의 스트레스가 가정으로도 파급되는 것으로 나타났다(송한수 외, 2009). 직무 스트레스는 개인건강뿐 아니라 조직의 성과에도 악영향을 준다(김성천, 탁진국, 2010).

직무 스트레스의 양상에도 개인차가 있다. 남성은 직업 불안정 때문에 힘들어하

[표 4.1]
사회 재적응 평가 척도

생활사건	점수	생활사건	점수
배우자나 사랑하는 사람의 죽음	100	자녀가 집을 떠나는 것	29
이혼	73	친척과의 문제	29
별거	65	뛰어난 개인적 성취	28
수감	63	배우자의 취직이나 퇴직	26
가까운 가족의 죽음	63	입학이나 졸업	26
개인적 상해나 질병	53	생활조건의 변화	25
결혼	50	개인적인 습관의 변화	24
해직	47	상사와의 문제	23
부부 간의 화해	45	근무시간과 근무조건의 변화	20
은퇴	45	주거변화	20
가족의 건강문제	44	전학	20
임신	40	취미활동의 변화	19
성적인 장애	39	종교활동의 변화	19
가족의 증가	39	사회활동의 변화	18
직업 재적응	39	적은 부채나 담보	17
경제상태의 변화	38	수면습관의 변화	16
친한 친구의 사망	37	가족이 모이는 횟수의 변화	15
전업	36	식사습관의 변화	15
부부 간 언쟁횟수 변화	35	휴가	13
중요한 부채 또는 담보	31	크리스마스	12
부채로 인한 권리상실	30	사소한 법규 위반	11
책임의 변화	29		

※ 총점이 200점 이상이면 질병에 걸릴 위험이 높다.

는 반면, 여성은 가정과 직무의 균형을 잡느라고 스트레스를 받는 것으로 나타났다 (Wang, Lesage, Schmitz, & Drapeau, 2008). 사무직 종사자들을 대상으로 한 연구에서 관리자 집단은 역할과다, 직무 불안정, 직장-가정 갈등을 주요한 스트레스원으로 지각하였고, 사원 집단은 역할 갈등, 적성 불일치, 의사결정 참여, 승진 문제를 주요한 직무 스트레스원으로 지각하였다(탁진국, 이강숙, 홍현숙, 2002).

이 가운데서도 주로 다루고 있는 직무 스트레스원은 역할 과부하, 역할 갈등, 역할 모호성 등과 관련된 역할 스트레스이다. **역할 과부하**(role overload)는 주어진 시간과 자신의 능력에 비해 자신에게 기대되는 책임 및 역할이 너무 많다고 지각하는 상태이다. **역할 갈등**(role conflict)은 개인이 둘 또는 그 이상의 사회적 지위(역할)를 갖고 있는 상황에서 사람들로부터 상반된 기대를 요구받아 겪는 갈등을 뜻한다. **역할 모호성**(role ambiguity)은 주어진 직무에 대한 정보가 부족하거나 명확하지 않은 상태이다.

직무 스트레스원 중에서 가장 많은 관심을 받고 있는 요인이 역할 과부하인데(Cordes & Dougherty, 1993; Robinson & Griffiths, 2005), 직무만족이나 직무성과에 큰 영향을 미치는 것으로 확인되고 있다(Gurbuz, Turunc, & Celik, 2013). 역할 과부하가 심할수록 개인은 자신에게 주어진 일을 제때 끝내기 어렵다는 생각을 하게 되고, 심적인 긴장과 부담을 느끼게 된다(김성천, 탁진국, 2010). 과도한 업무로 인해 점점 업무로부터 피로감을 느끼게 되며 직무탈진이나 정서적 소진을 경험하기 쉽다(김형주, 유태용, 2013). 이렇게 역할 과부하는 직장생활에 악영향을 미칠 뿐 아니라 심리적 건강과 전반적인 삶의 만족도에도 부정적인 영향을 미친다.

지속적인 역할 과부하는 업무로부터 심리적 분리를 어렵게 만들어 다른 삶의 영역에 옮겨가서도 업무에 관한 활동을 계속하게 만든다. 이로 인해 육체적 · 정신적으로 이완하지 못하고 계속 긴장상태를 유지하게 되며 충분한 휴식을 취할 수 없게 된다(김수동, 2015). **심리적 분리**란 퇴근 후 직장으로부터의 심리적 해방을 의미하며 업무와 관련된 행동이나 생각을 하지 않는 것을 뜻한다. 직장인들은 업무로부터의 심리적 분리를 통해 소진된 정서적 · 육체적 에너지를 재정비하고 심리적인 안정감을 찾으며, 재충전의 시간을 통해 긍정 정서를 경험하고 삶의 만족감을 높일 수 있다. 심리적 분리가 되지 않으면 퇴근 후에도 일과 관련된 생각이나 활동이 지속되어 개인의 에너지를 소진시키는데, 이러한 상황이 장기적으로 유지되면 개인의 건강과 전반적인 삶의 질에 해를 끼칠 수 있다(Sonnentag, Binnewies, & Mojza,

다음은 당신이 직장에서 스트레스를 받았을 때 경험할 수 있는 증상들이다.

최근 한 달 동안 아래의 문항을 어느 정도 경험했는지 해당하는 칸에 표시한다.

점수를 합산해서 32점 이상이면 직무 스트레스를 받고 있다는 의미다. 특히 49점이 넘어간다면 심각한 상태이므로, 전문가와 상담하기를 권한다.

[표 4.2]

직무 스트레스 측정해 보기

직장 스트레스 증상	전혀 그렇지 않다	약간 그렇다	어느 정도 그렇다	상당히 그렇다	매우 그렇다
1. 소화가 잘 되지 않는다.	①	②	③	④	⑤
2. 머리가 아프다.	①	②	③	④	⑤
3. 목이나 어깨 근육이 뻣뻣하고 뭉친 느낌이 든다.	①	②	③	④	⑤
4. 몸이 무겁다.	①	②	③	④	⑤
5. 얼굴 표정이 굳어졌다.	①	②	③	④	⑤
6. 쉽게 지친다.	①	②	③	④	⑤
7. 자고 일어나도 피로가 풀리지 않는다.	①	②	③	④	⑤
8. 앞 일에 대한 걱정이 자주 든다.	①	②	③	④	⑤
9. 기분이 울적하다.	①	②	③	④	⑤
10. 의욕이 떨어지고 만사가 귀찮다.	①	②	③	④	⑤
11. 외롭다.	①	②	③	④	⑤
12. 내가 남보다 못한 것 같다.	①	②	③	④	⑤
13. 매사에 걱정이 많다.	①	②	③	④	⑤
14. 무엇을 어떻게 해야 할지 모르겠다.	①	②	③	④	⑤
15. 내 뜻대로 일이 진행되지 않는 것 같다.	①	②	③	④	⑤
16. 사소한 일에도 짜증이 난다.	①	②	③	④	⑤
17. 화가 난 감정을 억제하기 힘들다.	①	②	③	④	⑤
18. 때리거나 부수고 싶다.	①	②	③	④	⑤
19. 사소한 일에 민감하게 반응한다.	①	②	③	④	⑤
20. 평정심을 유지하기 어렵다.	①	②	③	④	⑤
21. 참을성이 없다.	①	②	③	④	⑤
22. 말이나 행동이 거칠어졌다.	①	②	③	④	⑤
24. 업무 중 어떤 일을 마무리하기 어렵다.	①	②	③	④	⑤
25. 업무에 집중하기 힘들다.	①	②	③	④	⑤

※ 출처 : 직장인 스트레스 반응척도 개발 및 타당화 연구, Anxiety & Mood.8(2). 153 – 160, 이정은, 최보라, 정영은, 송광헌, 강민재, 채정호(2012)

2010). 최근 전자통신기술의 발달로 퇴근 후나 휴일에도 모바일 메신저를 통해 업무를 처리하는 일이 많아짐에 따라 다른 삶의 영역이 침범당하는 경우가 많다.

동시에 다양한 일을 처리하는 문제는 특히 여성에게 더 크다(Straub, 2015). 맞벌이 부부와 여성의 사회진출 증가로 특히 **직장-가정 갈등**이 늘어났다. 직장을 다니는 개인은 직장에서 해야 할 역할과 가정에서 해야 할 역할이 각기 다른데, 두 가지를 양립하기 어려운 경우에 심리적 갈등을 겪는 것을 직장-가정 갈등이라고 한다. 특히 여성은 직장인, 아내, 엄마라는 다양한 역할로 부담이 증가되기 때문에 더 큰 스트레스를 받게 된다(Brannon, Feist, & Updegraff, 2015).

김성천과 탁진국(2010)에 따르면 직장-가정 양립으로 인해 발생하는 갈등이 직무 스트레스에 직접적으로 미치는 영향이 유의했으며, 여성일수록 역할 과부하로 인한 직무 스트레스가 더 높은 것으로 나타났다. 가사분담과 양육에 대한 지원이 부족하기에 취업 여성들은 직장생활과 가정생활의 이중 역할에서 오는 부담으로 많은 어려움을 겪고 있다. 그중에서도 특히 자녀양육은 취업 여성들에게 있어 가장 큰 문제로 여러 연구에서 지적되고 있다. 김현희 외(2009)는 기혼 직장여성에게 있어 자녀양육은 취업 지속을 판가름하는 요소임과 동시에 스트레스 요인이라고 하

[그림 4.5]
여성의 사회진출이 늘어나며 직장-가정 갈등이 이슈가 되고 있다.

였고, 홍경은(2009)은 취업 여성은 자녀양육에서 가장 심한 갈등을 느끼며 자기에 대한 평가, 아내 역할, 시간관리, 가정관리, 남편과의 관계영역 순으로 직장-가정 양립 스트레스를 받는다고 하였다.

긴 노동시간은 그 자체로도 스트레스원이지만 직장-가정 갈등 등의 다른 스트레스원을 유발하며 신체건강, 심리건강 및 삶의 질 저하로 이어질 수 있다. 참고로 한국노동사회연구소에 따르면 2015년 기준 우리나라 직장인의 평균 근로시간은 2,273시간으로 경제협력개발기구(OECD) 회원국 중 1위다. OECD 평균(1766시간)보다 507시간, 가장 짧은 독일(1,371시간)보다 902시간이나 길다.

성격

동일한 스트레스 상황에 처한다고 해서 모두가 그 영향을 똑같이 받는 것은 아니다. 여러 생활사건과 일상의 골칫거리에 더 잘 대처하는 사람이 있는가 하면, 사소한 일에도 특히 힘들어하는 사람이 있는데 그 차이를 결정하는 것 중 하나가 개인이 가지고 있는 내적 성향, 즉 넓은 의미의 성격이다(김선주, 김정호, 1998).

1970년대 중반 이후 심장병 전문의 Friedman과 Rosenman(1974)은 늘 시간에 쫓기는 듯한 초조감을 느끼고 타인에 대해 지나치게 높은 경쟁심과 적개심을 나타내는 행동 특징을 **A유형 행동양상**(Type A Behavier Pattern)(혹은 **A유형 성격**), 정 반대의 행동양상을 보이는 특징을 **B유형 행동양상**(Type B Behavior Pattern)(혹은 **B유형 성격**)이라고 하였다. 그리고 A유형 성격이 관상동맥성 심장질환(coronary heart disease, CHD)에 걸릴 위험률이 2배 이상 높다고 하였다. 최근의 연구에 의하면 A유형 성격 중에서 적개심과 분노가 심장질환을 증가시키는 주범인 것으로 보이며, 스트레스에 대해 적개심이나 분노로 반응하는 사람은 심폐기능에 악영향을 미치는 스트레스 호르몬을 과도하게 분비하였다(김명화, 2009).

A유형 성격은 경쟁적이고 야심 있고 추진력 강하며 성급하고 일을 지나치게 많이 하는 스타일로 묘사된다. A유형 성격의 전형적인 예는 물건을 사거나 값을 지불할 때 잠시를 못 기다리고 앞사람을 밀거나, 운전할 때 신호등이 변하자마자 경적 소리를 내어 서두를 것을 종용하며, 늘 시계를 보는 사람이라고 할 수 있다. A유

형 사람들은 주변 상황을 모두 경쟁의 대상으로 보기 때문에 사소한 일에도 분노와 적대감을 보이고 타인의 실수나 꾸물거림을 참지 못한다. 이들은 단시간에 더 많은 것을 성취하려고 애쓰기 때문에 실제로 더 많은 성공을 쟁취하기도 하지만 그만큼 스트레스를 더 받을 수밖에 없다. 그들은 과제 수행의 실패에 대해서 억압적이고 부정적인 대처를 취하는 경향이 있었다(Pittner & Houston 1980).

이러한 A유형 성격의 기저에는 어떤 요인이 작용할까? Glass(1977)는 A유형 성격을 개인의 통제감을 위협하는 환경적 스트레스 유발자에 대한 특징적인 반응양식이라 정의하면서, 성취와 발전을 지향하는 지나친 경쟁 욕구에서 비롯된 것이라고 했다. Friedman 등(1986)은 A유형에서 나타나는 공격성 · 경쟁심 · 서두름은 낮은 자존감에 기인된 과잉된 지배 욕구라고 했다. 이후 연구들은 A유형 성격의 하위요인 중에서도 속도/참지 못함, 정력/경쟁요인, 적대감 등이 건강에 특히 부정적인 영향을 미친다는 증거를 제시하였다. 반면에 업무 몰입 같은 특성은 심장질환과 관련이 없었다(김선주, 김정호, 1998).

엄청난 스트레스에도 불구하고 상황에 잘 대처하고, 건강을 유지하는 성격적 특성도 있을까? Kobasa(1979)는 스트레스에 잘 대처하는 관리자의 성격 특성을 연구하여 이를 **심리적 강건함**(psychological hardness)이라고 불렀다. 심리적으로 강건한 사람들은 호기심과 관심을 유지하며 삶을 적극적으로 살아가는 전념(commitment), 자신의 행동이 주변 환경에 영향을 미칠 수 있다는 믿음을 뜻하는 통제(control), 삶의 위기를 기회로 받아들이는 도전(challenge) 세 요인의 특성을 높게 가지고 있었다. Scheier와 Carver(1987)은 **선천적 낙관주의**(dispositional optimism)라는 개념을 제시했는데, 선천적으로 낙관적이고 미래를 희망적으로 내다보는 사람들이 비교적 건강을 잘 유지하고, 단기간의 통제 가능한 스트레스에 대해서도 높은 면역력을 보였다.

사회적 지지

사회적 지지는 자신이 사랑과 돌봄, 존중과 인정을 받는 사람이라는 것을 알고, 타인과의 연결감을 느끼는 것이다. 스트레스의 **완충 가설**(buffering hypothesis)에 따르면 사회적 지지는 개인이 효과적으로 스트레스에 대처하도록 도움을 주어 스트레스의 악영향을 완화시킨다(Cohen & McKay, 1984). **직접효과 가설**(direct effect hypothesis)에서는 사회적 지지가 스트레스와 별개로 건강과 안녕감을 향상시킨다고 상정한다(Harrington, 2015).

사회적 지지는 여러 가지 형태를 취할 수 있다. 우선 재정적 보조, 물품 전달 같은 물리적 지지를 제공하는 유형의 지지를 생각해볼 수 있다. 장례식장에 방문할 때 조문객들이 부조금을 준비해 가는 것은 슬픔을 위로하려는 마음을 장례비용에 보태서 도우려는 실질적인 유형의 지지를 뜻한다. 재난 때 모금활동에 앞장서거나 구호물품을 보내는 것 또한 스트레스 사건에 따르는 부담을 덜어주려는 지지 표현이라고 할 수 있다. 또한 정보제공을 통한 지지도 있다. 정보적 지지는 스트레스 사건을 보다 잘 이해할 수 있도록 도우며 어떤 자원과 대처 전략이 스트레스 사건을 처리하는 데 유용할지 살펴보게 한다(Taylor, 2014). 예를 들어 남편의 외도로 이혼 위기에 처한 사람에게 가족이나 친구가 양육권 및 재산분배에 유리한 입장이 되도록 정보를 주거나, 이혼전문 변호사를 소개해주는 경우를 예로 들 수 있다. 외도를 목격하고 이혼을 앞둔 당사자는 정서적 고통, 우울, 불안을 겪을 것이다. 이때 가까운 사람들은 그 사람의 마음을 위로하고, 슬픔에 공감하며 정서적인 지지를 줄 수 있다.

사회적 지지의 완충 가설과 직접효과 가설을 지지하는 연구는 많이 축적되어 있다. 가령 김정민, 장영희(2015)는 청소년 스트레스와 신체화 증상 간의 관계를 연구하여 스트레스 수준이 높아도 부모의 사회적 지지가 높으면 신체화 증상이 완화됨을 확인했고, 서경현(2010)은 사회적 지지가 요양보호사의 스트레스 반응과 부적 상관이 있으며, 직장 동료나 상사로부터의 정보적 지지와 정서적 지지는 낮은 우울 및 분노 수준과 연관된다는 것을 보여주었다. 이미림(2014)은 자살예방상담원들이 높은 스트레스를 겪고 있는 경우에도 사회적 지지를 통해 심리적 소진을 낮출 수 있음을 밝혔다.

사회적 지지의 영향은 어떤 생물학적 체계를 통해 발현되는 것일까? Uchino (2006)의 연구에 의하면 사회적 지지는 심혈관계, 신경내분비계, 면역계 전반에 긍정적 효과를 나타낸다. 높은 수준의 사회적 지지는 평상시 더 낮은 수준의 혈압, 더 적은 심혈관질환, 심지어 심혈관질환 환자들에게 질병의 진행 속도가 느려지는 것과 관련 있었다. 높은 사회적 지지는 스트레스에 대한 면역계의 염증 반응을 약화시켰고(Uchino et al., 1996), 코르티솔 수준도 낮추었다(Heinrichs, Baumgartner, Kirschbaum, & Ehlert, 2003)

통제감

자신의 삶에서 일어나는 사건들을 통제할 수 있다는 확신감, 즉 개인적 통제감(personal control)을 잃어버리는 것은 그 자체로 엄청난 스트레스가 된다. 자신의 활동에 통제감을 갖지 못하는 양로원 노인들은 음식 메뉴를 선택하는 것이나 화초 가꾸기, 방 꾸미기, 가구배치 등을 스스로 선택할 수 있는 노인들에 비해 훨씬 더 일찍 늙고, 사망했다(Langer, Rodin, 1976). 마찬가지로 사무실 가구 배치를 바꿀 수 있고, 작업 방해물을 조절하는 등 자신의 작업 환경을 조정할 수 있는 작업자들도 그렇지 않은 사람에 비해 스트레스를 훨씬 덜 겪었다(Rubie, Karato, Yan, & O'Neill, 1993). 예측이나 통제가 안 되는 소음에 대해 일련의 고전적 연구를 수행한 Glass와 Singer(1972)는 소음을 통제할 수 있었던 대학생들이 그렇지 못한 상황의 대학생들보다 스트레스를 덜 받았고 과제를 더 잘 수행했음을 보여주었다.

Julian Rotter(1966)는 자신의 삶을 통제할 수 있다고 믿는 사람은 **내적 통제소재**(internal locus of control)를 갖고, 행운 · 운명 · 다른 사람의 행동에 의해 자신의 삶이 결정된다고 믿는 사람은 **외적 통제소재**(external locus of control)를 갖는 것으로 분류했다. 이후 연구들은 일관성 있게 내적 통제소재를 가진 사람들이 외적 통제소재를 가진 사람들보다 학교 및 직장에서 더 높은 성취를 보이고, 더 독자적으로 행동하며, 건강상태가 훨씬 좋고, 우울감이 더 낮다는 결과를 보였다(Myers & DeWall, 2015).

스트레스와 신체반응

스트레스에 대한 생리학적 반응은 스트레스를 지각하는 것으로 시작한다. 이 지각은 자율신경계의 교감부를 활성화시켜 공격, 방어, 도피의 모든 응급상황에 동원되게끔 우리 몸을 준비시킨다. 앞에서도 언급한 투쟁-도피 반응에 대해 자세히 살펴보겠다.

교감신경 활성화

스트레스는 우리 뇌에서 노르아드레날린(noradrenalin)계 신경세포가 가장 많이 분포되어 있는 청반(locus coeruleus) 부위를 활성화시켜 주로 교감신경계를 자극하는 역할을 하는 에피네프린(epinephrine, EP; 아드레날린이라고도 함)과 노르에피네프린(norepinephrine, NE; 노르아드레날린이라고도 함) 분비를 촉진한다. 청반은 자극에 대한 주의력과 교감신경계의 활동을 조절하는 역할을 하는데, 청반 신경세포의 점화는 스트레스 상황에서 증가하고, 반대로 졸리거나 수면 중에는 감소하여 세포 활동이 줄어든다. 하지만 만성적으로 스트레스를 받으면 청반 신경세포의 흥분성이 계속 증가되어 오히려 각성도와 기억력이 저하될 수 있다(대한불안의학회, 2005). 교감신경계의 각성은 혈압, 심박수, 땀을 증가시키고 말초혈관을 수축시킨다(Taylor, 2014).

HPA 활성화

스트레스에 대한 반응으로 시상하부, 뇌하수체 및 부신피질도 활성화되는데, 이 세 가지 기관의 명칭 앞글자를 따서 HPA 축(hypothalamic-pituitary-adrenal axis)이라고 묶어서 부른다. 먼저 변연계에서 형성된 정서적 스트레스 신호가 시상하부로 전달되면 본격적인 생리적 반응이 시작된다. 시상하부는 정서적 언어를 신체적 언어로 변환하는 곳으로 부신피질자극호르몬(ACTH)을 방출시키는 호르몬인 부신피질자극호르몬 분비호르몬(CRH)을 분비하게 된다. 이 CRH 호르몬이 뇌하수체 앞쪽 부위인 뇌하수체 전엽을 자극하여 부신피질자극호르몬(ACTH)을 분비하게 되

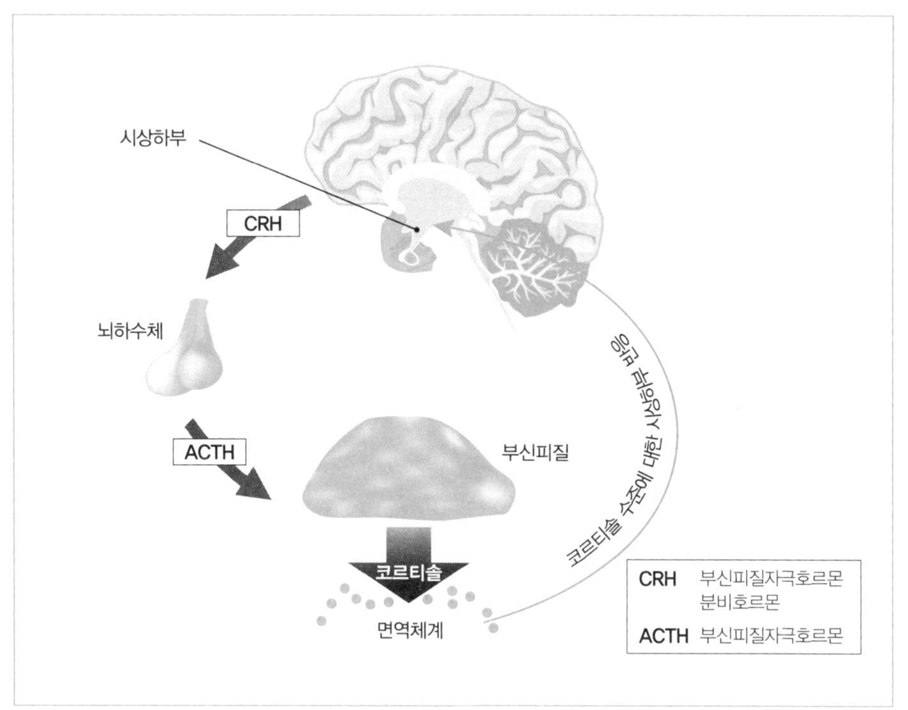

[그림 4.6]
스트레스 반응체계

고 ACTH가 혈류를 타고 이동하여 부신피질을 자극하면 우리가 흔히 코르티솔(cortisol)이라고 부르는 글루코코르티코이드(glucocorticoid) 호르몬이 분비된다(그림 4.6 참조).

코르티솔은 매우 중요한 스트레스 호르몬으로 스트레스 저항과 항상성 회복에 관여한다. 코르티솔은 혈당을 높여 우리 몸이 에너지 자원을 동원하여 스트레스와 싸울 준비를 하게끔 돕는다(Brannon, Feist, & Updegraff, 2015). 코르티솔은 또한 항염증성 효과도 있어서 우리 몸이 투쟁-도피 반응 동안 상해를 당했을 때 상처가 부풀어 오르지 않게 하고, 스트레스 후 안정상태로 우리 몸이 되돌아오는 것을 돕는다(Taylor, 2014). 그러나 코르티솔이 면역 기능과 염증 반응을 억제하기 때문에 코르티솔이 지속적으로 과도하게 생성되면 각종 질병에 걸릴 위험성이 커진다(Fricchione, Ivkovic, & Yeung, 2017).

알로스타시스

앞에서 설명한 대로 우리 몸은 내적 상태를 일정하게 유지하려 하며 이를 항상성이라고 한다. 그러나 혈압, 체온 등 모든 내적 상태는 고정되어 있지 않고 일정 범위 내에서 계속 변화한다. 생리학자인 Sterling과 Eyer는 항상성을 흔드는 스트레스원에 대응하여 역동적인 안정성을 얻기 위한 생리적 반응을 설명하기 위해 **알로스타시스**(Allostasis)라는 개념을 고안했다. 따라서 알로스타시스는 안정성이나 항상성을 유지·획득하기 위한 변화, 조절 반응을 뜻한다. 알로스타시스 과정은 엄청난 에너지를 소모한다. 한 개인이 지속적으로 공포대상에 노출되어 스트레스가 폭발적으로 증가하면 적응을 위해 알로스타시스 과정이 계속되면서 대사기능에 부담이 가중되어 쉽게 질병에 걸린다. 이러한 **알로스타시스 과부하**(Allostatic loading)는 우리 몸이 불리한 정신적 상황에 적응하기 위해 치러야 하는 비용이라고 할 수 있다(Fricchione, Ivkovic, & Yeung, 2017). 알로스타시스 과부하는 수많은 지표들로 알아볼 수 있다. 세포성 면역의 감소, 코르티솔 조절 능력 감소, 심장박동수 가변성 저하, 해마의 용량 변화(HPA의 반복된 자극으로 인해 감소되는 것으로 추측됨), 기억력 문제, 높은 혈압 등이 포함된다. 이러한 변화는 노화에 따라 자연스럽게 발생하는 증상이기도 하다. 따라서 알로스타시스 과부하는 인체의 노화를 가속화시키고, 질병 및 사망 위험성을 높인다(Karlamangla, Singer, & Seeman, 2006).

스트레스와 질병

스트레스는 거의 모든 질병의 원인 및 과정과 관련이 있다고 간주되고 있다(Taylor, 2014). 우리 몸에는 특히 스트레스에 취약한 기관들이 있는데, 근골격계, 심혈관계와 위장관계를 꼽는다. 따라서 스트레스가 장기간 지속될 경우 이러한 기관에 질병이 발생하기 더욱 쉬운데 대표적인 문제가 바로 긴장성 두통이나 류머티스성 관절염 등의 근골격계 질환, 고혈압과 협심증 등의 심혈관계 질환, 신경성 소화불량, 소화성 궤양이나 과민성 대장염과 같은 위장관질환들이다. 이 외에도 기관지 천식이나, 피부질환, 암도 스트레스와 관련된 질환으로 알려져 있다(대한불안의학회, 2005). 또한 스트레스는 여성에게 2차 성숙, 배란실패, 배아의 착상실패, 자연유산

등을, 남성에게는 테스토스테론 분비의 억제, 정자형성 억제, 성욕감퇴 등을 야기할 수 있다(김금순, 2005).

또한 스트레스는 인간에게 다양한 심리적 영향을 미친다. 스트레스로 인해 불안, 우울, 초조, 흥분, 충동성, 자신감의 저하, 짜증, 강박적 사고 및 행동, 약물 또는 알코올남용, 자살행동, 난폭한 행동 등이 나타난다. 그중에서도 대표적인 것이 불안과 우울이다. 대부분의 경우 불안과 우울은 일시적이고 스트레스가 지나가면 사라지나 장기간 과도한 스트레스가 지속되고, 개인이 극복할 힘과 대처할 자원이 부족한 경우에는 각종 정신질환으로 발전할 수 있다. 스트레스로 인한 대표적인 정신질환은 불안장애, 기분장애, 신체형장애, 적응장애, 식사장애, 수면장애, 알코올 및 약물사용장애, 성장애 등을 들 수 있다.

질병소인-스트레스 모형

우리 모두가 스트레스를 받으며 살고 있지만, 왜 어떤 사람은 스트레스로 인해 위와 같은 병에 더 잘 걸리고 어떤 사람은 비교적 영향을 덜 받는 걸까? 질병소인-스트레스 모형에서 그 답을 찾을 수 있다.

질병소인-스트레스 모형(diathesis-stress model)은 유전적 취약성이나 생화학적 불균형으로 인해(질병소인) 선천적으로 특정 질병에 걸리기 쉽게 태어난 사람들이 있다고 전제한다. 그러나 특정 질병소인을 가지고 있다고 해서 그 질병에 반드시 걸리는 것은 아니고, 어떤 스트레스원에 부딪혀야 그 질병이 발병한다고 보는 것이다. 다시 말해 질병소인-스트레스 모형은 질병의 발생에 두 가지 요인이 필수적이라고 본다. (1) 특정 개인은 특정 질병에 대해 비교적 선천적인 취약성을 타고나야 하고, (2) 특정 개인은 특정한 유형의 스트레스를 경험해야만 한다.

따라서 질병소인-스트레스 모형은 왜 생활사건 척도가 질병을 일관되게 예측하지 못하는지를 설명해준다. 실제로 Holmes와 Rahe의 사회 재적응 평가 척도 점수는 질병을 근소하게 예측할 수 있을 뿐이었다. 질병소인-스트레스 모형에 따르면 누가 병에 걸리고 누가 걸리지 않는지를 예측하기 위해서는 스트레스 생활사건과 함께 개인의 질병소인이 고려되어야 한다(Marsland, Bachen, Cohen, & Manuck, 2001).

스트레스와 영양

우리 몸의 안전을 위협하는 스트레스원과 싸우다 보면 에너지 소모가 커지고, 그 위협이 실제로 존재하든 상상으로 만들어낸 것이든 결과는 다르지 않다. 에너지원(음식)을 끊임없이 공급함으로써 급격히 높아진 에너지 수요를 맞추지 못한다면, 우리 몸은 얼마 못 가 에너지가 바닥나 탈진 상태가 된다. 최근에는 음식섭취가 우리의 신체 및 정신건강뿐 아니라 스트레스 반응 방식에도 직접적인 영향을 끼친다는 이론이 갈수록 힘을 얻고 있다(Fricchione, Ivkovic, & Yeung, 2017).

만성 스트레스와 영양소

만성 스트레스로 인해 대사상태가 과잉되면 우리 몸은 더 많은 영양소를 소모하고, 세포의 생리적 안정성을 회복하는 데 더 많은 비타민, 무기질, 항산화제를 필요로 하게 된다. 우리가 주의를 기울이지 않는다면 몇 주 만에 영양소가 결핍되어 불붙은 장작에 기름을 끼얹듯 신체 스트레스가 가중될 수도 있다.

건강에 유익한 식생활 패턴에 관해서는 지금까지 다양한 연구가 진행되었다. 그 가운데는 대사증후군, 암, 우울증, 치매 같은 스트레스성 비감염성 질환을 예방하는 식생활 패턴이 있다. 지중해 식단(mediterranean diet), 항염 식단(anti-inflammatory diet), 구석기 식단(paleolithic diet), 저혈당지수 식단(low-glycemic diet)이 그 예로 공통적으로 과일, 채소, 견과류, 어류, 살코기 등의 기능성 식품(functional food)을 다량 섭취하도록 구성되어 있고, 정제곡물과 당류는 적게 포함되었다. 이런 식단을 꾸준히 섭취하면 항상성을 회복하고 스트레스와 그로 인한 염증을 줄임으로써 세포의 생리 기제를 복구하고, 위협에 대응할 수 있는 준비를 갖추게 된다(Fricchione, Ivkovic & Yeung, 2017).

차와 커피 같은 음료가 스트레스에 미치는 효과는 어떨까? 적절한 양의 카페인(caffeine)[2]은 우울을 줄이고 각성도를 높이며 주의 및 인지적 수행을 개선시키나,

---

2 식품의약품안전청에서 정한 우리나라 국민의 카페인 하루 섭취기준은 성인 400mg 이하, 임산부 300mg 이하, 어린이 · 청소년 2.5mg/kg(체중) 이하이다. 이 권장량을 우리나라 성인의 카페인 하루 섭취기준과 비교하면, 액상커피 4.8캔, 조제커피 8.3봉, 캡슐커피 5.4잔, 커피전문점 커피 3.3잔이 하루 섭취 권장량에 해당하는 양이다. 청소년의 경우에는 액상커피 1.5캔, 조제커피 2.6봉, 캡슐커피 1.7잔,

과도한 섭취는 불안 반응을 악화시키고(Lara, 2010) 심신을 더 각성시켜 스트레스 반응을 늘리는 결과를 초래한다. 고카페인 음료가 청소년들에게서 우울과 같은 정신질환 위험성을 증가시키고, 알코올이나 약물남용과도 정적인 상관을 보였다(Azagba, Langille, & Asbridge, 2014). 무엇보다 과도한 카페인 섭취는 우리의 수면을 방해하고 수면의 질을 떨어트려 스트레스로부터 몸과 마음이 회복되는 데 지장을 준다.

역학연구에 따르면 사람은 스트레스를 인지하는 순간 단음식과 패스트푸드를 더 많이 먹고 과일과 채소는 덜 먹는 것으로 나타났다. 이러한 행동은 일종의 '자가치료'일 수도 있다. 실제로 실험용 쥐와 인간을 대상으로 한 최근 연구에서 설탕 섭취가 스트레스로 상승한 코르티솔 농도를 일시적으로 떨어뜨린다는 결과가 나왔다. 그러나 가공식품을 섭취하면 마약중독일 때와 마찬가지로 보상신호전달과 쾌감 추구에 관여하는 신경전달물질인 도파민을 제대로 조절할 수 없게 된다(Fricchione, Ivkovic, & Yeung, 2017).

스트레스의 측정

건강심리학자들은 스트레스를 측정하기 위해 여러 접근을 사용해 왔다. 이는 크게 자기보고식 측정과 생리적 측정이라는 두 범주로 나눌 수 있다. **자기보고식 측정**으로 생활사건이나 일상의 골칫거리 같은 것을 측정하고, **생리적 측정**은 스트레스로 인한 생물학적인 변화를 측정한다. 두 방법 모두 개인의 질병과 건강에 대한 스트레스의 영향을 연구하는 데 효과적으로 쓰인다.

자기보고식 측정

지난 일주일간 예상치 못한 사건이 일어나 속상한 적이 있었는가? 그런 일이 일어

커피전문점 커피 1잔이 하루 최대 섭취 권장량이므로 이보다 많은 카페인을 섭취하지 않도록 주의가 요망된다.

났을 때 대처를 잘했다고 생각하는가? 이와 같은 질문에 여러분이 자신을 되돌아 보며 답하는 것이 바로 자기보고식 측정이다. 자기보고 검사는 개인이 겪은 스트레스에 대하여 면접이나 질문지를 사용하여 조사하는 것으로 시행이 쉽고 비용 면에서도 경제적이다. 측정 내용으로는 생활사건 혹은 스트레스와 관련되었다고 보는 경험, 스트레스를 반영하는 불쾌감 혹은 혐오감 등의 정서에 점수를 매기는 것이다. 이러한 자기보고식 검사 중에서 가장 널리 사용된 것이 앞서 소개한 생활사건들을 측정한 사회 재적응 평가 척도(SRRS)이다. 그밖의 자기보고식 척도들로는 대학생 스트레스 설문지(Undergraduate Stress Questionnaire, USG), 지각된 스트레스 척도(Perceived Stress Scale, PSS), 생활사건 질문지(Life Events Inventory), 스트레스 증상 척도(Stress Symptom Check List) 등이 있다. 국내에서도 한국형 간이 스트레스량 측정치(BEPSI-K)(배종면 외, 1992), 한국형 스트레스 반응 척도(고경봉, 박중규, 김찬형, 2000), 직장인 스트레스 반응 척도(이정은 외, 2012) 등이 개발되어 사용되고 있다.

Lazarus와 동료들은 중요한 생활사건 보다는 일상의 골칫거리를 살펴보는 척도를 개발했다(Kanner, Coyne, Schaefer, & Lazarus, 1981). 일상의 골칫거리는 '그 사람의 안녕감에 해롭거나 위협적인 것으로 평가된 일상생활의 경험들'이다. 이러한 일상생활의 골칫거리 척도는 생활사건 척도보다 심리적 건강에 대해 좀 더 정확하게 예언할 수 있다고 여겨지고 있다.

이러한 자기보고식 측정의 단점은 중요한 사건이 발생한 후 시간이 지나 회상된 정보이기 때문에 부정확하거나 편향이 작용할 수 있다는 것이다. 이러한 한계를 극복하기 위해 개발된 **생태순간평가**(ecological momentary assessment, EMA)는 실시간으로 자연환경에서 사람들의 행동과 경험을 반복적으로 표집하는 방법이다(Shiffman, Stone, & Hufford, 2008). EMA는 여러 방식을 취할 수 있다. 한 가지는 기상과 취침 시마다, 1시간마다 하는 식으로 지정된 시간 간격으로 정보를 수집하는 것이다. 참가자들은 정해진 때에 자신의 기분, 스트레스원, 사회적 상호작용 및 기타 요인들에 대해 보고한다. 또 다른 방식은 **신호-수반 기록**(signal-contingent recording, **보행일기 기록**이라고도 부름)으로 스마트폰 등으로 신호를 보내면 그때그때 응답하여 보고하는 것이다(Smith, Birmingham, & Uchino, 2012).

생리적 측정

자기보고식 측정의 제한점을 보완하기 위해 연구자들은 스트레스에 대해 명료하게 살펴볼 수 있는 생리적이고 생화학적인 측정치를 필요로 했다. 생리적 측정치는 심장박동, 혈압, 피부전기반응, 호흡, 코르티솔과 에피네프린 같은 스트레스 호르몬 분비에서 증거를 얻는 것을 말한다. 이러한 생리적 측정치들은 연구자들에게 신체 교감신경계의 활성화와 HPA 축을 연구할 수 있는 기초를 제공해주기도 했다.

스트레스에 대한 생리적 측정법으로 사용되는 가장 보편적인 접근법은 코르티솔, 에피네프린, 노르에피네프린 같은 스트레스 호르몬을 살펴보는 것이다. 에피네프린과 노르에피네프린은 대개 혈액이나 소변 표본을 통해 측정되며, 코르티솔은 타액 표본을 통해 측정된다. 이러한 측정치들은 신뢰할 수 있고 쉽게 정량화할 수 있는 등 여러 가지 장점이 있다. 그러나 한계도 존재한다. 혈액 내 호르몬 수준은 스트레스 경험 이후 빠르게(몇 분 내) 감소하기 때문에, 매우 빠르게 검사를 진행해야 한다. 소변에서는 호르몬 수치가 더 오래 지속되지만 스트레스 외에 다른 요인들이 소변 내의 호르몬 수준에 영향을 미칠 가능성이 있다. 또한 이러한 측정 과정 자체가 스트레스 경험이 되어 평가를 오염시킬 수도 있다. 코르티솔은 타액 속에서 약 20분 정도는 유지된다. 머리카락에 있는 코르티솔을 측정하는 방법도 있는데, 이는 최근 6개월 사이에 몸에 생성된 코르티솔 수준을 반영한다(Brannon, Feist, & Updegraff, 2015).

심박 변이도(heart rate variability, HRV) 검사 또한 스트레스 자극이 자율신경계 활동에 미치는 영향을 알아보는 데 널리 사용된다. 심장이 혈액을 순환시키기 위해

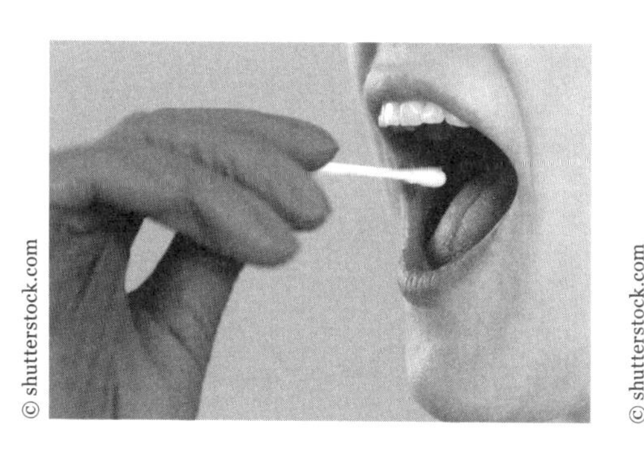

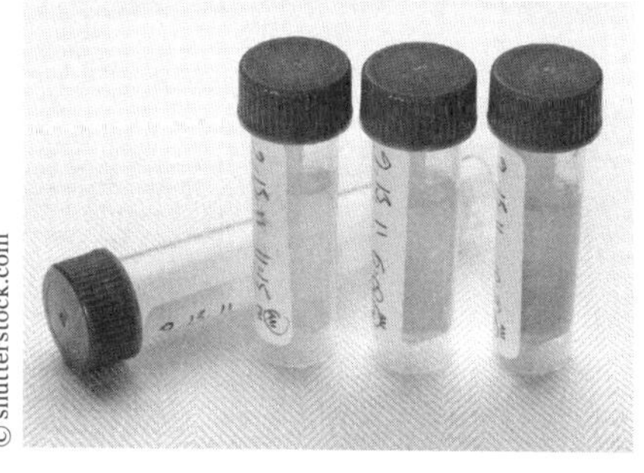

[그림 4.7]
코르티솔 측정

규칙적인 수축과 이완을 하려면 전기적 자극이 필요한데, 이때 발생하는 미세한 전위 변화를 신체 표면으로 유도한 심전도를 분석하여 심장박동 간격의 변이를 살펴볼 수 있다. 심장박동은 자율신경계를 이루고 있는 교감신경 및 부교감신경계의 상호작용에 의해 끊임없이 미세하게 변한다. 노르에피네프린에 의해 매개되는 교감신경에 의한 심장박동의 변화는 상대적으로 느린 반면, 아세틸콜린에 의해 매개되는 부교감신경의 활동은 빠른 반응 잠재기를 갖는다. 따라서 HRV는 심박률에 영향을 미치는 교감과 부교감 신경계의 지속적인 상호작용을 측정한 것으로, HRV 검사를 통해 자율신경계의 활성도와 균형, 신체의 항상성을 유지하는 적응능력을 평가할 수 있다. 스트레스 조건에 따른 신체반응을 측정하는 연구들에서 HRV 지표들은 적절한 신뢰도와 타당도를 보였다(Bernston, & Cacioppo, 2004).

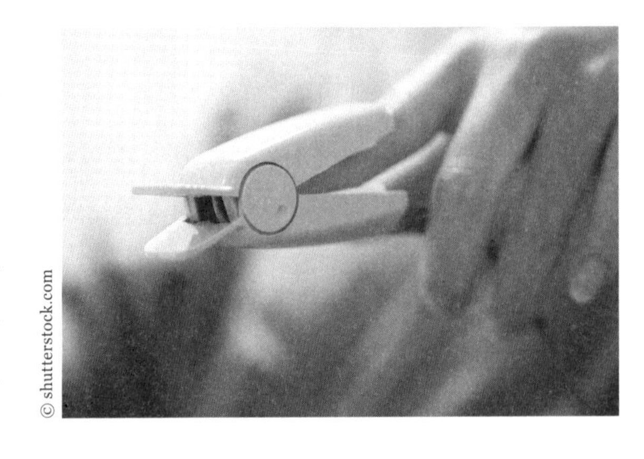
© shutterstock.com

[그림 4.8]
HRV 측정

이러한 생리적 측정법의 장점은 신뢰성이 높으며 쉽게 정량화할 수 있어서 다른 측정법을 보완해줄 수 있다는 데 있다. 그러나 측정방법에 따라서는 비용이 많이 들고 즉각적 반응만을 탐지하고 절차가 침습적일 수 있으며 측정 자체가 생리적 반응을 일으킬 수 있다(예 : 채혈이 스트레스 반응을 야기할 수 있다). 또한 대개의 지표가 스트레스에 의해서만 변화하는 것이 아니기 때문에 해석에 한계가 있다.

참고문헌

고경봉, 박중규, 김찬형(2000). 스트레스반응척도의 개발. 神經精神醫學, 39, 707-719.

김금순(2005). 스트레스반응의 생리학적 접근. 스트레스研究, 13, 117-125.

김명화(2009). 운동을 통한 스트레스 극복. 스트레스研究, 17, 441-447.

김병옥, 이진숙(2008). 저소득층 아동과 일반아동의 스트레스 대처전략 및 정서조절 능력과 행동문제간의 관계. 한국아동학회 학술발표논문집, 130-130.

김선주, 김정호(1998). 반발심, A유형 및 스트레스 대처와의 관계. 스트레스研究, 6, 23-31.

김성천, 탁진국(2010). 역할과부하 및 일-가정 갈등과 직무스트레스와의 관계. 한국심리학회지 건강, 15, 35-49.

김유심, 곽지영(2010). 빈곤여성가장의 생활사건 스트레스, 사회적 지지, 가족응집력이 우울에 미치는 영향. 서울도시연구, 11, 161-179.

김정민, 장영희(2015). 청소년 스트레스와 신체화 증상의 관계 : 사회적 지지의 조절효과. 스트레스研究, 23, 187-196.

김정호, 김선주(2007). 스트레스의 이해와 관리. 서울 : 시그마프레스.

김현희, 박천만, 이종렬, 신효순. (2009). 어머니가 지각하는 Parenting daily hassles가 양육스트레스 및 부적절한 양육행동에 미치는 영향. 한국모자보건학회지, 13, 207-219.

김형석(1996). 소음에 의한 환경스트레스. 한국심리학회지 건강, 1, 96-104.

김형주, 유태용(2013). 직무과부하가 직무탈진에 미치는 영향. 한국심리학회지 산업 및 조직, 26, 317-340.

대한불안장애학회 스트레스관리연구특별위원회(2005). 스트레스 다스리기. 서울 : 가림출판사.

박기묵(2015). 세월호 참사 희생자 부모들의 심리적 외상에 관한 기술적 접근. 한국콘텐츠학회논문지, 15, 134-145.

배종면, 정은경, 유태우, 허봉렬, 김철환(1992). 외래용 스트레스량 측정도구 개발연구, 대한가정의학회지, 13, 809-820.

변광호, 장현갑(2005). 스트레스와 심신의학. 서울 : 학지사.

서경현(2010). 요양보호사의 삶에 대한 관여, 통제감 및 사회적 지지와 스트레스 반응. 스트레스研究, 18, 137-143.

송한수, 유상곤, 최창기, 최소라, 이철갑(2009). 직무 · 가정 스트레스 및 직장-가정 갈등과 우울증. 대한직업환경의학회 학술대회 논문집, 578-579.

이미림(2014). 자살예방상담원의 지각된 스트레스와 사회적 지지가 심리적 소진에 미치는 영향. 한국콘텐츠학회논문지, 14, 308-318.
이정은, 최보라, 정영은, 송광헌, 강민재, 채정호(2012). 직장인 스트레스 반응 척도 개발 및 타당화 연구. 대한불안의학회지, 8, 153-160.
이흥표, 최윤경, 이재호, 이홍석(2016). 세월호 뉴스 노출을 통한 간접 외상의 심리적 영향. 한국심리학회지 : 문화 및 사회문제, 22, 411-430.
임명호, 강진경, 김현우, 백기청, 김현주, 노상철, 권호장(2009). 만성 항공기 소음 노출에 따른 우울 · 불안 · 스트레스 민감성 및 수면 변화. 스트레스研究, 17, 1-10.
장현갑, 강성군(1996). 스트레스와 정신건강. 서울 : 학지사.
탁진국, 홍현숙, 이강숙(2002). 사무직 직급에 따른 직무스트레스에 미치는 요인. 대한예방의학회, 35, 160-168.
홍경은(2009). 미취학 자녀를 둔 취업주부의 육아대체와 일.가족 갈등 및 삶의 만족도에 관한 연구. (국내석사학위논문, 성신여자대학교).
Azagba, S., Langille, D., & Asbridge, M.(2014). An emerging adolescent health risk: Caffeinated energy drink consumption patterns among high school students. *Preventive Medicine*, *62*, 54-59.
Baum, A.(1990). Stress, intrusive imagery, and chronic distress. *Health Psychology*, *9*, 653.
Berntson, G. G., & C acioppo, J. T.(2004). Heart rate variability: Stress and psychiatric conditions. *Dynamic Electrocardiography*, 57-64.
Brannon, L., Feist, J., Updegraff, J. A., 한덕웅, 손정락, 김교헌, 박순권, 이민규, 안귀여루, 김청송, 유제민, 이형초, 서경현(2015). 건강심리학. 서울 : Cengage Learning.
Cannon, W. B.(1932). The wisdom of the body.
Calhoun, J. B.(1973). Death squared: the explosive growth and demise of a mouse population.
Chen, E., Cohen, S., & Miller, G. E.(2010). How low socioeconomic status affects 2-year hormonal trajectories in children. *Psychological Science*, *21*, 31-37.
Cohen, S., & McKay, G.(1984). Social support, stress and the buffering hypothesis : A theoretical analysis. *Handbook of Psychology and Health*, *4*, 253-267.
Cordes, C. L., & Dougherty, T. W. (1993). A review and an integration of research on job burnout. *Academy of Management Review*, *18*, 621-656.
Fricchione, G., Ivkovic, A., Yeung, A. S., 서정아, 유승호(2017). 스트레스, 과학으로 풀다. 서울 : 한솔아카데미.
Friedman, M., & Rosenman, R. H.(1974). *Type A behavior and your heart Fawcett*.

Friedman, M., & Rosenman, R. H.(1974). Type A behavior and your heart Fawcett.

Friedman, M., Thoresen, C. E., Gill, J. J., Ulmer, D., Powell, L. H., Price, V. A., & Brown, B., Thompson, L., Rabin, D. D., Breall, W. S., Bourg, E., Levy, R., & Dixon, T.(1986). Alteration of type A behavior and its effect on cardiac recurrences in post myocardial infarction patients: summary results of the recurrent coronary prevention project. *American Heart Journal*, *112*(4), 653-665.

Glass, D. C., & Singer, J. E.(1972). Urban stress: Experiments on noise and social stressors.

Glass, D. C.(1977). Behavior patterns, stress, and coronary disease. Lawrence Erlbaum.

Gildea, K. M., Schneider, T. R., & Shebilske, W. L.(2007). Stress appraisals and training performance on a complex laboratory task. *Human Factors*, *49*, 745-758.

Gurbuz, S., Turunc, O., & Celik, M.(2013). The impact of perceived organizational support on work-family conflict: Does role overload have a mediating role? *Economic and Industrial Democracy*, *34*, 145-160.

Harrington, R., 손정락, 최명심(2015). 스트레스 · 건강 · 웰빙. 서울 : 박학사.

Heinrichs, M., Baumgartner, T., Kirschbaum, C., & Ehlert, U.(2003). Social support and oxytocin interact to suppress cortisol and subjective responses to psychosocial stress. *Biological Psychiatry*, *54*, 1389-1398.

Holmes, T. H., & Rahe, R. H.(1967). The social readjustment rating scale. *Journal of Psychosomatic Research*, *11*, 213-218.

Huh, H. J., Huh, S., Lee, S. H., & Chae, J.(2017). Unresolved bereavement and other mental health problems in parents of the sewol ferry accident after 18 months. *Psychiatry Investigation*, *14*, 231-239.

Kanner, A. D., Coyne, J. C., Schaefer, C., & Lazarus, R. S.(1981). Comparison of two modes of stress measurement: Daily hassles and uplifts versus major life events. *Journal of Behavioral Medicine*, *4*, 1-39.

Karlamangla, A. S., Singer, B. H., & Seeman, T. E.(2006). Reduction in allostatic load in older adults is associated with lower all-cause mortality risk : MacArthur studies of successful aging. *Psychosomatic Medicine*, *68*, 500-507.

Kemeny, M. E.(2003). The psychobiology of stress. *Current Directions in Psychological Science*, *12*, 124-129.

Kobasa, S. C.(1979). Stressful life events, personality, and health: An inquiry into hardiness. *Journal of Personality and Social Psychology*, *37*, 1.

Langer, E. J., & Rodin, J.(1976). The effects of choice and enhanced personal responsibility for the aged: A field experiment in an institutional setting. *Journal of Personality and Social Psychology*, *34*, 191.

Lara, D. R.(2010). Caffeine, mental health, and psychiatric disorders. *Journal of Alzheimer's Disease*, *20*, 239-248.

Lazarus, R. S.(1993). From psychological stress to the emotions: A history of changing outlooks. *Annual Review of Psychology*, *44*, 1-22.

Lazarus, R. S., & Cohen, J. B.(1977). Environmental stress. *Human behavior and environment* (pp. 89-127) Springer.

Lazarus, R., & Folkman, S.(1984). Stress, coping and appraisal.

Levine, P. A., 양희아, 권수영(2016). 내 안의 트라우마 치유하기. 서울 : 소울메이트.

Marsland, A. L., Bachen, E. A., Cohen, S., & Manuck, S. B.(2001). Stress, immunity, and susceptibility to infectious disease. *Handbook of Health Psychology*, 683-695.

Matthews, K. A., Gallo, L. C., & Taylor, S. E.(2010). Are psychosocial factors mediators of socioeconomic status and health connections? *Annals of the New York Academy of Sciences*, *1186*, 146-173.

Myers, D. G., DeWall, C. N., 신현정, 김비아(2015). (마이어스의) 심리학. 서울 : 시그마프레스.

Petersen, A. C., & Spiga, R.(1982). Adolescence and stress. *Handbook of Stress: Theoretical and Clinical Aspects*, 515—528.

Pittner, M. S., & Houston, B. K.(1980). Response to stress, cognitive coping strategies, and the type A behavior pattern. *Journal of Personality and Social Psychology*, *39*, 147.

Porges, S. W., & Furman, S. A.(2011). The early development of the autonomic nervous system provides a neural platform for social behaviour: A polyvagal perspective. *Infant and Child Development*, *20*(1), 106-118.

Rubie, D., Karato, S., Yan, H., & O'Neill, H. S. C.(1993). Low differential stress and controlled chemical environment in multianvil high-pressure experiments. *Physics and Chemistry of Minerals*, *20*, 315-322.

Scheier, M. E., & Carver, C. S.(1987). Dispositional optimism and physical well-being: The influence of generalized outcome expectancies on health. *Journal of Personality*, *55*, 169-210.

Shiffman, S., Stone, A. A., & Hufford, M. R.(2008). Ecological momentary assessment. *Annu.Rev.Clin. Psychol.*, 4, 1-32.

Smith, T. W., Birmingham, W., & Uchino, B. N.(2012). Evaluative threat and ambulatory blood pressure: Cardiovascular effects of social stress in daily experience. *Health Psychology*, *31*, 763.

Sonnentag, S., Binnewies, C., & Mojza, E. J.(2010). Staying well and engaged when demands are high: The role of psychological detachment. *Journal of Applied Psychology*, *95*, 965.

Stokols, D.(1972). On the distinction between density and crowding: Some implications for future research. *Psychological Review*, *79*, 275.

Straub, R. O., 황석현, 김은정, 신현균, 이훈진, 정희연, 조용래, 최삼욱, 손재민(2015). 건강심리학. 서울 : 시그마프레스.

Tamres, L. K., Janicki, D., &Helgeson, V. S.(2002). Sex differences in coping behavior: A meta-analytic review and an examination of relative coping. *Personality and Social Psychology Review*, *6*, 2-30.

Taylor, S. E.(2006). Tend and befriend: Biobehavioral bases of affiliation under stress. *Current Directions in Psychological Science*, *15*, 273-277.

Taylor, S. E., Klein, L. C., Lewis, B. P., Gruenewald, T. L., Gurung, R. A., & Updegraff, J. A.(2000). Biobehavioral responses to stress in females: Tend-and-befriend, not fight-or-flight. *Psychological Review*, *107*, 411.

Taylor, S. E, 한수미, 이은아, 김현진(2014). 건강심리학. 서울 : 학지사.

Uchino, B. N.(2006). Social support and health: A review of physiological processes potentially underlying links to disease outcomes. *Journal of Behavioral Medicine*, *29*, 377-387.

Uchino, B. N., Cacioppo, J. T., & Kiecolt-Glaser, J. K.(1996). The relationship between social support and physiological processes: A review with emphasis on underlying mechanisms and implications for health. *Psychological Bulletin*, *119*, 488.

Wang, J. L., Lesage, A., Schmitz, N., & Drapeau, A.(2008). The relationship between work stress and mental disorders in men and women: Findings from a population-based study. *Journal of Epidemiology and Community Health*, *62*, 42-47.

대처

01_ 스트레스 대처가 무엇인지 설명할 수 있다.

02_ 효과적인 대처와 비효과적인 대처가 무엇인지 구분할 수 있다.

03_ 대처에 영향을 미치는 것들을 살펴본다.

04_ 효과적인 스트레스 대처법들을 배운다.

대처 자원과 대처 전략은 사람들이 스트레스를 피하거나 극복할 수 있도록 한다. 대처 전략은 다양하게 구분할 수 있지만 문제해결에 목적을 두는 문제중심 대처와 스트레스 반응을 관리하는 데 중점을 두는 정서중심 대처로 구분하는 것이 가장 대표적이다. 문제중심 대처란 문제해결 기법의 사용이나 환경 변화와 같이 스트레스원을 제거하거나 감소시키기 위한 전략이라고 할 수 있으며, 정서중심 대처는 스트레스로 인한 부정적 정서를 제거하거나 감소시키려는 시도(예 : 이완훈련, 명상)라고 볼 수 있다. 상황에 따라 두 가지 중 적절한 대처 전략을 사용해야 한다. 자신의 능력에서 벗어난 일에 대해서는 정서중심 대처가 바람직하나 자신이 해낼 수 있는 일이라면 일을 해결해 나가는 방식이 더 효과적이고 시간을 절약할 수 있다. 대처 전략은 각각 신체적 관리방법과 인지적 관리방법으로 다시 구별되는데, 신체적 관리방법이란 스트레스를 받을 때 각성 정도를 감소(예 : 혈압저하, 근육긴장도 저하)시키기 위한 전략이며, 인지적 관리방법이란 사고방식이나 스트레스 평가 과정을 변화시키는 대처 방안이라고 할 수 있다. 가장 보편적으로 사용되는 스트레스 관리기법으로는 점진적 근육이완법, 마음챙김 명상, 인지 재구조화 기법, 운동 등이 있다.

❝ 파도를 멈추게 하지는 못합니다. 하지만 서핑을 배울 수 있죠. ❞

– 존 카밧진

대처란 무엇인가

대처란 간단히 말해 스트레스의 폐해를 최소화하려 노력하는 모든 시도를 뜻한다. 보다 학술적인 정의는 다음과 같다. **대처**(coping)란 외적 및 내적인 요구와 요구 간 갈등을 극복하거나 인내하거나 줄이기 위한 인지적 및 행동적 노력이다(Forkman & Lazarus, 1980, p. 223). 여기서 여러분이 추측할 수 있듯이 외적 및 내적 요구와 요구 간 갈등은 스트레스 및 스트레스의 폐해를 뜻하고, 우리는 이때 인지적 대처나 행동적 대처로 극복할 수 있다는 것이다. 스트레스 연구자들은 스트레스 상황에

글상자 5.1

미영 씨의 하루

오늘도 미영 씨는 아침 6시 30분 자명종소리에 놀라 부리나케 잠자리에서 일어난다. 아침도 먹는 둥 마는 둥 머리도 제대로 못 말리고 헐레벌떡 지하철을 탄다. 콩나물시루 같은 지하철에선 알 수 없는 퀘퀘한 냄새가 나고, 게다가 이상한 아저씨가 엉덩이에 은근슬쩍 손을 대는 게 아닌가! 발을 꽉 밟아주고 노려 보니 아저씨는 다음 칸으로 황급히 도망간다. 불쾌한 마음도 잠시, 오늘 따라 환승해야 할 지하철이 유독 늦게 온다. 벌써 아침 8시 32분이다. 미영 씨는 딱 2분 지각했는데 부장님의 호통이 쏟아진다. "김 대리! 정신이 있는 거야 없는 거야! 직장이 장난인 줄 알아!" 한숨 돌릴 새도 없이 바쁘게 업무에 몰두한다. 몰려오는 졸음에 오전에만 믹스커피 세잔 째이다. 오늘따라 왜 이리도 할 일이 많은지 아직도 겨우 수요일이라니! 오후 6시 목 빠지게 기다리던 퇴근이 30분 앞으로 다가왔다. "김 대리! 내일 아침까지 프레젠테이션 준비해 놔. 팀장님 드릴 보고서도 따로 해놓고. 알지? 깐깐하신거." 아, 또 퇴근할 시간이 다 되어서 일을 던져주시는 부장님. 미영 씨는 오늘도 야근 확정이다. 매운 떡볶이를 먹어야 이 스트레스가 풀릴 것 같아 배달해 먹었더니 속이 쓰리고 더부룩하다. 밤 10시 30분, 겨우 일을 마무리 짓고 다시 지하철에 몸을 싣는다. 하이힐을 신은 발은 점점 아파 오고… 꼬박 1시간을 서서 밤 12시쯤 집에 도착한 미영 씨. '아. 스트레스!! 이대로 잠들 순 없어… 눈 뜨면 다시 또 회사란 말이야. 이렇게 내 하루를 끝낼 순 없어!' 냉장고에서 맥주 한 캔을 꺼내고 감자칩 봉지를 뜯는다. 한 시간도 채 안 되는 여유… 미영 씨는 TV를 틀고 꾸벅꾸벅 졸린 눈을 비비며 감자칩 봉지를 끌어안고 잠이 든다. 입사 후 2년 사이에 체중이 8kg이나 늘었다. 다음날 똑같은 일상이 또 시작되었다. 퉁퉁 부은 얼굴로 졸린 눈을 겨우 뜨고 출근하자마자 들려오는 부장님의 잔소리 "김 대리! 자네 얼굴이 왜 그런가? 자기관리도 능력이야!"

성공적으로 대처하면 개인은 건강한 상태를 유지하게 되며 실패하면 부적응과 건강 저하로 이어질 수 있다고 하면서 대처의 중요성을 강조하고 있다.

이때 대처와 스트레스 사이의 관계는 상당히 역동적인 과정이다. 일반적으로 대처는 한 사람이 취하는 일회적인 조치가 아니라 개인과 환경이 서로 영향을 주면서 반복적으로 일어나는 일련의 연쇄 반응이다. 글상자 5.1의 예에서 직장상사의 잔소리와 업무가 많아질수록 미영 씨는 불안하고, 답답하고, 스트레스 때문에 이상 식욕이 솟구치는 반응을 겪을 것이다. 미영 씨는 이런 스트레스에서 벗어나기 위해 직장을 옮기거나, 출근시간을 줄이기 위해 회사 가까운 곳으로 이사를 하거나, 의사표현 연습을 통해 적절하게 일을 줄이는 방법 등을 동원할 수 있다. 이러한 대처 노력은 다시 스트레스원에 영향을 줄 것이고 이러한 상호작용은 계속해서 일어날 것이다.

대처전략의 구분

사람들은 상황이나 사건에 따라 매우 다양한 방법으로 스트레스에 대처한다. 심리학자들은 사람들이 사용하는 수많은 스트레스 대처방법을 분류하려는 시도를 했으며, 우리들이 매우 다양한 **대처전략**(coping strategy)을 사용하고 있음을 보여주었다. 스트레스에 대한 대처전략이 수없이 다양함에도 불구하고 대부분의 사람들은 각자가 선호하는 대처전략만을 사용하는 경향이 있다. 여기서 주목할 것은 스트레스원이 다름에도 불구하고 동일한 대처전략을 사용하는 경직된 모습을 보이는 사람들이 있다는 것이다. 폭음 및 폭식 같은 대처방식을 주로 선택하는 사람은 그 순간은 스트레스가 해소되는 것처럼 느껴질지 몰라도, 스트레스 근원 자체는 변화시키지도 못하고 건강만 나빠질 것이다. 따라서 자신에게 도움이 되는 적응적 대처를 선택하는 것은 현명한 삶의 전략이다.

연구자들이 대처양식에 주목하는 중요한 이유 하나는 각 대처방식의 효과를 파악하면 이론적 기반을 갖춘 치료적 개입을 개발할 수 있기 때문이다(Folkman &

Moskowitz, 2004). 따라서 각 대처방식이 어떤 기능을 하는지, 보다 효과적이고 적응적인 대처와 그렇지 않은 대처는 무엇인지 살펴보는 노력이 이어졌다.

적응적인 대처(adaptive coping)란 스트레스를 효과적으로 다루어 스트레스로 인한 부작용을 최소화할 수 있는 대처를 말한다. 반면 **부적응적인 대처**(maladaptive coping)란 스트레스에 비효과적이고 부적절하게 대응해서 결과적으로 문제를 야기하는 것을 말한다. 어떤 사람이 '대처한다'는 말은 그가 자신의 문제들을 효과적으로 다루려 노력한다는 뜻을 품고 있지만, 대처방법 자체는 아주 유용한 것부터 아주 해로운 것까지 포함한다. 예를 들어 이별 후 슬픔이 너무 힘들어서 슬픔을 덜 느끼고자(즉, 대처하고자) 폭음을 한다면 자기 나름대로 힘든 상황에 대처는 했으나 그 대처방법은 해로운 결과를 가져온다.

접근대처와 회피대처

가장 기본적인 대처방식은 접근대처와 회피대처이다. **접근대처**(approach coping)를 사용하는 사람들은 주어진 문제해결을 위해 정보를 모으거나, 직접 조치를 취하는 등 적극적인 노력을 기울이며 스트레스 요인과 정면으로 대결한다. **회피대처**(avoidant coping)를 사용하는 사람들은 어떤 방식으로든 그 문제를 회피하려고 한다. 수동적 행동(예 : 그 문제에 관해 생각하지 않으려 하는 것, 관계된 사람을 피하는 것), 반사회적 행동(예 : 약물사용), 공상에 잠기는 방식(예 : 자신의 문제가 사라지길 소망하거나, 기적이 일어나길 바라는 것)으로 문제를 피하려 하는 것이 그 예이다. 당연하게도 두 가지 대처양식 중에서 접근대처가 더 효과적이며 심리적 고통이 더 낮고, 스트레스 요인에 대한 생리적 반응도 더 약한 것으로 밝혀졌다(Wolf & Mori, 2009).

정서중심 대처 및 문제중심 대처

정서중심 대처(emotion-focused coping)는 부정적인 정서를 유발한 문제 자체에 초점을 두기보다는 불안감이나 우울, 분노 등의 정서를 경감시키는 데 노력을 기울이는 대처방법이다. **문제중심 대처**(problem-focused coping)는 문제 상황 자체를 바꾸려는 행동적인 노력을 말한다. 문제해결과 관련된 계획 세우기, 문제해결을 위한 행동 취하기, 정보 얻기, 새로운 기술 배우기 등이 그 예라고 할 수 있다.

적합도 가설(Folkman, 1984)은 대처전략과 스트레스원에 발휘할 수 있는 통제의 정도가 적합할 때 가장 효과적인 대처가 이루어질 것이라고 제안한다. 다시 말해 스트레스원에 대해 높은 통제력을 발휘할 수 있는 상황에서는 문제중심 대처가 적합하다. 하지만 스트레스원을 거의 또는 전혀 통제할 수 없을 때는 정서중심 대처가 더 적합하다. 즉, 자신이 해결할 수 있는 문제라면 문제에 부딪혀 보는 것이 최선이지만, 문제를 해결할 수 없다면 해결되지 않는 문제를 해결하기 위해 애쓰기보다는 그 문제에 대한 자신의 정서적 반응을 조절해보는 것이 최선일 것이다. 예를 들어 자연재해와 같이 인간의 통제력을 벗어나 좌절을 겪는 재난 상황에서는 문제중심 대처보다 정서중심 대처가 보다 적응적인 결과를 가져온다(Folkman, 1984). 외상 상황의 초기나 개인이 압도되는 상황에서는 정서중심 대처가 일정 기간 스트레스 수준을 억제하고 개인을 보호하는 역할을 해서, 곧 정신을 차리고 보다 효과적인 문제중심 접근을 취할 수 있도록 돕기 때문이다(Roth & Cohen, 1986).

인지적인 자기통제, 사회적 지지의 추구는 스트레스 사건의 영향을 완충하여 낮은 수준의 우울과 관련되었다(Rohde, Lewinsohn, Tilson, & Seeley, 1990). 인지적 재평가는 대부분 적응적이라는 결과가 일관되었고(Gross & John, 2003), 긍정적 재평가를 비롯하여 조망하기, 수용하기, 계획하기 등은 적응지표와 상관을 보이는 반면 반추, 자기비난, 타인비난, 파국화 등의 정서조절 전략들은 우울을 비롯한 부적응 지표와 관련되었다(Garnefski, Kraaij, & Spinhoven, 2001).

성공적인 대처

무엇을 근거로 어떤 대처가 성공적이었다는 것을 알까? Cohen과 Lazarus(1979)는 성공적인 대처를 아래의 기준들로 평가했다.

- 유해한 환경 조건을 줄이고 회복의 가능성을 높인다.
- 부정적인 사건과 현실을 참아낸다.

- 긍정적인 자아 이미지를 유지한다.
- 정서적 안정상태를 유지한다.
- 만족스러운 인간관계를 유지한다.

생리적 · 생화학적 기능 수준도 평가의 근거이다. 대처 노력들이 개인의 혈액이나 소변 속 카테콜아민과 코르티코스테로이드를 줄이고, 심장박동수, 맥박, 피부전도율과 같은 각성 지표를 줄였다면 성공적인 대처였다고 볼 수 있다.

또 다른 근거는 사람들이 스트레스를 겪기 전에 했던 활동들로 돌아가는지, 얼마나 빨리 되돌아가는지이다. 많은 스트레스원은 개인이 일상적인 활동을 수행하는데 방해가 된다. 대처 노력이 일상활동을 다시 시작할 수 있도록 촉진해주는 정도에 따라 성공적인 대처인지를 판단할 수 있다. 때때로 스트레스 사건 이후에 개인이 이전과는 다르게 살기 위해 노력했을 경우 스트레스 사건 이후의 삶이 더 개선된 경우도 있다. 예를 들어 앞서 살펴본 미영 씨의 예에서 과중한 업무에 대한 스트레스에 대처하기 위해 일을 동료와 적절히 나누거나, 효율적으로 일하는 방법을 새롭게 익힌다면 이전보다 훨씬 삶이 나아졌고 따라서 적응적인 대처였다고 할 수 있다.

마지막 근거는 대처가 심리적인 고통을 줄여주는지의 여부이다. 불안이나 우울 같은 개인의 부정적 정서가 줄어들 때 성공적인 스트레스 대처로 판단한다. 그러나 앞에서도 설명했듯이 부정적 정서를 줄인답시고 밤마다 폭식과 폭음, 수면제 남용과 같은 방법으로 대처한다면 성공적인 대처라고 보기 어렵다.

대처 개입법

누군가 "요즘 스트레스를 너무 많이 받아." 하고 말하면 주변에서는 대개 "느긋하게 푹 쉬어 봐." 하고 조언하고는 한다. 스트레스에 대한 해독제가 휴식이라는 것을 알고 있지만, 우리는 정말 잘 쉬고 있을까? 우리가 흔히 선택하는 스트레스 해소법이 오히려 몸을 더 각성 상태로 만들고 건강을 해치기도 한다. 늦게까지 누워서 휴대전화를 만지작거리거나, 게임을 하는 것, 음주와 폭식 등은 건강을 해친다. 스트레스를 건강하게 푸는 방법은 무엇일까? 효과적인 스트레스 대처방법들을 지금부터 살펴보도록 하자.

이완법

이완은 지나치게 혹사당한 생리적 체계의 균형을 회복하게 해서 신체의 알로스타시스 부하를 줄이고, 스트레스에 의해 상승된 심혈관 체계와 다른 체계에 대한 기저선을 재설정하고 항상성 균형을 회복하도록 돕는다(Harrigton, 2015). 평소에 이완하는 연습을 꾸준히 해보고 스트레스 상황에서 이완훈련을 실시하면 스트레스 반응을 줄이는 데 상당한 도움이 된다.

점진적 근육이완법

이완의 임상적 적용과 연구에 관심을 가진 Edmund Jacobson(1938)은 이완기법을 하나 개발했다. 오늘날 **점진적 근육이완법**(progressive muscle relaxation, PMR)이라고 부르는 이 기법은 각각의 근육을 긴장시키고 이완하는 훈련들로 시작한다. 점진적 근육이완법은 먼저 특정한 근육(예 : 이마)을 긴장시키고 약 10초 동안 그 긴장을 유지하라고 지시한다. 다음에 긴장을 풀고 이완과 긴장을 비교하게 한다. 그런 다음 신체의 다른 부위들을 차례로 긴장시키고 이완하는 절차를 거친다. 여러 주 동안 이런 이완법을 실습하면 스트레스 순간에 긴장이 높아지는 특정 신체부위(예 : 목이나 어깨)를 찾아낼 수 있다. 이런 반응을 더 잘 알아차리게 됨에 따라 점차 근육들을 빨리, 효과적으로 이완하는 법을 배우게 된다(Straub, 2015). 반복적인 훈련을 통해 근육의 긴장상태를 이완상태로 전환시키는 이 훈련은 심리적 긴장과 신체적 긴장 사이에는 강한 연관이 있다는 사실에 이론적인 근거를 두고 있다. 심리적으로 불안이 심해지면 온몸에 긴장이 느껴지듯이, 신체적 긴장이 풀리면 심리적 불안도 줄일 수 있다는 것이다(대한불안의학회, 2005). 이완훈련은 우울이나 불안과 같은 심리적 증상을 완화시키며(Collins & Rice, 1997), 아동의 일상적 스트레스도 낮춰주었다(김현욱, 2015). 또한 다양한 통증에도 효과가 검증되었는데, 긴장

글상자 5.2

점진적 근육이완법 연습

※ 편안한 의자에 앉거나 바닥에 누워서 연습하면 된다. 의자에 목받침이 없으면 벽에 머리를 댈 수 있도록 한다.

1. 신체부위별로(손, 팔, 얼굴, 다리 등) 훈련을 하고자 하는 근육에만 한 부위씩 연습한다. 다른 부분은 그대로 둔다.
2. 신체 한 부분(예 : 주먹)에 5초간 최대한 힘을 주어 긴장시킨다.
3. 힘을 풀고 천천히 호흡하면서 긴장이 풀리는 느낌과 편안함을 맛본다.

© shutterstock.com

4. 긴장했을 때와 이완했을 때의 느낌이 어떻게 달라지는지 비교하면서 한 부위씩 연습해본다.

성 두통(한인순, 손정락, 1987), 편두통(Ilacqua, 1994), 화상 통증(Achterberg et al., 1988), 월경전 증후군(강현정, 손정락, 1998) 등을 완화시켰다.

호흡법

정서가 호흡과 많은 연관이 있다는 것은 여러분의 경험으로 알고 있을 것이다. 마음이 안정되고 편안할 때는 천천히 고르게 호흡하고 불안하거나 화가 날 때의 호흡은 얕고 빠르며 거칠다. 떨리면 심호흡을 하라는 말을 많이 들어봤을 것이다. 그러나 섣부른 심호흡은 오히려 몸을 불편하게 만든다. 훅~ 하고 숨을 '깊이' 들이켰다 한꺼번에 숨을 뱉는 '심호흡'을 몇 번 한 뒤 앞이 캄캄해지고 어지럼증을 경험한 적이 있는가? 안정을 위한 올바른 심호흡법을 연습하기 위해 아래 설명과 [글상자 5.2]를 참조하기 바란다.

떨리거나 화가 날 때의 얕은 호흡은 흉곽호흡이고 안정상태에서 하는 자연스러운 호흡은 복식호흡이다. 안정상태에서도 흉곽호흡을 하는 사람이 많은데 훈련을

글상자 5.3

긴장을 완화하기 위한 호흡 연습

※ 다음의 호흡법들은 긴장을 풀고 편안함을 증가시키는 효과를 발휘한다.

복식호흡

1. 복식호흡에서는 가슴이 아닌, 배가 부풀었다 가라앉았다를 계속해야 하므로 제대로 하는지 알기 위해 배의 한가운데에 손을 올려놓는다.
2. 코로 숨을 들이쉰다.
3. 가슴만 주로 움직인다면 일부러 숨을 들이쉴 때 배를 부풀리고 내쉴 때 꺼뜨린다. 정기적으로 연습하면 이렇게 일부러 의식적으로 복식호흡을 하지 않더라도 자연스러운 복식호흡이 가능해진다.
4. 척추가 쭉 펴지면 부교감신경계가 활성화되는 데 도움이 되므로 고개를 숙이거나 허리를 굽히지 않도록 한다.

느린 호흡 연습

1. 복식호흡을 몇 번 연습한다.
2. 코로 숨을 최대한 깊게 들이쉰 후 금방 내쉬지 않고 3초간 참는다.
3. 숨을 내쉴 때 6~7초에 걸쳐 천천히 조금씩 내뱉는다.

통해 복식호흡을 생활화하면 스트레스에 더 잘 대처함은 물론 전반적 건강에도 도움이 된다(글상자 5.3). 복식호흡에서 횡격막이 수축하고 이완됨에 따라 흡입된 공기는 폐로 깊이 들어갔다가 배출되므로 산소와 이산화탄소의 공기 교환이 충분히 이루어져 신체의 노폐물을 충분히 제거할 수 있기 때문이다.

흉곽호흡에서는 산소와 이산화탄소의 공기 교환이 충분히 이루어지지 못해서 혈중 이산화탄소의 농도가 증가하고 우리 몸은 그것을 다시 생리적 스트레스 자극으로 인식하게 되어 교감신경계를 자극한다. 따라서 교감신경계가 항진됨에 따라 긴장반응이 일어나고 호흡이 얕아지는 악순환이 일어난다(신경희, 2016).

유도된 심상이완법

유도된 심상이완법(guided imagery relaxation)은 의도적으로 평화로운 이미지를 떠

글상자 5.4

유도된 심상이완법 연습

※ 여러분도 얼마든지 연습할 수 있다. 우선 내가 좋아하는 장소를 정한다. 여기서는 여러 사람이 선호하는 해변가를 예로 들었지만 온천이나 깊은 숲속 등 떠올렸을 때 편안하고 아늑한 장소라면 어디든 상관없다. 요령은 시각, 청각 등 오감을 총동원한 나만의 각본을 만드는 것이다. 이 각본을 가족이나 친구처럼 편안한 사람이 천천히 읽어줘도 좋고, 내가 녹음해서 틀어놓고 실습해도 좋다. 각 문장 뒤에는 충분히 심상을 즐길 수 있도록 잠깐씩 쉬어 준다. 연습할 때는 편안한 의자에 앉거나 침대나 바닥에 눕는 것이 이완에 도움이 된다.

© shutterstock.com

"자, 이제부터 해변에 앉아 있는 자신을 그려보겠습니다. 푸른 바닷물이 보입니다. 햇볕에 반짝이는 하얀 모래도 보입니다. 잔잔한 파도가 차례로 밀려왔다가 부서집니다. 하늘은 파랗고 구름이 두둥실 떠다닙니다. 양 모양의 구름도 있고 아기 모양의 구름도 있습니다.

소리에 주의를 기울여 봅니다. 파도소리가 들립니다. 저 멀리 모래성을 만들며 노는 아이들의 웃음소리도 들리네요. 왼쪽에서 갈매기소리도 들렸다 사라집니다.

햇볕이 따뜻합니다. 내 발의 반은 따뜻한 모래에 덮여 있습니다. 발밑의 모래는 폭신하고 부드럽습니다.

숨을 한 번 깊게 들이쉽니다. 바다 내음이 느껴집니다. 상쾌한 공기가 깊게 들어옵니다. 시원한 바람이 불어와 내 몸을 기분 좋게 스쳐 지나갑니다. 어떤 것이든 그곳에서 느낄 수 있는 기분 좋은 감촉을 느껴봅니다. 온몸으로 느껴보세요.

그곳에서 향기로운 차를 마시거나 좋아하는 어떤 것을 먹고 있다면 역시 그 맛도 느껴보세요. 아름답고 편안한 그곳에서 오감으로, 온몸과 마음으로, 구석구석 세밀하게 살펴보고 느껴봅니다……."

올리며 몰입하는 이완법이다. 주로 색깔, 소리, 접촉감각과 같은 감각적인 세부사항에 집중하면서 즐겁고 편안한 이미지를 상상하거나 회상하는 방법이다. 유도된 심상이완법은 실제로 일어나지 않은 사건을 상상하는 것만으로도 투쟁-도피 스트레스 반응이 야기된다면, 반대로 고요한 해변, 푸른 산, 호수와 정원을 떠올리는 것만으로도 이완 반응을 만들 수 있다는 데 착안했다.

유도된 심상이완법이 고통을 경감시킴으로써 면역계 반응을 높이고(Trakhtenberg, 2008), 관상동맥 질환자와 간호대학생의 스트레스와 심박 변이도(HRV)에 효과를 미쳤으며(공정현, 김은심, 2013; 김효경, 2012) 체외수정 시술을 받는 여성의 스트레스와 불안(배춘희 외, 2011), 장애아동 어머니의 스트레스를 효과적으로 낮추었다(송주영, 2009). 임상장면에서는 보통 [글상자 5.4]에서처럼 개별 대본을 만들어 유도된 심상이완법 훈련을 실시하게 되지만 가상현실을 활용하여 장면을 제시할 수도 있다. 치과 대기실에서 기다리는 환자들에게 가상현실로 해변가 장면을 구현하여 제시한 결과 이완효과와 불안경감효과를 얻을 수 있었다(이든샘, 김미리혜, 김정호, 김제중, 2017).

마음챙김 명상

마음챙김 명상(mindfulness meditation)은 불교에서 시작된 정신수행의 한 방법으로 최근에는 몸과 마음의 치유를 위해서도 적극 활용되고 있다. 1970년대 후반부터 서구의 건강전문가들은 마음챙김 명상을 스트레스에 시달리는 각종 만성질환, 우울증, 불안장애 등의 치료에 적용하는 데 관심을 갖게 되었다. 1970년대 후반 Kabat-Zinn이 마음챙김에 기반한 스트레스 감소(mindfulness-based stress reduction, MBSR) 프로그램이 통증을 비롯한 여러 심리적 장애에 치료효과를 입증한 이래, 1993년 Linehan의 **변증법적 행동치료**(dialectical behavior therapy, DBT)와 2000년 Teasdale 등의 **마음챙김에 기반한 인지치료**(mindfulness-based cognitive therapy, MBCT), 2004년 Hayes의 **수용전념치료**(acceptance and commitment Therapy, ACT) 등 마음챙김을 심리치료에 적용한 프로그램들이 등장하면서 마음챙김은 현대 인지행동치료의 주된 요소로 정립되었다. 마음챙김에 기반을 둔 치료법들의 공통점은 모두 마음챙김에 기반한 알아차림(awareness)을 중요시한다는 것이다(장현갑, 2011).

Kabat-Zinn(1994)은 마음챙김을 "의도적으로 현 순간에 비판단적으로 주의를 주는 것을 의미한다."고 했다. '생각과 욕구 없이 바라보기' 하는 마음챙김의 과정은 아무것도 개입시키지 않고 오직 순수하게 깨어서 현재의 의식 경험을 바라보는 것

글상자 5.5

얼굴 마음챙김 명상 연습

※ 아래의 지침을 참고해서 감각을 천천히 느껴보면 혼자서도 얼마든지 연습할 수 있다. 안내 멘트를 가족이나 친구가 읽어주거나, 내 목소리로 녹음해서 틀어놓고 실습해도 좋다. 다만 속도가 너무 빠르지 않게 얼굴 감각을 천천히 음미하는 것이 중요하다. 자세는 방석을 깔고 바닥에 앉거나 의자에 앉아서 하는 것을 권한다.

얼굴은 정서를 담는 그릇이라 할 정도로 우리의 표정과 정서는 긴밀히 연결되어 있다. 얼굴 마음챙김 명상을 통해 내 얼굴 근육, 표정, 각 부위의 감각을 알아차리고 편안히 하는 것만으로도 마음이 편안해지는 데 도움을 준다.

자, 지금부터 얼굴 마음챙김 명상을 실습해보겠습니다.

편안한 자세로 앉아보세요.

어깨에 힘을 툭 떨어트리고 온몸의 긴장을 편안히 풀어보세요.

가만히 눈을 감아주시고 내 얼굴과 만나보겠습니다.

우리는 이제껏 얼굴 겉에만 신경 쓰느라 세포 하나하나에는 말을 걸어주지 않아서, 아마 눈코입이 말하는 법을 잊어버렸을 수 있어요.

그럴 땐 가만히 곁에 있어주세요.

아무 감각도 느껴지지 않아도 괜찮습니다.

애써 감각을 찾으려 하지 말고 그저 가만히 머물러 계시면 됩니다.

먼저 정수리의 감각을 느껴보겠습니다.

정수리에서 어떤 느낌이 느껴지는지, 머리카락의 느낌, 두피의 느낌 가만히 느껴보세요.

정수리에서 조금 내려와 이마에 머물러 보세요.

이마에 힘이 들어갔는지, 편안한지 느껴보세요.

이마에 힘이 꽉 들어간 분은 그 긴장을 살살 풀어보세요.

이마 양옆 관자놀이도 느껴보세요. 욱신대는지, 쑤시는지, 간질간질한지, 가만히 느껴지는 그 느낌을 바라보세요.

통증이 있으면 통증 그대로, 간지러우면 그 간지러움을 바라보세요.

그다음에 눈썹으로 내려오겠습니다.

미간의 느낌, 어떤 표정이 있는지, 눈꺼풀, 속눈썹, 그리고 눈, 동그란 안구의 느낌을 느껴보세요.

눈 안쪽 깊숙한 부분의 느낌도 느껴보세요.

지금 이 순간에도 다른 생각이 떠오르고 이런 저런 소리가 들리는 분들이 계실 거예요.

그래도 괜찮습니다.

그저 '생각이 떠오르는구나', '이런 소리가 들리는구나' 하고 알아차리고 그 생각은 내려놓고 다시 감각으로 돌아오세요.

생각과 소리와 다툴 필요가 없습니다.

이번엔 코로 내려가 보겠습니다.

코의 겉면, 콧등, 콧볼, 콧구멍, 콧속으로 공기가 들어왔다 나갔다 하는 느낌, 숨 쉬는 느낌 그대로를 바라보세요.

간질간질 코 점막을 스치는 공기의 느낌을 느껴보세요.

시원한 바람이 들어와서 약간 따뜻해져서 나가는 그 온도의 차이를 느껴보세요.

이번엔 입으로 내려갑니다.

인중을 지나, 입술, 입술에 힘이 들어갔는지 편안한지, 윗입술 아랫입술이 맞닿은 느낌. 내 입가의 표정은 어떤지……

이번엔 입안으로 들어와 볼게요.
이와 잇몸의 느낌, 혀의 위치, 입천장에 혀가 닿는 느낌, 침이 생기고 꿀꺽 넘어가는 그 느낌을 느껴보세요.
마음챙김 명상은 아주 쉽습니다.
지금 이렇게 감각을 느껴보고 있다면 이 순간 명상을 참 잘하고 있는 거예요.
이제는 양쪽 귀로 가보겠습니다.
귓바퀴, 통통한 귓불, 깊숙한 귀의 안쪽, 귀의 느낌을 느껴보세요.
양쪽 뺨으로 가보겠습니다.
왼뺨과 오른뺨, 피부에서 느껴지는 느낌, 두 볼의 살집, 세포 하나하나의 느낌을 느껴보세요.
이번에는 턱입니다.
왼쪽 턱, 오른쪽 턱, 피부와 근육의 느낌, 뼈의 위치, 턱이 편안한지, 긴장되어 있는지 느껴보세요.
자, 좋습니다.
이제 천천히 얼굴 마음챙김을 마칠 준비를 하겠습니다.
크게 심호흡을 세 번 하며 마치겠습니다.
들숨 날숨 심호흡합니다.
들숨 날숨 심호흡합니다.
들숨 날숨 심호흡합니다.
마치신 분들은 손바닥을 비비셔서 따뜻해진 손을 가만히 눈에 대어보세요. 따뜻한 온기가 내 눈에 머무른단 느낌으로 가만히 눈에 손을 대어 주세요.
준비가 된 사람은 천천히 눈을 뜨셔도 좋습니다.

이다. 의식 경험은 감각 느낌 · 정서 · 인지, 동기 등이고, 이 중 마음챙김의 대상이 주로 무엇이냐에 따라 호흡 마음챙김, 우두커니 마음챙김, 일상생할 마음챙김 등으로 구분할 수 있다(김정호, 2004).

마음챙김 명상이 스트레스를 낮추는 데 긍정적인 영향을 준다는 것은 이미 널리 검증되었다. 국내에서도 마음챙김 명상이 화병 증상을 겪는 중년 여성의 우울, 불안, 스트레스를 유의하게 감소시켰고(유승연, 김미리혜, 김정호, 2014), 만성 두통을 앓는 고등학교 교사들의 두통, 스트레스, 불안을 줄여주었으며(김정은, 김정호, 김미리혜, 2015), 정신건강의학과 외래 환자의 긍정자원 및 긍정정서를 높이는데도 유의한 효과가 있었다(박예나, 채정호, 2017). 또한 마음챙김 기반 인지치료(MBCT) 프로그램이 대학생의 인터넷 중독 수준, 불안 및 스트레스에 긍정적인 영향을 주었고 그 효과가 추적 조사까지 유지되었으며(정은실, 손정락, 2011), 마음챙김에 기반한 스트레스 감소(MBSR) 프로그램이 대학생의 스트레스 반응을 낮추고(소성섭, 정애자, 2017), 학교 부적응 중학생들의 불안과 우울을 줄였다(윤병수, 2012).

운동

몸과 마음의 건강을 위한 생활 속 만병통치약이 있다면 아마도 운동을 꼽을 것이다. 운동을 하려면 시간, 노력, 에너지가 들지만 그로 인한 혜택은 우리가 선택할 수 있는 모든 대처법 중 비용대비 가장 효율적이라고 볼 수 있다. 지방을 태우기 위해서는 오랜 시간 운동을 해야겠지만 스트레스 해소 차원에서는 매일 20분간 산책하는 것만으로도 큰 도움이 된다. 한 연구에서 우울증을 겪는 202명의 피험자를 무작위로 세 집단을 나누어 한 집단에게는 운동 프로그램을, 다른 집단에게는 항우울제 복용을, 또 다른 집단에는 운동 프로그램과 항우울제 복용을 병행하도록 했다. 그 결과 4개월 후 운동만 한 집단과 항우울제만 복용한 집단이 비슷한 수준의 호전을 보였고, 10개월 후에는 항우울제만 복용한 집단보다 운동만 한 집단이 우울증 재발률이 훨씬 더 낮았다(Shrand & Devine, 2013).

운동 중인 사람은 강한 만족감, 긍정적 정서, 자유를 느낄 수 있다. 우발적인 사고로 인한 손상을 제외하면 운동은 상당한 이익을 가져오고 비용은 거의 들지 않는다. 그중에서도 유산소 운동을 시작하고 지속적으로 유지하는 데 따르는 이점으로는 다음과 같은 것들이 있다(Harrington, 2015).

- 심장과 심혈관계를 강화하여 심혈관질환 위험을 낮춘다.
- 체지방을 감소시키고 대사증후군과 제2형 당뇨병의 발생위험을 줄인다.
- 노화와 골다공증으로 인한 골질량 감소를 예방한다.
- 암 발병 위험을 줄인다.
- 면역계를 증진시킨다.
- 기대수명이 증가한다.
- 스트레스를 완화한다.
- 불안과 우울을 감소시킨다.
- 심리적 안녕감을 높인다.
- 수면의 질을 향상시킨다.
- 인지적 수행을 향상시킨다.
- 자기확신, 자존감, 자기효능감을 높인다.

운동을 하게 되면 뇌조직으로 가는 혈류량이 증가하여 뇌에 산소공급을 높이며 땀에 의한 체내 염분 배출이 용이해지고 숙면할 수 있게 된다. 또 혈당과 혈압, 혈중 지질, 체지방 등을 감소시켜 당뇨병, 고혈압, 고지혈증, 비만과 같은 만성질환 개선에 도움이 된다. 유산소 운동과 함께 주 2~3회 근력운동을 실시하면 골밀도, 근력, 근육량을 높여준다. 이것은 인슐린 민감성 향상 및 기초대사량 증가로 이어진다. 또한 운동을 하면 세로토닌(serotonin)과 엔도르핀(endorphin)이 분비되어 정서조절을 돕는다. 이와 관련되어 러너스하이 현상이 주목을 받기도 했다.

러너스하이(runner's high)는 미국의 심리학자인 A. J. Mandell(1979)이 처음 사용한 용어로 운동을 했을 때 나타나는 신체적인 스트레스로 인해 발생하는 행복감을 뜻한다. 흔히 달리기 애호가들이 말하는, 처음엔 힘들고 벅차지만 곧 힘듦이 쾌감으로 바뀌는 정서적 경험을 말한다. 러너스하이를 말할 때 주로 달리기를 예로 들지만 수영, 사이클 등 장시간 지속되는 운동이라면 무엇이든 러너스하이를 야기할 수 있다. 이 러너스하이 현상과 관련 있을 것이라고 추측되는 호르몬은 엔도르핀이다.

격렬한 운동을 오래 지속하면 ACTH와 함께 엔도르핀이 분비되는데, 엔도르핀은 뇌하수체 전엽에서 분비되는 호르몬으로 통증을 억제하는 효과가 있다. 산소를 이용하는 유산소 상황에서는 별 증가를 보이지 않다가 운동 강도가 높아져 산소가 줄어드는 무산소 상태가 되면 급증한다. 인체가 고통을 겪거나, 심리적으로 충격을 받아 기분이 나쁠 때에도 분비된다.

그렇지만 러너스하이를 느끼기 위해 처음부터 무리하게 달리는 것은 오히려 우리 몸에 해가 된다. 한 번 러너스하이를 경험한 사람은 계속 그 상쾌함과 고양된 느낌을 맛보고 싶기에 자칫 '운동중독'에 빠질 수도 있다. 이런 경우 하루라도 달리지 않으면 불안하거거나 짜증을 내고, 무리하게 달리다가 근육과 인대가 손상되는 경우도 있다.

인지행동치료 개입

인지행동치료(cognitive behavior therapy, CBT)는 긍정적인 행동변화를 일으키기 위해 신념, 태도, 생각, 기술을 형성하고 수정하는 치료의 한 유형이다. 인지행동치료는 스트레스를 다루기 위한 어떠한 접근보다 더 효과적이다(Brannon, Feist, & Updegraff, 2015).

스트레스 접종훈련

Donald Meichenbaum(1985)은 앞으로 겪게 될 스트레스를 준비하고 현재의 과도한 스트레스를 다루기 위한 인지행동 수정훈련 프로그램으로서 **스트레스 접종훈련**(stress inoculation training, SIT)을 개발했다(Harrington, 2015). 이 절차는 예방접종과 비슷한 방식으로 치료자는 소량의 병원균을 투입함으로써(이 경우 병원균은 스트레스) 높은 수준의 스트레스나 통증에 대항하는 면역성을 만들고자 한다. 스트레스 접종훈련은 개념화단계, 기술 획득 및 시연단계, 적용 및 실행단계로 구성되어 있다.

개념화단계(conceptualization stage)는 정보를 제공하여 스트레스와 관련된 문제를 이해할 수 있도록 내담자를 돕는 과정이다. 명료화 교육단계인 이 기간에 내담자들은 스트레스 접종에 대해 배우는데, 이 기법이 자신의 스트레스를 어떻게 줄일 수 있는지 알게 된다. **기술 획득 및 시연단계**(skills acquisition and rehearsal stage)는 대처기술 목록을 늘리기 위해 교육요소와 활동요소 모두를 포함하고 있다. 이 기간에 내담자들은 새로운 스트레스 대처방법을 배우고 실습한다. 이러한 스트레스 대처방법에는 분노관리, 인지 재구조화, 이완, 자기주장훈련, 문제해결, 사회적 지지의 사용, 통제 불가능한 스트레스원을 다루기 위한 정서중심 대처가 포함된다. **적용 및 실행단계**(application and follow-through stage) 동안에는 내담자들은 이전의 두 단계에서 달성한 기술을 실생활에서 실습하게 된다. 역할극, 모델링 및 실제 생활 스트레스 상황에의 노출뿐 아니라 고위험 상황을 확인하고 시연하기를 배우는 재발방지기법도 사용된다.

인지 재구조화

인지 재구조화(cognitive restruction)는 역기능적 자동적 사고, 가정 및 신념에 도전하여 그것들을 더 건강하고 현실적인 사고 패턴으로 대체하는 기법이다. 이는 스트레스를 결정해주는 평가과정을 수정하고 스트레스 요인을 관리하기 위한 행동기술을 개발하도록 고안된 것으로, 스트레스를 관리하기 위해 사용할 수 있는 가장 중요한 도구 중 하나라고 할 수 있다.

현대의 인지치료는 앨버트 엘리스(Albert Ellis)와 아론 벡(Aron Beck)에 의해 주로 정립되었다. 엘리스는 정신분석에 대한 대안으로 1950년대 중반에 **합리적-정서적 행동치료**(rational-emotive behavior theraphy, REBT)를 개발하였다. 엘리스는 사람들이 경험하는 심리적 고통이 외부 사건보다는 그 사건에 대한 비합리적 신념으로 인해 발생한다고 보았다. 비합리적 신념을 많이 가지고 있는 사람들은 그렇지 않은 사람에 비해 상황을 부정적이고 더 좌절스럽게 생각해서 더 많은 스트레스를 겪는다.

엘리스는 이러한 비합리적 믿음에 대해서 다음과 같은 예를 들고 있다(Ellis, 1987).

- 나는 (이 일을) 잘해야만 한다.
- 잘못 행동하거나 어리석게 행동하면 나는 못났거나 무가치한 인간이다.
- 내 주변의 모든 사람에게 인정받고 사랑받아야만 한다.
- 누군가에게 거부당하면 사랑받을 수 없는 인간이다.
- 사람들은 나에게 잘 대해주어야 하고 내가 원하는 것을 해주어야 한다.
- 비도덕적으로 행동하는 사람은 무가치하고 썩은 인간이다.
- 사람들은 내가 기대하는 대로 따라 주어야 하며 그렇지 않다면 나에게는 큰일이다.
- 내 인생에는 중대한 위기나 고통이 거의 없어야만 한다. 나는 좋지 않은 일이나 까다로운 사람들을 견딜 수가 없다.
- 나는 인생이 불공평하다고 느껴질 때 그것을 견딜 수 없다.
- 나는 어떤 일에 즉각적인 만족을 얻어야만 하며, 그렇지 못했을 때에는 좌절될 것이다.

REBT 치료자들은 이런 비합리적 신념을 다루기 위해 논쟁, 독서요법(치료자가 내담자에게 읽기 자료를 제공하여 치료를 위한 추가적 지지를 제공하는 것), 사회기술훈련, 역할극 등의 기법을 사용한다. 자가연습으로써 다음과 같은 질문을 통해 자신의 비합리적 신념을 교정해볼 수 있다. (1) 어떤 증거가 이 신념을 지지하거나 논박하는가? (2) 이 신념이 합리적이거나 논리적인가? (3) 비합리적 신념을 대신할 수 있는 더 합리적인 신념은 무엇인가(Harrington, 2015)? 예를 들어 '나는 반드시 타인들로부터 인정을 받아야 한다.'라고 생각했다면, '나는 나에게 중요한 친구와 상사, 부모님께 인정받고 싶었어. 그러나 때로는 그들이 나를 인정하지 않을지라도, 그것이 곧 내가 쓸모없는 인간이라는 뜻은 아니야. 내 진면목을 못 알아본 거지.' 하고 대안적인 생각으로 스스로 일깨워주며 스트레스를 줄일 수 있다.

벡(1967)은 우울증에 대한 자신의 연구와 임상적 적용에 근거하여 치료체계를 구축하였다. 벡의 **인지치료**(cognitive therapy)는 그 후 불안, 성격장애, 약물남용 등의 심리치료 전반에 적용되기 시작했다. 벡은 비합리적 인지책략을 스트레스로 규정하고 있다. 벡의 인지치료는 '자기, 세상, 미래'를 부정적인 시각으로만 보는 자동적 사고에 도전하는 것에 초점을 맞춘다.

이러한 자동적 사고는 사고의 오류, 즉 왜곡되고 편파적이거나 비논리적인 인지적 처리를 야기하는 특정한 역기능적 패턴을 따르는 경향이 있다. 이러한 인지적 오류들의 예는 다음과 같다.

- 임의적 추론 : 증거가 없거나 거의 없는데도 멋대로, 임의적으로 결론짓는 현상(예 : "부장님이 내 인사에 건성으로 답하는 걸 보니 나를 싫어하는 것이 분명해.")
- 선택적 추상화 : 여러 다른 정보가 있는데도 한 측면에만 기초해서 결론내리는 것(예 : 발표를 마치고 많은 친구들이 잘했다며 칭찬했는데도 한두 명의 무관심한 반응에 완전히 망쳤다고 실망하는 경우)
- 과일반화 : 한두 번의 경험 및 거기서 얻은 결론을 광범위하게 적용하는 경우(예 : 처음 볼링을 해본 사람이 "나는 볼링에는 전혀 소질이 없어." 어떤 모임에 한 번 참가해보고 어색한 경험을 한 사람이 "나는 사람을 사귈 수 있는 능력이 없어.")
- 흑백논리 : 이분법적 사고로도 불리며 중간은 없고 이것 아니면 저것이라는 사고방식을 말한다. 흑백논리는 선과 악, 성공과 실패, 존중과 경멸, 좋아함과 싫어함, 아름다움과 추함, 친구 아니면 적 등 모든 현상을 양극단의 범주 중 하나로 평가한다(예 : "1등을 못한다면 실패한 것과 마찬가지야.").
- 확대화와 축소화 : 어떤 현상의 중요도를 심하게 왜곡하여 평가하는 것. 별것 아닌 하나의 측면을 마치 현미경으로 보듯 크게 생각하거나(확대화) 중요한 측면을 축소해서 보는 사고방식(예 : "내 이미지가 수수하다는 소리는 분명 못나고 눈에 안 띄는 사람이라는 뜻이야.")
- 개인화 : 어떤 사건을 인과적인 증거 없이 자기 자신에게 귀인시키는 현상(예 : "내가 TV를 보기만 하면 우리나라가 경기에서 꼭 지더라.")

부정적 사고	왜곡	대안적 사고
나는 실패자야.	흑백논리적 사고 : 성공하지 못하면 다 실패야. 과정 따윈 없어 중간도 없어.	이번만 결과가 좋지 않았을 뿐이야. 다음번엔 좋은 성과가 있을 수도 있어.
나는 영원히 사랑받지 못할 거야.	과일반화 : 다정했던 사람도 이렇게 떠나가고 앞으로 내 인생에 사랑은 없어.	앞으로 더 좋은 인연을 만나기 위해 지금 이별이 필요했을 수도 있어.

[표 5.1]
일상의 기분 일지
출처 : Burns, 1993.

벡의 인지 재구조화도 다음과 같은 질문으로 스스로에게도 적용해볼 수 있다. (1) 이 생각을 지지하는 증거는 무엇인가? (2) 이것에 대해 다르게 생각해본다면? (3) 자동적 사고가 사실이라면 그것이 함축하고 있는 것은 무엇인가?

3단 기록법(triple column method)이 이러한 자동적 사고를 교정하는 데 도움이 된다. Burns(1993)는 일상의 기분 일지(daily mood log)를 사용하여 이 방법을 어떻게 활용하는지를 알려주었다. 먼저 첫째 칸에 자동적 사고를 기록하고, 그다음에는 사고의 왜곡을 확인하여 둘째 칸에 그것을 기입한다. 마지막으로는 그 사고를 조금 더 현실적이고 대안적인 사고로 바꿔서 기록해본다. 이는 극단적으로 낙천적이거나 꿈같은 사고가 아니라 오히려 뒷받침할 증거가 있는 타당하며 실제적인 사고이다.

표현적 글쓰기

1980년대 중반 Pennebaker는 대학생들을 대상으로 흥미로운 연구를 시작했다. 참가자 모두 4일 동안 하루 15분씩 안내문에 따라 지시된 주제에 따라 글을 썼는데, 참가자 절반은 일상의 평범한 경험(예 : 자신이 살고 있는 기숙사 방에 대해서 묘사)에 대해, 나머지 절반은 자신이 겪은 스트레스 및 외상 경험과 그에 따른 감정변화, 생각들에 대해서 썼다. 두 번째 집단에 배정된 학생들은 이 작업을 하며 때때로 울고 강한 정서적 반응을 표출했다. 표현적 글쓰기는 단기적으로는 부정적인 것에 초점을 둬서 내담자의 기분을 더욱 악화시키기 때문에 많은 참가자가 일시적으로 불안, 슬픔, 우울, 좌절감이 심해졌다는 보고도 있었다. 그러나 연구가 끝날 무렵 대부분의 학생들은 이 글쓰기 덕분에 스트레스 경험 속에서 새로운 의미를 찾아냈다고 보고했고, 6개월 후인 학년 말에도 스트레스 경험에 관해서 글을 쓴 집단이 일상적인 경험을 쓴 집단보다 교내 건강센터를 훨씬 덜 방문했다는 사실을 발견했다.

정서 경험을 언어로 표현하는 것은 내담자가 자신의 생각과 느낌을 회피하지 않고, 이러한 생각과 느낌을 의미 있는 틀로 구조화할 수 있게 도와 스트레스 사건에 대한 더 나은 이해를 가능하게 한다. 또한 부정적 정서에 주의가 분산되지 않은 채 일상과 사회적 관계 속으로 재통합될 수 있도록 돕는다.

표현적 글쓰기는 다양한 사회계층, 민족, 문화배경에 효과적으로 적용될 수 있음이 연구를 통해 증명되었다. 사람들이 외상 사건에 대해 글을 쓰거나 이야기할 때 피부 전도, 심장박동률, 수축 및 확장기의 혈압이 모두 감소했다(Pennebaker, Hughes, & O'Heeron, 1997). 장기적으로는 병원 진료 횟수가 줄어들었고, 결근이 줄어들었으며, 면역기능의 개선에도 도움이 되었다(Straub, 2015). 글상자 5.6의 표

글상자 5.6

표현적 글쓰기 안내문

© shutterstock.com

어떤 사건이나 외상을 겪은 지 한참이 지났는데도 힘들다면, 그 사건에 대해서 글을 써보세요. 이 작업은 사건과 연관된 생각이나 감정을 피하지 않고 조금 더 깊이 이해하고 의미를 만들어 가도록 도와줍니다. 부정적 경험을 회피하지 않을 때 진정 그 경험에서 자유로워지고 내 삶에서 더 소중하고 중요한 것들에 집중하며 살아갈 수 있습니다. 표현적 글쓰기는 힘든 경험에서 자유로워지는 과정이라고도 볼 수 있습니다.

앞으로 나흘 동안 조용히 몰두하며 글을 쓸 수 있는 장소를 찾아 내 인생의 부정적 사건이나, 외상 경험, 그와 관련된 정서에 대해 무엇이든 써보세요. 맞춤법과 문법은 신경 쓰지 마세요. 원하는 만큼 글을 쓰고 난 뒤에는 가능한 한 바로 새로운 활동을 시작하지 말고 잠시 음미하며 쉬는 시간을 보내길 권합니다.

힘든 경험에 대해 글을 쓰다 보면 일시적으로 기분이 더 나빠질 수 있습니다. 그러나 많은 연구에서 표현적 글쓰기가 장기적으로는 몸과 마음의 건강에 좋다는 것이 밝혀졌습니다.

현적 글쓰기의 안내문을 보고 독자들도 표현적 글쓰기를 실습해보라.

King과 Miner(2000)는 Pennebaker의 방법에 대한 대안으로 내담자들이 자신의 외상 경험으로부터 발생한 이득에 대해 쓰도록 지시하였다. 3일 동안 매일 20분씩 부정적 사건 혹은 외상 사건의 긍정적 측면에 대해서만 지시받은 사람은, 외상적 인생 경험에 대해 쓰도록 지시받은 사람들과 유사한 건강상의 이득을 보였다. 따라서 유사한 효과를 보면서도 Pennebaker의 방법에서처럼 과거 외상의 고통을 재경험하지 않아도 된다고 시사했다(Magyar-Moe & Jeana, 2012).

시간관리

시간관리는 목표를 달성하기 위해 시간을 효과적으로 사용하는 것을 뜻한다. 효과적인 시간관리는 일과 가정의 양립뿐 아니라 휴식을 통해 몸과 마음의 에너지를 재충전하고, 일의 생산성 또한 높이며, 스트레스를 줄일 수 있는 취미, 운동, 친목 활동을 할 수 있도록 도와준다.

효율적인 시간관리법을 알아보기 전에 먼저 효율적으로 시간을 사용하는 데 방해되는 것들을 살펴보자. 시간을 낭비하는 중요한 다섯 가지는 목표 결여, 너무 많은 목표, 꾸물거림, 완벽주의, 작업 방해이다(Harrington, 2015).

- **목표 결여** : 목표를 설정하지 않은 사람들은 가는 곳을 알지 못하기 때문에 귀중한 시간을 낭비한다. 그들은 나침반이나 방향감각 없이 숲속에서 길을 잃은 등반가와 같다.
- **너무 많은 목표** : 어떤 사람들은 지나치게 많은 일을 벌이고 있어서 쉽게 과부하된다. 이들은 끝내지 않은 과제에 대한 걱정과 압박으로 인해 주의집중이 어렵고 더 쉽게 피로를 느낄 수 있다.
- **꾸물거림** : 꾸물거리는 사람들은 자신이 맡은 과제들을 혐오적인 것으로 보고 가능한 한 회피하려고 한다. 그 결과 마감시간이 될 때까지 귀중한 시간을 낭비한 뒤 마지막 순간이 되어서야 압박 속에서 과제를 완수하느라 서두른다. 이런 패턴으로 꾸물거리는 사람들은 과제를 마지막 순간에 한꺼번에 해치우기보

다는 처음부터 조금씩 관리하기 쉬운 작은 조각으로 나눠서 심리적 부담을 줄이는 것이 도움이 된다.

- **작업 방해** : 친구가 불쑥 찾아온다거나 끝없이 울리는 전화벨소리 같은 예상치 못한 방해는 생각보다 많은 시간을 쓰게 만든다. 창작이나 글쓰기 같은 어떤 일들은 꾸준히 작업하기 위해 일종의 몰입된 탄력을 받기까지 준비 시간이 요구된다. 일단 탄력이 중단되면 그 궤도에 다시 오르기까지 상당한 시간과 노력이 또 필요할 수도 있다. 특히 이런 종류의 일들이 적절한 시간에 완성되려면 방해받지 않는 시간과 환경을 만드는 것이 좋다.
- **완벽주의** : 완벽주의자들은 종종 사소한 세부사항에 몰두하여 큰 그림을 보지 못한다. 그들은 중요한 과제에 자신의 시간 중 큰 몫을 할당하는 대신, 사소한 것들에 매달리느라 너무 많은 시간을 소비한다. 때로는 너무 완벽을 추구한 나머지 작업 결과를 확인하고 재확인하는 끊임없는 반복에 몰두할 수도 있다. 이들은 완벽히 잘 해낼 것이라고 확신하지 못하는 과제는 수행은 회피하며 방치하는 경우도 있다.

시간관리에 있어 맨 처음 할 일은 우선순위를 매기는 것이다. 인생의 우선순위를 알고 싶다면 "삶에 있어서 가장 중요한 것이 무엇인가?"라고 질문해보면 도움이 된다. 일의 우선순위를 매기는 것도 같은 질문을 해보면 도움이 된다. 우선순위를 매긴 뒤 크고 작은 목표를 설정하면 좋다. 목표가 설정되면 세부활동계획(action plan)도 세울 수 있게 된다. 우선순위가 높은 일에는 보통 많은 시간이 투입되는데, 되도록 시간표를 만들어 시간을 관리하는 것이 바람직하다. 시간관리의 개념과 전략들이 스트레스를 관리하는 데 도움이 되는지 그 효과를 검증한 연구도 있으나 강한 경험적 타당도는 검증이 부족한 상태이다. 이를 염두에 두고 널리 알려진 시간 관리 전략을 살펴보자(Harrington, 2015; Posen, 2013).

1. **시간 사용 일지 작성하기** : 내가 시간을 어떻게 사용하는지를 기록하면 어떻게 내가 시간을 낭비하는지 깨닫게 된다.

2. 목표를 세우고 우선순위 매기기 : '해야 할 일 목록'을 만든다. 이때 크고 복잡한 과제는 더 작은 과제로 나누어서 목록을 작성한다. 그 후 A, B, C 체계를 사용해서 과제에 우선순위를 매긴다. 'A'는 긍정적이거나 부정적인 결과를 갖게 되는 가장 우선적인 목표이다. 'B'는 'A' 목표 다음이지만 중요한 것, 'C'는 가장 낮은 순위의 목표다. 물론 우선순위는 바뀔 수 있다.
3. 80 대 20 법칙 : 이 법칙은 목표의 20%에 총가치의 80%가 포함되어 있다는 것이다. 그러므로 대부분의 가치를 갖는 20%, 'A'순위 목표에 집중하는 것이 훨씬 시간을 유용하게 사용하는 방법이다.
4. 적절히 거절하기 : 거절하는 법을 배우는 것은 까다롭거나 비협조적인 사람이 되는 것이 아니다. 거절하는 것은 자신을 보호하는 것이다. 우리가 모든 것을 다 할 수는 없으며 모든 사람의 인정과 사랑을 받을 수는 없다. '아니요'라고 말하는 것은 우리의 한계를 깨닫고 보다 소중한 것을 선택하도록 돕는 것이다.
5. 경계 설정하기 : 인터넷과 메신저의 발달로 우리는 근무시간 외에도 하루 종일 업무와 연결되어 있는 경우가 많다. 경계 설정하기의 예로는 퇴근 후에도 회사에서 오는 연락에 매달려 있는 습관을 버리고 정해놓은 시간에만 이메일, 휴대전화 메시지에 답장하는 것이다(예 : 아침에 한 번, 늦은 오후에 한 번).
6. 적절히 위임하기 : 낮은 순위의 과제를 위임하는 것은 'A'순위 과제에 더 많은 시간과 에너지를 집중할 수 있게 한다. 모든 세부사항을 자신이 챙기고 확인해야만 안심하고 자신과 다른 방식으로 일하는 사람들을 못 미더워하는 사람이 많다. 더 많은 시간을 얻기 위해서는 '통제에 대한 욕구'를 조금은 내려놓을 필요가 있다. 당신이 싫어하는 일이 다른 사람에게는 흥미 있는 도전이 되고 더 뛰어난 성과를 거둘 수 있음을 명심하라.
7. 이완 시간 계획하기 : 휴식과 이완의 시간을 갖는 것은 몸과 마음의 긴장과 에너지를 회복하게 하는 데 꼭 필요하며 일을 더 효율적으로 하게 도와준다.

참고문헌

강현정, 손정락(1998). 인지행동치료와 이완훈련이 월경전 증후군의 감소에 미치는 효과. 한국심리학회지 : 건강, 3, 141-155.

공정현, 김은심(2013). 지시적 심상요법이 관상동맥 질환자의 스트레스와 심박변이도에 미치는 효과, 15, 199-210.

김정은, 김정호, & 김미리혜. (2015). 마음챙김 명상이 고등학교 교사의 만성두통, 스트레스 및 정서에 미치는 효과. 한국심리학회지 건강, 20, 35-52.

김정호(2004). 마음챙김명상의 유형과 인지행동치료적 함의. 인지행동치료, 4, 27-44.

김정호, 김선주(2007). 스트레스의 이해와 관리. 서울 : 시그마프레스.

김현욱(2015). 점진적 근육이완법을 통한 아동의 일상적 스트레스 관리 효과 분석. 학습자중심교과교육연구, 15, 535-555.

김효경(2012). 지시적 심상요법이 간호대학생의 스트레스와 심박변이도에 미치는 효과. 간호과학논집, 17, 125-137.

대한불안장애학회(2005). 스트레스 다스리기. 서울 : 가림출판사.

박예나, 채정호(2017). 정신건강의학과 외래에서 시행한 마음챙김 명상 프로그램이 우울 및 불안장애 환자들의 긍정자원과 긍정정서에 미치는 영향, 우울조울병, 15, 67-72.

배춘희, 장순복, 김수, 강인수(2011). 지시적 심상요법이 체외 수정을 받는 여성의 스트레스와 불안에 미치는 효과. 여성건강간호학회지, 17, 178-186.

소성섭, 정애자(2017). 마음챙김에 기반한 스트레스 감소 프로그램이 대학생의 스트레스 감소에 미치는 효과. 한국명상학회지, 7, 49-65.

송주영(2009). 지시적 심상요법이 장애아동 어머니의 스트레스에 미치는 영향. 특수교육재활과학연구, 48, 29-44.

신경희(2016). 통합 스트레스 의학. 서울 : 학지사.

유승연, 김미리혜, 김정호(2014). 마음챙김 명상이 중년 여성의 화병 증상, 우울, 불안 및 스트레스에 미치는 효과. 한국심리학회지 : 건강, 19, 83-98.

윤병수(2012). 한국형 마음챙김 명상에 기반한 스트레스 감소 프로그램 명상캠프가 학교부적응 중학생의 정서에 미치는 영향. 스트레스研究, 20, 229-236.

이든샘, 김미리혜, 김정호, 김제중(2017). 이완을 유도한 가상현실 프로그램이 치과불안에 미치는 효과. 한국심리학회지 건강, 22, 257-269.

장현갑(2011). 마음챙김 명상에 바탕둔 스트레스 완화(Mindfulness based stress reduction, MBSR)란 무엇이며, 어떻게 수행해야 하는가? 한국명상학회지, 2, 71-81.

정은실, 손정락(2011). 마음챙김 기반 인지치료(MBCT) 프로그램이 대학생의 인터넷 중독 수준, 불안 및 스트레스에 미치는 효과. 한국심리학회지 : 임상, 30, 825-843.

한인순, 손정락(1987). 긴장성 두통에 미치는 EMG biofeedback 과 이완훈련의 상대적 효과. 한국심리학회지 일반, 6, 10-20.

Achterberg, J., Kenner, C., & Lawlis, G. F.(1988). Severe burn injury: A comparison of relaxation, imagery and biofeedback for pain management. *Journal of Mental Imagery*.

Beck, A. T.(1967). *Depression: Clinical, experimental, and theoretical aspects*. University of Pennsylvania Press.

Brannon, L., Feist, J., Updegraff, J. A., 한덕웅, 손정락, 김교헌, 박순권, 이민규, 안귀여루, 김청송, 유제민, 이형초, 서경현(2015). 건강심리학. 서울 : Cengage Learning.

Burns, D. D.(1993). *Ten days to self-esteem: The leader's manual*. Quill/HarperCollins Publishers.

Cohen, F., & Lazarus, R. S.(1979). Coping with the stresses of illness. *Health Psychology: A Handbook*, 217-254.

Collins, J. A., & Rice, V. H.(1997). Effects of relaxation intervention in phase II cardiac rehabilitation: Replication and extension. Heart & Lung: *The Journal of Acute and Critical Care*, *26*, 31-44.

Jacobson, E.(1938). *Progressive relaxation*.

Ellis, A., & Dryden, W.(1987). *The practice of rational-emotive therapy*(RET). Springer Publishing Co.

Folkman, S.(1984). Personal control and stress and coping processes: A theoretical analysis. *Journal of Personality and Social Psychology*, *46*, 839.

Folkman, S., & Lazarus, R. S.(1980). An analysis of coping in a middle-aged community sample. *Journal of Health and Social Behavior*, 219-239.

Folkman, S., & Moskowitz, J. T.(2004). Coping: Pitfalls and promise. *Annu.Rev.Psychol.*, *55*, 745-774.

Harrington, R., 손정락, 최명심(2015). 스트레스 · 건강 · 웰빙. 서울 : 박학사.

Ilacqua, G. E.(1994). Migraine headaches: Coping efficacy of guided imagery training. *Headache: The Journal of Head and Face Pain*, *34*, 99-102.

Mandell, A. J.(1979). The second second wind. *Psychiatric Annals*, *9*(3), 57-69.

Magyar-Moe, J. L.(2012). Principles of positive psychology. *Cognitive Behavior Therapy: Core Principles for Practice*, 353-375.

Meichenbaum, D.(1985). *Stress inoculation training*. Pergamon.

Pennebaker, J. W., Hughes, C. F., & O'heeron, R. C.(1987). The psychophysiology of confession: Linking inhibitory and psychosomatic processes. *Journal of Personality and Social Psychology*, *52*, 781.

Posen, D. & 정환증(2013). 스트레스 다루기 52가지 처방. 서울 : 가본의학.

Rohde, P., Lewinsohn, P. M., Tilson, M., & Seeley, J. R.(1990). Dimensionality of coping and its relation to depression. *Journal of Personality and Social Psychology*, *58*, 499-511.

Roth, S., & Cohen, L. J.(1986). Approach, avoidance, and coping with stress. *American Psychologist*, 41, 813.

Shrand, J., Devine, L. M., 김한규, 김무겸(2013). 스트레스 사용설명서. 서울 : 중앙books.

Straub, R. O., 황석현, 김은정, 신현균, 이훈진, 정희연, 조용래, 최삼욱, 손재민(2015). 건강심리학. 서울 : 시그마프레스.

Trakhtenberg, E. C.(2008). The effects of guided imagery on the immune system: a critical review. *International Journal of Neuroscience*, *118*(6), 839-855.

Wolf, E. J., & Mori, D. L.(2009). Avoiding coping as a predictor of mortality in veterans with end-stage renal disease. *Health Psychology*, *28*, 330.

06 통증

01_ 통증의 생리적 기제, 통증조절의 신경학적 기제와 이론을 살펴본다.

02_ 통증의 정의와 유형 그리고 통증 경험에 영향을 미치는 개인의 심리사회문화적 요소를 알아본다.

03_ 통증을 측정하는 방법을 배운다.

04_ 통증의 의료적 · 비의료적 개입법과 관리법을 알아본다.

통증은 불쾌한 감각적 · 정서적 경험으로서 실제적 혹은 잠재적 조직손상과 관련이 있는 경우가 많지만 그렇지 않은 경우도 있다. 통증은 신체적, 심리적 출력물로서 다분히 주관적이고 복잡하다. 무엇이 통증을 일으키고 또 어떻게 통증을 조절하는지 등을 이해하려는 노력이 건강심리학의 핵심 주제 중 하나이다. 이 장에서는 통증의 생리학적 체계와 통증의 유형, 통증을 측정하는 방법, 통증 경험에 영향을 미치는 요인들과 통증을 관리하는 방법 등에 대해서 살펴본다.

“32세의 한 여성이 있었다. 이 여성은 통증감각기관의 선천적 문제 때문에 몸에 상처가 생겨도 통증을 느껴본 적이 없었다. 심지어는 두 명의 아이를 마취 없이 출산하면서도 통증을 느끼지 못했다. 하지만 이런 그녀도 신체적인 통증을 경험하게 되는데, 그것이 바로 남동생이 교통사고로 사망하고 난 다음이었다. 사고 후 그녀는 며칠간 극심한 두통에 시달렸다고 한다. 이 두통은 그녀가 자신의 인생에서 단 한 번 경험한 '신체적' 고통이었다.”

– Danziger & Willer, 2005

통증의 이해

통증은 괴로운 감각이다. 그래서 우리는 몸이나 마음이 심하게 아플 때 아무런 감각도 못 느끼는 무생물이 되고 싶다는 생각을 한다. 즉, 통증을 느끼고 싶지 않다는 열망이다. 이렇게 통증은 고통스러운 것인데 왜 아직까지 퇴화되지 않고 남아 있을까?

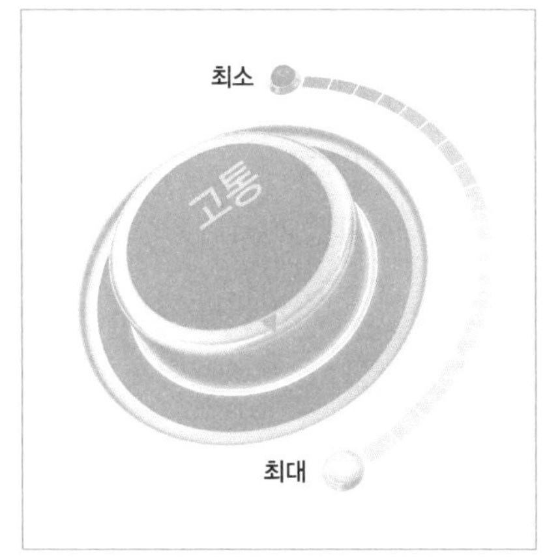

[그림 6.1]
통증의 신호 통증은 개인의 주관적 경험이다. 우리에게 어떤 이상이 생겼다고 알려주는 신호역할을 하고, 이에 대처하기 위한 보호반응을 유발한다.

여러분은 이미 그 답을 알 것이다. 통증은 생존에 필요하기 때문에 퇴화되지 않았다. 넘어져서 뼈가 부러졌는데도 통증이 없다 보니 그냥 계속 걸어 다닌다면? 불에 손을 집어넣어도 통증이 없어 빨리 손을 떼지 않고 그 상태로 있다면? 사실 통증을 느끼지 못한다면 우리는 살아남을 수가 없다! 신체손상이 발생하면 우리는 통증 '덕분에' 자신에게 주의를 집중하고 신경 쓰게 된다. 통증은 우리가 살아가는 데 꼭 필요한 존재다.

통증의 정의

통증은 보편적이면서도 가장 주관적인 경험이다. 유리에 찔리면 누구나 아프다. 그러나 내가 느끼는 통증은 나만 안다. 다른 사람은 나의 표정이나 신음을 근거로 나의 통증을 추측할 뿐이다. 혈압이나 체온은 혈압계와 체온계를 사용해서 객관적으로 잴 수 있지만 통증의 정도나 유형은 내가 말해주어야만(예 : "무릎이 '많이 쑤셔요'.", "살이 '찢어지는 것처럼 굉장히' 아파요.") 다른 사람들이 추측이나마 할 수 있다.

우리가 사용하는 '통증'이란 말은 종이에 손을 베인 신체적 경험부터 실연의 아픔 같은 심리적인 고통까지 포함한다. 즉, 우리가 느끼는 신체적 감각에서부터 심리적인 정서까지 아우르는 포괄적인 개념이다. 물론 '실연의 아픔'은 우리가 신체감각이 아니라는 것을 의식하면서 비유적으로 사용하는 말이다. 그러나 실제로 '신체감각'처럼 느껴지기도 한다. 여기에 관해서는 뒤에서 더 생각해보기로 하고 일단 의학적 치료를 요하는 임상통증의 정의를 살펴보자. 국제통증연구학회(International Association for the Study of Pain, IASP)에서는 기본적으로 통증을 '실제 혹은 잠재적인 조직손상과 연관되거나, 조직손상과 관련지어 기술되는 불쾌한 감각적 · 정서적 경험'으로 정의하고 있다. 통증은 기본적으로 '감각'이지만 제1장에서 설명했듯 인지적 · 정서적 면을 가지며, 회피 운동반사와 자율신경계 반응의 변화와도 관련되어 있다.

통증의 분류

통증이 주관적인 경험임을 고려했을 때 개인에게 맞는 중재 프로그램을 설계하기 위해서는 통증의 분류, 치료 및 치료받는 환자의 유형 등에 대해 이해하는 것이 매우 중요하다(Ersek, Turner, McCurry, Gibbons, & Kraybill, 2003).

통증은 다양한 기준으로 분류할 수 있는데, 그중 가장 많이 이용되는 구분은 시간에 따른 분류(temporal aspects), 신경생리적 기전(neurophysiologic mechanisms)에 따른 분류, 신체부위에 따른 분류이다(이양균, 2002).

시간에 따른 분류

먼저 통증을 시간적 측면에서 생각해본다면 가령 어제 다친 상처와 10년 전부터 반복적으로 경험하는 두통은 그 경험에서 차이가 있다. 전자는 급성통증, 후자는 만성통증인데, 다음 설명에서 보듯이 이 둘 간의 구분은 단순히 통증의 지속기간뿐만이 아니다.

급성통증(acute pain)은 신체 내의 조직에 이상이 생기거나 손상을 받았을 때 갑작스럽게 나타나는 증상으로 보통 6개월 미만 지속되는 통증을 말한다. 뼈가 부러졌을 때, 피부를 베였을 때, 염증이 생겼거나 장기에 이상이 생겼을 때 급성통증이 발생하는데, 이렇게 급성통증이 발생하는 이유는 바로 이상이 있음을 '알려주기 위해서', 다시 말해 신호를 보내주기 위해서다. 위험으로부터 몸을 피하도록 알리고 부상을 입었음을 알려서 우리를 보호하는 역할을 한다는 것이다. 그래서 급성통증을 보호통증이라 부르기도 한다(Thernstrom, 2011).

국제통증학회(IASP)는 **만성통증**(chronic pain)을 "정상적인 조직 치유기간(일반적으로 3개월에서 6개월) 이상 지속되면서 생물학적으로 명확히 설명이 안 되는 통증"이라고 정의한다. 다시 말하면 통증을 느낀다고 해서 조직의 손상과 반드시 일치하지 않고 통증의 원인을 찾을 수 없거나 치료가 된 경우에도 여전히 통증을 느끼는 상태를 말한다. 다시 말해서 오랜 기간 통증을 지속적으로 혹은 간헐적으로 경험한 상태이다. 따라서 만성통증은 급성통증과 달리 신호기능을 상실했다고 할 수 있다. 그렇기 때문에 만성통증을 고장난 화재경보기에 비유하기도 한다. 급성통증은 정상적으로 위험을 알리는 경보기로서, 불이 꺼지면 경보도 멈추지만 만성통증은 불이 안 났거나 불이 꺼졌음에도 경보기가 계속 울려대는 경우다. 만성통증은 증상이 아닌 하나의 질환으로 간주되며, 통증 자체가 치료의 대상이다.

신경생리적 기전에 따른 분류

통증을 신경생리적 기전에 따라 크게 통각수용성 통증과 신경증성 통증, 심인성 통증으로 나누기도 한다.

통각수용성 통증(nociceptive pain)은 통각수용기가 신체에 유해한 기계적이거나 화학적 혹은 열 자극을 탐지했을 때 생기는 통증을 가리키며, 척수 · 시상 · 대뇌 순의 일반적인 통증 경로를 거쳐 발생한다. 발로 쇠파이프를 찼을 때 경험하는 통증을 예로 들 수 있다. **신경증성 통증**(neuropathic pain)은 신경계의 손상이나 기능장애로 인해 발생하는 통증이다. 예로 대상포진 후 신경통을 들 수 있다. **심인성 통증**(psychogenic pain)은 말 그대로 심리적 원인으로 발생된 통증을 뜻하며 스트레스와 관련되어 갑작스럽게 나타나서 수 일에서 수 주일 또는 수년간 지속되기도 하고 신체 여러 부위에 통증을 느끼는 경우가 많다.

그러나 통각수용성 통증이나 신경증성 통증이라도 심리적 요인의 영향을 받는다는 사실을 분명히 알아야 한다(가령 제1장에 설명했던 종이에 손을 베인 경우를 생각해보라). 사실 통증은 생물심리사회 모형이 잘 적용되는 현상으로서 심리사회적 요인의 작용이 두드러진다.

신체부위에 따른 분류

일상적인 대화에서 우리들은 통증의 기제나 임상분류를 모르는 상태에서 아픈 신체부위에다 '통'자를 붙여서 통증을 분류한다. 여기서는 흔한 통증인 두통, 요통 및 관절통만 간단히 개관하겠다.

두통 두통(headache)은 전체 인구 중 90% 이상이 일생에 한 번 이상 겪게 되는 증상이다. 두통으로 신경과를 방문하는 환자는 전체 외래환자의 약 1/4~1/5이며(대한두통학회, 2009) 외상 같은 신경생물학적 원인뿐만 아니라 대인관계 갈등 같은 심리적 스트레스도 원인이 될 수 있다.

두통의 원인 및 임상양상은 매우 다양하여 과거에는 두통을 진단할 때 임상가의 경험과 환자의 보고에만 의존해 오다가 1988년 국제두통학회(International Headache Society, IHS)에서 제정한 **두통분류체계**(International Classification of Headache Disorders, ICHD-1)를 사용하기 시작했다. 2004년 ICHD 2차 개정판(ICHD-2)이 출간되었다. ICHD 2차 개정판에서는 두통을 '1차 두통'과 '2차 두통'으로 분류하였다. **1차 두통**(primary headache)은 두통 그 자체가 질환인 경우를 뜻하며, 여기에는 편두통, 긴장성 두통, 군발성 두통 등이 포함된다. **2차 두통**(secondary headache)은 두통을 일으키는 특정 질환이 있는 경우로, 뇌질환뿐만 아니라 감기 등 열을 동반하는 질환이나 약물 또는 알코올 섭취 등에 의해 유발된다. 여기서는 임상장면에서 흔히 볼 수 있는 1차 두통인 편두통과 긴장성 두통을 살펴보자.

편두통(migraine headache)은 대개 머리 한쪽(왼쪽이나 오른쪽)에서 시작하며 일부 환자들은 두통이 시작되기 전 감각장애, 운동장애, 기분장애 등을 먼저 경험한다. 오심 또는 구토, 눈부심 등의 동반증상이 많고 통증 강도가 세기 때문에 활동을 못하고 눕게 된다. 편두통의 원인은 아직 확실하게 밝혀지지 않았지만, 갑작스러운 신체내부 또는 외부환경의 변화에 뇌신경과 혈관이 비정상적인 반응을 보여서 발생된다고 알려져 있다. 불규칙한 수면, 와인, 특정 조미료 등은 편두통을 촉발하는 주요 요인들로 보고되었다(김미리혜, 1996).

긴장성 두통(tension-type headache)은 주로 목 주위가 과도하게 긴장된 상태에서 발생하는 것으로 알려진 두통으로 뒷머리나 목뒤, 어깨 근육이 당기거나 조이듯이 아픈 증상을 동반한다. 심리적 스트레스, 과로 등에 의해 유발될 수 있으며, 같은 자세를 오랫동안 유지하는 경우에도 발생할 수 있다. 흔히 '신경성 두통' 또는 '스트레스 두통'이라고도 한다. 여러분 중에 겪지 않은 사람이 별로 없을 정도로 흔한 통증이다.

요통 요통은 병원에 방문하는 사람들의 주요 증상 중 다섯 번째 순위를 차지할 정도로 매우 흔하다. 평생 80%의 사람들이 한 번 이상 요통을 경험하고 있으며, 매년 근로자의 50%가 요통을 경험하는 것으로 보고되고 있다(Ministry of Health and Welfare, 2015). 우리나라에서는 2007년부터 3년간 20~79세 성인을 대상으로 시행한 조사에서 대상자 중 15.4%가 요통을 경험했다고 보고했고, 여성(18.4%)이 남성(12.2%)보다 빈도가 더 높았다. 더불어 오래 앉아 공부하거나 컴퓨터나 게임을 하는 10대 청소년 및 20~30대 젊은 층에서도 환자가 증가하고 있다(건강보험심사평가원, 2004). 요통은 하나의 원인에 의해 발생하는 독립된 질병이 아니라 추간판 퇴행, 외상, 척추의 변형 등 다양한 원인에 의한 허리부위의 통증을 의미한다(Ministry of Health and Welfare, 2015).

관절통증 관절염은 관절부위의 통증을 유발한다. 크게 류머티스성 관절염과 골관절염으로 나뉘며 붓기와 후끈거림이 동반된다. **류머티스성 관절염**(rheumatoid arthritis, RA)은 만성적인 전신성 염증을 일으키는 자가면역질환으로 완치되지 않는다. 따라서 치료 목적은 염증을 조절하여 통증을 감소시키고 관절 손상을 예방하거나 늦추며, 관절기능을 최대한 유지함으로써 삶의 질을 향상시키는 데 있다. **골관절염**(osteoarthritis, OA)은 노화하면서 연골이 닳아서 발생하는데, 시간이 흐르면서 악화되므로 **퇴행성 관절염**이라고도 한다. 65세 이상 노인들이 몸을 제대로 못 움직이게 되는 가장 흔한 이유다(Lawrence, 1998). 몸을 제대로 못 움직이므로 활동이

글상자 6.1

양극단 : 통증에 예민한 병, 둔한 병

통증을 화재경보기에 비유한다면 다음 경우는 어떤 화재경보기에 해당할까?

복합부위 통증증후군(complex regional pain syndrome, CRPS)을 안고 사는 환자들은 극단적인 통증을 겪는다. 골절상 같은 외상을 입은 후 특정부위 신경계의 이상으로 발생하는데 얼마나 통증에 예민해지는지, 바람이 스쳐지나가기만 해도 칼에 베이는 것 같은 극심한 통증을 호소하며, 일단 통증이 생기면 마약성 진통제가 듣지 않을 정도이다. 가벼운 접촉 같은 약한 자극도 고통스러워하기 때문에 일상생활이나 직업적 · 사회적 기능을 유지하는 데 어려움이 있다.

이와 반대로 아무런 통증을 느끼지 못하는 병이 있다. 선천성 무통각증 및 무한증(congenital insensitivity to pain with anhidrosis, CIPA)은 선천적인 문제로 신경섬유가 통각자극을 뇌로 전달을 하지 못하는 경우다. CIPA 환자들은 뼈가 부러져도, 열이 40℃까지 올라가도 통증을 느끼지 못해서 늘 죽음의 위협을 느끼면서 살아간다.

줄게 되며 무기력, 우울 및 불안감을 겪게 된다(Keefe et al., 2002). 비만은 남녀 모두에서 골관절염의 위험요인(Felson & Zhang, 1998)으로, 비만 여성이 약 5kg의 체중감량을 했을 때 골관절염 발생이 50% 감소했다는 연구결과도 있다(Felson et al., 1992).

통증의 심리사회적 요인

정서상태와 환경, 문화적 영향 등이 조직손상이나 질환에 더해져서 통증 경험에 영향을 미친다(Burtns et al., 2008; Bair, Wu, Damush, Sutherland, & Kroenke, 2008).

통증의 정서 요인

통증을 촉발하거나 강도와 지속시간을 늘리는 부정적 정서상태로 우울, 불안, 분노 등을 꼽을 수 있다. 우울상태에서는 개인의 주의와 관심이 자신의 내부와 신체로 향하면서 신체감각이 더 강화되어 경미한 불편감이 심한 통증으로 확대될 수 있

글상자 6.2

사랑의 진통효과

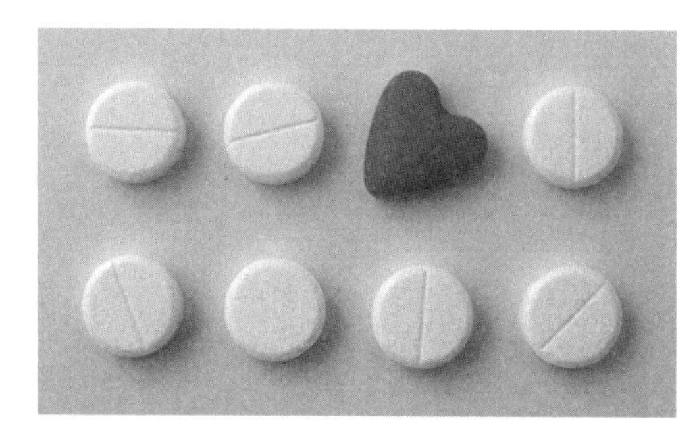

"사랑에 빠져 있는 사람을 구합니다." 미국 스탠퍼드 대학교에 이런 공고가 붙었다. 사랑이 통증에 미치는 영향을 알아보는 연구를 수행하기 위해서였다. 열애 중인 여러 학생이 연락을 취해 왔고, 사귄 지 9개월이 채 안 된 15명이 최종 선발되었다.

연구진은 학생들에게 연인의 사진과 외모가 연인만큼 매력적인 친구의 사진을 가져오도록 했다. 연구팀은 15명의 참가자에게 연인 사진이나 친구 사진에 주의를 집중하도록 한 뒤, 손에 작은 조각을 쥐어 주었다. 이 작은 조각은 열을 낼 수 있어서 학생들의 손에 열 자극을 줄 수 있는 도구로, 조각의 온도를 높이는 것으로 고통의 수위를 조절할 수 있었다. 실험 참가자들은 세 가지 조건 중 한 조건에 할당되었다. 첫 번째 조건은 연인의 사진을, 두 번째 조건은 실험참가자가 아는 사람으로 연인과 비슷한 정도의 매력을 지닌 사람의 사진을 보는 것이었다. 세 번째 조건은 구기종목이 아닌 운동의 종류를 나열하는 과제를 수행하는 것이었다.

실험 결과 연인의 사진을 바라보는 것만으로도 몸에 가해지는 통증을 상당 수준 줄일 수 있는 것으로 나타났다. 사랑이 진통제처럼 작용하는 것이다. 또한 하루의 반 이상을 애인 생각으로 보내는 학생은 덜 열정적인 학생의 3배나 되는 진통효과를 경험했다. 중간 정도의 고통에 대해서는 연인 사진을 본 실험 참가자들이 무려 45%나 고통을 덜 느꼈다. 인지적 과업을 수행한 실험 참가자들은 고통을 36% 덜 느꼈다. 강한 고통에 대해서는 연인 사진을 본 경우가 12%, 머리 쓰는 일을 한 경우가 13% 정도 고통이 줄어드는 것으로 나타났다. 반면 아는 사람의 사진을 보는 것은 통증에 전혀 도움이 되지 않았다. 연구팀은 기능적 자기공명영상(fMRI)도 촬영했는데, 뇌영상 판독 결과 연인의 사진은 우리 뇌의 보상중추를 활성화하는 것으로 드러났다.

출처 : Nilakantan, Younger, Aron, & Mackey. (2014). Preoccupation in an Early-Romantic Relationship Predicts Experimental Pain Relief. *Pain Medicine, 15(6)*, 947–953

을 것이다. 분노의 경우 분노를 억압하는 사람들은 효과적으로 분노를 조절하는 사람 혹은 분노를 많이 경험하지 않는 사람들보다 더 강하게 통증을 경험했다(Burns, Quartana, & Bruehl, 2008; Quartana, Bounds, Yoon, Doodin, & Burns, 2010). 또한 불안해하고 걱정하는 사람들은 통증을 더 많이 보고한다는 연구결과도 있다(Leeuw et al., 2007).

통증의 사회문화적 요인

문화가 통증 경험에 미치는 영향을 볼 수 있는 사례로 남태평양 얍섬의 출산과 멕시코(혹은 우리나라)의 출산을 비교해보자. 스페인어로 출산은 'dolor'라고 표현하며, 이는 슬픔과 고통이라는 의미가 담겨 있다. 멕시코 여성들은 출산의 고통스러운 과정에 대해 두려워한다. 이와 달리 얍섬의 여성들은 출산을 일상활동으로 받아들인다. 산통이 시작되면 잠깐 분만을 위해서 일상활동을 멈추지만, 분만 후에는 즉시 하던 일을 계속한다. 얍섬 여성들은 실제로 진통과 합병증 비율이 매우 낮고 (Kroeber, 1948) 라틴계 여성들은 유의하게 더 높다고 보고되었다. 어떤 이유에서든 출산이 고통스럽다고 예상하는 임산부일수록 실제 출산 때 그렇지 않은 임산부보다 더 많은 고통을 보고한다(Scrimshaw, Engle, & Zambrana, 1983)는 연구결과도 위의 연구결과를 지지해준다. 하지만 이런 비교문화 연구는 실험연구로 진행할 수 없기 때문에 단적인 결론을 내릴 수는 없다. 여러 관련 요인(사회경제적 상황, 대처자원, 개인의 사회적 지지관계 등)을 통제하지 못했으며, 문화마다 통증에 대해 드러내 놓고 표현해도 되는 정도와 규준이 다르기 때문이다.

통증의 생리학

여러분이 다리를 책상에 부딪쳤다고 가정해보자. 부딪친 정도에 따라 통증 강도와 지속시간이 다르겠지만 곧 충격과 심한 통증을 느낄 것이다. 그 순간 얼굴을 찡그리고 '아, 아파'라고 외치면서 부딪친 부위 근처를 문지를 것이다. 이렇게 유해한 자극이 가해진 뒤 통증을 느끼게 될 때까지 신체 내부에서 복잡한 과정을 거치게 되는데 이에 대해 살펴보기로 하자.

통증 경로

다리를 책상에 부딪칠 때의 자극은 변환(transduction), 전달(transmission), 조절(modulation), 지각(perception)의 단계를 거쳐 통증으로 느껴지고 얼굴을 찌푸리는 등의 **통증행동**(pain behavior)을 유발한다. 통각수용기는 구심성 신경의 말단으로서 유해한 외부 자극을 전기적 신호로 변환한다. 말초신경에서 척수로 전달된 신호는 다른 감각정보 혹은 뇌로부터의 정보에 의한 조절과정을 거쳐 최종적으로 대뇌피질에서 정서적 경험을 더해서 통증의 형태로 지각된다. 그러면 욕을 하거나 얼굴을 찌푸리는 통증행동을 보인다. 강조하자면 통증은 뇌에서 해석되고 지각된다. 이제 통증 경로를 따라 관련구조와 그 기능에 대해 더 자세히 알아보도록 하자.

변환 유해한 자극이 신체에 가해지면 먼저 **통각수용기**(nociceptor)가 활성화되고 신체가 해석할 수 있는 전기적 신호로 변환(transduction)된다.

각 통각수용기는 다음 세 가지 자극 중 하나에 특화되었다. 첫 번째는 조직이 기계적으로 손상되면서 나타나는 기계적 통증자극으로 칼날에 손이 베이거나 압정에 찔리는 등의 기계적 자극을 뜻한다. 두 번째는 온도자극으로 주로 높은 온도에 접촉했을 때 발생한다. 세 번째는 다중형식 통증자극이며, 조직의 손상으로 인해 염증이 발생했을 때 분비되는 다양한 화학적 자극이 전형적 예이다.

전달 통각수용기에 따라 전기신호가 된 통증 신호는 신경을 따라서 척수로 전달(transmission)된다. 말초신경의 두께, 속도 등에 따라 종류가 나뉘는데 통증신호를 전달하는 섬유에는 A-델타 섬유와 C-섬유가 있다. A-델타 섬유는 수초로 싸여 있어('수초화'되어) 신경전달 속도가 빨라 **빠른 신경섬유**라고 부르고 C-섬유는 수초화되지 않아 느려 **느린 신경섬유**라고 부른다. A-델타 섬유는 갑작스럽고, 날카롭고 찌르는 듯한 강렬한 감각을, C-섬유는 다소 둔하지만 지속적인 감각을 담당한다(Chapman, Nakamura, & Flores, 1999).

이 섬유들은 조직손상 시 활성화되어 통증을 느끼게 하지만, 그러한 과정이 없는 경우에도 통증을 느끼는 수가 있는데 환상지통을 예로 들 수 있다(글상자 6.3 참조).

조절 통증조절은 척수에서 뇌로 전달되는 방향의 상행조절 경로와 대뇌에서 해석과정이 끝난 통증신호가 다시 척수로 내려가는 하행조절 경로가 다양한 신경전달

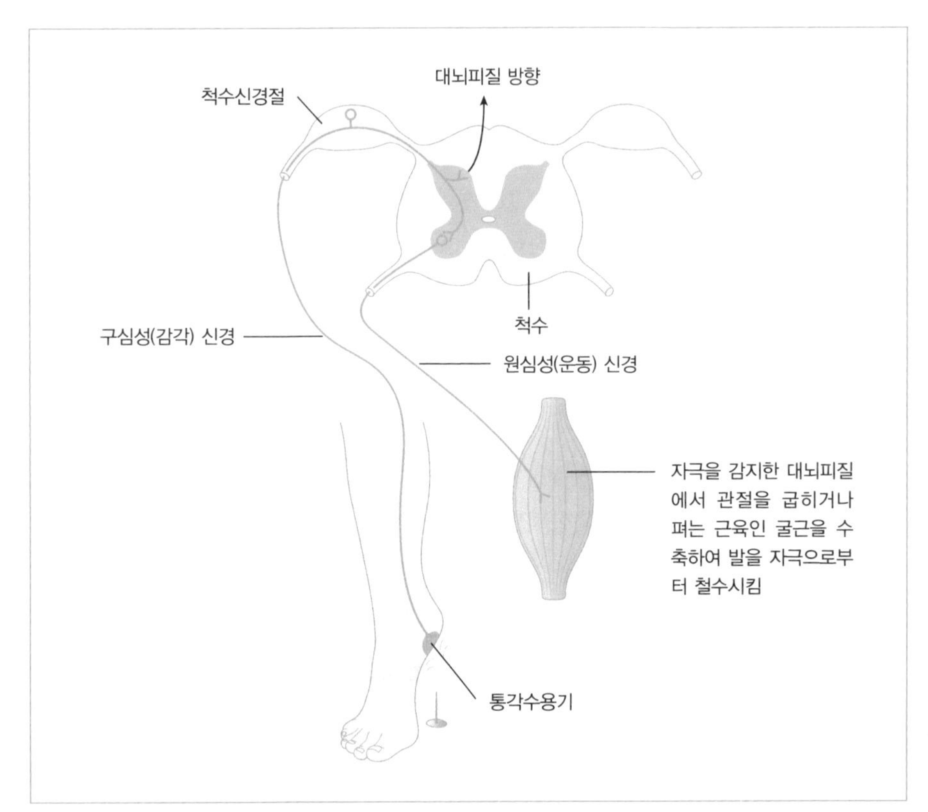

[그림 6.2]

신호의 전달 통각수용기가 유해자극을 감지하고 구심성 신경을 통해 신호를 척수로 보낸다. 척수신경절에서 대뇌피질로 보내진 신호는 대뇌피질에서 해석된다. 그러면 대뇌피질은 유해자극으로부터의 철수 명령을 내린다. 다시 말해 대뇌피질은 신경을 통해 근육을 수축시키라는 신호를 보내서 통증자극으로부터 멀리 몸을 옮기게 한다.

물질을 통해 통증의 신호를 전달하고 강도를 수정하는 과정이다.

척수의 회백질 내에 위치한 **후근신경절**(dorsal root ganglion)은 A-델타 섬유와 C-섬유 등 말초신경의 세포체들이 모여 이룬 구조물이다. 한 뉴런의 세포체가 이곳 신경절에 위치해 있고 피부쪽 축색에서 오는 정보가 척수 쪽으로 뻗은 축색으로 진행하는 모습을 머릿속에 그려보라! 이들 신경섬유가 뇌까지 계속 뻗어 있는 것은 아니고 척수의 후각(dorsal horn)에서 교양질(substantia gelatinosa)의 뉴런과 시냅스를 이룬다(Melzack & Dennis, 1978). 이 후각에서 뇌로 올라가는 경로가 시작되지만 뇌에서 내려오는 정보 등이 복잡하게 작용해서 통증이 조절된다.

신경섬유를 통한 통증정보가 척수를 통해 뇌로 전해지면 시상에서 이 신호를 전달받게 된다. 시상은 중계기지와 같은 역할을 하며 대부분의 감각이나 운동에 관한 정보는 시상에 모인다. 이렇게 척수와 시상을 연결하는 통로가 **척수시상로**

글상자 6.3

환상지통

환상지통(phantom limb pain)은 더 이상 존재하지 않는 신체의 일부분에서 통증을 느끼는 증상으로 16세기 프랑스 군의관 Ambrose Pare가 처음 기술하였고, 19세기 Silas Wier Mitchell에 의해 '환상지통'이란 용어와 병의 양상이 알려졌다.

사지가 절단된 사람 중 70% 이상이 환상지 현상(phantom limb)을 경험한다. 환상지 현상에는 이미 존재하지 않는 신체부위에서 통증이나 가려움 같은 감각을 경험하는 것과 뭔가 집으려 하는 것과 같은 운동 환상이 포함된다. 환상지통의 원인은 명확하게 밝혀져 있지 않지만, 많은 연구가가 동의하는 부분은 뇌에서 착각을 한다는 것이다. 환상지통은 간헐적으로 수 초에서 한 시간 정도 지속된다. 일반적으로 절단 전 느꼈던 통증을 유사하게 경험하는데, 불타는 듯한, 조이는 듯한, 칼로 찌르는 듯한 등의 다양한 느낌을 보고한다.

(spinothalamic tract)이다. 시상에서 통증자극의 위치, 질이나 강도 등의 감각적인 정보는 대뇌피질로, 정서와 관련된 정보는 대뇌변연계로 전달한다. 참고로 척수시상로 외에도 척수망상체로 등 다른 통증자극 전달경로로도 대뇌가 정보를 받는다.

상행-하행 경로에서 통증신호는 신경전달물질을 통해 조절된다. 척수에서 시냅스를 이룬다는 사실은 매우 중요한데, 시냅스에서의 신경전달물질들 간의 조합/균형이 우리가 느끼는 아픈 정도에 영향을 주기 때문이다. 흥분성 전달물질인 P 물질(substance P)과 글루타민산(glutamic acid) 등은 흥분성 전달물질로서 시냅스후 신경을 흥분시켜 통증을 뇌로 전달하여 결과적으로 통증 강도를 크게 만드는 역할을 한다. 세로토닌이나 가바(Gamma Amino Butyric Acid, GABA) 등은 억제성 전달물질로서 통증신호의 전달을 방해한다. 하행조절 경로는 척수의 교양질과 연결되어 있으며, 여기서 척수시상로 뉴런의 활성화를 조절하여 통증전달을 방해한다. 교양실에는 내인성 아편물질(endogenous opiate)의 수용체가 많은데 수도관주위회색질(periaqueductal gray, PAG)도 마찬가지여서 함께 통증의 억제에 관여한다(글상자 6.4 참조). 위에서도 언급했듯 수도관주위회색질에서의 신호가 후각까지 와서 통증을 조절하게 되는데, 이것이 바로 하행조절 경로이다(그림 6.3 참조).

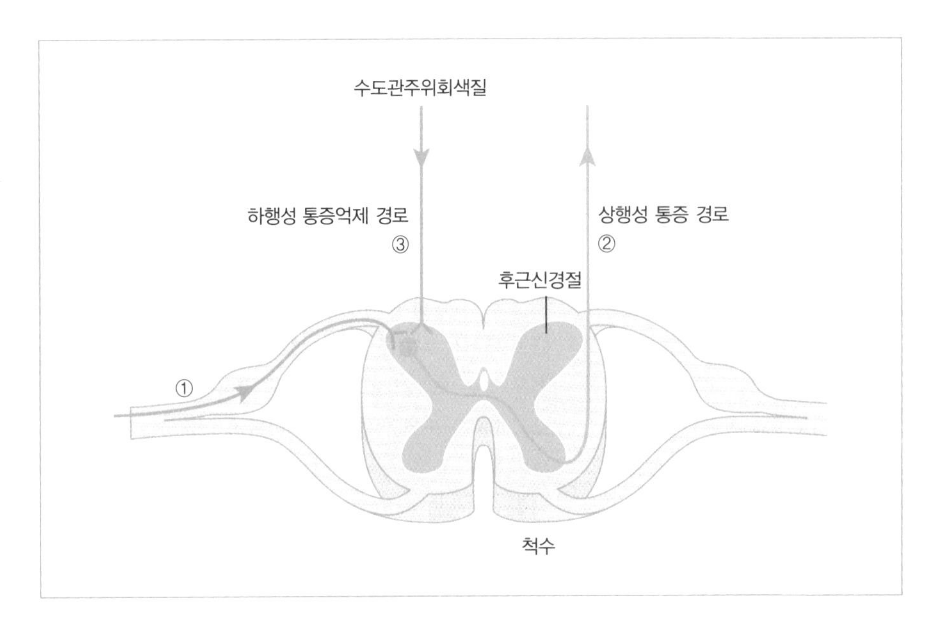

[그림 6.3]

통증의 하행 경로-상행 경로 ①번은 말초신경의 통증수용기로부터 전달받은 A-델타 섬유와 C-섬유의 통증신호를 척수로 전달하는 경로이다. ②번은 시상과 대뇌피질로 신호를 전달하는 경로이다. ①번과 ②번은 상행성 통증 경로이다. ③번은 하행성 통증조절 경로로, 수도관주위회색질로부터 전달받은 신호를 척수에 전달한다. 이때 수도관주위회색질에서의 신호는 억제성 전달물질을 분비시켜 대뇌로 가는 통증신호를 차단시켜 통증을 억제하는 역할을 한다.

글상자 6.4

통증억제의 신경화학적 기제

뇌의 특정부위를 자극하면 통증을 억제하는 내인성 오피오이드 펩타이드(endogenous opioid peptide)라는 통증조절 체계가 있다. 여기에는 엔도르핀, 엔케팔린 등과 같은 신경전달물질과 수용체가 존재하며, 이를 통해 통증이 조절된다. 신경전달물질과 그에 대한 수용체의 작용에 의한 것이라는 사실이 1970년대부터 밝혀졌다.

수도관주위회색질 같은 부위에 전기적 자극을 주면, 통증이 억제된다. D. V. Reynolds(1969)는 실험을 통해서 이를 증명했다. 그는 실험쥐가 복부절개술을 받기 전에 뇌의 일부를 전기적으로 자극하여 무통증을 야기한 뒤 수술을 진행했는데, 쥐가 복부절개술을 받을 동안 통증을 느끼지 않는 것을 확인하였다.

전기적 자극에 의해 엔케팔린(enkephalin) 같은 내인성 오피오이드 펩타이드를 분비하는 신경전달물질이 통증억제 효과를 발휘하는 것이다. 또한 수도관주위회색질에 모르핀을 주입할 경우 엔도르핀 수용체들이 작용하여 진통효과가 나타난다.

엔도르핀은 뇌하수체와 시상하부에서 주로 분비되지만, 엔케팔린은 다양한 곳에서 분비된다. 엔케팔린은 척수에서 분비되어 말초의 통증을 직접적으로 억제하기도 하고, 스트레스 상황에서 부신에서 분비되어 스트레스로 인한 고통을 완화하는 역할을 한다. 감마 아미노 부티르산(Gamma-Amino Burtyric Acid, GABA)이나 세로토닌 등의 물질도 통증의 전달을 방해하거나 통증을 억제하는 작용이 있는 물질로 뇌나 척수의 명령을 받아서 방출된다.

지각과 행동 다시 강조하지만 통증의 지각은 대뇌에서 이루어진다. 시상에서 대뇌피질의 체성감각영역(somatosensory cortex)에 도달한 정보는 이제야 비로소 통증으로 판독되고 그 위치, 성질, 강도 등이 느껴진다. 변연계는 통증의 정서적 측면과 관련된다. 통증 경험은 주관적이며 인지(예 : "큰일났네. 머리가 또 아파오네. 내일 시험인데 오늘 공부 못하면 학사경고!"), 정서, 신념 등의 요인에 의해 복잡하게 영향을 받는다. 또한 통증억제에 중요한 역할을 하는 수도관주위회색질까지 뻗는 신경도 있다. 대뇌피질은 상황을 판단하고 얼굴을 찌푸리거나 자극에서 멀리 떨어지는 등의 통증행동을 내보내게 된다.

관문통제이론

1965년에 Ronald Melzack과 Peter Wall은 통증에 대한 생물심리사회 모형인 **관문통제이론**(gate control theory, GCT)을 공동으로 발표했다. 이 모형이 담은 내용은 이후 수십년 간 통증연구에서 검증되었고, 위에서 설명한 통증 경로를 포함한 현재까지 밝혀진 연구결과들에 반영되었다. 심리학자인 Melzack이 주창했던 이 이론은 통증이 피부의 감각수용기 자극에서 시작되어 통증 경로를 통해 곧바로 뇌의 통

글상자 6.5

스트레스는 마취효과가 있다?

전쟁에서 부상당한 군인이나 스포츠 경기에서 부상당한 운동선수들이 전쟁이나 운동 경기 중에 전혀 통증을 느끼지 못하는 경우가 있다. 이런 현상을 스트레스로 유도된 진통(stress-induced analgesia, SIA)이라고 부른다. 이것은 삶을 살아가는 데 적응적인 기능이다. 심한 통증을 느끼고 손상된 부위를 치료하기 전까지 일단은 스트레스 상황에 계속 대처하는 것이 필요하다.

SIA 현상은 체내의 내인성 통증조절 시스템이 활성화되어 내인성 오피오이드가 분비되고, 이를 통해 통증이 억제되는 것이다. 동물실험에서 전기자극을 준 쥐에게서 이 현상이 발생했다. 이러한 사실을 종합해볼 때 다양한 정신적·물리적 스트레스가 내인성 통증조절 시스템을 활성화시켜 내인성 오피오이드를 통해 진통작용을 한다는 것을 알 수 있다.

증 해석으로 이어지는 것이 아니라는 아이디어를 제시했고, 통증지각 과정에서 심리적 요인의 역할이 중요하다는 점을 강조했다. 우리의 척수에 마치 관문과 같은 기능을 하는 신경구조가 있어서 이 구조는 신경섬유로부터 정보전달의 흐름을 증가시킬 때는 문을 활짝 열고 감소시킬 때는 문을 닫는다고 말하고 있다(Melzack & Wall, 1965).

통각정보를 뇌 쪽으로 보내는 뉴런이 말초의 유해자극정보를 전달하는 감각신경(느린 신경섬유)의 흥분과 유해하지 않은 자극의 정보를 전달하는 감각신경(빠른 신경섬유)의 흥분을 모두 받는다. 빠른 신경의 흥분은 관문을 닫는 힘이 있는 반면 느린 신경의 흥분은 관문을 여는 힘이 있는데, 이들 모두 통각정보를 뇌 쪽으로 보내는 뉴런의 활동에 영향을 준다. 가령 손등에 유해자극이 가해져서 그 정보가 척수를 통해 뇌로 가고 있는데 손상부위 근처를 문지르면 촉각 등을 전달하는 빠른 신경섬유인 A-델타 섬유가 흥분하여 관문이 닫히고 뇌로 향하려던 통증정보의 전달이 막힌다. 그래서 결과적으로 통증이 덜해진다.

이후 후속연구를 통해 관문은 척수에서의 교양질의 활동에 의해 조절될 수 있으며, 중앙통제 메커니즘을 통해 뇌에서 나온 신호가 관문을 닫을 수도 있다는 내용의 수정된 이론을 발표했다(Melzack & Wall, 1965, 1982, 1988). 뇌에서 나온 신호들 — 기분, 이전 경험, 신념이나 기대(예 : "이 정도는 괜찮아.") 등을 담은 신호 — 이 척수에서 문을 열고 닫는 데 영향을 미친다는 것이다. 불안 · 걱정 · 우울은 보통 관문을 더 열어서 통증 강도를 높이며, 이완이나 긍정 정서는 관문을 닫거나 약간만 열어 통증을 감소시킨다. 아프지 않을 것이라는 기대는 관문을 닫고, 피가 나고 아플 것이라는 상상은 관문을 연다. 특히 관문통제이론이 대뇌피질에 의해 매개되는 인지활동(상상하는 것, 기대하는 것 등)이 통증을 증감시킬 수 있다는 점을 제시함에 따라 통증의 인지적 측면에 대한 연구자들의 관심을 불러일으켰고 통증에 대한 심리학적 연구가 촉진되었다(Ckevington, 1995)(그림 6.4 참조).

Melzack(1993, 1999)은 후에 관문통제이론을 확장하여 **신경그물망이론**(neuromatrix theory)을 제안하였다. 통증은 다차원적 경험으로서 신경그물망을 통해 뇌가 적극적으로 생성해낸 주관적 경험에서 비롯된다고 주장함으로써 뇌의 역할을

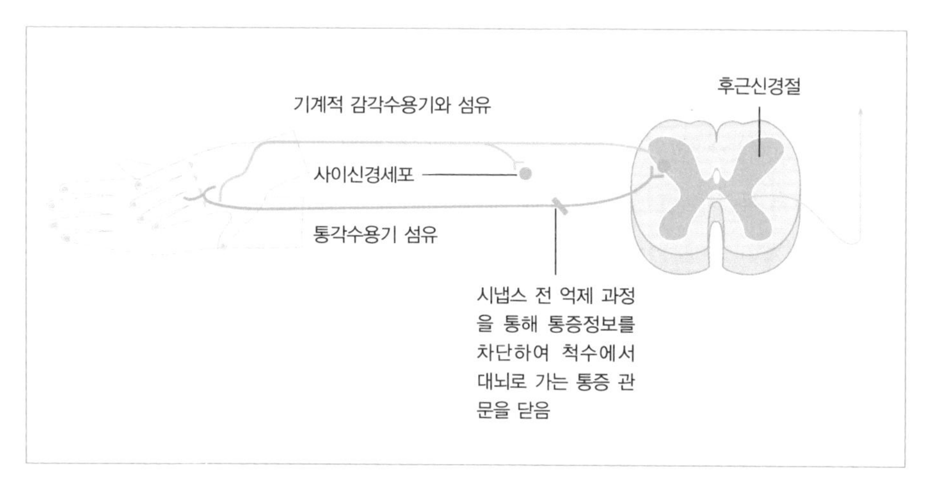

[그림 6.4]

관문통제이론에서의 통증조절 손등을 다쳤을 때 다친 곳 근처를 다른 손으로 비빈다면 그 정보가 기계적 감각수용기에서 아교질로 가는데, 그러면 아교질 사이신경세포(interneuron)가 활성화되어 통각수용기 섬유에서 오는 통증정보를 억제하여 척수에서 시상으로 가는 경로의 관문이 닫히게 된다.

더욱 강조하였다. 신경그물망이란 뇌의 광범위한 영역에 분포되어 있는 신경의 네트워크로서 그곳을 통과하는 통증을 감각적 느낌보다 주관적 경험에 바탕을 둔 지각 정보라고 설명했다(Melzack, 1993). 신경그물망은 환상지 현상에서와 같이 감각 입력이 없을 때에도 작동한다. 물리적으로 감각신호가 없는 상태라 하더라도 인간의 뇌는 자기 몸에 대해 이전의 신경계의 활동 경험과 기대에 의거해서 통증을 지각하는 능력이 있기 때문이라는 것이 그 설명이다.

통증의 측정

의료현장에서 통증은 혈압, 맥박, 호흡, 체온과 더불어 제5의 바이탈 사인(vital sign)으로 간주되고 있다. 통증을 진단하고 다루기 위해서 객관적으로 측정하고 평가하는 것이 중요하겠지만 아직까지 혈압이나 체온처럼 통증 자체를 객관적으로 측정할 수 있는 방법은 없다. 따라서 현재 사용되는 통증측정법은 주관적이거나 간접적이다. 크게 세 가지로 나눌 수 있는데, 자기보고 척도를 활용한 평가, 행동평가, 그리고 생리적 측정이다.

자기보고 척도

자기보고 척도(self-report scale)는 환자 자신이 통증에 관계되는 내용, 즉 강도 · 빈도 · 위치 · 질 등을 질문지에 보고하는 방법으로서 다음과 같은 방식을 취할 수 있다.

범주형 척도(category scale)는 통증을 표현한 여러 개의 언어적 표현 또는 그림 중 선택하여 환자가 느끼는 통증의 질과 강도를 간단히 보고하게 하는 방법이다. 예를 들어 통증 묘사 목록('쓰라린', '날카로운', '칼로 찌르는 듯한') 중 환자가 자신의 통증에 해당되는 표현을 고르거나, 강렬한 기쁨에서부터 심한 통증까지 감정을 표현하는 얼굴 그림 중 자신에 해당하는 얼굴을 선택하는 척도가 있다. 아래 소개된 McGill 통증설문지(Mcgill Pain Questionnaire, MPQ) 등은 보다 정교하게 개발된 범주형 척도이다.

숫자통증 척도(numerical rating scale)는 0에서 10까지(또는 0에서 100까지)의 척도에서 환자가 자신의 통증 강도를 평정하게 한다. 예를 들어 0은 '통증 없음'의 상태, 10은 '상상할 수 있는 가장 심한 통증 정도'이다. 이 척도상의 숫자 중에서 하나를 골라서 자신의 통증 강도를 나타내면 된다. 가장 간단하며 흔히 사용되는 방법으로 시력이나 운동기능장애가 있는 경우에 숫자를 불러주면 된다.

시각통증 척도(visual analogue scale)는 왼쪽 끝에는 '통증 없음', 오른쪽 끝에는 '상상할 수 있는 가장 심한 통증'을 표시한 선(보통 10cm)으로 이루어진다. 환자가 자신이 느끼는 통증의 강도를 그 선상에 표시하게 한 후 검사자가 그 길이를 재는 방법이다.

숫자통증 척도와 시각통증 척도 모두 사용하기 쉽지만 자신의 경험을 수량화하는 데 익숙하지 않은 환자들이 어려워했고(Burckhardt & Jones, 2003), 강도라는 통증의 단일 속성만을 잰다는 한계가 있다(Skevington, 1995)(그림 6.5 참조).

이를 보완하기 위해 Melzack(1975)은 통증에 대한 다차원적인 모형을 측정할 수 있는 **McGill 통증 설문지**(Mcgill Pain Questionnaire, MPQ)를 개발하였는데, 이는 통증을 세 가지 차원에 따라 범주화했다(Melzack & Torgerson, 1971; Melzack 1975). 첫 번째 차원은 통증에 대한 감각 특성으로 시간 · 공간 · 압박 및 온도 등과 같은 다양한 감각을 말하며, 두 번째 차원인 정서 특성은 두려움, 긴장 및 자율과 같

[그림 6.5]
자기보고 척도 예시

은 다양한 정서반응에 중점을 둔다. 마지막 차원은 평가 특성으로 통증의 의미와 중요성, 그리고 환자가 판단하는 통증 경험의 주관적인 중증도이다. 이 척도는 언어로 복잡하게 표현되는 통증을 잘 정리하였고 환자가 심리적으로 인지하고 있는 통증을 표현하는 데 유용하다.

MPQ를 실시할 때는 다음 절차를 차례로 따른다. 첫 번째는 신체의 앞뒤 그림에 통증부위를 표시하는 것이고, 두 번째는 통증 단어들을 묶어놓은 세트에서 환자 자신의 통증에 해당하는 단어가 있으면 하나씩만 고른다. 세 번째는 시간이 흐르면서 통증이 어떻게 변화하는지를 기술한다. 네 번째는 현재 통증의 강도를 표시하는 절차이다.

이 외에도 웨스트 헤이븐-예일 다차원적 통증도구(West Haven-Yale Multidimensional Pain Inventory, WHYMPI)가 있다. 이는 예일대학교와 웨스트 헤이븐 재향군인병원 의료팀이 공동으로 개발한 인지행동적 관점의 만성통증 평가검사이다(Kerns, Truk, Holzman, & Rudy, 1986; Kerns, Turk, & Rudy, 1985). 이 검사는 만성통증의 심리사회적인 측면에 초점을 두고 통증으로 인해 얼마나 힘든지, 자신의 통증에 대한 주변인물들의 반응을 어떻게 지각하는지, 그리고 일상적인 활동이 어느 정도 가능한지를 평가하는 세 부분으로 구성되었다. 이 검사는 만성통증 환자들의 주관적인 고통과 통증의 인지행동적 변인들을 포함하고 있으며, 관찰 가능한 통증행동에 초점을 두고 있다. 만성통증 환자의 주된 문제 영역을 가려내고 바람직한 치료 개입을 계획하는 데 필요한 정보를 제공하기 때문에 유용하다(박현수, 원호택

1994). 국내에도 한국통증척도 등 다차원적인 통증 척도가 있다.

임상가와 연구자는 심리적인 요인을 알아보기 위해 통증을 전문적으로 평가하는 척도와 표준화된 심리검사를 통합하여 사용하기도 한다. 가장 많이 사용되는 심리검사는 미네소타 다면성격항목표(Minnesota Multiphasic Personality Inventory, MMPI-2)이다(Arbisi & Butcher, 2004). 이는 통증 자체를 평가하거나 감별 진단하는 개별적 도구로 쓰이기보다는 만성통증 환자들의 성격 특성에 대한 기술적인 정보를 얻거나 바람직한 치료 방향을 설정하는 데 주로 사용된다.

행동평가

개인은 주관적인 통증 경험을 행동반응으로 나타내게 되는데, 이를 통증행동(pain behavior)이라고 부르며, 이 통증행동을 측정하는 방법을 **행동평가**(behavioral assessment)라고 한다. 통증행동에는 회피, 얼굴 찡그리기, 신음, 절뚝거리기, 통증 부위 문지르기, 비활동 등이 포함되며, 진통제를 복용하거나 성생활을 피하고, 일을 하지 않고 집에서 쉬는 것 같은 행동도 포함된다.

임상장면에서 환자의 통증을 체계적으로 관찰할 수 있도록 훈련을 받은 전문가나 주변인물이 통증행동을 평가하게 된다. Wilbert Fordyce(1982)는 환자 주위사람들도 환자의 통증행동을 관찰평가할 수 있는 통증행동 관찰훈련 프로그램을 개발하였다. Fordyce(1976)는 통증행동을 (1) 통증 및 이로 인한 고통에 대한 언어적인 호소, (2) 한숨이나 신음과 같은 비언어적인 표현행동, (3) 신체적인 통증자세, (4) 통증으로 인한 기능적인 제약이나 장애의 네 범주로 구분하였다(박현수, 원호택 1994). 침대에서 보내는 시간, 서 있는 시간과 앉아 있는 시간, 수면 행태, 진통제를 요구하는 횟수 등이 산출된다 .

임상가들이 자주 사용하는 행동평가척도로는 통증행동척도(Pain Behavior Scale), 통증반응 선호도 질문지(Pain Response Preference Questionnaire, PRPQ) 등이 있다.

통증과 관련된 행동의 종류와 시각, 통증의 강도와 당시 사용한 약물의 종류와 양을 기록하는 통증일지(pain diary)도 행동양상의 변화를 관찰하는 데 유용하다.

생리적 측정

생리적 측정은 통증에 동반되는 다양한 생리적 변화를 측정하는 방법이다(Flor, 2001; Turk & Melzack, 2001). 통증 그 자체를 객관적으로 평가할 수 있는 검증된 방법은 아직 없지만 통증이 동반하는 자율신경계통의 반응 및 생리적 지표변화(예 : 심박률, 혈압상승, 맥박, 피부 온도의 변화, 피부전기활동 등)로 간접적으로 평가할 수 있다. 생리적 지표는 유아나 중환자와 같은 자기보고를 하지 못하는 사람들에게 유용하게 사용된다.

근전도 검사(electromyograph, EMG)는 통증을 경험하는 환자의 근육긴장 수준을 측정하는 방법으로, 근육긴장이 높아진 부위에서 통증을 경험하고 있다고 해석한다(그림 6.6 참조). 하지만 실제 이런 자율신경계 각성지표들은 통증을 겪고 있는 사람들과 그렇지 않은 사람들 간의 차이점을 전혀 보여주지 못했고, 통증은 여전한데 지표의 변화가 작아지거나 없어지는 등 시간에 따라 습관화되기도 했다. 또한 스트레스 등의 다른 원인으로도 통증이 일어났을 때와 같은 생리적 지표 변화가 일어나기도 했다(이배환, 손진훈, 1996). 따라서 통증이 자율신경계의 변화를 일으키는 여러 가지 요인 중의 하나로서 작용할 뿐 자율신경계의 변화가 통증의 타당한 측정치라고 볼 수 없고, 이것만으로 통증을 평가하는 데 한계가 있다.

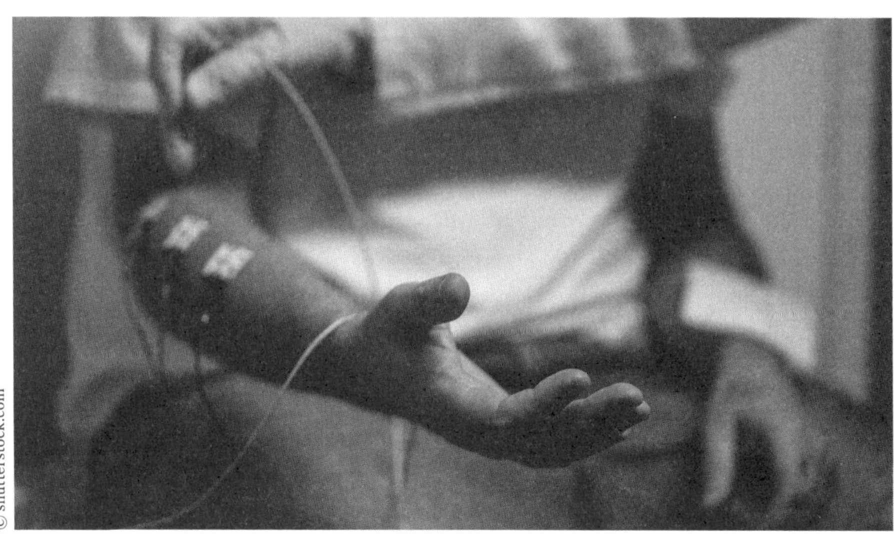

[그림 6.6]
근전도 검사는 통증을 경험하는 환자의 근육긴장 수준을 측정하는 방법이다.

통증은 궁극적으로 뇌가 해석하기 때문에 신경과학의 방법론을 통해 통증을 측정하려는 시도도 있다. 만성통증을 겪는 환자들이 통증 처리와 관련된 부분인 뇌의 회백질(전전두엽과 대상회피질, 섬피질)에서 상당한 활동감소를 보였고(Valet et al., 2009) 이러한 해부학적 표식 반응들을 통해 뚜렷한 조직손상이 보이지 않는 통증장애를 파악할 수 있었다.

또한 뇌영상기법을 통해 통증을 측정하는 경우도 있다. 뇌는 자극이 오면 해당 부위의 신경이 활성화되고 국소적 뇌혈류와 대사가 증가한다. 이런 생리적 변화가 생기는 부위를 뇌영상기법을 통해 측정한다. **뇌자도**(magnetoencephalography, MEG)와 같이 뇌의 전기적인 변화를 측정하는 방식과 **기능성자기공명영상**(functional magnetic resonance imaging, fMRI) 등을 통해 간접적으로 통증을 측정하려는 연구가 진행 중이다(Gracely, 1999). 다만 비용 문제 때문에 일반 임상의나 연구자들이 쓰기에는 한계가 있다.

통증관리

통증관리는 크게 약물치료와 수술, 감각조절 등의 의료적 개입과 바이오피드백, 이완기법, 주의분산, 침술치료, 통증대처, 인지행동치료, 마음챙김 훈련 등을 포함하는 비의료적 개입으로 나뉜다. 통증을 질환의 증상으로만 보던 전통 의학적 모형이 생물심리사회 모형에서 통증을 바라보는 개념으로 바뀌었고, 치료에도 다학제적 접근을 취하고 있다(Gallagher,1999). 최근 여러 통증센터에서도 의사뿐만 아니라 심리전문가, 물리치료사 등 통증과 관련된 다른 여러 분야의 전문가들이 협업하는 추세로 변하고 있다(이경규, 2008). 동시에 비의료적 개입법에 대한 연구가 활발하게 진행되고 있으며, 그 효과성에 대한 증거도 속속 나타나고 있다.

통증의 의료적 개입

약물치료

통증치료에는 통증의 발생 원인을 차단하는 방법과 통증을 억제하는 원리를 활용해서 통증을 멈추게 하는 약물치료 방법이 있다. 오피오이드계 약물은 중추신경계에 내인성 오피오이드 펩타이드처럼 작용하며 비오피오이드 약물은 손상부위의 자극완화 및 소염작용을 한다.

모르핀은 가장 효과적인 오피오이드 진통제 중 하나지만 내성이 너무 빨리 생겨서 같은 효과를 유지하기 위해 처방용량이 기하급수적으로 늘어난다는 단점이 있다. 이러한 단점을 보완하여 사용하는 비오피오이드 진통제인 아스피린, 아세트아미노펜, 이부프로펜 등은 말초신경계에서 진통효과를 내며 통증을 일으키는 신경전달물질인 사이토카인이나 프로스타글란딘 계열 물질을 차단한다. 비스테로이드성 항염증제(nonsteroidal anti-inflammatory durgs, NSAID)는 염증과정을 억제해서 통증을 억제한다.

약물치료는 부작용이 발생할 수 있고 일시적으로만 진통효과를 발휘할 뿐이다. 또한 장기간 복용하는 환자들은 중독에 대한 불안과 두려움을 갖고 있다. 중독에 대한 지나친 걱정으로 인해 환자들이 통증약물을 충분히 복용하고 있지 않으며, 이는 고통, 스트레스, 장애의 악순환으로 이끈다(Chapman & Gavrin, 1999).

수술

외과적인 치료는 통각수용기의 병변을 잘라내어 유해감각이 더 이상 생겨나지 않게 만들거나, 통증이 신경에서 척수로 전달되거나 뇌로 전달되는 경로를 막는 방법이다. 이런 수술이 유용할 때도 있으나 반복적인 수술로 인해 손상이 누적되어 더 심한 고통을 겪는 환자들도 있으며, 신경 시스템의 재생력으로 인해 차단된 통증자극들이 다른 신경통로를 찾아 여전히 통증을 일으키는 일이 발생하기도 한다. 이런 이유로 수술은 통증억제를 위한 최후의 수단으로 사용되고 있다.

감각조절

우리는 아픈 부위를 쓰다듬거나 주무르면 통증이 가벼워진다는 것을 경험으로 알고 있다. 그 경험을 통해 아픈 부위에 어떤 자극을 가한다면 통증이 완화될 것으로 생각한다. 즉, 통증이 없는 신체부위를 약하게 흥분시키거나 자극하여 통증이 있는 신체부위의 통증을 억제하는 **반대자극법**(counterirritation)이 있다. 관문통제이론에서 말하는 통증조절의 원리를 이용한 통증억제방법을 이미 사용하고 있는 것이다. 같은 원리로 임상장면에서는 전기로 통증주위를 자극하는 요법을 쓴다. 이는 아픈 부위의 피부에 직접 전기자극을 주는 **경피적 전기신경자극요법**(transcutaneous electrical neural stimulation, TENS)이다. 신경생리적 통증을 억제하는 경로를 전기로 자극하는 척수 전기자극 요법, 뇌자극요법 등으로 나뉜다. 이 기술들은 통증부위의 신경섬유에 전기적 자극을 심고 환자가 통증을 경험할 때 짧게 전기자극을 전달함으로써 통증을 억제한다. 이 또한 효과가 단기간만 지속되기 때문에 만성통증 환자의 치료 중 보조적인 수단으로 사용되거나 급성통증 환자가 겪는 고통을 일시적으로 완화시키는 데 사용된다.

통증의 비의료적 개입

바이오피드백

바이오피드백(biofeedback)은 bio(생체)와 feedback(제어)이라는 단어의 합성어이며, 1960년대 후반 Neil Miller에 의해 처음 소개되었다. 이는 환자의 신체상태를 알기 쉬운 자극정보로 바꾸어 확인할 수 있게 하는 시스템으로 이 피드백을 이용해서 심박수, 근육긴장, 호흡, 피부온도 혈압, 뇌파와 같은 자율신경계 반응을 스스로 조절하도록 훈련할 수 있다(그림 6.7 참조).

바이오피드백 훈련의 기본 원리는 자신의 몸이 편안하게 이완될 때와 긴장으로 인해 신체상태가 변화되었을 때의 피드백(예 : 숫자)을 비교하여 긴장상태를 이완상태로 바꾸는 연습을 하는 것이다.

체중이 늘었으면 운동을 더 한 후 체중을 재어 피드백을 받듯, 몸이 긴장되었으

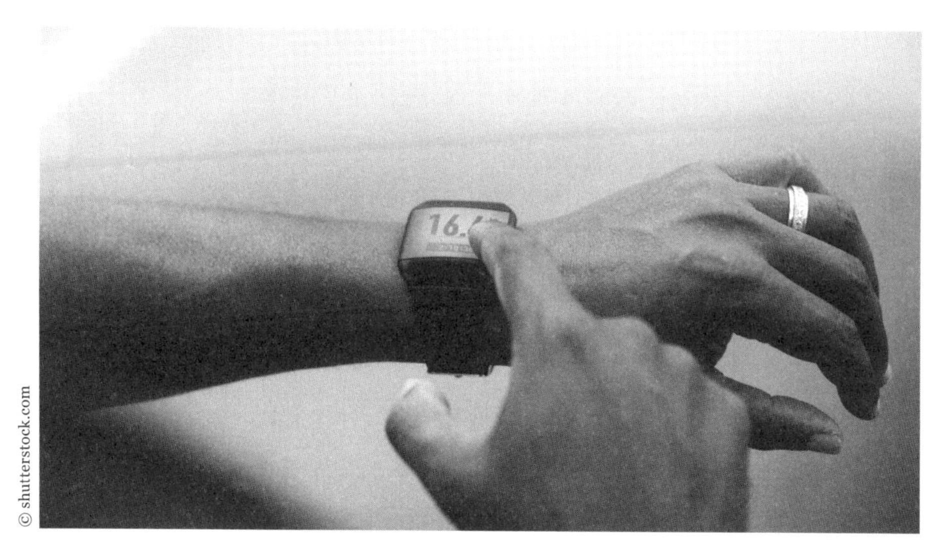

[그림 6.7]
스마트기기를 이용하여 바이오피드백을 받을 수 있다.

면 따뜻한 찜질방에 누운 자신을 상상하며 바이오피드백을 받아본다. 그렇게 해서 스스로 긴장을 조절하는 방법을 배우게 된다.

바이오피드백의 종류는 다양한데 임상에서 주로 쓰이는 것으로는 근전도 바이오피드백, 체온 바이오피드백, 피부전도 바이오피드백, 알파 바이오피드백 등이 있다. 바이오피드백은 두통(Duschek, Schuepbach, Doll, Werner, & Reyes del Paso, 2011; Hermann & Balanchard, 2002), 측두하악골 관절통증(Glaros & Burton, 2004), 골반통증(Clemens et al., 2000), 생리통(김금순 외, 1999)을 포함한 수많은 만성통증증후군에 사용되어 왔다. 이처럼 바이오피드백 연구가 많이 이루어졌지만 효과성의 근거는 충분하지 않다(White & Tursky, 1982). 사람들이 임상장면에서 그들이 받은 훈련을 일상적 상황에 적용하기가 어려우며, 바이오피드백 자체만의 효과라기보다는 위약효과 등이 작용했을 가능성이 제기되었기 때문이다(Gatchel, 1997). 결국 바이오피드백이 효과적인 통증관리기법으로 작용하기 위해서는 위약효과보다 더 높은 효과성을 보여주어야 하며, 비용이 들지 않는 이완훈련 혹은 기타 행동기법보다 더 나은 결과가 나와야 하지만, 지난 15년 동안 이 절차의 특별한 장점을 밝히는 연구가 활발히 이루어지지는 않았다.

이완기법

'이완 반응'이라는 말은 심장의학자인 Herbert Benson 박사가 1970년대에 만든 용어로서 스트레스 반응과 반대되는 신체 반응을 뜻한다. 이완 반응은 자율신경계와 중추신경계의 자극이 감소되고 부교감신경의 반응은 증가하며 근골격계와 심혈관계의 긴장도가 떨어지는 것을 말한다. 이완기법은 근육을 이완시킴으로써 각성상태를 낮추는 방법이다.

이완훈련은 긴장성이나 편두통의 경우 다른 심리사회적 접근보다 우선적으로 시행되는 경우가 많다(Blanchard, 1993). 이 외에도 요통 등의 다른 만성통증에 활용되며 그 효과를 검증받았다(Andersson & McNeill, 1989). 제5장에서도 이완기법에 대해 다루었다.

주의분산

주의분산 기법은 관문통제이론에 근거하여 다른 자극에 환자의 주의를 집중시켜서 통증자극의 지각을 낮추는 방법이다(Dahlquist et al., 2007). 사실 통증으로부터 주의를 분산시키려는 시도는 환자들이 정식치료를 받으러 오기 전에 이미 사용하고 있는 경우가 많다(김미리혜, 2002). 환자들은 통증이 느껴지면 게임, 영화관람 등 취미생활이나 관심사에 몰두한다고 말한다. 전문가들은 환자들이 이미 사용하는 주의분산 기법을 더욱 정교화해주고 주의집중할 대상을 더 탐색하도록 도울 수 있다. 만성통증의 경우 환자들이 주의를 지속적으로 분산하는 것이 어려우므로, 장기적으로 통증의 빈도나 강도를 줄인다든지 기능을 크게 개선시키는 효과를 얻지는 못했다(Robinson et al., 1997).

침술치료

침술치료는 통각수용기가 존재하는 혈관 등이 많이 존재하는 경혈에 침을 놓거나 자극을 주는 방법이다. 침술치료로 말초신경계의 오피오이드 수용체를 자극해서 국소적으로 진통이 일어난다는 연구결과도 보고되었다(Gardea, Gatchel, & Robinson, 2004).

통증 대처

통증 대처란 사람들이 통증을 조절하기 위해 행동, 인지, 정서적인 방법을 동원하는 것을 뜻한다.

통증 환자들이 통증을 다루는 방법은 스트레스 대처와 마찬가지로 인지적 대처와 행동적 대처로 구분된다. 인지적 대처는 주의전환, 통증감각의 재해석, 자기진술, 재앙적 사고의 탈피 등이 속하고 행동적 대처에는 활동 증가 등이 포함된다(Rosenstiel & Keefe, 1983). 또한 자신의 통증을 조절하려고 시도하거나 정상적으로 기능하기 위해 노력하는 적극적인 대처와 다른 사람에게 의존하거나, 기도나 약물을 통해 통증을 이겨내려는 소극적인 대처방법으로도 나눌 수 있다(Brown & Nicassio, 1987).

화상 환자에게 주의를 분산시키는 간단한 인지대처훈련을 받게 한 결과 통증은 줄어들고 통증조절의 만족감은 높아졌다(Haythornthwaite, Lawrence, & Fauerbach, 2001).

인지행동치료

인지행동치료(CBT)(제2장 참조)는 불안, 우울 등 이상행동의 치료에서 사용되는 방법이다. 통증은 환자의 인지적 · 감정적 · 행동적 요인이 상호작용하는 주관적 경험이기 때문에 인지적인 기법과 행동적인 기법을 통합하여 적용하는 인지행동치료가 매우 효과적이다. 인지행동치료의 원리를 몇 가지 살펴보면 왜 인지행동치료가 통증에도 적용될 수 있는지 알 수 있다.

- 사람들은 수동적인 반응자가 아니라 능동적인 정보 산출자, 통합자이다.
- 특정 믿음이나 기대와 같은 인지가 특정 기분을 유발하거나 조절할 수 있고 생리적 과정에 영향을 미치며 환경에 영향을 준다.
- 사람들은 부적응적인 사고, 감정 및 행동을 바꾸는 데에 능동적 주체로 참여할 수 있으며 또 그래야만 한다(Turk & Flor, 2006).

두통(Blanchard & Andrasik, 1985), 요통(Linton, Bradley, Jensen, Spangfor, & Sundell, 1989), 섬유근육통증증후군(Nielson, Walker, & McCain, 1992), 골관절염(Keefe et al., 1990), 류머티스 관절염 등 다양한 통증질환에 적용되는 인지행동치료법이 개발되었다. 지금부터 구체적 인지행동개입들을 몇 가지 살펴보겠다.

통증 교육 만성통증 환자들은 통증에 대해 스스로 적극적으로 대처해보려는 의지가 없이 의료적 처치에 대한 막연한 기대를 안고 통증 클리닉에 오는 경우가 많다. 그런 환자들에게 통증의 속성을 설명하고 인지행동기법들의 이론적 근거를 제시하면 소극적인 태도를 바꾸고 치료동기를 북돋울 수 있다. 통증에 삶을 송두리째 지배당하는 것이 아니라 적극적으로 대처하면 통증이 줄어들고, 사회적 · 인지적 기능을 손상당하지 않으며 생활의 불편을 줄일 수 있다는 긍정적 믿음을 갖게 되기 때문이다. 통증 교육은 설명과 질의응답, 논의와 탐색의 형태로 진행되는 것이 일반적이며 교육받은 내용을 자신의 경우에 적용하는 것이다. 이 단계에서 치료자는 환자가 자신의 생각, 정서, 행동을 관찰하고 이들과 환경 사건, 통증, 정서적 고통과의 관계를 파악하게끔 돕는다.

인지적 개입 인지적 개입의 핵심은 통증에 대한 새로운 개념을 갖게 하는 것이다. 통증의 감각적 측면만 중시하는 개념에서 인지적 · 정서적 · 사회환경적 요소를 모두 포함하는 다차원적 관점으로 통증에 대한 환자의 생각을 바꾸는 것이 중요하다. 통증을 부정적으로만 생각하는 환자는 통증의 불유쾌한 측면에 주의를 집중하게 되고 그 결과 통증을 악화시킨다. 자신의 신체감각을 재앙적으로 해석하면("또 두통이 찾아왔네. 오늘 하루 망쳤군. 할 일이 많은데 자꾸 이러면 해고당하고 말거야. 그럼 노숙자로 살아가겠지.") 통증 경험이 크게 증폭될 수밖에 없다. 실제로 재앙화를 많이 할수록 심한 통증을 보고했고(Geisser, Robinson, & Henson, 1994), 진통제를 많이 사용했으며(Jacobson & Butler, 1996) 생활의 제약이 컸다(Geisser, Robinson, & Henseon, 1994). 통증 환자의 부적응적 사고에 도전하여 통증을 더 이상 재앙이라고 해석하지 않고 관리할 수 있는 것, 대처할 수 있는 것으로 재정의하도록 돕는 인지재구성 과정이 이루어져야 하는 이유이다.

유지 및 재발방지 환자가 인지행동치료의 여러 기술을 배우고 난 후 환자에게 발생할 수 있는 상황적 문제나 어려움을 미리 파악하고, 심리사의 도움으로 습득한 기술을 연습하도록 하는 단계이다. 치료가 종료된 후 어떻게 자신의 통증을 관리할 것인지에 대한 계획을 세우고 자신의 성공적인 시도에 대해 스스로 보상을 주는 방법을 개발하게 하는 등의 자기만의 통증관리법을 찾을 수 있도록 도와준다. 통증은 언제나 재발할 수 있으며, 재발되더라도 여러 가지 대처기법이 있음을 상기시켜주는 것(김미리혜, 2002)이 중요하다.

마음챙김 훈련

최근 마음챙김 명상이 만성통증을 겪는 환자들의 통증을 완화시켜주고, 통증에 따른 부정적인 정서를 줄여주는 효과가 있음이 연구를 통해 입증되었다. 마음챙김 명상은 만성적인 섬유근육통, 골관절염, 류머티스 관절염, 요통 등에서 통증을 줄였으며(Kozasa et al., 2011, Liu et al., 2012; Peng, 2012). 진통제 사용을 줄이고 활동수준을 높였다(Kabat-zinn, Lipworth, & Burney, 1985). Kabat-Zinn은 마음챙김 명상을 통해 통증에 대한 정서적 · 인지적 반응을 변화시키고 통증에 대한 수용을 증진시켜 통증을 감소시킬 수 있다고 주장하였다. 그가 개발한 마음챙김에 근거한 스트레스 감소(Mindfulness-Based Stress Reduction, MBSR) 프로그램은 앉기명상(sitting meditation), 보디스캔(body scan), 하타요가(hata yoga), 걷기명상(walking meditation), 먹기명상, 호흡명상, 자비명상 등으로 구성되어 있다. 8주간 이 프로그램을 경험했던 만성통증 환자들은 통증을 수용함으로써 아픔이 완화되었다고 보고하였다. 이후 마음챙김 명상이 통증과 통증에 따르는 부정적인 정서들을 줄이고, 환자들의 삶의 질을 높인다는 것을 시사하는 연구들이 이어졌다.

이제 통증은 하나의 신체반응으로서 바라보기보다는 다양한 요소가 복합적으로 작용하는 하나의 질환으로 바라보는 관점이 필요한 시점이다. 생리적 상태, 정서상태, 성격, 문화적 요소, 통증에 대한 민감성, 통증행동 등의 복합적인 측면을 고려한 종합적 통증관리 프로그램과 치료법을 개발하고 시행할 필요가 있다.

글상자 6.6

마음이 아플 때 진통제를 드세요! 가능한 얘길까?

우리는 사랑하는 연인과 헤어졌을 때 흔히 '가슴이 찢어진다', '가슴이 쓰리다'고 표현한다. 서양에서도 사랑이 깨졌을 때 'broken heart'라고 표현하곤 한다. 이는 그저 언어적인 비유에 지나지 않는 것일까?

실연당했거나, 사회적으로 배척당한 사람의 뇌와 조직손상으로 통증을 느끼는 사람의 뇌 상태가 유사하다는 것을 보여주는 연구가 여럿 있다. 그중 Smith(2011)의 연구에서는 참가자들에게 연인의 사진을 보면서 이별에 대한 기억을 떠올리라고 지시한 후 뇌 반응을 관찰해보았다. 또 뜨거운 커피를 들고 있을 때 느끼는 손의 통증에 대한 뇌 반응을 기록하여 사진을 봤을 때와 비교했다. 그 결과 육체적인 고통을 겪을 때와 마음의 아픔을 느낄 때 뇌가 활성화되는 영역이 비슷했다.

Smith는 "사랑뿐 아니라 다른 인간관계에서도 거절당하는 것은 일종의 고통"이라며 "이때 느끼는 고통은 육신의 고통이나 다름없다."고 설명했다.

Eisenberger(2012)의 연구에서는 사회적으로 배척당한 피험자 중에서 3주간 타이레놀을 먹은 사람과 그렇지 않은 사람을 비교했을 때 타이레놀을 먹은 사람들의 상실감이 훨씬 덜했다. 신체적 고통을 줄이는 약이 마음의 통증에도 효과가 있었다는 것이다. 이는 물론 마음이 아플 때 진통제를 먹으라는 뜻은 아니다. 진통제를 먹으면, 우선 상실감뿐 아니라 행복감이나 기쁨 등 다른 정서도 둔해질 수 있다. 무엇보다 중요한 것은 인격적으로 성장할 기회를 놓치게 된다. 또한 근사한 시나 그림이 탄생했을 수도 있었는데 진통제가 방해한 것은 아닌지 생각해보라.

참고문헌

건강보험심사평가원(2004). 2004년 건강보험시사통계지표. https://www.hira.or.kr/bbsDummy.do?pgmid=HIRAA020045030000&brdScnBltNo=4&brdBltNo=2326#none

고경봉(2002). 통증장애의 정신과적 평가. 대한통증연구학회지, 12(1), 13-19.

김근면, 장성옥, 이용미(2008). 노인의 통증신념 유형에 따른 통증대처 전략 영향요인. 기본간호학회지, 15(3), 360-370.

김금순, 이소우, 최명애, 이명선(1999). 바이오피드백 훈련을 통한 이완요법이 생리통 및 스트레스 반응에 미치는 영향. 간호학논문집, 13(1), 7-22.

김기석(1989). 뇌. 서울 : 성원사.

김남순(2015). 한국 여성의 우울증과 만성통증에 대한 심층분석. 정책보고서, 53.

김인자(1997). 류마티스 관절염 환자의 적응 예측모형 — Roy와 Lazaru와 Folkman 이론의 명제합성 —. 서울대학교 대학원 박사학위논문.

김미리혜(1996). 두통을 알면 상쾌한 하루가 보인다. 서울 : 퇴설당.

김미리혜(2002). 통증다루기의 실제. 인지행동치료, 2(1), 69-80.

김청송(1997). 통증 심리학 — 통증이란 무엇인가. 서울 : 중앙적성출판사.

남언정(2007). 만성 통증을 호소하는 환자의 치료와 접근방법. 대한내과학회지, 73(2), 794-805.

대한두통학회(2009). 두통학(2nd ed.). 서울 : 군자출판사

대한마취통증의학회, 대한마취과학회(2014). 마취통증의학(3rd ed.). 서울 : 여문각.

대한통증학회(2012). 통증의학(4rd ed.). 서울 : 신원의학서적

박용범(2009). 류마티스 관절염 진단과 치료의 최신지견: 류마티스 관절염의 치료 동향과 지침. Korean Journal of Medicine (구 대한내과학회지), 76(1), 18-24.

박현순, 원호택(1994). 임상통증의 측정에 관한 연구개관. 심리과학, 3, 1-22.

박휴정(2013). 노인의 흔한 문제, 만성통증의 관리. 추계학술대회 발표논문집(대한내과학회), 2, 206-207.

유호종(2014). 환자 고통의 의미와 의사의 바람직한 대응 및 태도. 인간 · 환경 · 미래, 13, 61-93.

이경규(2008) 만성 통증 환자에서의 정신약물학적 치료. 대한정신약물학회지, 19(2).

이베환, 손신훈(1996). 실험 및 임상 장면에서의 동통 측정법에 관한 고찰. 한국심리학회지, 15(1), 163-88.

이양균(2002). 통증의 정의와 분류. 대한임상통증학회지, 1(1), 1-3.

이혜승, 정진상, 송희정, 박혜선(2000). 한국인 편두통 환자에서 MIDAS(migraine Disability Assessment)설문조사의 신뢰도 및 타당성. 대한신경과학회지, 18, 281-291.

임성우(2003). 만성통증 환자의 건강관련 삶의 질에 관한 연구. 석사학위논문, 인제대학교, 경남.

전명화(2004). 만성요통환자의 통증대처방식과 우울과의 관계. 석사학위논문, 서울여자대학교, 서울.

정연승(2004). 건강통제소재와 통증 수용, 통증대처가 통증환자의 적응에 미치는 영향. 석사학위논문, 가톨릭대학교, 서울.

정진상, 유범희(2004). 두통의 진단과 치료, 두통 바이오피드백 치료. 조선일보사. 삼성서울병원.

질병관리본부(2015). 국내 장노년층 만성통증의 현황과 과제. 주간 건강과 질병, 8(31), 728-734.

통계청(2015). 고령자 통계. http://kostat.go.kr/portal/korea/kor_nw/2/1/index.board?bmode=read&aSeq=348565

한국보건사회연구원, 고숙자, 정영호, 여지영, 김은주. (2013). 건강정책개발 및 평가를 위한 건강성과 지표 산출에 관한 연구. 정책보고서, 67.

Ajay D, Wasan et al.(2005). Dealing with Difficult Patients in Your Pain Practice, *Regional Anesthesia and Pain Medicine*, *30*, 184-188.

Akil, H., Madden, J., Patrick, R. L., Barchas, J. D.(1976). Stress-induced increase in endogenous opiate peptides: Concurrent analgesia and its partial reversal by naloxone. In Opiates and Endogenous Opioid Peptides, H. W. Kosterlitz, ed, 63-70, Elsevier, Amsterdam.

Akil, H., Mayer, D. J., & Liebeskind, J. C.(1972). Comparison chez le rat entre l'analgesie induite par stimulation de la substance grise peri-aqueducale et l'analgesie morphinique. *C. R. Acad. Sci.* (*D*) (*Paris*) 274, 3603-3605.

Akil, H., Mayer, D. J., & Liebeskind, J. C.(1976b). Antagonism of stimulation-produced analgesia by naloxone, a narcotic antagonist. *Science*, *191*, 961-962.

Andersson, G. B., & McNeill, T. W.(1989). *Lumbar spine syndromes: evaluation and treatment*. New York: Spinger-Verlag.

Anne Werner., & Malterude, K.(2003). It's Hard work Behaving as a credible Patient: Encounters Between Women with Chronic pain and Their doctors. *Social Science & Medicine*, *57*, 1409-19.

Arbisi, P. A., & Butcher, J. N.(2004). Relationship between personality and health symptoms: Use of the MMPI-2 in medical assessments. *International Journal of Clinical and Health Psychology*, *4*(3).

Bair, M. J., Wu, J., Damush, T. M., Sutherland, J. M., & Kroenke, K. (2008). Association of depression and anxiety alone and in combination with chronic musculoskeletal pain in primary care patients. *Psychosomatic Medicine*, *70*(8), 890.

Benson, H., Martha, M., & Greenwood.(1975). "The relaxation response-Psychophysiologic aspects and clinical application". *International Psychiatry in Medicine*, *6*(1), 87-97.

Blanchard, E. B., Greene, B., Scharff, L., & Schwarz-McMorris, S. P. (1993). Relaxation training as a treatment for irritable bowel syndrome. *Biofeedback and Self-regulation*, *18*(3), 125-132.

Blanchard, E. B., & Andrasik, F.(1985). *Management of chronic headaches: A psychological approach. Elmsford*, NY, US: Pergamon Press.

Bonica, J. J., & Mcdonald, J. S.(1990). The pain of childbirth. *The management of pain*, *2*, 1313-1343.

Brown, G. K., & Nicassio, P. M.(1987). Development of a questionnaire for the assessment of active and passive coping strategies in chronic pain patients. *PAIN®*, *31*(1), 53-64.

Burckhardt, C. S., & Jones, K. D.(2003). Adult measures of pain: the McGill Pain Questionnaire (MPQ), Rheumatoid Arthritis Pain Scale (RAPS), Short-Form McGill Pain Questionnaire (SF-MPQ), Verbal Descriptive Scale (VDS), Visual Analog Scale (VAS), and West Haven-Yale Multidisciplinary Pain Inventory (WHYMPI). *Arthritis Care & Research*, *49*(S5).

Butler, A. C., Chapman, J. E., Forman, E. M., & Beck, A. T.(2006). The empirical status of cognitive-behavioral therapy: a review of meta-analyses. *Clinical psychology Review*, *26*(1), 17-31.

Butler, R. K., &, Finn, D. P.(2009). Stress-induced analgesia. Progress in Neurobiology, 88, 184-202.

Mason, P., & Butler, C. C.(2010). *Health Behavior Change E-Book*. Elsevier Health Sciences.

Burns, J. W., Quartana, P. J., & Bruehl, S.(2008). Anger inhibition and pain: conceptualizations, evidence and new directions. *Journal of Behavioral Medicine*, *31*(3), 259-279.

Chang, H. K., Herr, K. A., Sohn, J. N., Cha, B. K., & Yom, Y. H.(2007). Prediction of pain outcomes in Korean older adults: Use of a structural equation model. *Pain Medicine*, *8*(1), 75-83.

Chang, S. O., Park, Y. J., & Youn, J. W.(2003). Study on relations of variables: Attributions of somatic symptoms, fatigue, chronic pain and depression in the elderly. *Journal of Korean Academy of Nursing*, *33*(1), 26-33.

Chronic pain and consciousness: A constructivist perspective. Citation. Chapman, C. R., Nakamura, Y., & Flores, L. Y.(1999). Chronic pain and consciousness: A constructivist perspective. In R. J. Gatchel & D. C. Turk (Eds.), *Psychosocial factors in pain: Critical perspectives* (pp. 35-55). New York: Guilford Press.

Chapman, C. R., & Gavrin, J.(1999). Suffering: the contributions of persistent pain. *The Lancet*, *353*(9171), 2233-2237.

Clemens, J. Q., Nadler, R. B., Schaeffer, A. J., Belani, J., Albaugh, J., & Bushman, W.(2000). Biofeedback, pelvic floor re-education, and bladder training for male chronic pelvic pain syndrome.

Urology, *56*(6), 951-955.

Cohen, E., Botti, M., Hanna, B., Leach, S., Boyd, S., & Robbins, J.(2008). Pain beliefs and pain management of oncology patients. *Cancer Nursing*, *31*(2), E1-E8.

Covington, E. C.(2000). The biological basis of pain. *International Review of Psychiatry*, *12*, 128-147.

Cuello, A. C., & Matthews, M. R.(1983). *Peptide in peripheral sensory nerve fibers*. In P. D. Wall & R. Melzack (EDS.), Textbook of Pain (1st ed.) (p. 65). Edinburgh: Churchill Livingstone.

Danziger, N., & Willer, J. C.(2005). Tension-type headache as the unique pain experience of patient with congentital insensitivity to pain. *Pain*, *117*, 478-483

Dennis, S. G., & Melzack, R.(1978). Forelimb-chewing behaviour in rhizotomized rats: factors that contribute to its onset and latency. *Pain Abstracts*, *1*, 56.

Duschek, S., Schuepbach, D., Doll, A., Werner, N. S., & Reyes del Paso, G. A.(2011). Self-regulation of cerebral blood flow by means of transcranial doppler sonography biofeedback. *Annals of Behavioral Medicine*, *41*(2), 235-242.

Edwards RR, Bingham CO 3rd, Bathon J, Haythornthwaite JA.(2006). Catastrophizing and pain in arthritis, fibromyalgia, and other rheumatic diseases. *Arthritis Rheum*, *55*, 325-32.

Eisenberger, N. I., & Cole, S. W.(2012). Social neuroscience and health: neurophysiological mechanisms linking social ties with physical health. *Nature Neuroscience*, *15*(5), 669.

Ersek, M., Turner, J. A., McCurry, S. M., Gibbons, L., & Kraybill, B. M.(2003). Efficacy of a self-management group intervention for elderly persons with chronic pain. *The Clinical Journal of Pain*, *19*(3), 156-167.

Estlander, A. M., Knaster, P., Karlsson, H., Kaprio, J., & Kalso, E.(2008). Pain intensity influences the relationship between anger management style and depression. *Pain*, *140*(2), 387-392.

Farquhar-Smith, W. P.(2008). Anatomy, physiology and pharmacology of pain. *Anaesthesia & Intensive care Medicine*, *9*(1), 3-7.

Felson D. T., & Zhang, Y.(1998). An update on the epidemiology of knee and hip osteoarthritis with a view to prevention. *Arthritis Rheum*, *41*(8), 1343-55.

Felson, D. T., Zhang, Y., Anthony, J. M., Naimark, A., & Anderson, J. J.(1992). Weight loss reduces the risk for symptomatic knee osteoarthritis in women: the Framingham Study. *Annals of Internal Medicine*, *116*(7), 535-539.

Feuerstein, M., & Beattie, P.(1995). Biobehavioral factors affecting pain and disability in low back pain:

mechanisms and assessment. *Physical Therapy*, *75*(4), 267-280.

Fields, H. L., & Basbaum, A. I.(1994). *Central nervous system mechanisms of pain modulation*. In: Textbook of pain (Wall PD, Melzack R, eds), pp 243-257. Edinburgh: Churchill Livingstone.

Fishbain, D.A. et al.,(1997). Chronic Pain Associated Depression: Antecedentor Consequence of Chronic Pain? A Review, *Clinical Journal of Pain*, *13*, 116-37.

Fordyce, W. E.(1982). A behavioural perspective on chronic pain. *British Journal of Clinical Psychology*, *21*(4), 313-320.

Fordyce, W. E.(1976). *Behavioral methods for chronic pain and illness*. CV Mosby.

French, G. M., Painter, E. C., & Coury, D. L.(1994). Blowing away shot pain: a technique for pain management during immunization. *Pediatrics*, *93*(3), 384-388.

Gardea, M. A., Gatchel, R. J., & Robinson, R. C.(2004). Complementary health care. In T. J. Boll. Frank, A. Maum, & J, L. J. Wallander (Eds.), *Handbook of clinical health psychology*, *Volume 3: Models and Perspectives in Healthcare Psychology*. Washington, DC: American Psychological Association, pp. 341-375

Gallagher, R. M.(1999). Treatment planning in pain medicine: integrating medical, physical and behavioral therapies. *Medical Clinics of North America*, *83*, 823-849.

Gatchel, R. J., Peng, Y. B., Peters, M. L., Fuchs, P. N., & Turk, D. C.(2007). The biopsychosocial approach to chronic pain: scientific advances and future directions. *Psychological Bulletin*, *133*(4), 581.

Gatchel, R. J.(1997). Biofeedback. In A. Baum, S. Newman, J. Weinman, R. West, & C, McManus (Eds.), *Cambridge handbook of psychology*, *health*, *and medicine*. Cambridge: Cambridge Iniversity Press, PP. 197-199.

Gracely, R. H.(1999). Pain measurement. *Acta anaesthesiologica scandinavica*, *43*(9), 897-908.

Giesecke, T., Gracely, R. H., Williams, D. A., Geisser, M. E., Petzke, F. W., & Clauw, D. J.(2005). The relationship between depression, clinical pain, and experimental pain in a chronic pain cohort. *Arthritis & Rheumatology*, *52*(5), 1577-1584.

Gracely, R. H., Geisser, M. E., Giesecke, T., Grant, M. A., Petzke, F., Williams, D. A., & Clauw, D. J.(2004). Pain catastrophizing and neural responses to pain among persons with fibromyalgia. *Brain*, *127*, 835-43.

Geisser, M. E., Robinson, M. E., & Henson, C. D.(1994). The Coping Strategies Questionnaire and chronic pain adjustment: A conceptual and empirical reanalysis. *The Clinical Journal of Pain*. *10*(2), 98-106.

Glaros, A. G., & Burton, E.(2004). Parafunctional clenching, pain, and effort in temporomandibular disorders. *Journal of Behavioral Medicine*, *27*(1), 91-100.

Ha, S. W., & Suh, Y. O.(2008). Use of the complementary and alternative therapies, pain and quality of life in patients with chronic back pain. *Korean Journal of Rehabilitation Nursing*, *11*(1), 5-12.

Hanvik, L. J.(1951). MMPI profiles in patients with low-back pain. *Journal of Consulting Psychology*, *15*(4), 350.

Hassett, A. L., Cone, J. D., Patella, S. J., & Sigal, L. H.(2000). The role of catastrophizing in the pain and depression of women with fibromyalgia syndrome. *Arthritis & Rheumatology*, *43*(11), 2493-2500.

Hayes, M., Hutchings, J., & Hayes, P.(2000). Reducing unintended pregnancy by increasing access to emergency contraceptive pills. *Maternal and Child Health Journal*, *4*(3), 203-208.

Haythornthwaite, J. A., Lawrence, J. W., & Fauerbach, J. A.(2001). Brief cognitive interventions for burn pain. *Annals of Behavioral Medicine*, *23*(1), 42-49.

Hofmann, S. G., & Smits, J. A.(2008). Cognitive-behavioral therapy for adult anxiety disorders: a meta-analysis of randomized placebo-controlled trials. *The Journal of Clinical Psychiatry*, *69*(4), 621.

Hun, H. J., & Park, J. Y.(2009). Estimated number of Korean adults with back pain and population-based associated factors of back pain: data from the fourth Korea National Health and Nutrition Examination Survey. *Journal of Korean Neurosurgical Society*, *46*(5), 443-450.

Jacobsen, P. B., & Butler, R. W.(1996). Relation of cognitive coping and catastrophizing to acute pain and analgesic use following breast cancer surgery. *Journal of Behavioral Medicine*, *19*(1), 17-29.

Kabat-Zinn, J., Lipworth, L., & Burney, R.(1985). The clinical use of mindfulness meditation for the self-regulation of chronic pain. *Journal of Behavioral Medicine*, *8*(2), 163-190.

Kazunori, I.(2014). 정경숙(역), 통증의 원인 및 진단과 치료(원서출판 2011). 서울 : 한솔의학.

Keefe, F. J., Caldwell, D. S., Williams, D. A., Gil, K. M. Mitchell, E., Robertson, C., Martinez, S, Nunley, J., Beckham, J. C., Crisson, J. E., & Helms, M.(1990). Pain coping skills training in the management of osteoarthritic knee pain: A comparative study. *Behavior Therapy*, *21*, 49-62.

Keefe, F. J., Smith, S. J., Buffington, A. L., Gibson, J., Studts, J. L., & Caldwell, D. S.(2002). Recent advances and future directions in the biopsychosocial assessment and treatment of arthritis. *Journal of Consulting and Clinical Psychology*, *70*(3), 640.

Kerns, R. D., Turk, D. C., & Rudy, T. E.(1985). The west haven-yale multidimensional pain inventory (WHYMPI). *Pain*, *23*(4), 345-356.

Kozasa, E. H., Tanaka, L. H., Monson, C., Little, S., Leao, F. C., & Peres, M. P.(2012). The effects of meditation-based interventions on the treatment of fibromyalgia. *Current pain and Headache Reports*, *16*(5), 383-387.

Kroeber, A. L.(1948). *Anthropology: Race, language, culture, psychology, prehistory* (Vol. 1). Harcourt, Brace.

Kross, E., Berman, M. G., Mischel, W., Smith, E. E., & Wager, T. D.(2011). Social rejection shares somatosensory representations with physical pain. *Proceedings of the National Academy of Sciences*, *108*(15), 6270-6275.

Lawrence, R. C., Helmick, C. G., Arnett, F. C., Deyo, R. A., Felson, D. T., Giannini, E. H., Heyse, S. P., Hirsch, R., Hochberg, M. C., Hunder, G. G., Liang, M. H., Pillemer, S. R., Steen, V. D., & Wolfe, F.(1998). Estimates of the prevalence of arthritis and selected musculoskeletal disorders in the United States. *Arthritis & Rheumatology*, *41*(5), 778-799.

Lee, H. K., Shin, E. H., & Hwang, S. M.(2014). Influencing factors on the stages of change of exercise in patients with low back pain. *Korean Journal of Rehabilitation Nursing*, *17*(2), 72-80.

Lee, Y. I.(2005). Factor associated with chronic pain in senior citizens residing in a certain district. Unpublished master's thesis, Seoul National University, Seoul.

Lee, D. M, & Weinblatt, M. E.(2001) Rheumatoid arthritis. *Lancet*, *358*, 903-911.

Leigh H, & Reiser, M. F.(1985). The patient: biological, psychological and social dimensions of medical practice (2nd ed.). New York, *Plenum Medical Book*, 209-40.

Leeuw, M., Goossens, M. E., Linton, S. J., Crombez, G., Boersma, K., & Vlaeyen, J. W.(2007). The fear-avoidance model of musculoskeletal pain: current state of scientific evidence. *Journal of Behavioral Medicine*, *30*(1), 77-94.

Lewis, J. W., Terman, G. W., Shavit, Y., Nelson, L. R., & Liebeskind, J. C.(1984). Opioid peptides mediate the suppressive effect of stress on natural killer cell cytotoxicity. *Science*, *223*(4632), 188-190.

Linet, M. S., Celentano, D. D., & Stewart, W. F.(1991). Headache characteristics associated with physician consultation: a population-based survey. *American Journal of Preventive Medicine*. *7*, 40-6.

Linton, S. J., Bradley, L. A., Jensen, I., Spangfort, E., & Sundell, L.(1989). The secondary prevention of low back pain: A controlled study with follow-up. *Pain*, *36*, 197-207.

Liu, W., Zahner, L., Cornell, M., Le, T., Ratner, J., Wang, Y., Pasnnor, M., Dimachkie, M., & Barohn, R.(2012). Benefit of Qigong exercise in patients with fibromyalgia: a pilot study. *International Journal of*

Neuroscience, 122(11), 657-664.

Nilakantan, Younger, Aron, & Mackey.(2014). Preoccupation in an Early-Romantic Relationship Predicts Experimental Pain Relief. *Pain Medicine*, *15*(6), 947-953

Menken, M., Munsat, T. L., & Toole, J. F.(2000). The global burden of disease study: implications for neurology. *Archives of Neurology*, *57*(3), 418-420.

Merksey, H., & Bogduk, N.(1994). Classification of chronic pain. *Descriptions of Chronic Pain Syndromes and Definitions of Pain Term*, 59-71.

Merskey, H.(2008). *History and Definition of Pain, in Chronic Pain: A Health Policy Perspective* (eds S. Rashiq, D. Schopflocher, P. Taenzer and E. Jonsson), Wiley-VCH Verlag GmbH & Co. KGaA, Weinheim, Germany.

Melzack, R., & Dennis, S. G.(1978). *Neurological foundations of pain*. In R.A. Sternbach (Ed.), The psychology of pain. New York: Raven Press.

Melzack, R.(1999). From the gate to the neuromatrix. *Pain*, *82*, 121-126.

Melzack, R.(1993). Pain: Past, present and future. *Canadian Journal of Experimental Psychology*, *47*, 615-629.

Melzack, R.(1975). The McGill Pain Questionnaire: major properties and scoring methods. *Pain*, *1*(3), 277-299.

Melzack, R.(1973). *The Puzzle of Pain*. New York: Basic Books.

Melzack, R., & Torgerson, W. S.(1971). On the language of pain. *Anesthesiology*, *34*(1), 50-59.

Melzack, R., & Wall, P. D.(1965). Pain Mechanisms: A new Theory. *Science*, *150*(3699), 971-9793.

Melzack, R., & Wall, P. D.(1982). *The Challenge of Pain*. New York: Basic Books

Melzack, R., & Wall, P. D.(1988). *The Challenge of Pain*, Penguin Books, Harmondsworth.

Miller, N. E.(1978). Biofeedback and visceral learning. *Annual Review of Psychology*, *29*(1), 373-404.

Ministry of Health and Welfare.(2015). Health/Disease Search. Retrieved November 15, 2016, from http://health.mw.go.kr/HealthInfoArea/HealthInfo/%20View.do?idx=2350

Nielson, W., Walker., C., & McCain, G. A.(1992). Cognitive behavioral reatment of fibromyalhia syndrome: Preliminary findings. *Journal of Rheumatology*, *19*, 98-103.

Okifuji, A., Turk, D. C., & Curran, S. L.(1999). Anger in chronic pain: investigations of anger targets and intensity. *Journal of Psychosomatic Research*, *47*(1), 1-12.

OLESEN, J., & STEINER, T.(2004). The international classification of headache disorders, 2nd edn (ICDH-

II). *Journal of Neurology, Neurosurgery and Psychiatry*, *75*(6), 808-811.

Park, G.(1996). Relationship among the degrees of pain coping strategies, pain and depression of patients with rheumatoid arthritis (Unpublished master's dissertation). Chongnam National University, Daejeon.

Park, H. S., Kang, Y. S., & Park, K. Y.(2006). A study on health perception and health promoting behavior in chronic back pain patients. *Journal of Korean Academy of Nursing*, *36*(3), 439-448.

Pascual, J., Combarros, O., Leno, C., Polo, J. M., Rebollo, M., & Berciano, J.(1995). Distribution of headache by diagnosis as the reason for neurologic consultation. *Medicina Clinica*, *104*(5), 161-164.

Peng, P. W.(2012). Tai chi and chronic pain. *Regional Anesthesia and Pain Medicine*, *37*(4), 372-382.

Pert, C. B., & Snyder, S. H.(1973). Opiate receptor: demonstration in nervous tissue. *Science*, *179*(77), 1011-1014.

Piotrowski, C.(1998). Assessment of pain: A survey of practicing clinicians. *Perceptual and Motor Skills*, *86*(1), 181-182.

Quartana, P. J., Bounds, S., Yoon, K. L., Goodin, B. R., & Burns, J. W.(2010). Anger suppression predicts pain, emotional, and cardiovascular responses to the cold pressor. *Annals of Behavioral Medicine*, *39*(3), 211-221.

Rasmussen, B. K., Jensen, R., & Olesen, J.(1992). Impact of headache on sickness absence and utilization of medical services; a Danish population study. *J Epidemiol Community Health*, *46*, 443-446.

Reynolds, D. V.(1969). Surgery in the rat during electrical analgesia induced by focal brain stimulation. *Science*, *164*(3878), 444-445.

Robinson, M. E., Riley, J. L., Myers, C. D. Sadler, I. J., Kvaal, S. A., Geisser, M. E., & Keefe, F. J.(1997). The coping Strategies Questionnaire: A large sample, item level factor analysis. *Clinical Journal of Pain*, *13*, 43-49.

Rosenstiel, A. K., & Keefe, F. J.(1983), The use of coping strategies in chronic low back pain patients: Relationship to patient characteristics and current adjustment. *Pain*, *17*, 33-44.

Schwartz, B. S., Stewart, W. F., Simon, D., & Lipton, R. B.(1998), Epidemiology of tension type headache. *JAMA*, *279*, 381-383.

Scrimshaw. S. M., Engle, P. L., & Zambrana, R. E.(1983) *Prenatal Anxiety and Birth Outcome in US Latinas: Implications for psychosocial interventions*. Paper presented at the annual meeting of the American Psychological Association, Anaheilm, CA.

Skevington, S. M.(1995). *Psychology of pain*. John Wiley & Sons.

Slade, P. D., Troup, J.D., Lethem, J., & Bentle, G.(1983). The fear-avoidance model of exaggerated pain perception-II: Preliminary studies of coping strategies for pain. *Behavioral Research and Therapy*, *21*, 409-416.

Snyder, S. H.(1977). Opiate receptor and international opiates. *Science*, *236*, 44-67.

Stewart, W. F., Lipton, R. B., Celentano, D. D., & Reed, M. L.(1992). Prevalence of migraine headache in the United States: relation to age, income, race, and other sociodemographic factors. *JAMA*, *267*(1), 64-69.

Strigo, I. A., Duncan, G. H., Boivin, M., & Bushnell, M. C.(2003). Differentiation of visceral and cutaneous pain in the human brain. *Journal of Neurophysiology*, *89*(6), 3294-3303.

Tatrow, K., Blanchard, E. B., & Kim, M.(2003). Menstrual cycle effects on headache activity of tension -type headache: Preliminary Data. Headache & Pain: *Diagnostic Challenges*, *Current Therapy*, *14*(2), 76-80.

Thernstrom, M.(2011). 노승역(역), 통증연대기(원서출판 2010). 서울 : 에이도스.

Turk, D. C.(2001). *Physiological and psychological bases of pain*. In A. Baum, T. A. Revenson, & J. E. Singer (Eds.), Handbook of health psychology (pp. 117-131). Mahwah, NJ: Erlbaum.

Turk, D.C. & Melzack, R.(2001) *The measurement of pain and the assessment of people experiencing pain. In: Handbook of pain assessment*, 2nd edition. The Guilford Press, New York.

Turk, D. C. & Flor, H.(1999). Chronic pain: a biobehavioral perspective : in Turk, D. C., & Gatchel, R. J. (Eds). *Psychological factors in pain: clinical perspectives* (18-34). New York : Guilford Press.

Turk, D. C. & Rudy, T. E.(1988). Toward an empirically derived taxonomy of chronic pain patient: Integration of psychological assessment data. *Journal of Consulting and Clinical Psychology*, *56*, 233-238.

Valet, M., Gundel, H., Sprenger, T., Sorg, C., Muhlau, M., Zimmer, C., Henningsen, P., & Tolle, T. R.(2009). Patients with pain disorder show gray-matter loss in pain-processing structures: a voxe-based morphometric study. *Psychosomatic Medicine*, *71*(1), 49-56.

Villemure, C., & Bushnell, M. C.(2009). Mood influences supraspinal pain processing separately from attention. *Journal of Neuroscience*, *29*(3), 705-715.

Von Korff, M., & Miglioretti, D. L.(2005). A prognostic approach to defining chronic pain. *Pain*, *117*(3), 304-313.

Wall, P. D.(1983). Introduction. In P.D. Wall & Melzack (Eds.), *Textbook of Pain* (1st ed.). Edinburgh: Churchill Livingstone.

Wall, P. D.(1982). Sensory afferent impulses originate from dorsal root ganglia as well as from the periphery in normal and nerve injured rats. *Pain*, *17*, 321-339.

Wall, P. D.(2000). *Pain: The science of suffering*. New York: Columbia University Press.

Watkins, L. R., & Maier, L. R.(2003). Glia: a novel drug discovery target for clinical pain. *Nature Reviews Drug Discovery*, *2*(12), 973-985.

Watkins, L. R., & Maier, L. R.(2005). Stressor controllability and learned helplessness: the roles of the dorsal raphe nucleus, serotonin, and corticotropin-releasing factor. *Neuroscience & Biobehavioral Reviews*, *29*(4), 829-841.

Watkins, L. R., Milligan, E. D., & Maier, S. F.(2001). Glial activation: a driving force for pathological pain. *Trends in Neurosciences*, *24*(8), 450-455.

White, L., & Tursky, B. (Eds.).(1982). *Clinical Biofeedback: Efficacy and Mechanisms: Invitational Research Symposium*. Guilford.

WHO.(2009). World Health Statistics.

Wong, S. Y. S., Chan, F. W. K., Wong, R. L. P., Chu, M. C., Lam, Y. Y. K., Mercer, S. W., & Ma, S. H.(2011). Comparing the effectiveness of mindfulness-based stress reduction and multidisciplinary intervention programs for chronic pain: a randomized comparative trial. *The Clinical Journal of Pain*, *27*(8), 724-734.

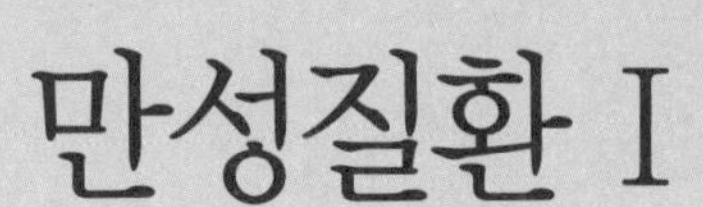

01_ 만성질환의 개념과 공통된 특성을 이해한다.

02_ 대표적인 만성질환인 암, 치매와 알츠하이머, 만성 하기도질환의 원인 및 치료에 대해 알아본다.

03_ 만성질환의 영향과 관리법에 대해 배운다.

만성질환이란 사람 간 전파되지 않는 비감염성 질환 혹은 기능장애로서, 보통 6개월 혹은 1년 이상의 장기간 치료를 필요로 하는 경우를 말한다. 이 질환군에 속하는 대부분의 질환은 감염성 병원체가 알려진 결핵, 백혈병 등 몇몇 질환을 제외하면 그 원인이 명확하게 밝혀진 경우가 드물다. 흡연, 운동부족, 나쁜 식습관, 지속적인 스트레스와 같은 생활습관, 발암물질 같은 환경적인 원인, 유전 및 생리적 기전의 변화 등이 복합적으로 얽혀 있기 때문이다. 세계보건기구는 여러 만성질환 중 전 세계적으로 질병 부담*이 가장 높은 4개 질환(심혈관계 질환, 당뇨병, 만성 호흡기질환, 암)을 주요 만성질환으로 지정했다. 만성질환의 생리적 기제는 서로 다르지만 개인에게 미치는 심리적인 영향, 행동관리 측면, 가족 및 사회적 지지의 필요성에서 많은 부분을 공유한다. 건강심리학자들은 만성질환자의 이러한 생활습관 및 질환에 따르는 정서관리의 필요성을 강조해 왔다. 여기에는 환경관리 및 만성질환자가 처방된 치료법을 잘 따르고 건강보호 제공자와의 관계를 지속시키도록 돕는 개입 등이 포함된다.

* 실제 건강 수준과 이상적인 건강 수준 간의 차이, 즉 질병의 심각성을 의미한다. WHO에서는 장애보정손실년수(Disability-Adjusted Life Year, DALY)로 질병부담을 산출하며, DALY는 특정질환으로 인한 장애로 손실된 시간과 사망으로 인해 손실된 시간을 합친 햇수이다.

“ 내가 곧 죽는다는 것을 의식하는 것은 삶의 큰 선택을 하는 데 도움이 되었다. ”

– 스티브 잡스(췌장암 판정 후)

암

암(cancer)이란 비정상적 세포의 걷잡을 수 없는 증식과 전이라는 특징을 갖는 100가지가 넘는 질환을 포괄적으로 지칭하는 말이다. 우리 몸은 수많은 세포로 구성되어 있다. 정상적인 세포는 세포 내 조절기능에 의해 분열 · 성장하고 자연스럽게 죽음을 맞이함으로써 전체 세포 수의 균형을 유지한다. 그러나 세포의 성장과 재생산을 조절하는 DNA에 어떤 변화가 일어나 죽은 세포보다 더 많은 수의 세포가 만들어지는 경우가 있다. 이렇게 생긴 불필요한 여분의 세포는 정상적으로 자리를 잡지 못하고 혹처럼 자리 잡는데, 이것을 **종양**(tumor)이라고 부른다(그림 7.1 참조). 종양은 그리스어 *neoplasia*(new+growth)에서 비롯되었다. 이는 '새로 발육한 것'이라는 뜻으로 신생물질, 즉 종양은 새롭게 생겨나 비정상적으로 성장하는 세포 덩어리라고 할 수 있다.

하지만 몸에 종양이 생겼다고 해서 모두 암이라고 하지는 않는다. 종양에는 **양성종양**(benign tumor)과 **악성종양**(malignant tumor) 두 가지 종류가 있는데, 이 중 악

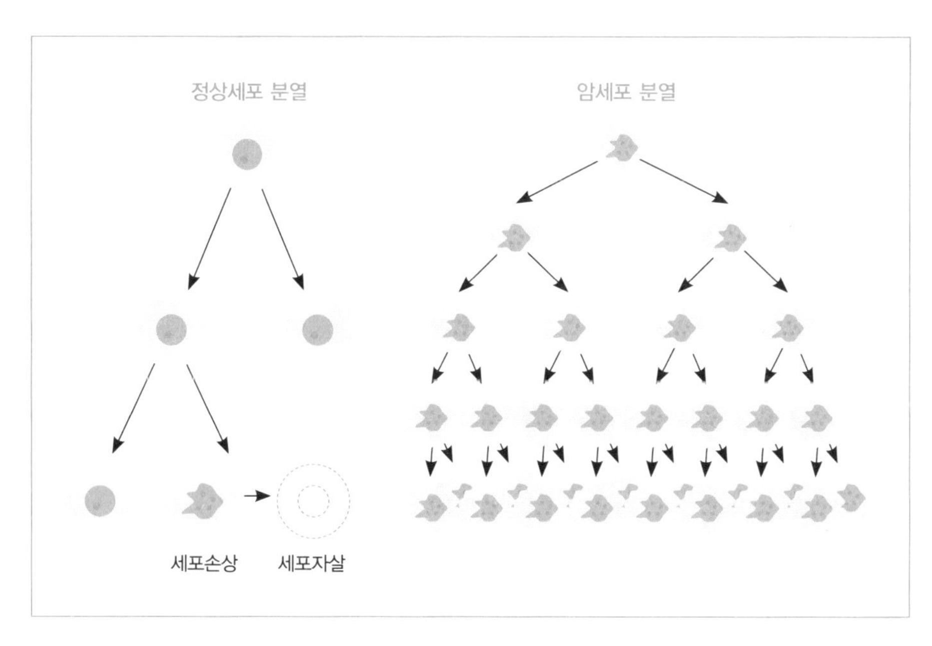

[그림 7.1]
정상세포와 종양세포의 분화

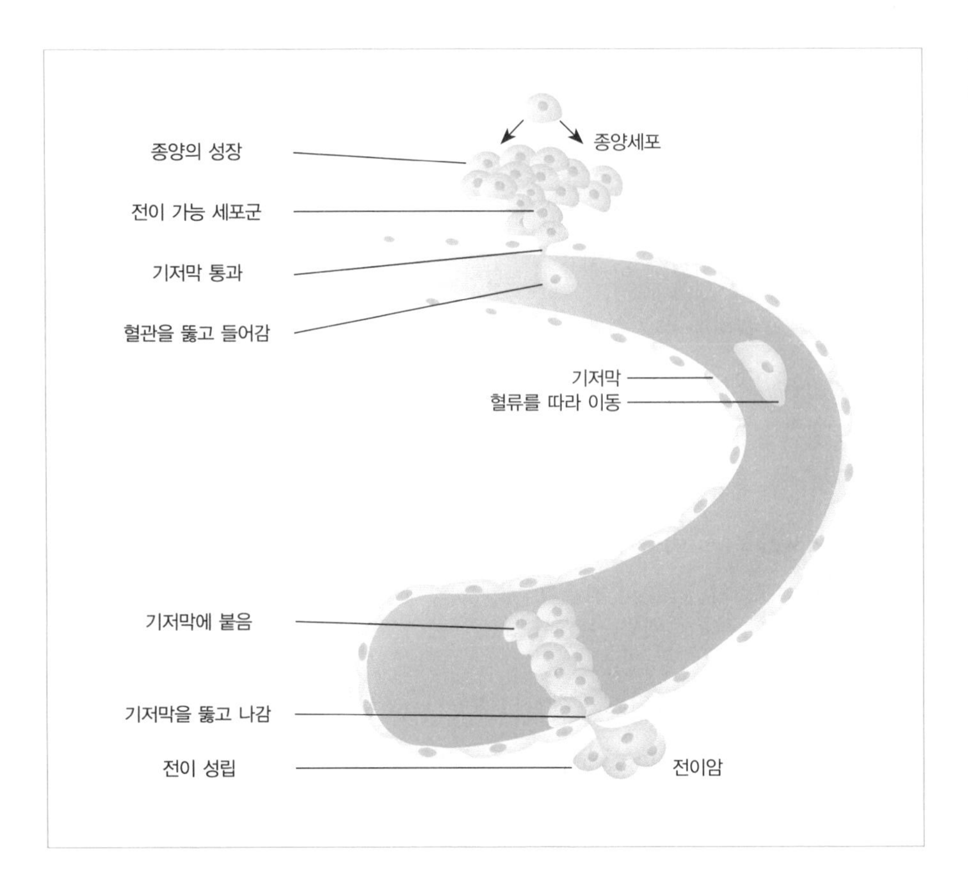

[그림 7.2]
전이 과정

성종양을 암이라고 한다. **양성종양**은 우리가 흔히 '물혹'이라고 부르기도 하는데, 비교적 서서히 성장하고, 피막(hut)이라고 하는 막이 있어 주변 부위와 경계를 두기 때문에 다른 부위로 퍼져나가지 않는 종양이다. 그래서 특이한 경우를 제외하고는 생명에 큰 위협을 초래하지 않고, 수술로 제거하면 거의 재발 없이 치유된다. 반면 **악성종양**은 걷잡을 수 없이 빠르게 성장한다. 게다가 피막이 없어서 주위조직에 침윤하고 혈관이나 림프관을 뚫고 들어가 혈액과 림프를 타고 이동하여 다른 조직에 자리를 잡고 또다시 분열하며 증식한다. 이렇게 암이 멀리까지 이동하는 것을 **전이**(metastasize)라고 한다(그림 7.2 참조). 암으로 사망하는 사람들을 보면 대부분 처음 발생한 암으로 인해서라기보다 전신으로 광범위하게 전이되어 죽는 경우가 많다.

암의 종류

암은 발생부위에 따라 암종, 육종, 백혈병, 림프종 등으로 나눌 수 있다.

암종

가장 흔한 암의 유형인 암종(carcinomas)은 상피조직에 발생하는 암이다. 상피란 피부, 장기의 내벽, 점액막 등과 같이 신체 내외부의 표면을 덮고 있는 세포층을 말한다. 암종에는 유방암, 전립선암, 대장암, 폐암, 췌장암, 피부암이 포함된다.

육종

육종(sarcomas)은 근육, 뼈, 연골과 같은 연결조직의 세포에서 생기는 암이다.

백혈병

백혈병(leukemias)은 뼛속에 있는 조혈모세포와 같이 혈액이나 혈액 형성세포에서 발생하는 암이다.

림프종

림프종(lymphoma)은 림프계에서 드물게 발생하는 암이다. 침범된 세포 유형에 따라 호지킨 림프종과 비호지킨 림프종으로 나눌 수 있다. 호지킨 림프종은 림프종이 희귀한 형태로 단일 림프절에서부터 퍼지는 암이며, 비호지킨 림프종은 악성세포가 여러 부위에서 발견되는 암이다.

이 중 암종과 육종 및 백혈병이 악성종양의 95% 이상을 차지하며 림프종은 드물게 발생한다. 이 네 가지 암 이외에도 골수종(myeloma), 배아세포종양(germ cell tumour) 등으로 분류된다.

암 발생 현황

전 세계적으로 암은 심장질환 다음으로 주요한 사망원인이며 우리나라에서는 1위

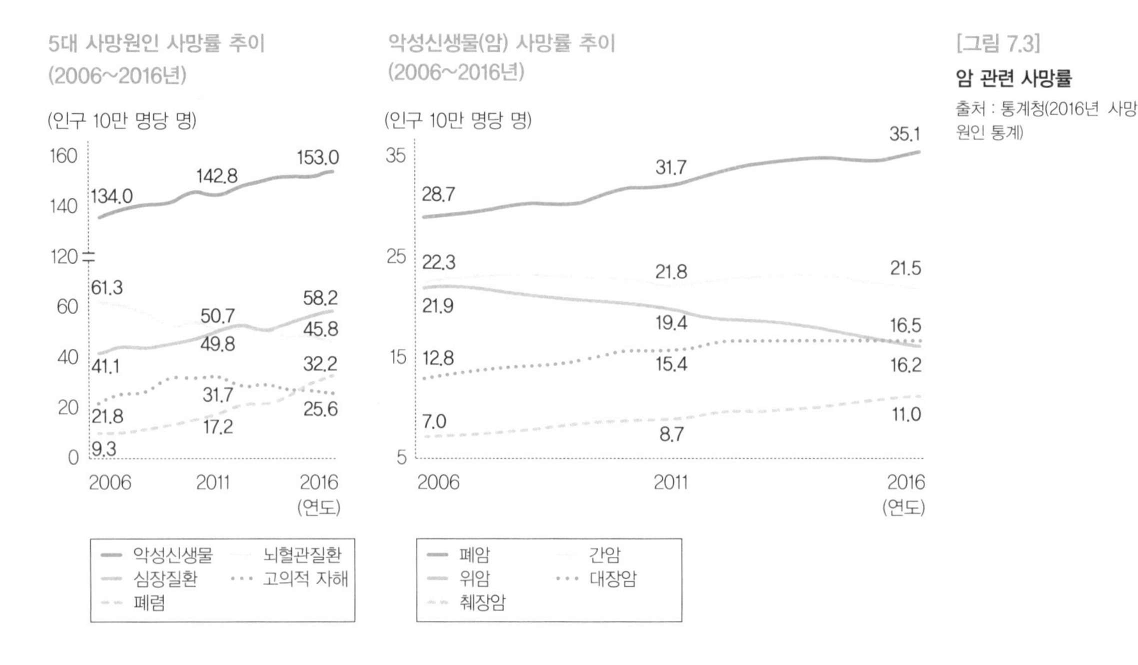

[그림 7.3]

암 관련 사망률

출처 : 통계청(2016년 사망원인 통계)

를 차지한다. 통계청에 의하면 2016년 한 해 동안 암으로 숨진 사람은 7만 8,194명으로 전체 사망자 수의 27.8%였다. 이는 달리 말하면 국민 4명 중 1명이 암으로 사망했다는 뜻이다. 사망률은 폐암 · 간암 · 대장암 · 위암 · 췌장암순으로 높았는데, 통계 작성 이래('83년) 처음으로 대장암 사망률이 위암보다 높아졌다(그림 7.3 참조). 남성의 암 사망률(인구 10만 명당 188.8명)은 여성(인구 10만 명당 117.2명)보다 1.6배 높았다. 남자는 폐암 · 간암 · 위암순으로 사망률이 높았고, 여자는 폐암 · 대장암 · 간암순으로 높았다. 10년 전과 비교했을 때는 폐암, 대장암, 췌장암 사망률은 증가하고 위암 사망률은 감소했다.

위험요인

암의 발병원인을 단정해서 말하기는 어렵다. 암의 원인에 관한 연구들이 진행되고 있기는 하지만 아직 정확한 인과관계는 밝혀지지 않았다. 다만 여러 역학적 연구를 통해 위험요인들이 알려지고 있는데, 세계보건기구 산하 국제암연구소(IARC) 및 미국국립암협회지에 의하면 암의 유전적인 원인은 5% 정도이며 원인의 70% 정도

위암	식생활(염장식품 : 짠 음식, 탄 음식, 질산염 등), 헬리코박터파일로리균
폐암	흡연, 직업력(비소, 석면 등), 대기오염
간암	간염바이러스(B형, C형), 간경변증, 아플라톡신
대장암	유전적 요인, 고지방식, 저식이섬유 섭취
유방암	유전적 요인, 고지방식, 여성호르몬, 비만
자궁경부암	인유두종바이러스, 성관계

[표 7.1]
우리나라 암 발생의 일반적인 원인
출처 : 국가암정보센터, 2017

는 흡연, 만성감염(바이러스, 세균, 기생충), 음식, 음주, 방사선 및 화학물질 노출 등의 환경요인이다(표 7.1 참조).

가족력

의학적으로 '3대에 걸친 직계가족 혹은 사촌 이내에서 같은 질환에 걸린 환자가 2명 이상'인 경우 그 질환에 대한 가족력이 있다고 말한다.

유전의 영향을 받는다고 알려진 주요 암은 유방암, 대장암, 난소암 정도이다. BRCA 1, BRCA 2 유전자는 원래 암을 억제하는 유전자들인데, 변이가 생기면 유방암, 난소암에 걸릴 가능성이 커진다. 그러나 유방암의 경우 5~10%만이 유전에서 기인하는 것으로 알려져 있고, 만약 어머니나 자매 중 유방암에 걸린 사람이 있다고 해도 실제 발병 확률은 30%가 되지 않는다.

대장암의 경우에는 전체의 5~15%가 유전적 원인으로 인해 발생한다고 한다. *American Cancer Society*(2011)의 대장암 예방 권고안에 따르면, 대장암 환자의 80%에서 가족력이 있으며 직계가족(부모, 형제자매, 자녀)에서 가족력이 있는 경우 발생 위험률이 2배로 증가한다. 225명의 대장선종(시간이 지나면 암으로 진행할 가능성이 큰 대장 점막의 작은 혹) 환자를 대상으로 한 연구(최민영 외, 2012)에서는 대장암 가족력이 있는 경우 대장선종이 유의하게 증가하였고, 더 젊은 연령에서 발생하였다. 그러므로 대장암의 가족력이 있는 경우 젊더라도 대장암 선별검사를 해보는 것을 권고하고 있다.

가족력은 이처럼 유전의 영향을 받기도 하지만 환경적인 요인(예 : 공통된 생활습

글상자 7.1

가족력이 있는 암 예방 사례

BRCA 유전자를 보유했다면 생활습관을 관리하고, 주기적으로 암 검진을 받는 등 암 예방 및 조기진단에 주의를 기울여야 하며 보다 적극적인 예방을 위해서 예방적 수술을 선택할 수 있다.

미국의 배우 겸 감독인 안젤리나 졸리는 지난 2013년 유방암에 걸릴 위험을 낮추기 위해 양쪽 유방절제 수술을, 2년 후인 2015년에는 난소암 예방을 위해서 난소절제 수술을 받았다. 유전자검사 결과 BRCA 1 유전자의 변이로 인해 유방암에 걸릴 확률이 87%, 난소암에 걸릴 확률이 50%임을 통보받았기 때문이다.

졸리의 이러한 행보는 예방적 수술에 대한 인식 변화를 가져옴과 동시에 유방암, 난소암 예방을 위한 검사와 수술 건수를 늘리는 '안젤리나 졸리 효과'를 일으켰다. 우리나라에서도 안젤리나 졸리의 수술이 알려진 이후 BRCA 유전자 검사 건수는 3배 이상, 유방절제술 건수는 5배 가까이 늘었다.

그러나 예방적 수술은 신중하게 고려해야 한다. 대개 암에 대한 공포 때문에 수술을 받으려는 경우가 많아 결정을 내리기 전 심리검사 및 상담을 통해 암으로 인한 공포, 우울, 불안에 대해 먼저 다루어야 한다. 또 유방절제술을 받더라도 수술 후 남아 있는 유방조직에서 암이 발생할 가능성이 있어 주기적인 검진을 지속적으로 받아야 하며, 난소절제술의 경우에도 난소를 절제하면 더 이상 난소호르몬이 분비되지 않아 강제 폐경에 이르게 되고, 이에 따라 폐경 후 증후군, 골다공증 등의 증상이 나타날 수 있다. 따라서 수술 전 주치의와의 상담을 통해 수술 후 얻게 되는 것과 잃게 될 것들에 대해 정확히 알고 신중하게 결정해야 한다.

관, 음식 등)이 복합적으로 작용한다. 만약 자신에게 특정 암에 대한 취약요인이 있다면 생활습관 바꾸기, 예방치료 등을 통해 더 건강한 삶을 유지할 수 있을 것이다.

환경요인

발암물질(carcinogen)은 암 발생의 원인이 되는 물질을 뜻한다. 현재까지 밝혀진 발암물질만 해도 수천 가지에 이르며, 아직 밝혀지지 않은 발암물질도 많을 것으로 예상된다(표 7.2 참조).

환경적 위험요인은 직업 환경과 관련이 크다. 최초로 보고된 직업성 암은 1775년 영국 굴뚝 청소부에서 발병한 음낭암(scrotal cancer)이며, 우리나라에서는 1993년 석면 노출로 인한 암이 처음으로 보고되었다. 이러한 직업성 암은 전체 암 사망

등급	물질	비고
1군	담배연기, 알코올, 햇볕, 젓갈, 그을음, 엑스선, B형 간염 바이러스, 석면, 라돈, 헬리코박터파일로리 등 75종	암을 일으키는 것이 확인된 물질
2A군	디젤엔진 배출물 등 59종	암을 일으킨다고 추정되는 물질
2B군	납, 나프탈렌, 휘발유, 유리섬유, 커피 등 227종	암을 일으킬 가능성이 있는 물질

[표 7.2]
국제암연구소가 발표한 발암물질과 등급

의 약 9.7% 정도로 추정된다. 1992년에서 2005년까지 한국산업안전보건연구원에서 직업성 암으로 인정한 99건을 살펴보면, 호흡기계통의 암이 64건으로 가장 많았고, 이 중에서도 폐암이 52건으로 대부분을 차지했다. 대표적인 발암물질은 석면, 벤젠, 벤지딘, 6가크롬 불용성화합물 등이므로, 이들을 다루는 직업군은 특히 발암물질 노출에 주의하여야 한다.

흡연 흡연은 연간 43만 8,000명의 생명을 빼앗는 미국의 사망원인 1순위이다. 흡연으로 인한 사망자 수는 교통사고, AIDS, 코카인, 헤로인, 자살 및 살인으로 인한 사망을 합친 것보다 많다. 우리나라의 경우도 흡연으로 인한 사망자 수(2012년, 58,155명)는 국토부 자료에 의한 교통사고 사망자 수(2012년, 5,392명)보다 10배 이상 많다(보건복지부, 2016).

흡연으로 인한 암 때문에 사망한 경우는 거의 대부분이 폐암이지만, 흡연은 백혈병, 유방, 입술, 구강, 인두, 식도, 췌장, 후두, 호흡기, 방광, 신장 등 다른 암들과도 관련되어 있다.

이처럼 흡연이 폐암의 위험요소임에도 불구하고 정작 담배를 피우는 사람들은 자신은 안전할 것이라는 **낙관적 편향**(optimistic bias)을 보인다. 성인 흡연자를 대상으로 한 연구에서 흡연자는 타인과는 달리 자신은 담배의 치명적인 폐해를 상당히 비켜갈 수 있을 것이라고 믿고 있었으며, 조기 사망률에 대한 위험성을 상당히 과소평가하고 있었다(Schoenbaum, 1997). 국내 연구(김봉철, 최영준, 2017)에서도 흡연자들은 자신과 똑같이 담배를 피우는 다른 흡연자들보다 본인이 폐암에 걸릴 가능성이 작다고 생각했으며, 담뱃갑에 그려진 경고그림에 대해서도 본인보다 다른 흡연자들에게 해당될 것이라는 식의 편향된 지각을 보였다.

낙관적 편향 탓으로 실제 흡연자는 스스로 암 검진을 받는 경우가 매우 드물다. 이에 2017년 보건복지부는 암센터와 병원 11곳에서 1,500여 명 흡연자를 대상으로 한 무료 CT 검진 시범사업을 실시하였는데, 사업 시작 4개월여 만에 2명의 폐암 환자와 47명의 폐암이 의심되는 환자를 발견하였다. 폐암은 증상이 나타날 때면 이미 치료가 어려운 3기 이상인 경우가 많기 때문에 흡연자의 경우 증상이 없어도 정기적으로 폐암 검진을 받는 것이 좋다.

식이 식이 혹은 영양상태는 암 발생 원인의 1/3을 차지한다(American Cancer Society, 2013). 그러나 특정음식이 특정한 암을 발병시키거나 억제시킨다고 꼭 집어 말하기는 어렵다. 실제로 이를 확인하기 위해 엄격한 실험설계를 할 수 없기 때문이다. 다만 발암과 항암에 관여한다고 알려진 성분이 들어 있는 음식을 조절함으로써 암을 예방하는 데 도움을 줄 수 있다.

"탄 음식은 암에 걸릴 수 있으니 먹지 말아라."라는 말을 들은 적이 한 번쯤은 있을 것이다. 맞는 말이다. 음식을 조리하는 과정 중, 특히 고기가 타게 되면 고기 표면에 헤테로사이클릭아민(heterocyclic amines)과 벤조피렌(benzopyrene)과 같은 발암물질이 생긴다. 이러한 발암물질이 체내에 쌓이면 췌장암을 비롯해 여러 암의 발생 위험도를 2배 이상 높인다. 위에서도 언급했듯이 육류와 같은 동물성 식품이 탈 때 특히 많이 발생하므로, 고기를 숯불에 구워 먹거나 바비큐 파티를 할 때 탄 부분은 제거한 뒤 먹는 것이 좋다.

또 고농도의 소금은 위 점막을 손상시켜 음식 속 발암물질의 흡수를 도와주어 간접적으로 암 발생의 위험을 높일 수 있다. 우리가 평소에 먹는 각종 김치, 젓갈, 라면, 된장, 간장 등 짠 음식은 건강을 위해 덜 먹거나 염분을 조절해서 먹는 것이 좋다.

반대로 암을 예방하는 데 도움이 되는 성분에는 항산화영양소(antioxidant nutrients), 식물생리활성물질(phytochemical) 및 식이섬유 등이 있다(표 7.3, 7.4 참조). 세포 및 DNA의 손상을 예방하는 작용을 하는 항산화제(비타민 C, 비타민 E,

[표 7.3]
항산화제의 종류
출처 : 국가암정보센터, 2013

영양성분	식품 종류	체내기능
비타민 C	채소(토마토, 풋고추, 브로콜리 등), 과일(감귤류, 딸기, 키위 등), 곡류	상처 회복 및 세포손상을 방지함
비타민 E	견과류(아몬드, 호두, 땅콩 등), 식용유(옥수수유, 대두유, 해바라기씨유 등), 고구마 등	유방암 및 폐암 등을 예방함
베타카로틴	녹황색채소(고구마, 당근, 늙은 호박, 단호박, 망고, 시금치) 및 과일류(살구, 감귤류, 단감 등)	노화지연, 폐기능 증진 및 항암효과가 있음
비타민 A	간, 우유, 달걀노른자	시력 유지, 정상세포 발달 증진, 항산화작용이 있음
루테인	녹색채소류(시금치, 케일 등)	시력 퇴화속도 지연, 암 위험도 감소시킴
라이코펜	토마토, 수박, 살구, 포도 등	전립선암과 심장병을 예방함
셀레늄	쌀, 밀가루, 닭, 생선 등	암세포가 종양으로 발전되는 것을 저지함

[표 7.4]
식물생리활성물질의 종류
출처 : 국가암정보센터, 2013

영양성분		식품 종류	체내 기능
플라보노이드	퀘세틴	사과, 배, 체리, 포도, 양파, 케일, 아욱, 브로콜리, 잎상추, 마늘, 녹차, 적포도주	뇌암과 기관지암의 성장 저지 및 오염물질과 흡연으로부터 폐 보호의 작용이 있음
	카테킨	녹차, 포도	항암효과가 있음
페놀 화합물 (폴리페놀)		자두, 딸기, 적포도, 키위, 건포도, 토마토, 현미	발암물질의 활성을 억제함
이소플라본		대두, 두부, 된장, 청국장, 콩나물, 감자, 옥수수, 땅콩, 멜론, 건포도 등	유방암 예방효과, 혈중 콜레스테롤 수치 감소, 골다공증 예방 효과가 있음
설포라펜		배추, 브로콜리, 케일, 양배추, 순무 등	대장암 위험도를 감소시킴
알릴화합물		마늘, 양파, 부추, 파 등	간암, 유방암, 대장암, 위암 등을 예방함
리모넨		오렌지, 사몽, 귤, 레몬 등	폐 보호 및 암 예방 효과가 있음
인돌		브로콜리, 양배추 등	유방암 예방, 발암물질 활성을 억제시킴
리그난		아마씨, 해조류, 대두와 같은 건조된 콩류, 곡류의 껍질	유방암 예방 효과가 있음
사포닌		마른 콩류, 전곡류 등	항암효과가 있음

비타민 A 및 비타민 A의 전구체인 카로티노이드, 셀레늄)는 건강보조제로 섭취하는 것보다 식품을 통해 섭취하는 것이 더 효과가 크다고 한다.

대한암예방학회가 발표한 항암식품 54가지 중 항암작용이 뛰어난 식품 10가지는 마늘, 시금치, 고추, 홍삼, 녹차, 들깨, 양파, 버섯, 된장, 청국장, 쑥 순서였다.

심리사회적 요인

흔히들 스트레스를 많이 받거나, 답답하고 화가 나지만 해결할 수 없는 상황에 처했을 때 '암 걸리겠다.'라는 표현을 자주 사용한다. 이처럼 우리는 스트레스를 많이 받는 사람 혹은 감정을 누르는 사람이 암에 더 잘 걸릴 것이라고 생각하는데, 사실 아직까지 스트레스가 암 발생의 직접적인 원인이라는 증거는 없다. 그러나 지속적인 스트레스는 전반적인 신체기능을 떨어뜨리고 면역력을 약화시켜 암에 대한 방어력을 잃게 한다.

면역 감시 이론(immune surveillance theory)에 의하면 우리 몸의 정상적인 면역기능이 자라나는 암세포를 찾아내서 싸우다가 자연적으로 파괴할 수 있는 능력치를 넘어서게 되면 암세포가 분열 · 증식하게 된다. 스트레스 요인과 같은 다른 이유로 인해 면역체계가 약화되는 경우에도 감시기능이 떨어져 암이 발병하게 될 것이다. 그렇다면 어떤 스트레스 요인이 면역체계를 약화시킬까? 연구들은 단기간의 스트레스 사건을 겪었을 때보다 만성적인 스트레스 요인이 작용할 때 면역기능이 억제된다고 한다. 스트레스 사건에 의해 시상하부-뇌하수체-부신피질(HPA) 축의 기능과 교감신경계가 변화되면 면역기능에 좋지 않은 영향을 미치게 되고, 따라서 암세포가 번식하기 쉬운 체내 환경이 만들어진다.

한편 부부 사이의 친밀한 관계와 신뢰감, 감정 및 심리적 디스트레스의 수용이 유방암 진행과 사망률을 낮추는 보호요인으로 작용했다는 연구결과(Weihs, Enright, & Simmens, 2008)는 사회적 지지, 감정의 수용과 같은 심리사회적 요인이 암의 진행에 영향을 미칠 수 있음을 시사한다.

치료

암치료의 궁극적인 목표는 암을 제거하는 것이다. 그러나 치유가 불가능한 경우 더 이상의 암의 진행을 막고 증상을 완화시킴으로써 수명을 연장하고 삶의 질을 높인다. 또한 의학적 치료와 더불어 환자와 환자를 돌보는 사람들의 심리적 고통을 감소시키기 위해 심리학적 개입도 함께 이루어지는 경우가 많다.

의학적 치료

암치료는 크게 적극적 암치료와 완화의료 두 가지로 나뉘는데, 치료효과를 높이면서 부작용을 줄이기 위해 단독, 혹은 복합적으로 사용한다.

적극적 암치료 적극적 암치료란 암세포들을 적극적으로 없애거나 줄이려는 치료이다. 크게 수술치료, 항암화학요법, 방사선치료 세 가지가 있고, 이 외에 국소치료법, 호르몬요법, 광역학치료법, 레이저치료법, 면역요법, 유전자요법, 동위원소치료 등이 있다.

수술은 그 목적에 따라 네 가지로 나눌 수 있다. 먼저 세포조직을 검사용으로 추출하는 생검과 같이 암을 진단하기 위한 **진단적 수술**이 있고, 두 번째로 안젤리나 졸리의 사례처럼 암 예방 효과를 얻기 위해서 **예방적 수술**을 시행할 수 있다. 세 번째로 초기 단계의 암일 경우에는 종양과 그 주변 부위를 제거하는 **근치적 수술**[1]이 유용하며, 네 번째로 증상 완화를 위해서 종양으로 인해 막힌 곳을 뚫어 튜브를 삽입하거나 우회로를 만드는 **완화적 수술**을 할 수도 있다. 수술은 많은 종류의 암을 치료하는 데 가장 효과적이라고 알려져 있지만 수술 후 출혈, 혈관손상, 폐렴, 장기 기능장애 등 합병증, 부작용이 생길 수 있다.

항암화학요법이란 항암제, 즉 암세포에 대항하는 약물을 사용하여 암을 치료하는 방법이다. 항암화학요법을 사용하면 전신에 퍼져 있는 암세포를 죽일 수 있다. 그러나 암세포뿐만 아니라 정상세포, 특히 분열과 증식이 활발한 위 점막, 머리카락,

---

1 근치적(curative)은 '병의 뿌리에 대한'이라는 뜻이다. 따라서 근치적 수술은 문제가 되는 부위(종양과 종양을 둘러싼 부위)를 제거하는 수술을 말한다.

골수, 생식세포 등에도 영향을 미치게 되고, 이로 인해 머리카락이 빠지거나 빈혈, 구토, 감염 등의 부작용을 경험할 수 있다.

방사선치료법은 감마선, X선, 전자선, 양성자선, 중성자선 등의 방사선으로 암세포를 죽이는 치료법이다. 방사선치료는 암세포의 세포핵 안 DNA를 손상시켜 복제능력을 없애는 방식으로 이루어진다. 되도록 암세포만을 겨냥하여 시술하지만 항암화학요법과 마찬가지로 암세포뿐만 아니라 정상세포 또한 방사선의 영향을 받아 부작용(피로나 염증, 탈모 등)이 나타날 수 있다.

기타 치료법 중 면역요법(immunotherapy)은 면역기능을 개선해서 암세포를 제거하고자 하는 치료다. 면역요법을 위해서 투여하는 약물은 선택적으로 암세포를 공격하는 면역체계 능력을 향상시킨다.

완화의료 완화의료는 질병의 개선이 아니라 질병으로 인한 고통과 증상을 완화시켜 보다 편안한 삶을 유지하는 데 목표를 둔다. 완화의료에는 **통증치료**, **피로치료**, **재활치료**, **호스피스 완화의료** 등이 있다. 모든 치료는 환자에게 도움이 되는 면과 부작용을 함께 갖고 있으므로, 암의 종류와 진행에 따라 치료효과를 높이면서 환자의 삶의 질을 향상시키기 위해 통합적으로 이루어져야 할 것이다.

초기 암의 경우에는 부작용이 있더라도 적극적 치료를 통해 얻는 것이 잃는 것보다 더 많기 때문에 적극적 암치료가 권장된다. 그러나 암 말기에 가까워지면 오히려 잃는 것이 더 많아지게 된다. 그럴 때에는 완화의료를 통해 환자의 고통을 완화시키고 삶의 질을 높이도록 하는 것이 더 도움이 될 수 있다. 암 말기 증상은 다양하게 나타날 수 있지만 호흡곤란, 출혈, 복부 팽창, 수면장애, 우울, 불안, 혼란 등이 심하다. 이런 증상은 환자나 가족만으로 감당하기 어렵고 삶의 질을 떨어뜨려 환자의 여생을 힘겹게 만든다. 말기 환자를 위한 완화의료 전문가들에게 적극적인 증상관리를 받으면 고통과 증상을 경감하기가 수월해질 수 있다.

심리학적 개입

의학의 발전으로 인해 과거와는 달리 암은 더 이상 당장 죽는 병이 아니라 살아가면서 관리해야 하는 만성질환이 되었다. 치료를 받더라도 환자들은 암과 함께 살아가는 동안 통증과 불편감을 겪게 된다. 또 유방절제술과 같이 신체의 일부를 제거하는 경우나 인공기관을 삽입하는 경우 외적인 신체의 모습이 변하여 충격을 받거나, 항암치료로 인해 부작용을 겪으며 우울과 불안을 경험할 수도 있다. 암치료 효과를 높이기 위해서도 정서적 고통은 꼭 다루어야 한다.

암을 진단받은 환자들이 불안, 우울, 외로움을 느끼고 짜증을 내는 것은 모든 것이 혼란스러운 환자의 입장에서 당연한 심리적 현상이다. Kübler-Ross의 이론모형을 암 진단에 적용하자면 진단을 받아들이는 과정을 부인, 분노, 타협, 우울, 수용이라는 5단계로 구분할 수 있다. 물론 이 단계는 순서대로 진행되지 않는 경우도 많고 사람에 따라 거치지 않는 단계도 있다. 때로는 단계들이 혼재되어 나타나기도 한다. 단계에 따라 심리적 개입이 달라질 수 있으므로 환자가 어느 상태인지 고려해야 한다.

치료가 진행되고 자신이 진단받은 암에 대해 어느 정도 이해하고 받아들이게 되면 점차 안정되지만 치료를 진행하며 검사결과를 기다릴 때, 누군가 암으로 사망했다는 소식을 들었을 때, 다양한 상황에서 다시 심리적인 고통을 겪는다. 연구결과에서도 암 진단을 받았을 때와 치료를 받는 동안 불안과 우울을 겪는 것은 말할 것도 없고 치료를 받은 뒤 몇 년이 흐른 뒤에도 암을 앓았던 사람은 그렇지 않은 사람들보다 높은 수준의 불안감, 분노, 적개심, 우울감을 보고한다(Hinz et al., 2010). 또한 암 환자 개인뿐만 아니라 환자를 돌보는 가족과 지인들 또한 180도 달라진 생활에 적응하고 환자를 돌보는 데 많은 정성을 쏟게 된다. 고액의 치료비용으로 인한 경제적인 고민도 따를 수 있다. 이렇게 환자를 돌보는 일은 어렵다. 간병에는 병세와 치료 과정을 상의하고, 환자를 보살피며, 심리적으로 지지하고 용기를 북돋워 주는 모든 일이 포함되기 때문이다. 이러한 측면에서 건강심리학자들은 환자들이 개인적인 심리문제를 잘 해결할 수 있게 해주고, 환자 가족들이 암치료의 부정적인 측면에 잘 대응할 수 있도록 도울 수 있다. 다음은 그러한 심리적 개입 몇 가지를 설명하였다.

인지행동치료 인지행동치료에서는 인지(cognition)[2], 감정, 행동이 서로 밀접한 관련을 맺는다고 가정한다. 그래서 체계적이고 구조화된 방식으로 환자의 경직된 생각을 바꾸거나 상황이나 결과를 조절해서 행동을 변화시킨다. 또한 문제해결과 대처기술 습득에 초점을 둔다. 많은 건강심리학자들이 임상현장에서 인지행동치료로 암 환자의 고통, 우울, 불안을 경감시켜줄 수 있었다. 인지행동치료는 웹 기반으로 적용했을 때도 웹 기반의 주의 훈련을 받은 통제집단보다 암으로 인한 통증과 삶의 질을 개선시켰다(Beatty, Koczwara, & Wade, 2016). 또한 만성적인 피로를 호소하는 암 생존자들을 대상으로 인지행동치료를 실시한 결과, 대기집단에 비해 피로와 기능장애를 줄이는 데 효과가 있었다(Marieke, Gielissen, Verhagen, Witjes, & Bleijenberg, 2006). 국내에서도 인지행동중재가 암 환자 교육중재에 비해 심리적 디스트레스 완화와 자기간호행위 증진에 효과적임이 보고되었다(오복자, 이은애, 2013). 제2장에 인지행동치료의 구체적인 기법 몇 가지를 설명하였다.

마음챙김 기반 중재 건강심리학자들은 또한 암 환자들에게 마음챙김을 기반으로 한 개입을 제공하기도 한다. 마음챙김과 마음챙김을 기반으로 한 개입에 대해서는 제2장에서 자세히 설명하였으므로 참고하기 바란다.

마음챙김에 기반한 스트레스 감소(MBSR) 프로그램은 효과적으로 유방암 환자의 부정정서를 감소시켰고(Wurtzen et al., 2013), 메타분석 연구의 결론에 따르면 마음챙김 기반 치료는 유방암 환자의 불안, 우울, 재발에 대한 공포, 피로를 낮추었다(Zhang, Xu, Wang, & Wang, 2016). 국내에서도 유방암 환자에게 마음챙김 기반 중재를 실시하여 유방암 환자의 스트레스에 대한 지각 정도, 타액 코르티솔 수치와 심리적 스트레스 반응을 감소시킬 수 있었고(강광순, 오상은, 2012), 유방암 환자들의 주 호소문제 중 하나인 삶의 질과 수면의 질이 향상되었다(박경 외, 2013).

유도된 심상법 유도된 심상법(guided imagery)은 환자에게 긍정적인 심상을 떠올

---

2 여기서 쉽게 얘기하자면 '생각'을 뜻한다.

리도록 하여 이완을 유도하는 방법이다. 생생하게 심상을 떠올리도록 돕기 위해 치료사의 언어 또는 녹음된 음악, 향초 등을 사용하기도 하며, 점진적 근육이완법[3], 바이오피드백[4] 등을 포함한 이완훈련이 사용되기도 한다. 이완 상태에 다다르게 되면 환자는 안전하고 평화로운 장소 속에 있다고 상상하면서 치료자의 지시에 따라 그곳에서의 긍정적인 감각을 되도록 선명하게 떠올리게 된다.

유도된 심상법은 암 환자의 스트레스를 완화시키고 면역기능을 향상시켜줄 수 있다. 가령 25세에서 75세까지의 유방암 환자들을 대상으로 한 연구(Lengacher et al., 2008)에서 유도된 심상법을 이용한 이완훈련을 받은 집단은 기본 치료만을 받은 집단에 비해 암세포를 직접 공격해 없애는 **자연살해세포**(NK cell)를 더 활성화시킬 수 있음을 보여주었다.

가족 및 사회적 지지 방사선치료 중인 암 환자 199명을 대상으로 하여 연구한 결과, 가족지지가 높을수록 삶의 질도 높게 나타났다(한국방사선학회, 2016). 또 방사선요법을 받은 후 회복에 영향을 미치는 요인으로 우울과 가족지지를 꼽았다(조현민, 유은광, 2015).

사회적 지지가 암 환자들의 삶의 질에 얼마나 영향을 미치는지 알아보기 위해 일반인 2,000명과 위암 · 폐암 · 간암 등을 앓는 암환자 1,818명을 대상으로 조사한 결과 암 환자는 일반인보다 사회적 지지 정도가 낮을수록 우울감이 심했고 신체기능, 정서적 기능, 사회적 기능, 인지기능, 역할기능 등이 저하된 상태인 것으로 나타났다(You et al., 2017).

따라서 암 환자들의 삶의 질을 향상시키기 위해서는 치료 계획에 배우자, 가족을 포함시키고 사회적 지지를 강화시킬 수 있는 중재를 실시하는 것이 필요하다.

---

3 제이콥슨(Jacobson)이 개발한 이완요법으로, 신체 일부분의 근육을 차례대로 완전히 긴장시켰다가 이완시켜 긴장을 풀어주는 기법

4 몸의 근육긴장도, 뇌파, 심박수, 피부저항도, 체온 등 자율신경계의 반응을 모니터 등을 통해 직접 보고 느끼면서 자기조절법을 익히는 훈련

나이가 들면서 예전과 달리 말하고자 하는 단어가 빨리 생각이 나지 않거나 물건을 둔 곳을 깜빡하는 일이 늘어나는 경우, 혹시 치매에 걸린 것이 아닌지 걱정하는 사람들이 많다. 그러나 대부분의 기억력 감퇴는 노화로 인한 것이고 치매인 경우는 드물다. 기억력이 감퇴한다고 해서 성격이나 문제해결 능력에 두드러진 변화가 나타나지는 않지만 치매는 기억력 저하뿐만 아니라 언어기능 같은 다른 인지기능장애와 정서, 성격, 행동의 변화 등 다양한 증상을 동반한다.

치매(dementia) 또한 암이나 만성질환처럼 하나의 질환이 아닌 유사한 증상을 가진 여러 질환군을 통틀어 일컫는 말이다. 치매를 불러일으키는 질환에는 퇴행성 뇌질환인 알츠하이머병, 혈관이 막혀 산소부족으로 뇌세포가 파괴되어 기능을 상실하는 혈관성 치매, 장기간 과음으로 인한 알코올성 치매, 완치가 가능한 원인에 의해 발생하는 가역성 치매, 이외에 전두측두엽 치매, 루이체 치매 등이 있다.

이 중 **알츠하이머병**(Alzheimer's disease)은 뇌세포의 점진적 파괴로 인해 치매증상이 서서히 진행되는 퇴행성 뇌질환으로, 치매 원인 중 55~70%를 차지한다. 알츠하이머병은 1906년 독일의 의사 알로이스 알츠하이머(Alois Alzheimer, 1864~1915)에 의해 처음으로 알려졌다. 최초의 알츠하이머병 환자는 1901년 망상과 행동문제 때문에 입원했던 아우구스테 데터(Auguste Deter)라는 여성이었다. 알츠하이머는 처음에 그녀를 조현병 환자로 생각했으나 시간이 지날수록 인지기능이 상당히 저하되고 있음을 깨달았다. 의사와 간호사를 착각하고 현재 시간과 장소도 모르게 된 그녀는 결국 대소변을 가리는 일상생활조차 할 수 없는 몸이 되어 1906년 사망하고 만다. 데터의 사망 후 부검을 통해 뇌를 관찰해보니 뇌가 눈에 띄게 수축되어 있었고 흐트러진 신경섬유와 이상 단백질 덩어리가 발견되었다. 뇌 매독 환자, 조현병 환자의 뇌를 15년 동안이나 관찰하던 알츠하이머는 데터의 뇌의 이상조직이 살아생전 그녀의 증상들과 연관이 있을 것이라 생각했다.

치매 유병률은 65~69세에서는 1.3~3.6% 정도지만 85세 이상에서는 30.5~33.2%로, 연령이 높아짐에 따라 발병률이 급격히 증가하는 것으로 보아 노화가 큰

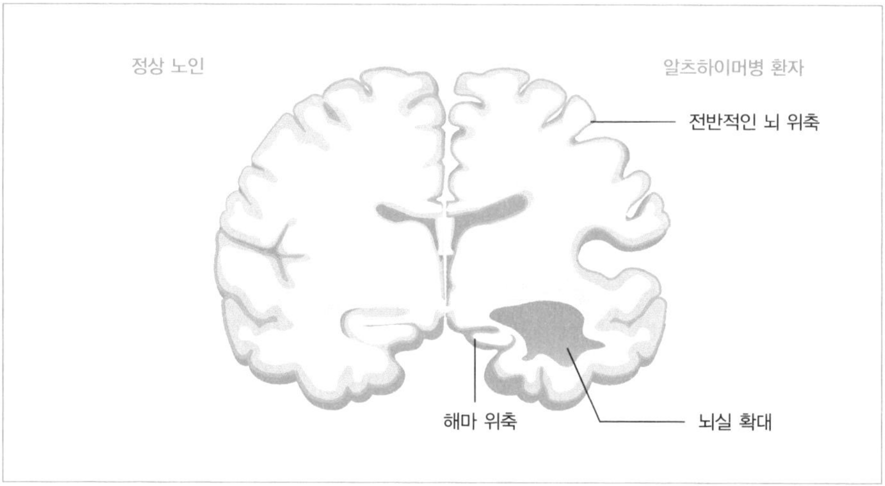

정상 노인

알츠하이머병 환자

전반적인 뇌 위축

해마 위축

뇌실 확대

[그림 7.4]

정상 노인과 알츠하이머병 환자의 뇌 단면

위험요소임을 알 수 있다. 2017년 10월 현재 치매 유병률은 약 10%, 환자로 등록된 수는 약 72만4,000명이며, 치매환자를 돌보는 데 들어가는 비용은 2017년 10월 기준으로 약 14조 7,000억 원이었다.

통계청에 따르면 2016년 치매에 의한 사망자 수는 총 9,164명으로 10년 전과 비교해 114.1% 증가한 모습을 보였다. 또한 인구 10만 명당 명수로 계산하는 사망률은 17.9명(알츠하이머 9.4명, 혈관성 치매 1.4명, 상세불명 치매 7.1명)으로 10년

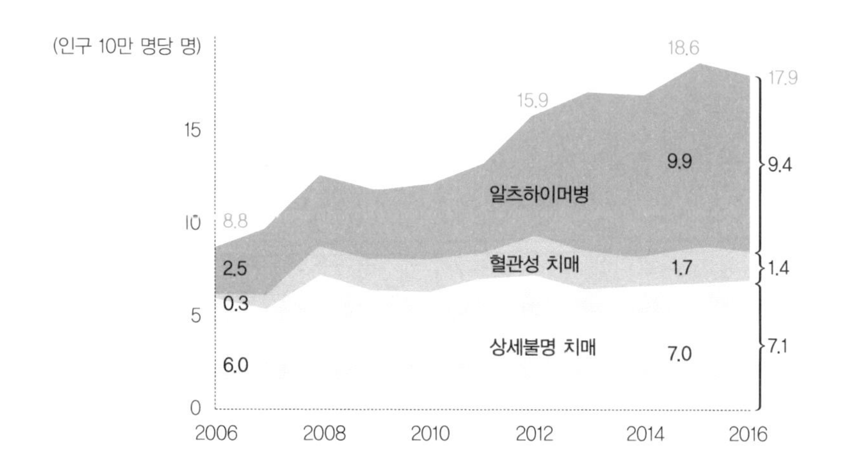

[그림 7.5]

치매로 인한 사망률 추이(2006~2016년)

출처 : 통계청, 2016

전보다 9.2명 증가하였다(그림 7.5 참조). 성별로 보았을 때는 여성(24.7명)이 남성(11.2명)보다 2배가량 높은 수준이었다.

치매 그 자체가 직접적인 사망원인이 되는 경우는 드물며, 기관지 및 폐로 이물질이나 병원균이 들어가 발생하는 흡인성 폐렴 등의 합병증이나 심혈관계 질환, 암과 같이 노년에 흔히 발병하는 질환 때문에 사망하는 경우가 대부분이고, 치매로 인해 현실 판단력이 떨어지기 때문에 사고로 사망하게 되는 경우도 있다.

알츠하이머병의 원인

알츠하이머병의 원인은 아직 명확히 규명되지 않았다. 현재 알려진 것은 원인이라기보다 특징이라고 할 수 있는 몇 가지이다. 그 하나는 알츠하이머병 환자의 뇌 크기가 수축되어 있다는 것이다. 또 뇌조직에서 베타 아밀로이드 단백질이 쌓여 생긴 노인반(senile plaque, 혹은 신경반 neuritic plaque), 뇌세포의 골격 유지에 중요한 역할을 하는 타우 단백질이 비정상적으로 엉겨 붙으면서 형성된 신경섬유 다발(neurofibrillary tangle)을 볼 수 있다. 이런 노인반과 신경섬유다발이 뇌에 쌓여 신경세포들이 죽으면서 알츠하이머병이 발생하는 것으로 생각하고 있지만, 아직 정확한 단백질 처리과정은 밝혀지지 않았다.

유전학적 측면에서 알츠하이머병은 초기발현과 후기발현 두 가지로 나뉜다. 초기발현 타입인 가족성 알츠하이머병은 드물게 발생하지만 유전적 영향이 매우 강한 질환이며 염색체 1, 14, 21번의 이상이 원인이다. 대개 60세 이전에 조기발병하므로 **조발성 가족성 알츠하이머**(early-onset familial Alzheimer's disease)라고 하기도 한다.

두 번째는 전체 알츠하이머병 환자 중 90% 이상을 차지하며(Bertram & Tanzi, 2004) 가족력이 뚜렷하지 않거나 없는 후기발현 환자들이다. 후기발현은 초기발현과는 증상은 동일하나 발생 연령이 다르다는 것이 차이점인데, 대개 65세 이후에 늦게 발병하는 경향을 보이기 때문에 **만발성 알츠하이머병**(late-onset Alzheimer's disease)이라고 한다. 이 경우에도 유전적 요인이 60% 이상 기여할 것으로 추정된다. 발병 위험은 콜레스테롤 대사에 관여하는 단백질인 아포지질단백질

(apolipoprotein)의 한 형태인 ε4와 관련이 있다. ε4 유전자는 신경을 엉키게 하는 위험을 증가시키는데, 이 유전자를 1개 가진 사람은 약 3배, 2개 가진 사람은 15배까지 위험이 증가된다. 이 유전자 변형을 갖고 있지만 알츠하이머병을 앓고 있지 않은 노인은 다른 사람보다 낮은 인지기능을 보였다(Small, Rosnick, Fratiglioni, & Backman, 2004). 2009년까지는 APOE ε4 대립유전자만이 만발성 알츠하이머병의 확실한 유전요인으로 알려져 있었으나, 그 유전자를 갖고 있지만 오래도록 발병 없이 생존하고 있는 사람들도 있다는 사실에서 알 수 있듯이 유전이 알츠하이머병을 발생시키는 단 하나의 요인은 아니다. 알츠하이머 발병에는 많은 환경적 요인이 관여하며, APOE ε4 유전자에 의한 발병비율은 약 20% 정도에 불과할 것으로 추정된다(Lambert & Amouyel, 2011).

그러므로 가족력이 없다고 하더라도 60세 이상 고령인 경우 고혈압이나 심장병, 특히 제2당뇨를 앓고 있는 경우, 두부손상의 병력이 있는 경우 등 치매 발병 위험인자를 가지고 있는 사람에게 기억력장애가 나타난다면, 반드시 주변 보건소나 병원을 찾아 조기에 진단을 받고 치료의 적기를 놓치지 않도록 해야 한다.

알츠하이머병 진단에 있어서는 환자에 대해 가장 잘 알고 있는 보호자의 보고를 통한 정확한 병력 청취가 가장 중요하다. 환자에게 이전에 비해 기억력을 포함한 인지기능의 변화가 있는지, 있다면 언제부터 어떠한 양상으로 나타났는지 확인하고, 신체검사와 신경학적 검사, 정신상태검사, 일상생활 기능수준 검사, 혈액검사 등의 실험실검사, 뇌영상학검사, 신경심리검사 등을 통해 진단을 내린다.

신경심리검사는 뇌기능과 관련된 인지기능을 객관적으로 정밀하게 평가하는 검사이다. 기억력, 언어능력, 주의집중력, 판단능력, 수행능력, 계산능력, 시공간파악능력 등 다양하고 광범위한 평가를 통해 어떤 영역의 인지기능이 어느 정도로 저하되었는지 객관적 정보를 얻을 수 있다. 이러한 정보는 치매 여부의 진단이나 원인 감별에 참고자료가 되며 향후 치료효과를 파악하기 위한 기준으로 활용할 수 있다.

치매의 증상

치매의 평균 유병기간은 약 10년이지만 사람에 따라 짧으면 2년에서 길면 20년까지로 다양하며 경과 또한 경미한 초기단계부터 독립적인 생활이 불가능하게 되는 말기 증상까지 그 양상과 순서가 각기 다르게 나타난다. 치매의 다양한 증상은 기억장애를 포함하는 여러 인지기능 증상과 정서 · 행동변화를 포함하는 정신행동 증상으로 나눌 수 있다.

인지기능 증상

인지기능에서는 기억력, 지남력, 언어, 실행능력, 판단력장애가 나타난다.

기억력장애는 단기 기억력장애부터 장기 기억력장애로 진행된다. 치매 초기에는 최근에 있었던 일을 기억하지 못하는 단기 기억력장애가 나타나기 때문에 과거의 일들은 기억하면서도 얼마 전 나누었던 대화, 약속, 식사를 한 사실 등 새로운 정보를 잊는 일이 잦아진다. 그래서 돌보는 이가 삼시세끼에 간식까지 챙겨서 드시게 했는데도 "오늘 하루 종일 굶었어. 아무도 밥을 안 줬어."라고 말하기도 한다. 시간이 지나 치매 중기가 되면 점차 오래된 기억과 자신의 신상 정보와 같이 장기 기억력 또한 감퇴되기 시작한다.

지남력장애에서 말하는 지남력이란 현재 시간, 장소, 사람을 알아보는 능력이다. 치매 초기에는 시간, 날짜, 요일 등을 착각하는 시간 지남력장애를 보인다. 병이 진행됨에 따라 평소 익숙한 장소를 찾아가지 못하거나 심하면 집 안에서 화장실을 찾아가지 못하는 등 일상적 지남력장애를 보이다가 마침내는 자신과 가까운 가족이나 친척들을 제대로 알아보지 못하는 사람에 대한 지남력장애가 나타난다.

언어장애는 하고자 하는 말을 표현하는 능력에서 상대방의 말을 듣고 이해하는 소통능력의 장애로 발전한다. 치매 초기에 환자들은 말을 할 때 단어나 사람의 이름이 잘 떠오르지 않아 "이것, 저것" 등의 대명사를 사용하거나 말문이 막히고, 적절한 단어를 사용하지 못하고 다른 단어를 사용하는 모습을 보인다. 치매가 진행됨에 따라 점점 말수가 줄어들고 의사소통이 제대로 되지 않으며, 말기에 가서는 함구증 증상이 나타나기도 한다.

실행능력장애는 감각 및 운동기관 자체에 이상이 없는데도 불구하고 의지대로 행동을 못하는 것을 말한다. 치매 초기에 환자는 식사 준비, 청소, 취미 활동, 은행 업무 처리 등 평소 잘 해오던 일들을 스스로 하지 못하는 증상이 나타나고, 점점 식사하기, 옷 입기, 대소변 가리기 등 생활에 필요한 기본적인 일들을 스스로 하지 못하게 된다. 치매에 걸리면 마치 다시 '아기'가 된다고 한다는 말은 실행능력장애 때문이다. 치매 말기가 되면 아기처럼 거의 모든 생활을 주변의 도움에 의존할 수밖에 없다.

판단력장애는 전두엽의 뇌세포가 손상을 입어 발생하며 어떤 사안을 결정하고 판단하고 문제를 해결하는 능력이 점차 저하된다. 또한 일을 계획하거나 자금을 관리하는 등 복잡하고 추상적인 일들을 수행하는 것이 힘들어진다.

정신행동 증상

치매의 정신행동 증상으로는 우울, 불안, 초조행동, 망상, 환각, 성격변화와 더불어 수면, 식욕과 관련된 생장증상(vegetative symptoms)이 함께 나타난다.

우울은 치매환자의 40~50%에서 나타나는 매우 흔한 증상이며 알츠하이머 환자의 20~30%는 주요우울장애를 함께 앓고 있다. 치매증상과 함께 나타나는 우울증상과 노인기분장애의 감별은 쉽지 않지만 매우 중요하다. 우울장애 환자들이 인지기능의 손상을 보여 치매로 오인되는 경우는 '가성 치매'라고 하여 우울증상이 호전되면 인지기능 손상이 호전되거나 완치되기도 한다. 또한 알츠하이머병에 동반된 우울증상 중 일부(수면장애, 체중감소, 흥미저하, 피로, 정신운동지체 등) 증상은 우울증이 없는 알츠하이머병 환자 중에서도 신체증상이나 무감동증상의 일부로 나타날 수 있기 때문에 감별에 주의가 필요하다. 그러나 알츠하이머병 환자들의 우울은 주요우울장애에 해당될 정도의 심각한 우울증보다는 약한 우울을 보인다(Lee & Lyketsos 2003). 우울증과 무감동증상과의 구별이 쉽지 않기에 주의를 요한다. 무감동(apathy)은 즐거운 일이나 슬픈 일이 있을 때 감정을 느끼거나 표현하지 못하는 증상이다. 임상적으로 보았을 때 우울증은 불쾌한 감정(슬픔, 죄책감, 절망감, 무력감 등)과 수면, 식욕변화와 같은 신체증상이 동반되는 반면 무감동은 이러한 감정과 증상을 동반하지 않는다.

불안은 독립적으로 나타나기도 하지만 망상과 관련되거나 인지기능이 떨어지는 것과 같은 다른 증상과 연관되어 나타나기도 한다. 알츠하이머병 환자들은 이전에는 전혀 신경 쓰지 않았던 일들에 대해 막연한 불안을 나타내거나 특정공포증 반응을 나타낼 수 있다. 알츠하이머병 환자들에게 나타날 수 있는 불안증상 중 하나인 '고도 증후군(Godot syndrome)'은 앞으로 다가올 미래에 대해 불안해하면서 그것에 대해 반복적으로 질문을 하는 현상을 말한다(Finkel, 2003). 이러한 현상은 드문 편이지만, 해당 환자의 가족이나 돌보는 이들에게는 큰 부담으로 작용할 수 있다. 환자들은 혼자 내버려지는 데 대한 두려움을 보일 수 있으며, 개인에 따라 사람들이 많은 곳, 여행, 어두움, 목욕과 같은 활동 등에 대해서도 공포반응을 보일 수 있다.

초조는 일반적으로 심리적 긴장에 의해 조바심을 내거나 안절부절못하는 행동을 의미하는 것이지만, 알츠하이머병의 경우에는 사회적으로 부적절한 행동(이유 없는 배회, 반복적인 질문과 행동, 불평, 언어적 또는 신체적인 공격행동, 도움에 대한 거부 또는 반항 등)을 의미한다. 초조행동은 알츠하이머 환자들에서 흔히 나타나는데, 질환과 동반되는 망상, 환청 등 정신병적 증상이 영향을 줄 수 있다. 알츠하이머 환자에게서 나타나는 망상의 형태는 누군가 자신의 물건을 훔쳐갔다는 도둑망상, 자신을 해치려 한다는 피해망상, 배우자를 의심하는 부정망상 등이 있으며, 환시나 환청이 나타날 수도 있다.

이 외에도 소극적이고 수동적으로 변하거나 쉽게 짜증과 화를 내는 등 성격변화가 있을 수 있고 수면, 식욕, 성욕도 변할 수 있다.

치료

알츠하이머병의 근본적인 치료방법은 아직 개발되지 않았기에 증상을 완화시키고 진행을 지연시키며 현재의 기능을 유지하는 데 치료의 방향을 두고 있다. 치매는 만성질환이기 때문에 다양한 분야의 근거기반 치료방법을 적용하는 통합적 치료가 필요하다. 현재 치매치료에는 대부분의 경우 약물치료와 비약물치료를 병행한다.

약물치료

인지기능 개선을 위해서 알츠하이머병의 치료에 사용되는 약물에는 아세틸콜린 분해효소 억제제(acetylcholinesterase inhibitor, ACEI)와 NMDA 수용체 길항제(NMDA receptor antagonist)가 있다. 아세틸콜린 분해효소 억제제는 치매로 인해 저하된 아세틸콜린 농도를 증가시켜 기억력과 학습능력을 향상시키고 병의 진행을 늦추는 역할을 한다. NMDA 수용체 길항제는 학습 및 기억력을 저하시키는 글루타메이트(glutamate)와 결합하는 NMDA 수용체를 억제하는 효과가 있다.

치매에 동반된 우울증의 경우 다양한 항우울제들이 처방되고 있지만 약물치료의 효과성에 대해서는 아직 객관적인 증거들이 부족하다. 치매에 동반된 우울증은 우울증에 대한 추가적인 치료 없이 자발적으로 호전되는 경우도 있으므로 먼저 다양한 사회심리적 요인들을 평가하여 비약물적 치료를 시행하고, 우울이 중증도 이상으로 악화된다면 약물치료를 하는 방법을 추천한다.

비약물치료

치매는 만성질환일 뿐만 아니라 증상이 다르게 나타나므로 약물치료 이외에도 개별화된 계획을 통한 인지재활치료, 가족교육, 가족지지 프로그램 등 다양한 접근이 필요하다. 치료를 위해서는 무엇보다 치매 환자의 가족과 조호자의 협조가 필수적인데, 앞서 살펴보았듯이 치매로 인해 기억력, 지남력, 실행기능 등이 저하되면 결국 혼자서는 일상생활을 해나갈 수 없게 되고, 생활의 기본적인 것부터 합병증 치료와 관리까지 주변인의 도움을 받을 수밖에 없기 때문이다. 보통 '보살피고 돕는다'는 뜻으로 조호(또는 케어)라는 말을 쓰는데, 한국치매협회가 제시한 조호의 기본 원칙은 환자의 개별성, 자립성, 자유, 존엄성, 타인과의 관계 유지이다. 치매 환자는 증상으로 인해 혼란, 불안, 우울, 감정변화, 만성적 불쾌감, 피해의식을 느낄 수 있다. 또 기억력장애로 인해 과거와 현실을 혼동하거나 끊어진 머릿속의 이야기들을 연결시키기 위해 말을 만들어내는 행동을 한다. 가족이나 주변인들이 보기에 문제행동이라 생각하는 것들이 질환으로 인해 나타나는 증상임을 이해해야 한다.

이렇듯 환자뿐만 아니라 치매환자를 돌보는 가족이나 조호자들 또한 장기적으로 심리적 · 육체적 · 경제적 부담을 안고 있다. 따라서 치매 환자들뿐만 아니라 조호자들도 신체적 · 정신적 건강을 관리해야 하며, 치매 환자를 혼자서 감당하지 않고 다른 가족 및 지역사회와 부담을 나눌 수 있도록 지역사회 내에서 통합적 · 포괄적 · 다학제적 · 연속적 관리가 필요하다. 임상 및 건강심리학자는 주로 환자를 대상으로 기능평가를 시행하고 프로그램을 개발하며 정신건강의학 전문의, 사회복지사와 긴밀하게 협조하게 된다.

예방

치매 예방의 핵심은 위험요인을 줄이고 보호요인을 강화하는 것인데, 생활습관의 변화를 통해서 치매의 발병 위험을 낮출 수 있다. 알츠하이병 발병 위험요소에 관

글상자 7.2

치매 국가책임제

UN(국제연합)은 전체 인구 대비 65세 이상 노인 인구가 7% 이상이면 고령화사회, 14% 이상 고령사회, 20%를 넘으면 초고령사회로 분류한다. 우리나라의 경우 2000년 고령화사회에 진입한 이후 2017년 현재 65세 인구가 708명으로 전체 인구의 13.8%를 차지하며 고령사회에 들어섰고, 치매 인구도 2016년 말 69만 명으로 매년 폭발적으로 증가하고 있다.

이러한 고령사회에 대한 대비책으로 정부는 **치매 국가책임제**를 내놓았다. 치매 국가책임제는 치매 환자 증가 속도가 1위인 우리나라에서 치매를 국정과제로 삼아 중증치매 환자의 의료비 본인부담률을 낮추어 치매 환자와 가족들의 경제적 어려움을 돕겠다는 의도다.

정부는 이전 체계의 미비점을 보완하고 치매에 대한 조기진단과 예방부터 상담 · 사례관리, 의료지원까지 종합적인 지원체계를 구축하기 위해 치매정책과를 신설하여 본격적으로 정책 시행에 나섰다. 2017년 12월부터 전국 252개 보건소에 치매안심센터를 설치하여, 치매 환자와 가족들이 1:1 맞춤형 상담, 검진, 관리, 서비스 연결까지 통합적인 지원을 받을 수 있게 할 예정이다. 또한 치매 환자라면 누구나 요양등급을 받을 수 있도록 등급을 대폭 확대하여 경증부터 중증까지 맞춤형 서비스를 제공하고, 24시간 언제든지 전화로 상담 가능한 치매상담콜센터를 통해 치매와 관련된 궁금증을 해결할 수 있도록 돕는다. 더불어 치매 예방을 위해 전국에 350여 개 노인복지관에서 치매 고위험군을 대상으로 치매예방을 위한 미술, 음악, 원예 등을 활용한 인지활동 프로그램을 제공할 예정이다.

문재인 대통령은 "그동안 치매로 인한 고통과 부담을 개인과 가족들이 전부 떠안아야 했기 때문에 많은 가정이 무너졌다."고 하면서, "국가와 사회발전에 기여해 오신 우리 어르신들이 건강하고 품위 있는 삶을 살 수 있도록 지원하는 것은 국가가 해야 할 책무"라고 강조했다.

한 한 연구에 따르면 전 세계의 알츠하이머병 환자의 약 1/3이 잠재적으로 수정 가능한 요소에 의해 발생하며, 심혈관질환(예 : 신체적 비활동, 흡연, 중년 고혈압, 중년 비만, 당뇨)과 우울증의 발병률을 낮추는 방법을 통해서 알츠하이머병 발병을 감소시킬 수 있다.

중년 노인들이 알츠하이머병을 예방하기 위해서는 다음의 생활습관을 실행한다.

- 고혈압, 당뇨, 심장병, 높은 콜레스테롤을 초기에 치료한다.
- 우울증을 치료한다.
- 흡연 및 과음은 절제한다.
- 즐겁게 할 수 있는 일이나 취미활동을 지속한다.
- 머리 부상을 피한다.
- 약물남용을 피한다.
- (특히 노인의 경우) 환경이나 생활방식을 급격하게 바꾸어 혼란을 주는 것을 피한다.
- 체력에 맞게 일주일에 3일 이상 하루 30분 이상 적절한 운동을 한다.
- 건강한 식이생활을 한다.

만성 하기도질환

호흡기는 산소를 흡수하고 이산화탄소를 배출하는 역할을 한다. 호흡기 중 하기도란 호흡기의 아랫부분, 즉 기관, 기관지, 폐와 폐포까지를 말한다. 기관은 가슴 가운데서 주기관지로 나뉘고 계속 갈라져 나가 약 3억 개의 폐포에 이른다. 폐포는 얇은 그물 모양의 혈관들로 둘러싸여 있는데, 이 폐포에서 입과 코를 통해 들어온 공기 중의 산소와 몸속에서 만들어진 이산화탄소가 교환된다.

하기도 질환은 만성폐쇄성폐질환, 천식, 기관지 확장증을 총칭한 개념이다. 통계청에 따르면 만성 하기도질환(6,992명, 2.5%)은 2016년 우리나라 10대 사망원인 중

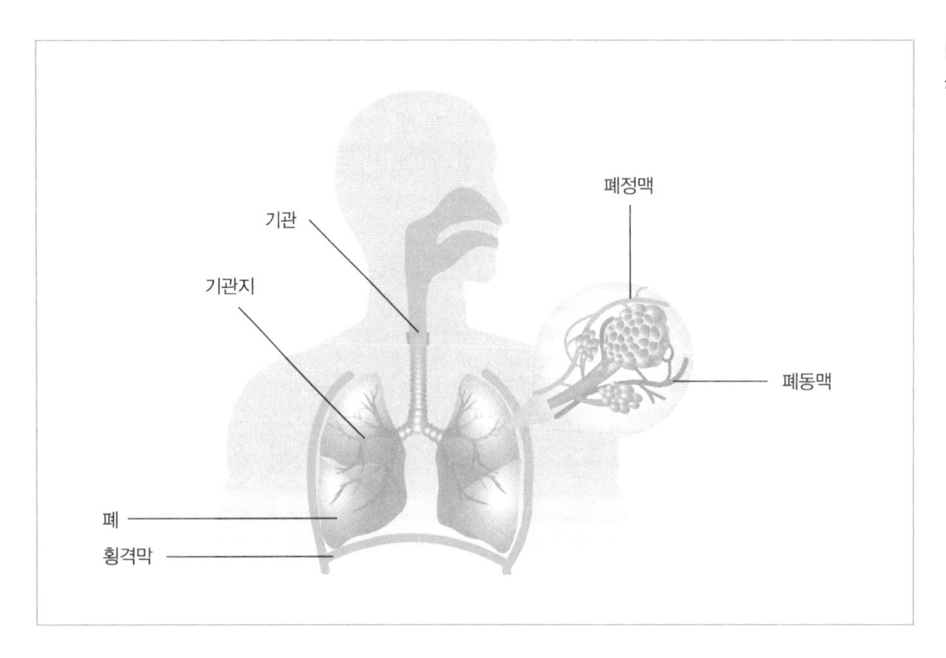

[그림 7.6]
하기도

7위를 차지했으며 10년 전과 비교했을 때 순위가 높아진 질환 중 하나이다. 하기도 질환은 주로 기침, 가래, 호흡곤란 등이 주 증상이며 발생원인과 예후가 다양하다. 암이나 심혈관질환 등에 비해 대수롭지 않게 여길 수 있으나 실제로는 심해지면 입원치료를 받아야 하거나 사망에 이르기도 한다. 특히 다음에 설명한 만성폐쇄성폐질환은 폐암의 위험인자로 작용할 수도 있다.

만성폐쇄성폐질환

만성폐쇄성폐질환(chronic obstructive pulmonary disease, COPD)이란 담배, 가스, 유해물질로 인해 폐에 비정상적인 염증반응이 일어나면서 점차 기도가 회복될 수 없는 상태로 폐쇄되어 발생하는 호흡기질환이다. 과거에는 만성폐쇄성폐질환을 폐기종[5], 만성기관지염[6]으로 분류하기도 하였으나 최근에는 폐기종과 만성기관지염

5 기관지나 폐에 생긴 염증 때문에 숨을 쉴 때 폐조직을 늘려주는 섬유가 파괴되어 폐포가 제기능을 못하게 되는 상태

6 기관이나 기관지 내에 많은 양의 점액이 생겨 2년 연속 매년 최소한 3개월 이상 동안 기침과 가래가 나오는 증상

은 만성폐쇄성폐질환의 일부 증상이라고 하여 따로 구분하지 않고 모두 만성폐쇄성폐질환으로 부르게 되었다.

위험인자는 감염, 대기오염, 직업적 노출 등이 있지만 가장 중요한 원인은 흡연이다. 담배를 피우는 사람의 경우 약 4,000여 종의 독성 화학물질을 흡입함으로써 기관지와 폐의 기능이 손상되는데, 전체 만성폐쇄성폐질환 환자의 약 80~90%가 흡연자다. 이런 높은 유병률에도 불구하고 흡연자 중 잠재 환자의 92%가 병원진료조차 받지 않을 정도로 방치되고 있는 실정이다. 이러한 상황이 심각한 이유는 폐기능이 반 이상 손상되기 전까지는 증상이 거의 나타나지 않아 조기진단이 어렵고, 한번 손상된 폐기능은 다시 회복되지 않기 때문이다. 따라서 만성폐쇄성폐질환 환자에게는 금연이 필수적이다. 금연을 장려하기 위해서 우리나라에서는 금연 동기강화, 흡연으로 인한 장애 감소, 금연하는 사회적 규범 조성, 흡연을 유도하는 자극 감소 등의 프로그램을 통해 니코틴 중독을 관리하고 있다. 그런데 연구에서는 젊은 흡연자의 경우 상대적으로 자신이 더 건강하다고 생각하기 때문에 금연을 주저하는 경향을 보이며, 학업 또는 업무 스트레스가 상대적으로 더 크기 때문에 니코틴 의존성이 높다는 결과가 나왔다(Yun et al., 2017). 제10장에서도 흡연에 대해 다룬다.

천식

천식(asthma)이란 기관지에 만성염증이 생겨 점막이 붓고 근육이 경련을 일으키면서 숨이 차고 쌕쌕거리는 숨소리를 내며 기침을 심하게 하는 증상을 가진 질환이다. 천식은 아토피와 같은 유전적 요인과 바이러스 알레르기항원, 직업적 노출 등의 환경적 요인이 합쳐져서 나타나고, 주로 어린이와 중 · 고령층에서 많이 증가하고 있다. 우리나라 보건복지부의 2015년 성인 대상 조사에서도 성인 전체의 3.1%가 의사로부터 천식이라고 진단을 받은 적이 있다고 답했고, 그중 70대가 5.1%로 가장 많았다. 2016년 청소년을 대상으로 한 조사에서는 9.1%가 의사로부터 천식 진단을 받은 경험이 있다고 답했다.

천식은 유전의 영향이 중요하다는 연구결과들이 있으나, 유전적 요인 못지않게 성장하면서 접하게 되는 환경적 요인의 중요성도 무시할 수 없다. 유전적 요인과 주위환경에 있는 천식 유발요인들의 상호작용하여 면역체계에 혼란을 일으키고 그로 인해 천식이 발병하기 때문이다. 그러므로 부모로부터 알레르기 체질을 물려받았더라도 주변환경 관리를 통해 천식의 발병을 막을 수 있다.

천식을 유발하는 환경적 요인인 원인물질을 알레르겐(allergen)이라고 하며 대표적인 알레르겐에는 집먼지 진드기, 꽃가루, 곰팡이, 동물 털이나 각질, 바퀴벌레, 식품, 화학물질 등이 있다. 또 천식을 악화시키는 악화요인에는 감기, 직접 및 간접흡연, 공해, 방부제와 같은 산화방지제, 차고 건조한 환경에서의 운동, 기후변화, 황사와 미세먼지, 스트레스 등이 있다.

천식을 제대로 치료하지 않으면 호흡 곤란으로 인하여 일상생활이 힘들 뿐만 아니라 심할 경우 생명에 지장을 초래할 수도 있다. 또 만성적인 질환이므로 꾸준한 치료와 자기관리가 필요한데, 특히 조기에 발견하여 적절한 치료를 받고 관리를 한다면 더 이상 나빠지지 않는 상태로 유지가 가능하다. 이런 의미에서 최근 천식의 치료 목표는 '완벽한 조절상태에 도달하도록 하고 이를 유지하는 것'으로 바뀌었다. 여기서의 완벽한 조절상태란 주간 증상, 야간의 호흡 곤란이나 수면장애, 일상적인 활동에 있어서의 제한, 천식의 악화 등이 없어야 하며, 증상 완화제의 사용이 거의 없이 정상적인 폐기능을 유지하는 경우를 뜻한다.

천식의 악화요인으로 언급했던 스트레스는 통제 가능하니 주의를 기울일 필요가 있다. 실제로 시험기간이나 집안일로 인한 문제가 생기는 스트레스 상황에서 천식 증세가 악화되는 경우가 있다. 청소년을 대상으로 한 국내의 연구에 따르면 주관적 스트레스 인지에 대해 '없음'이라고 응답한 군에 비해 '많음'이라고 응답한 군에서 천식 유병 위험이 1.45배 높게 나타났다(박지혜, 2016). 스트레스 관리를 통해 심리학자가 증상조절을 도울 수 있다.

또 한편으로 천식으로 인해 스트레스가 발생할 수도 있다. 청소년기의 천식은 반복적인 천명(호흡 시 쌕쌕 소리가 나는 것), 호흡 곤란, 가슴 답답함 등 자신이 다른 사람들과 다르다는 것으로 인해 자아존중감이 저하되고, 사회적 · 신체적 활동 참여를 제한함으로써 정상적 발달을 방해할 수 있다(Katon, 2010). 청소년 시기는 신체상의 변화에 가장 민감한 시기이므로 알레르기 질환을 갖고 있다는 것 자체가 하나의 스트레스일 것이다. 그러다 보니 천식은 청소년의 신체적 · 정신적 건강, 그리고 건강 관련 삶의 질에도 악영향을 미친다(Rutishauser, Sawyer, & Bowes, 1998). 성인 천식 환자 또한 천식으로 인한 일상활동의 제한과 수면장애, 피로 등을 경험하며 사회 활동의 제한으로 인한 스트레스를 겪고 있다. 스트레스는 부정적인 정서 경험을 하게 함으로써 증상을 악화시킬 뿐 아니라 전반적인 삶의 질을 저하시킨다(Park et al., 2000).

그러므로 천식치료에는 약물치료와 더불어 천식을 올바로 이해하고 관리할 수 있도록 교육과 심리치료를 포함시켜 환자 스스로 긍정적이고 효율적으로 대처할 수 있도록 준비시켜야 한다. 집먼지 진드기 알레르기성 천식으로 면역요법을 받는 환자들에게 천식관리 교육 프로그램을 적용한 연구결과, 교육 프로그램을 받은 실험집단은 질병 관련지식이 증가하고 질병 관련 스트레스는 감소했으며 자아효능감이 증가하였다(유양숙, 조옥희, 정혜선, 2004).

기관지 확장증

기관지 확장증(bronchiectasis)은 기관지가 영구적으로 지름 2mm 이상 늘어나 있는 상태를 뜻한다. 정상적인 기관지 내벽은 점액으로 덮여 있어 외부에서 들어온 세균, 먼지 등이 점액에 붙어 섬모에 의해 밖으로 배출되는데 이것이 가래이다. 그런데 감염 혹은 기타의 이유로 기관지 벽의 섬모들이 손상을 입게 되면 점액이 잘 배출되지 않게 되고 폐의 세균 및 먼지 등에 대한 청소기능을 하는 기관지 내벽은 오히려 세균의 번식장소가 된다. 세균 번식에 의해 기관지에 만성적인 염증이 일어나면 결국은 기관지가 파괴되어 늘어나게 되는데, 늘어난 기관지는 다시 정상상태로 돌아오지 않는다. 이러한 증상 부위는 부분적일 수도 있고 폐 전체에 걸쳐 광범위하게 나타날 수도 있다. 이때 침범된 기도는 염증, 점막 부종 등으로 기관지 비틀림 및 기도 분비물에 의한 기관지 폐쇄를 보인다.

기관지 확장증 환자는 주로 반복적인 기침과 발열, 화농성 가래 등의 증상을 보이며 점막에서 출혈이 일어나는 경우 피가 섞인 가래(혈담)가 나타날 수 있다. 심한 경우에는 기관지 동맥에서 출혈이 발생하여 객혈로 이어질 수 있는데, 객혈은 생명을 위협할 수도 있으므로 빠르게 내원하여 치료를 받아야 한다.

기관지 확장증 환자는 결핵 등의 호흡기 감염에 취약하며 천식 및 만성폐쇄성폐질환으로 이병률이 높아 예후가 좋지 않다(Keistinen, Saynajakangas, Tuuponen, & Kivela, 1997). 또한 기관지 확장증의 증상인 지속적인 기침, 가래 때문에 수면문제를 겪을 수 있고 만성적인 증상으로 인한 우울, 불안과 같은 심리적 고통을 호소할 수 있다.

만성질환의 영향과 관리

우리나라는 급격한 경제 성장으로 인하여 식생활이 서구화되고 교통이 발달하여 활동량이 감소하게 됨으로써 비만, 순환계질환, 당뇨병, 암 등과 같은 만성질환이 점점 증가하고 있다.

만성질환이 위험한 이유는 사망의 주요원인이 되기 때문이다. 2016년 통계청 사망원인 통계에 의하면 만성질환으로 인한 사망은 전체 사망의 약 81%[7]를 차지하며, 우리나라 사망원인 상위 10위 중 7개[8]를 차지하고 있고, 그중 4대 만성질환(심혈관계 질환, 당뇨병, 만성 호흡기질환, 암)으로 인한 사망률은 인구 10만 명당 313.8명으로 만성질환으로 인한 사망 중에서도 약 70%를 차지한다.

또 만성질환의 경우 장기간 치료를 받아야 하기 때문에 경제적 부담이 클 수밖에 없다. 만성질환으로 인한 경제적 부담은 2014년 기준 44조 원으로 전체 진료비의 84%를 차지하였다.

만성질환과 삶의 질

만성질환은 질환을 앓는 환자와 그 가족의 정서와 삶의 질에 영향을 미쳐 치료과정

---

7 총사망률(인구 10만 명당 명) 549.4명 중 감염 및 손상(질병이환 및 사망의 외인)에 의한 사망률인 102.9명을 제외한 비감염성 질환의 사망률은 446.5명이었음

8 암, 심장질환, 뇌혈관질환, 당뇨병, 만성 하기도질환, 간질환, 고혈압성 질환

이 순조롭지 못하고 재발을 쉽게 만든다.

대표적으로 암 환자는 암 진단 자체뿐 아니라 항암화학요법으로 인한 신체적인 증상을 경험하면서 약물치료가 필요한 중등도의 우울을 보인다(Fox & Lyon, 2006). 암 환자의 우울은 삶의 질에 부정적인 영향을 미친다(Reyes-Gibby, Anderson, Morrow, Shete, & Hassan, 2012). 유방암 환자 대상의 연구에서도 우울과 불안이 삶의 질에 가장 큰 요소였고(이정란, 2016), 대장암을 비롯한 암 환자의 삶의 질에 우울이 가장 중요한 요소임을 보고하였다(Tsunoda et al., 2005; Kim & Kim, 2015; Baek & Yi, 2015).

암 환자의 삶의 질은 항암화학요법 종료 직후에 가장 낮았는데, 이때 우울의 영향력이 70%로 가장 큰 것으로 나타났고 항암화학요법 종료 6개월 시점에서도 우울이 암증상에 비해 삶의 질에 미치는 영향력이 컸다(오복자, 임수연, 2017). 암 환자의 우울은 재발에도 영향을 미칠 수 있으므로(Park, Jun, Kang, Joung, & Kim, 2009) 우울을 우선적으로 관리해야 할 필요가 있다.

만성폐쇄성폐질환 환자도 정상인보다 이동, 자가 간호, 일상생활에 어려움이 있고 통증 · 불편감, 불안 · 우울을 많이 경험한다. 따라서 증상을 감소시키기 위한 약물치료와 더불어 증상관리 교육과 운동, 정서적 지지 등 포괄적 접근이 이루어져야 한다.

국민건강영양조사에 따르면 성인의 23.6%는 2개 이상의 만성질환을, 7.9%는 3개 이상의 복합적인 만성질환을 가지고 있다. 연구결과(Fortin et al., 2004), 3~4개 이상의 동반질환을 가진 환자들의 경우 심리사회적 삶의 질 영역이 유의하게 감소되는 것으로 밝혀졌다.

만성질환의 관리

만성질환의 치료는 완치보다는 증상 경감과 악화지연, 합병증 예방이 목표이다(Gellad, Gernard, & Marcum, 2011). 따라서 위험요인을 피하고 보호요인을 증가시킬 수 있도록 자기관리를 해야 한다.

Darnton-Hill 등(Darnton-Hill, Nishida, & James, 2004)은 만성질환의 위험요인

으로 아동기의 경우 사회경제적 요인, 질환, 성장률에 의해, 청소년기는 비만, 신체활동 결여 및 흡연에 의해, 성인기 이후에는 식행동, 신체활동 및 생리적 요인에 의해 영향을 받는다고 하였다. 따라서 만성질환을 예방하고 관리하기 위해서는 흡연, 음주, 부적절한 식습관, 신체활동 부족과 같은 위험요인을 피하고 적극적인 진단, 금연, 절주, 식습관개선, 적절한 신체활동, 혈압조절, 적정체중 유지, 혈중 콜레스테롤 조절, 혈당조절이 필요하다.

만성질환자는 꾸준한 생활습관 관리를 통해 건강을 유지해야 하므로, 환자의 일상생활 안에서 주기적으로 교육, 점검 및 관리를 받을 수 있는 의료기관의 역할이 매우 중요하다. 이에 정부는 보건소 중심의 만성질환 관리사업을 강화하고 있다.

또한 만성질환자의 건강관리에는 환자 본인의 역할이 중요하다. 따라서 만성질환자를 대상으로 한 교육과 심리 서비스는 단지 '무엇을 해야 하는가'에 대해 알려주기보다 자신이 건강관리에서 중심 역할을 해야 함을 인식하도록 하고 정서적인 지지가 더해져야 한다.

참고문헌

국가암정보센터(2013, 10, 18). 암 예방과 검진. http://www.cancer.go.kr/mbs/cancer/subview.jsp?id=cancer_010103010000

국가암정보센터(2017, 02, 22). 우리나라 호발암 원인. http://www.cancer.go.kr/mbs/cancer/subview.jsp?id=cancer_010101020000

김봉철, 최영준(2017). 흡연자의 낙관적 편견과 제3자 효과 : 폐암 및 담뱃갑 경고그림을 중심으로. 광고학연구, 28(5), 205-231.

대한노인정신의학회(2015). 노인정신의학. 엠엘커뮤니케이션.

박경, 전진수, 정선용(2013). 한국형 마음챙김 명상기반 스트레스 완화 프로그램 (K-MBSR) 이 유방암 환자의 심리적 증상, 수면 및 삶의 질에 미치는 효과. 스트레스硏究, 21(3), 249-262.

박지혜(2016). 우리나라 청소년의 알레르기 질환 유병 영향요인. 한국콘텐츠학회논문지, 16(3), 596-606.

보건복지부(2016). 국민건강영양조사 천식 의사진단경험률. 통계청. http://kosis.kr/statHtml/statHtml.do?orgId=117&tblId=DT_11702_N112&vw_cd=MT_ZTITLE&list_id=117_11702_B01&seqNo=&lang_mode=ko&language=kor&obj_var_id=&itm_id=&conn_path=E1

보건복지부(2016). 청소년건강행태온라인조사 천식 의사진단율. 통계청. http://kosis.kr/statHtml/statHtml.do?orgId=117&tblId=DT_117_12_Y086&vw_cd=MT_ZTITLE&list_id=117_11758_005&seqNo=&lang_mode=ko&language=kor&obj_var_id=&itm_id=&conn_path=E1

보건복지부(2016, 09, 07). 교통사고보다 위험한 흡연, 새 금연광고 방영. http://www.mohw.go.kr/front_new/al/sal0301vw.jsp?PAR_MENU_ID=04&MENU_ID=0403&CONT_SEQ=334131&page=1

오복자, 이은애(2013). 인지행동중재가 암 환자의 심리적 디스트레스, 자기간호 및 삶의 질에 미치는 효과. 성인간호학회지, 25(4), 377-388.

오복자, 임수연(2017). 대장암 · 위암 환자의 항암화학요법 시기에 따른 암 증상, 우울 및 삶의 질의 변화. 성인간호학회지, 29(3), 313-322.

유양숙, 조옥희, 정혜선(2004). 천식관리 교육 프로그램이 집먼지 진드기 알레르기성 천식환자의 질병관련 지식, 스트레스 및 자기효능감에 미치는 효과. 성인간호학회지, 16(4), 617-625.

이정란(2016). 유방암 환자의 항암화학요법 관련 인지기능 변화의 구조모형. 삼육대학교 박사학위 청구논문.

조현민, 유은광(2015). 부인암 환자의 우울, 가족지지가 회복탄력성에 미치는 영향, 한국웰니스학회, 10(4), 183-195.

주간조선(2008, 6). 항암식품 54가지. 물만 먹고 자라요, 20, 55-64.

중앙치매센터(2017). 치매 오늘은. https://www.nid.or.kr/info/today_list.aspx에서 검색

질병관리본부(2014). 2014년 질병관리본부 보건복지부 국민건강영양조사. http://meta.narastat.kr/metasvc/svc/SvcMetaDcDtaPopup.do?confmNo=117002&inputYear=2014

질병관리본부(2016). 국민건강영양조사 2015. 통계청. http://kosis.kr/statHtml/statHtml.do?orgId=117&tblId=DT_11702_N106&vw_cd=MT_ZTITLE&list_id=117_11702_B01&seqNo=&lang_mode=ko&language=kor&obj_var_id=&itm_id=&conn_path=E1

최민영, 김병관, 김지원, 이국래, 정지봉, 이재경, 정용진, 김원, 안동원, 김영훈, 주세경(2012). 대장암의 가족력이 대장 선종 발생에 미치는 영향. 대한소화기학회지, 60(1), 36-41.

통계청(2017). 2016년 사망원인 통계. 국가통계포털.

한국방사선학회(2016). 방사선치료중인 암환자의 사회적 지지가 삶의 질에 미치는 영향. 한국방사선학회 논문지, 10(3), 145-152.

한국치매협회(2017). 치매케어. http://www.silverweb.or.kr/load.v2.asp?subPage=620

American Cancer Society.(2013). Colorectal cancer facts and figures 2011-2013. Atlanta: American Cancer Society. https://www.cancer.org/content/dam/cancer-org/research/cancer-facts-and-statistics/colorectal-cancer-facts-and-figures/colorectal-cancer-facts-and-figures-2011-2013.pdf

Baek YA & Yi MS.(2015). Factors influencing quality of life chemotherapy for colorectal cancer patients in Shouth Korea. *Journal of Korean Academy of Nursing*, *45*(4), 604-612.

Beatty, L., Koczwara, B., & Wade, T.(2016). Evaluating the efficacy of a self-guided Web-based CBT intervention for reducing cancer-distress: a randomised controlled trial. *Supportive Care in Cancer*, *24*(3), 1043-1051.

Bertram, L & Tanzi, R. E.(2004). The current status of Alzheimer's disease genetics: what do we tell the patients? *Pharmacological Research*, *50*(4), 385-396.

C. Rutishauser, S. M. Sawyer, & G. Bowes.(1998). "Quality-of-life assessment in children and adolescents with asthma," *The European respiratory j*, *12*(2), 486-494.

Darnton-Hill, Nishida, & James.(2004). A life course approach to diet, nutrition and the prevention of chronic diseases. *Public Health Nutrition*, *7*(1A), 101-121.

Fortin M, Lapointe L, Hudon C, Vanasse A, Ntetu A, & Maltais D.(2004). Multimorbididty and quality of life in primary care: A systematic review. *BioMed Central Health and Quality of Life Outcomes*, *2*, 1-12.

Fox SW & Lyon DE.(2006). Symptom clusters and quality of life in survivors of lung cancer. *Oncology*

Nursing Forum, *33*(5), 931-936.

Hinz, A., Krauss, O., Hauss, J, P., Hockel, M., Kortmann, R. D., Stolzenburg, J. U., & Schwartz, R.(2010). Anxiety and depression in cancer patients compared with the general population. *European Journal of Cancer Care*, *19*, 522-239.

Hyosang Yoo, Dong Wook Shin, Ansuk Jeong, So Young Kim, Hyung-kook Yang, Jun Suk Kim, Ji Eun Lee, Jae Hwan Oh, Eun-Cheol Park, & Keeho Park.(2017). Perceived social support and its impact on depression and health-related quality of life: a comparison between cancer patients and general population. Japanese *Journal of Clinical Oncology*, *47*(8), 728-734.

Katon, W.(2010). Asthma, suicide risk, and psychiatric comorbidity. *The American Journal of Psychiatry*, *167*, 1020-1022.

Keistinen T, Saynajakangas O, Tuuponen T., & Kivela SL.(1997). Bronchiectasis: an orphan disease with a poorly-understood prognosis. *The European Respiratory Journal*, *10*(12). 2784-2787.

Kim JH & Kim HJ.(2015). Influences of symptom experience and depression on quality of life in colorectal cancer patients with stoma reversal. *Journal of Korean Biological Nursing Science*, *17*(4), 306-314.

Lambert, J.-C. & Amouyel, P.(2011). Genetics of Alzheimer's disease: new evidences for an old hypothesis? *Current opinion in Genetics & Development*, *21*(3). 295-301.

Lee, H. B. & Lyketsos, C. G.(2003). Depression in Alzheimer's disease: heterogeneity and related issues. *Biological Psychiatry*, *54*(3), 353-362.

Lengacher CA1, Bennett MP, Gonzalez L, Gilvary D, Cox CE, Cantor A, Jacobsen PB, Yang C, Djeu J., (2008). Immune Responses to Guided Imagery During Breast Cancer Treatment. *Biological Research for Nursing*, *9*(3), 205-214.

Marieke F. M. Gielissen, Stans Verhagen, Fred Witjes, Gijs Bleijenberg.(2006). Effects of Cognitive Behavior Therapy in Severely Fatigued Disease-Free Cancer Patients Compared With Patients Waiting for Cognitive Behavior Therapy: A Randomized Controlled Trial. *Journal of Clinical Oncology*, *24*(30), 4882-4887.

Park JH, Jun EY, Kang MY, Joung YS, & Kim GS.(2009). Symptom experience and quality of life in breast cancer survivors. *Journal of Korean Academy of Nursing*, *39*(5), 613-621.

Park, J. W., Cho, Y. S., Lee, S. Y., Nahm, D. H., Kim, Y. K., Kim, D. K., Sohn, J. W., Park, J. K., Jee, Y. K., Cho, Y. J., Yoon, H. J., Kim, M. K., Park, H. S., Lee, Y. K., Kim, N. S., & Hong, C. S.(2000). Multi-center study for the utilization of quality of life questionnaire for adult Korean asthmatics (QLQAKA). *J Asthma Allergy Clin Immunol*, *20*(3), 467-479.

Reyes-Gibby CC, Anderson KO, Morrow PK, Shete S, & Hassan S.(2012). Depressive symptoms and health -related quality of life in breast cancer survivors. *Journal of Women's Health*, *21*(3), 311-318.

Sanford I Finkel.(2003). Behavioral and psychologic symptoms of dementia. *Clin Geriatr Med*, *19*(4), 799-824.

Schoenbaum.(1997) Do Smokers Understand the Mortality Effects of Smoking? Evidence from the Evidence Health and Retirement Survey. *American Journal of Public Health*, *87*(5), 755-759.

Small, B. J., Rosnick, C. B., Fratiglioni, L., & Backman, L.(2004) Apolipoprotein E and cognitive performance: a meta-analysis. *Psychology and aging*, *19*(4). 592-600.

Tsunoda A, Nakao K, Hiratsuka K, Yasuda N, Shibusawa M, & Kusano M.(2005). Anxiety, depression and quality of life in colorectal cancer patients. *International Journal of Clinical Oncology*, *10*(6), 411-417.

Walid F. Gellad, Jerry L. Grenard, & Zachary A. Marcum.(2011). A systematic review of barriers to medication adherence in the elderly: Looking beyond cost and regimen. *The American Journal of Geriatric Pharmacotherapy*, *9*(1), 11-23.

W. Cui, M. M. Zack, & H. S. Zahran.(2015). "Health-related quality of life and asthma among United States adolescents," *The J. of Pediatrics*, *166*(2), 358-364.

Weihs, K. L., Enright, T. M., & Simmens, S. J.(2008). Close relationships and emotional processing predict decreased mortality in women with breast cancer: Preliminary evidence. *Psychosomatic Medicine*, *70*, 117-124.

Würtzen, H., Dalton, S. O., Elsass, P., Sumbundu, A. D., Steding-Jensen, M., Karlsen, R. V., & Johansen, C.(2013). Mindfulness significantly reduces self-reported levels of anxiety and depression: results of a randomised controlled trial among 336 Danish women treated for stage I-III breast cancer. *European Journal of Cancer*, *49*(6), 1365-1373.

Yun Su Sim, Ji-hyun Lee, Won-yeon Lee, Dong In Suh, Yeon-mok Oh, Jong-seo Yoon, Jin Hwa Lee, Jae Hwa Cho, Cheol Seok Kwon, & Jung Hyun Chang.(2017). Spirometry and Bronchodilator Test, *Tuberculosis and Respiratory Diseases*, *80*(2), 105-112.

Zhang, J., Xu, R., Wang, B., Wang, J.(2016). Effects of mindfulness-based therapy for patients with breast cancer: A systematic review and meta-analysis, *Complementary Therapies in Medicine*, *26*, 1-10.

만성질환 II

심장질환, 고혈압, 뇌졸중, 제2형 당뇨병

01_ 심혈관계 질환군에 속하는 대표적 질환에 대해 살펴보고, 주요 질환과 심리학적 요인의 연관성을 알아본다.

02_ 관상동맥 질환의 생리적 기제와 원인 및 증상에 대해 알아보고, 심장질환에 잘 걸리는 성격 및 행동양상에 대해 배운다.

03_ 고혈압, 뇌졸중, 제2형 당뇨병의 유병률과 생리적 기제, 위험요인에 대해 알아본다.

04_ 심혈관계 질환의 사회심리적 개입과 그 결과에 대해 살펴본다.

소위 현대병으로 불리는 '심혈관계 질환'의 발병률이 고령층뿐만 아니라 젊은 층에서도 증가하고 있다. 질병관리본부에서 조사한 2016년 만성질환 현황과 이슈 보고서에 따르면, 심혈관계 질환은 암에 이어 두 번째로 순위가 높은 사망원인이며, 관상동맥 질환은 지난 20여 년간 그 유병률이 5배 가까이 빠르게 증가하고 있다.

이 장에서는 심혈관계 질환인 관상동맥 질환, 고혈압, 뇌졸중, 제2형 당뇨병 등의 생리적 기전과 증상, 의료적 개입법 등을 살펴본다. 또한 역학조사를 통해 밝혀진 조절 가능한 위험요인과 조절 불가능한 위험요인을 알아보고 질환에 대처하는 방법에 대해서도 알아본다.

“나는 제2형 당뇨병이 있는데 그렇다고 죽지는 않죠.
그저 올바르게 먹고 운동하고 살을 빼면 평생 건강히 잘 지낼 거예요.”

– 톰 행크스

심장질환

심장질환의 생리학

심혈관계 생리학 : 관상동맥을 중심으로

심혈관계(Cardiovascular system)는 심장(영어 cardio)과 혈관(영어 vascular)이 합쳐져 이루어진 단어이다(그림 8.1 참조). 심혈관계의 기본 기능은 산소와 영양분이 가득한 혈액을 몸 전체로 보내고, 이산화탄소와 노폐물을 밖으로 배출하는 것이다. 심장에는 4개의 방(chamber)이 있는데, 오른쪽과 왼쪽 각 2개씩의 심방과 심실이 있다. 심방은 말초에서 심장으로 들어오는 혈액이 모이는 곳이며, 심실은 심장근육이 수축하여 심장 밖으로 혈액을 내보내는 곳이다.

심장은 일정한 리듬을 두고 수축과 이완을 반복하는데, 이를 **심주기**라고 한다. 따라서 심주기에는 심장수축기와 심장이완기 두 단계가 있다. 심장수축기 때 혈액은 심장 밖으로 내뿜어져 혈관을 압박하므로 혈압이 상승한다(갑자기 수도꼭지를 열었을 때 호스가 부풀며 꿈틀거리는 모습을 상상해보라). 심장근육이 이완되는 심장이완기에는 혈액이 심장으로 들어오며 혈압이 하강한다. 심장의 근육(심근)은 밤낮으로 쉬지 않고 일을 할 수 있도록 특수 설계되어 있다.

관상동맥(coronary artery)은 심근에 산소와 영양분을 공급하는 대동맥이다. 관상동맥은 왕관을 뒤집어 놓은 모양과 비슷하게 생겨서 라틴어인 *coronary*(관 모양)를 차용해서 관상동맥이라고 부른다. 오른쪽과 왼쪽 양쪽에 있는 관상동맥은 각기 소동맥이라 불리는 작은 혈관으로 이어지며 이어 모세혈관으로 이어진다.

심혈관계 질환(cardiovascular disease, CVD)은 심장의 관상동맥 이상으로 심장근육에 산소 공급이 중단되어 여러 증상이 나다는 질환이다. 대표적인 증상으로 **관상동맥 심장질환**(coronary heart disease, CHD)이 있으며, 이 외에도 협심증 · 심근경색증 등이 심혈관계 질환에 포함된다. 심혈관의 문제가 다른 혈관의 흐름을 방해하거나 문제를 발생시키는 경우가 있는데, 이런 2차적인 피해 때문에 발생하는 대표적인 질환은 뇌혈관계 질환이다. 그중에는 **뇌졸중**(stroke)이 있으며, 심혈관에서

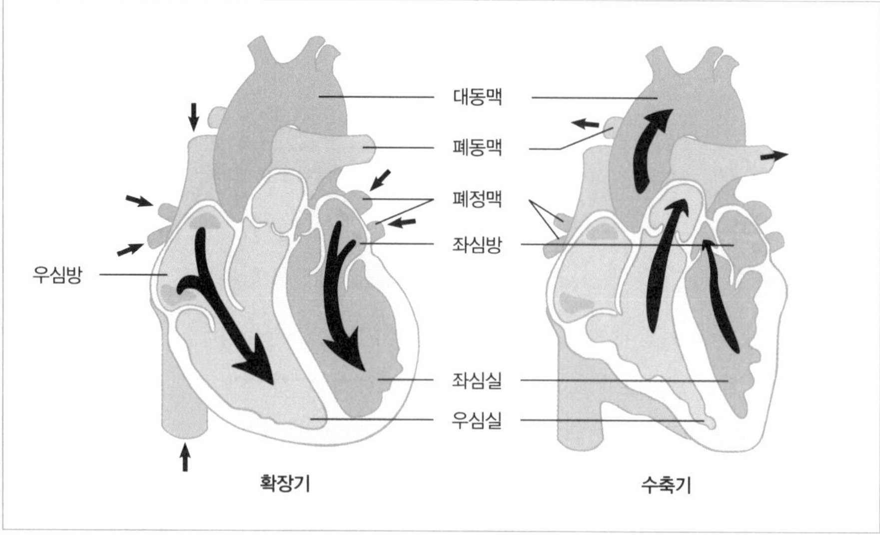

대동맥
폐동맥
폐정맥
좌심방
우심방
좌심실
우심실
확장기
수축기

[그림 8.1]
심장 내부에서 수축, 이완이 이뤄지는 체계

말초에 있는 미세혈관의 혈류에서 기능이 저하될 때 나타나는 고혈압 등도 심혈관계 질환에 포함된다.

심장질환의 원인

노후된 수도관에서 물을 틀었더니 물이 조금씩밖에 안 나오는 것을 본 경험이 있는가? 이런 경우는 대부분 수도관에 이물질이 쌓여서 수도관 내부에서 물의 흐름이 방해를 받을 때 일어나는 현상이다. **죽상경화증**(atherosclerosis)은 이와 비슷한 원리로 동맥 내부에 콜레스테롤이 오랫동안 쌓여서 **죽상판**(atheromatous plaques, 죽 같은 모양의 판)이라는 이물질이 생기고, 이로 인해 혈관이 좁아지는 질환이다(그림 8.2). 죽상판은 혈액의 흐름을 방해하는 것 외에도 혈전[1]을 만들기도 해서 혈관을 막는 데 일조한다. 죽상판과 혈전은 혈액이 신체조직에 산소와 영양분을 제공해주는 것을 방해하고 신체기능을 저하시킨다.

동맥경화증(arteriosclerosis)은 혈관이 경화되는(딱딱해지는) 것을 말한다. 딱딱하

1 혈관 벽에 상처를 입었을 때 출혈을 멈추기 위해 자연적으로 생성되는 혈액 응고물

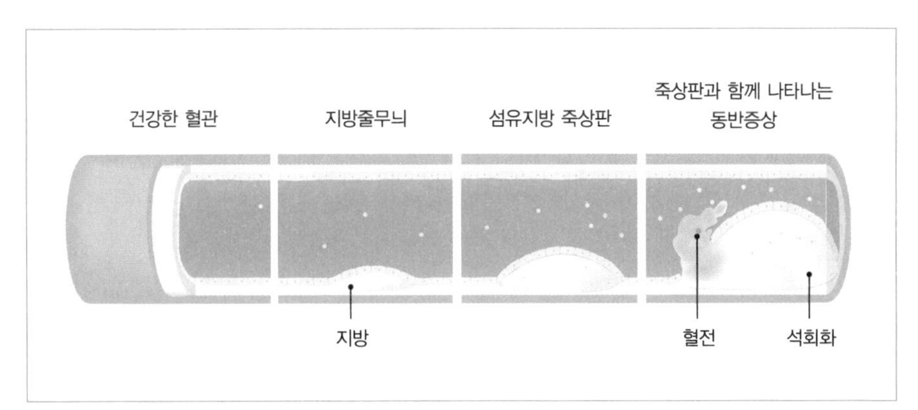

[그림 8.2]
죽상경화증이 진행되는 단계 동맥 안쪽에 콜레스테롤인 지질이 축적되어 지방줄무늬를 만들고, 이후 섬유성 지질 죽상판이 생긴다. 복합 죽상판이 만들어질 때는 혈전과 석회화가 일어나서 혈관에 손상을 일으킨다.

게 굳은 고무줄을 늘이려 해도 잘 늘어나지 않듯 탄력성을 잃은 혈관은 심장수축기 때 심장에서 혈액을 방출하는 힘을 견딜 수 없게 되므로 압력이 높아지게 된다. 동맥경화증은 천천히 오랜 시간에 걸쳐 진행되기 때문에 주로 노인들에게 문제가 되었지만, 최근 서구화된 식생활과 생활 패턴의 영향으로 증상이 나타나는 연령이 점차 낮아지고 있다.

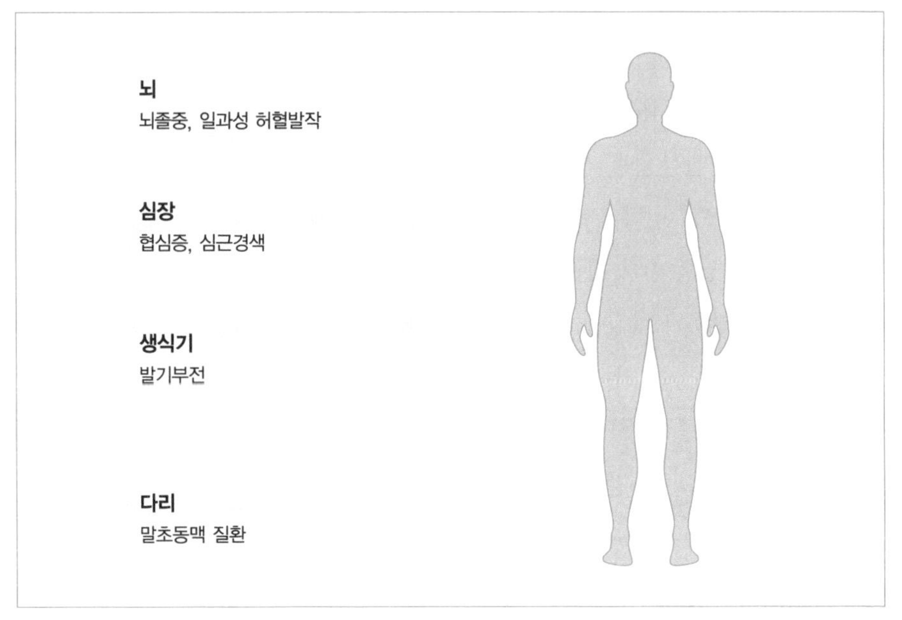

[그림 8.3]
죽상경화증의 합병증

동맥경화증과 죽상경화증은 보통 동시에 일어난다. 둘 다 전신의 동맥에 발생할 수 있으며, 특히 관상동맥에 생기면 흔히 심장마비라고 하는 협심증이나 심근경색증을 일으키기도 하며, 뇌혈관에 생기면 흔히 중풍이라고 말하는 뇌졸중이 생길 수 있다. 말초혈관에 생기면 손 혹은 발끝 조직이 손상되어 팔이나 다리 일부를 절단하는 경우가 생길 수도 있다.

심장질환의 증상

관상동맥에 죽상경화증과 동맥경화증이 진행되어 혈관이 막히거나 좁아지게 되면, 심장에 충분한 혈액이 공급되지 않는다. 그래서 환자가 가슴부위에 통증을 느끼게 된다.

협심증(angina pectoris)은 이렇게 혈관이 좁아져 심장근육으로의 혈액 공급이 제한을 받는 허혈(ischemia, 조직의 빈혈상태) 현상이 일어난 경우다. 협심증의 증상은 주로 가슴의 통증이지만, 일부 환자(약 10~15%)의 경우 통증 없이 소화불량, 가슴 쓰림, 땀, 구토 등의 증상을 느끼거나 숨이 차다고 호소하기도 한다. 협심증 환자는 평소에 휴식을 취하거나 안정적인 상태일 때는 어느 정도 심장근육에도 혈액이 공급이 되어 증상이 없다가 격렬한 운동을 하거나, 또는 정신적으로 스트레스를 받는 경우 등 심장이 평소보다 더 많은 일을 해야 할 때 가슴의 통증을 경험하게 된다. 보통 영구적인 손상은 남기지 않고 휴식을 취하면 5분 이내에 가라앉는다.

심근경색(myocardial infarction)은 관상동맥 내부를 혈전들이 가로막아 심장근육으로 가는 혈류가 완전히 차단되어 조직이 썩기 시작하는 경우다. 일반인들이 심장마비, 혹은 심장발작이라고 부르는 질환이다. 심근경색증은 협심증과 같은 가슴부위의 통증으로 나타나는데 증상의 강도가 협심증보다 훨씬 높아서 죽을 것 같은 공포감을 느낄 정도이다. 1시간 정도 증상이 지속되면 실신하여 사망하는데 이것이 전형적인 심장마비 돌연사이다. 만약 증상이 10분 이상 지속되면 즉시 응급치료를 받고, 병원에 가야 한다. 심근경색이 발생하면 심장근육의 세포가 죽게 되어 심장에 영구적인 손상을 입게 된다. 노인이나 당뇨병 환자의 경우 흉통 없이 호흡곤란, 실신, 발한, 창백한 피부와 같은 쇼크 증상만이 나타날 수 있다.

의료적 개입

관상동맥 질환의 의료적 개입법에는 약물치료와 외과적 수술이 있다.

약물치료 항협심증제인 니트로글리세린과 베타차단제는 좁아진 혈관을 확장시켜 혈액 공급이 잘 되게 하거나 심장의 과도한 운동을 줄여준다. 혈액 응고 방지제는 혈액이 동맥에서 혈전을 형성하는 것을 억제하는 약제로서 아스피린이 대표적이다.

심장 수술 혈액의 흐름을 개선하기 위한 수술로는 우회 혈관을 사용하는 방법과 관상동맥을 넓히는 방법이 있다. **관상동맥 우회술**(coronary artery bypass surgery)은 환자의 신체 일부에서(팔 다리의 혈관) 혈관 일부를 떼어내어 좁아진 관상동맥의 우회로를 만들어서 정상혈관과 연결시켜 심장근육으로 흐르는 혈류를 개선시키는 방법이다. 고속도로 정체가 심할 때 다른 국도나 길로 우회해서 목표지점으로 가는 것과 같다. 또한 관상동맥을 넓혀주기 위해서 안에 스텐트(금속성분의 그물망)나 풍선을 삽입하는 방법도 있다(그림 8.4 참조).

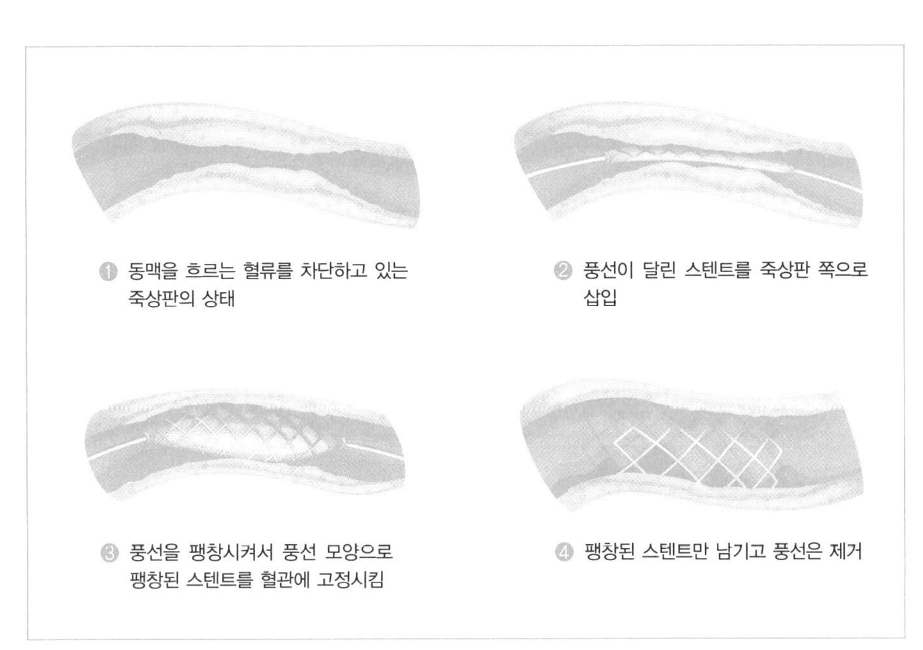

[그림 8.4]
풍선확장술 실시단계

심장질환의 위험요인 : 프레이밍햄 연구의 시사점

심혈관계 질환의 위험요인을 찾기 위해 1948년 토머스 도버(Thomas Dawber) 박사가 수행한 프레이밍햄(Framingham) 연구는 풍부한 연구결과를 제공했다. 미국 보스턴 근교 프레이밍햄에 거주하는 30~62세 5,290명의 구성원을 대상으로 심혈관계 질환이 없더라도 20년 후의 발생 여부를 예측하기 위해 종단연구를 설계했다. 다시 말해 모든 주민을 대상으로 매년 한 번씩 정기검진을 실시했고 지금까지도 진행되고 있다. 당시의 역학연구로서는 드물게 많은 여성이 참여했다는 점도 주목할 만하다. 연구자료가 축적되면서 심혈관계에 문제를 일으키는 주된 요인이 밝혀졌다. 다양한 위험요인들이 추출되었는데 크게 분류하면 조절 불가능한 요인(선천적인 요인), 조절 가능한 요인(행동 관련 요인, 생리적인 요인)으로 나뉜다. 여러 위험요인을 가진 환자는 1개의 위험요인을 가진 환자에 비해 심혈관질환의 발생 확률이 4배 이상 높았다. 이러한 연구결과를 토대로 생물학적 · 생활적 위험요인과 유전적 환경적 요소들의 상호작용을 통해 심혈관계 질환이 발생한다는 **위험요인 패러다임**(risk factor paradigm)이 제안되었고, 이는 현재 심혈관계질환에 대한 가장 설

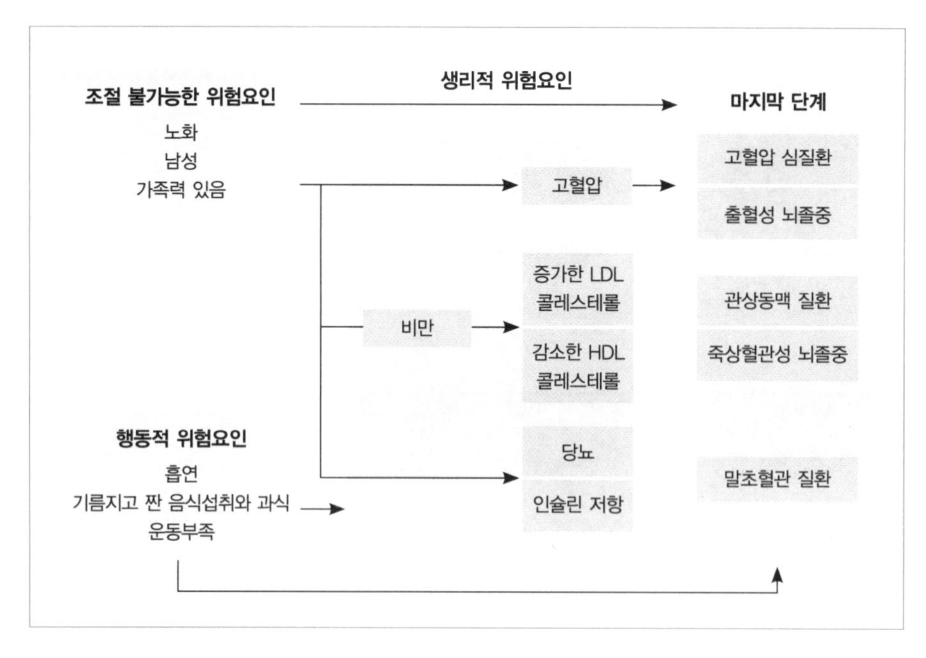

[그림 8.5] 심혈관계 질환의 확립된 위험요인과 상호관계

명력이 높은 다요인 모델로서 심혈관 위험 예측과 1 · 2차 예방의 근간이 되고 있다(Grundy et al., 1999).

조절 불가능한 요인

조절 불가능한 위험요인을 가지고 있다고 해서 심혈관질환에 반드시 걸린다는 뜻은 아니다. 이런 요인을 지닌 사람들을 심혈관질환 발생의 고위험군으로 분류할 뿐이다. 다만 조절 불가능한 위험요인에 해당하는 사람이라면 심혈관질환의 취약성을 깨닫고 건강한 삶을 살기 위해 노력하는 것이 중요하다. 조절 불가능한 위험요인에는 가족력, 노화, 성차별, 인종적 배경 등이 있다.

가족력과 나이 가족력이 있는 사람은 협심증이나 심근경색증에 걸릴 위험이 그렇지 않은 사람에 비해서 3~4배 높아 유전적인 요인이 크게 작용한다. 특히 55세 이전에 심장마비를 경험한 가까운 남자 친척이 있거나 64세 이전에 심장마비를 경험한 가까운 여자 친척이 있는 경우에 발병 위험이 더 높아진다. 연령 또한 강력한 요인으로서 남성은 45세, 여성은 55세 이후 위험이 증가한다고 본다.

성별 심혈관계 질환의 경우 남성이 완경기 전 여성에 비하여 발생 및 사망 위험도가 높으며, 완경기 이후에는 여성의 위험이 증가한다. 완경기 전에는 여성 호르몬인 에스트로겐이 혈관의 노화를 어느 정도 막기 때문이다. 또한 완경기 이후 체중 증가, 혈압, 콜레스테롤 및 중성지방 수준 상승 등의 심혈관계 위험요인이 함께 작용한다(Wing et al., 1991). 앞에서 언급했듯이 고령은 심혈관질환의 위험요인이기 때문에 남성보다 평균수명이 긴 여성들의 위험이 커진다.

대부분의 사람들은 아직까지도 여성은 심혈관계 질환의 위험이 작다는 의학적 편향을 가지고 있다. 의사들조차 여성들에게는 심장질환과 예방에 대한 상담을 덜 하는 경향이 있다(Stewart, Abbdy, Shnek, Irvine, & Grace, 2004). 여성에 대한 심혈관질환 연구도 부족해서 여성의 심혈관계 건강, 위험인자, 유병률에 대한 타당한 증거도 부족한 실정이다. 이로 인해 여성들은 자신들의 위험성에 대해 잘 모르고 있는 경우가 많다(Wilcox & Stefanick, 1999). 앞으로 여성의 심근경색에 대한 증상, 성에 민감한 진단기법, 에스트로겐의 역할, 효과적인 심장질환 관리, 여성의 스트레스 등에 대한 더 많은 연구가 이루어져야 할 것이다.

조절 가능한 요인

개인이 직접 조절할 수 있는 것들을 변화시킴으로써 심혈관질환의 발생 위험을 최소화시킬 수 있다. 고혈압, 비만, 콜레스테롤 수준, 흡연, 당뇨, 좌식 생활, 식단, 과도한 알코올 섭취 등이 조절할 수 있는 요인이다. 고혈압과 인슐린 저항성 당뇨는 이후 별도로 다룰 것이며, 심혈관질환과 상관이 높은 콜레스테롤 수준(고지혈증), 흡연, 비만 등에 대해 자세하게 살펴보고자 한다.

비만 심혈관계 질환의 발병은 체질량지수(BMI)로 예측하는데, 최근에는 복부 주위의 지방 분포 정도도 고려되고 있다. 복부 주위의 과도한 지방이 심혈관계 질환 발생과 상관이 높다는 연구결과들이 많아서이다(Kissebah & Peiris, 1989). 비만 자체가 단독으로 심혈관질환의 위험요인인지 또는 비만과 관련된 다른 위험요인, 인슐린 저항성, 운동부족, 고혈압, 대사증후군 등과의 상호작용으로 인해 위험요인으로 작용하는지는 확실하지 않다. 다만 비만으로 인해 초과된 체중만큼 심장 부담이 크면 심근 비대와 심장 확대, 고혈압, 관상동맥 질환 발병 가능성이 커질 것으로 예측할 수 있다.

콜레스테롤 수준 인체 내에는 여러 가지 지방질(기름)이 존재하는데, 이 지질은 물이나 혈액에 녹지 않으므로 단백질과 함께 뭉친 지질단백질이라는 작고 둥근 입자 형태로 혈액 내에 존재한다. 보통 콜레스테롤이라고 부르는 총 콜레스테롤, 중성지방, 저밀도 지단백질(low-density lipoprotein, LDL), 고밀도 지단백질(high-density lipoprotein, HDL)로 나눌 수 있다. 지방질이 비정상적으로 과다하게 있는 경우를 고지혈증이라고 한다. 특히 저밀도 지단백질이 많은 경우 이를 이상지질혈증이라고 부르며, 심혈관계 질환의 독립적 위험요인으로 알려져 있다.

프레이밍햄의 역학연구에서 총 콜레스테롤 수치가 높은 사람들이 콜레스테롤이 정상인 사람들에 비하여 허혈성 심장질환의 발생이 2~2.3배 증가한다고 보고하였다. HDL이 높을수록 남녀에 상관없이 심혈관 질환의 발병률이 낮게 나타났고, LDL이 높은 집단은 남녀에 상관없이 심혈관 질환의 발병률이 증가했다. 이 결과에서 보듯 모든 콜레스테롤이 나쁜 것은 아니다. LDL은 '나쁜 콜레스테롤'로 불리며, 간에서 만들어진 콜레스테롤을 동맥의 벽에 운반하여 죽상경화증을 유발하는 역할을 한다. 반대로 HDL은 혈관 내에 축적된 콜레스테롤을 간으로 운반하여 죽상경화증을 감소시키는 역할을 한다. 여러 연구에서 HDL과 심혈관계 질환의 부적 상관을 증명했는데, 프레이밍햄 연구에서도 다른 위험요인이나 LDL 수준에 무관하게 그러한 부적 상관이 있음이 드러났다(Gordon et al. 1977).

한국인은 HDL을 인체 내에 많이 저장하고 있을까? 2005년 국민건강영양조사 결과를 보면 30세 이상에서 HDL 수치가 낮은 저 HDL 콜레스테롤 혈증 유병률이 남성 47.9%, 여성 26%, 전체 36.7%였다. 저 HDL 콜레스테롤 혈증은 상당히 흔한 질환임을 알 수 있다.

대사증후군 말 그대로 여러 가지 신진대사(대사)와 관련된 증후가 나타난다고 해서 '대사증후군'이다. 저 HDL 콜레스테롤 혈증, 당뇨, 동맥경화, 고혈압 등 각종 성인병이 복부비만과 함께 한 사람에게 나타나는 상태를 말한다. 대사증후군은 대사에 관여하는 유전적 요인의 문제와 흡연, 운동부족 등과 같은 환경적 요인의 상호작용으로 인해 발생한 것으로 추정된다. 특히 여러 요소 중에서 **인슐린 저항성**(insulin resistance)을 대사증후군의 공통적인 원인으로 보고 있다. 혈당을 낮추는 인슐린의 기능이 떨어지면 신체 내에서 포도당을 잘 섭취하지 못하게 되는데, 이를 극복하고자 더욱 많은 인슐린이 분비되어 심혈관질환과 당뇨의 위험을 높인다.

대사증후군 진단기준(다음에서 3개 이상일 경우 해당됨)

1. 허리둘레 : 남자 90cm, 여자 80cm 이상
2. 중성지방 : 150mg/dL 이상

3. 고밀도 지방 : 남자 40mg/dL 미만, 여자 50 mg/dL 미만
4. 혈압 : 130/85mmHg 이상 또는 고혈압 약 투약 중
5. 공복 혈당 : 100mg/L 이상 또는 혈당조절 약 투약 중

흡연 흡연 시 니코틴, 타르 등과 같은 독성물질들이 혈액을 타고 들어가서 관상동맥 내벽을 손상시키며, 이것이 관상동맥 질환의 조기 발생을 유발할 수 있다. 또한 니코틴은 동맥경화증의 원인이 되는 LDL과 중성지방을 증가시키고, HDL을 감소시킨다(박승정, 2009). 흡연은 다른 위험요인인 고혈압, 당뇨, 고지혈증, 심장병의 가족력 등과 함께할 때 심혈관질환의 발생 확률을 더욱 증가시킨다. 또한 흡연은 관상동맥 우회술 이후 관상동맥 질환의 재발률도 높인다(권혁문, 2017).

간접흡연만으로도 흡연과 동일한 질병을 앓게 될 가능성이 커진다(WHO, 2001). 예를 들어 흡연자와 비흡연자가 같이 사는 경우 허혈성 심장질환에 걸릴 확률이 30% 정도 증가하는데, 이는 하루 담배 한 갑을 피우는 사람의 절반 정도의 수준이다(Law, Wald, Wu, Hackshaw, & Baileyl, 1994).

스트레스 관상동맥 질환이 있는 환자에게서 심리적 스트레스는 부가적인 심근허혈 및 부정맥을 유발할 수 있다. 극단적인 급성 스트레스가 심혈관에 미치는 영향을 보여주는 사례들이 있다. 대표적인 연구는 사별한 배우자 95,647명을 추적한 결과이다. 배우자가 사망한 지 1개월 이내 시점에서 남성의 사망 위험도는 2.6, 여성은 3.5로 높아졌다(Kaprietal, 1987). 또 다른 연구는 1994년 LA 지진 때 관상동맥 질환에 의한 급성 심장사가 발생 당일 4.6건에서 24건으로 6배 증가된 것을 보여주었다(Leoretal, 1996). 급성 정서적 스트레스는 급성 관상동맥 사고의 20~30%를 촉발한다고 보고된다. 또한 스트레스가 장기적으로 지속되면 교감신경계 과잉 활성화로 인해 혈관 수축이 일어나고, 이로 인해 허혈이 발생하여 협심증이 일어나게 된다. 급성 스트레스가 건강에 끼치는 영향은 실험연구가 비교적 용이하지만, 만성 스트레스에 의한 심혈관질환의 영향은 역학연구를 통해 이뤄진다. INTERHEART 연구는 52개국 25,000여 명을 대상으로 환자 대조군 조사를 한 대표적인 대규모

역학조사를 보면 집과 직장에서의 스트레스, 경제적 스트레스, 전년도의 중요 생활사로 인한 만성 스트레스가 심근경색의 위험을 2.1배 높이는 것으로 나타났다(INTERHEART 연구, 2004). 또한 10개의 대규모 전향적 연구에서 연구 대상자를 모두 병합하여 메타분석한 결과, 12항목의 전반적 건강항목(General Health Questionnaire score)으로 조사한 사회심리적 스트레스가 심혈관질환의 사망률을 높이는 것으로 나타났다(Russ et al., 2012). MaCleod 등(2002)은 5,606명의 직장 남성에서 지각된 스트레스가 클수록 협심증의 빈도와 발생률, 심장장애 또는 정신장애로 인한 입원율이 증가함을 보였다.

심장질환의 사회심리적 요인

우리는 제4장(스트레스 챕터)에서 A유형 **행동양상**(TABP)이란 무엇이며 A유형 성격과 관상동맥성 심장질환 간 관계에 대해 배웠다. A유형 행동양상의 주요 요소는 세 가지로서, (1) 경쟁심, (2) 조급함, (3) 적대감이다. 과거에는 A유형 행동양상을 나타내는 사람들의 심장질환 및 만성질환의 연관성에 대해 초점을 맞추었다면, 최근에는 A유형 성격 전반보다 적대감 등의 특정요소를 주로 연구하고 있다. 적대감과 관상동맥 질환의 위험도 사이에 강력한 연관이 드러났기 때문이다(Myrtek, 2007; Rozanski, Blumenthal, & Kaplan, 1999). Williams(1989)는 적대감이 높은 환자들은 낮은 환자에 비해 70% 이상 심한 정도의 관상동맥 폐색이 일어나 있음을 발견하였다. 적대감과 관상동맥 질환의 상관연구에서 시사하는 점은 A유형 내에서는 정서적으로 건강한 A유형과 부적응적인 A유형으로 나뉠 수 있다는 점이다. 즉, 성격이 급하고 공격적이며 경쟁심이 강하다고 다 똑같은 A유형이 아니며, A유형 성격의 소유자라고 모두 관상동맥 질환의 위험이 높은 것은 아니란 것이다.

강인성

심혈관질환의 발병을 예측하는 것으로 시사된 성격요인으로 A유형 행동양상 외에 **강인성**(hardiness)을 꼽는다. 강인성은 스트레스가 많음에도 병에 걸리지 않고 건강하게 활동하는 사람들과 스트레스에 굴복하여 건강이 나빠진 사람들을 구분해주는 요소의 하나다.

Kobasa(1979)는 강인성이 개입(commitment), 통제(control), 도전(challenge)의 3요소로 이루어진다고 했다. 첫째, 개입은 자기효능감을 바탕으로 다양한 상황에 몰입해서 적응해 나가는 것이다. 개입하는 사람은 맞닥뜨리는 상황에 회피하지 않고 열심히 참여하려는 의지를 보인다. 둘째, **통제**란 자신이 처한 상황에서 무기력하게 있지 않고 그 상황을 바꿀 수 있다고 느끼고 행동하려는 경향성이다. 셋째, 위협에 대한 **도전** 의식이다. 환경의 변화를 위협으로 보기보다는 도전으로 해석하고 성장의 기회로 삼는다(Maddi, 2006).

심장질환과 강인성 간 관계를 시사하는 연구들이 축적되고 있는데, 예를 들면 강인성이 높을수록 높은 HDL 수준을 보인다는 연구결과가 있다.

부정정서

Kuper 등(2002)이 관상동맥 질환자 100명을 대상으로 부정정서와의 연관성을 분석하였다. 우울증은 34개 중 18개 연구에서, 불안은 18개 중 8개 연구에서 관련이 있었으며, 심리적 스트레스가 관상동맥 질환자의 재발에 끼치는 영향에 대해 33개의 종적연구를 메타분석한 결과 부정적인 감정이 심혈관질환 재발에 영향을 미치는 것으로 나타났다. 우울, 불안, 증오순으로 유의한 결과를 나타냈다(Park & Bae, 2011).

심혈관계 질환의 원인이 되는 주된 심리적 요인에는 사회적 고립, 임상적 수준의 불안감, 우울감 등이 포함된다(Eng et al., 2003). Pollard와 Schwarts(2003)는 18개월 이상 동안 긴장된 각성(불안감, 초조함, 과민함)과 부정적 감정(불만족감, 슬픔, 유감스러움)의 정도가 가장 높고 빈번하다고 보고한 남성과 여성 모두 그렇지 않은 사람들에 비해 혈압이 높은 것으로 발견되었다. 심혈관계 질환자들에게서 정신장애가 동반된다는 보고가 쌓이면서 질환의 진행과정과 치료에서 정신장애의 역할을 연구하는 것이 시급한 과제가 되었다(Bankier, Januzzi, & Littman, 2004; Martens, Smith, & Denollet, 2007).

사회적 지지

인간관계의 단절, 사랑의 결핍, 직업상 · 신분상의 변화 같은 각종 사회적 지지 변인들이 심혈관계 질환의 위험요인으로 간주된다(장현갑, 1998). 이런 요인 가운데 사회적 격리와 사회적 지지의 결여와 같은 요인들을 심혈관계 질환의 발생에 가장 중요한 요인으로 언급하고 있다. 고립상태거나 상대방에게 적절한 사회적 지지를 받지 못하여 외로워지면 공격성과 우울증이 증가하고, 심혈관계 질환에 걸릴 가능성이 커진다는 연구는 축적되어 있다(Berkman & Syme, 1987; House, Landies, & Umberson, 1988; Syme, 1987).

심장질환 관리

생활습관

생활습관 개선은 심혈관질환의 1차예방과 2차예방 효과 모두가 입증된 매우 중요한 치료 구성요소이다. 주지하다시피 생활습관의 개선은 고혈압, 고지혈증, 당뇨병, 비만의 예방에서부터 치료까지 그 중요성이 반복적으로 강조되고 있고, 합병증으로 심혈관질환을 가진 환자에서도 중요한 치료방법의 하나로서 거의 모든 심혈관질환의 예방/치료 지침서에서 언급되고 있다. 그러나 실제 진료 현장 또는 일상생활에서 생활습관의 개선을 적용하고 실천하는 것은 쉽지 않아서 이의 시행과 지속은 기대하는 것보다 매우 낮다고 알려져 있다. 생활습관 개선의 동기가 있는 사람도 장기적으로 이를 지속하기가 쉽지 않은데, 동기 자체가 없거나 약한 경우에는 실천할 것을 기대하는 것이 무리일 것이다(제2장 범이론적 모형에서 말하는 변화단계 중 숙고전이나 숙고단계를 떠올려보라). 이에 건강심리학자의 중재가 필요하다.

금연, 스트레스 관리, 식이소절 및 운동에 대해서는 해당 장(제3 · 5 · 10장)에서 상세히 설명하였으므로 여기서는 심장질환과 관련된 부분만 다룰 것이다.

금연 흡연자들도 담배를 끊으면 심혈관질환의 위험도가 낮아지는데 금연 후 1년이 지나면 관상동맥 질환의 발생률이 반으로 감소하고, 2년이 경과하면 비흡연자와 비슷한 수준까지 떨어지게 된다. 즉, 금연은 관상동맥 질환에 대한 가장 효과적인 치료법이자 예방법이라 할 수 있다.

식이조절 및 운동 관상동맥 질환의 예방을 위한 식사조절 방법은 과도한 칼로리 및 염분 섭취를 줄이고 혈압을 낮출 수 있는 것으로 알려진 음식물들의 섭취를 늘리는 것으로 요약할 수 있다.

장, 김치, 국 등을 매끼 먹는 우리나라에서는 하루 평균 15~20g의 염분을 섭취하는 것으로 알려져 있다. 심혈관질환의 예방을 위한 바람직한 염분 섭취량은 하루에 6g 정도이니 염분 섭취를 줄이려는 노력을 해야 한다. 이를 위해 우선적으로 실행할 수 있는 방법은 소금, 간장, 된장, 고추장 등을 줄이고 식초, 고추, 레몬 등으로 맛을 내고 소금이 많이 들어 있는 국물 섭취를 줄이는 것이다. 또한 라면 등의 인스턴트 식품에 염분이 많이 포함되어 있으므로, 신선식품 위주로 섭취해야 한다. 또한 체중을 조절하고 체내 콜레스테롤 수치를 낮추기 위해 과도한 지방 및 당분 섭취를 삼가야 한다. 특히 지방 성분 중 포화 지방산과 트랜스 지방산은 LDL 콜레스테롤 농도를 증가시켜 관상동맥 질환의 발병 위험성을 높이므로, 불포화 지방산인 해산물, 견과류 등을 섭취하는 방향으로 식단을 짜도록 한다. 마찬가지로 사탕, 빙과류, 탄산음료 등 영양가는 거의 없고 칼로리만 내는 정크 푸드의 섭취는 체중조절에 큰 방해가 된다. 반면 과일과 채소는 관상동맥 질환 예방에 도움이 된다. 마지막으로 견과류의 경우 매일 호두 1개 혹은 조미되지 않은 땅콩 10개 정도를 꾸준히 섭취할 경우 혈압조절에 도움이 된다.

제3장에서도 설명했듯이 비만이면 심장에 무리가 가기 쉽고 고혈압, 당뇨병, 고콜레스테롤 혈증 등 다른 위험인자의 발생 위험성도 높이게 된다. 따라서 식사조절과 운동을 통한 체중조절이 필요하다.

운동은 관상동맥 질환자의 사망률을 27% 낮추고, 심장질환으로 인한 사망률을 31% 낮춰준다(Jolliffe et al., 2001; Taylor et al., 2004; Clark, Hartling, Vandermeer, & Mcalister, 2005). 운동요법은 심장질환 질환 관리의 핵심요소로서 심장 재활 프로그램에서 30~50% 이상의 비중을 차지한다. 운동 프로그램을 계획할 때는 환자

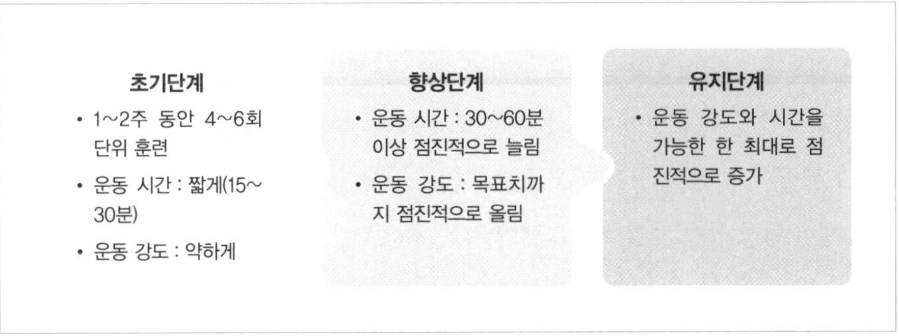

초기단계
- 1~2주 동안 4~6회 단위 훈련
- 운동 시간 : 짧게(15~30분)
- 운동 강도 : 약하게

향상단계
- 운동 시간 : 30~60분 이상 점진적으로 늘림
- 운동 강도 : 목표치까지 점진적으로 올림

유지단계
- 운동 강도와 시간을 가능한 한 최대로 점진적으로 증가

[그림 8.6]
심장 재활에서 운동훈련단계

의 기저 심장질환, 합병증의 유형, 연령, 성별, 운동 목표, 선호도 등을 고려한다.

심장질환 환자들은 주로 유산소 운동을 중심으로 훈련을 하며, 이후에 무산소 운동을 시도해볼 수 있다. 운동훈련은 [그림 8.6]에서 보듯 초기 · 향상 · 유지단계의 3단계로 계획한다.

사회심리적 관리

심근경색 환자의 26%가 입원 시에 병적인 심한 불안을 경험한다고 보고하였으며, 퇴원 4개월 후에 불안 유병률이 42%로 증가하였고 1년 후에도 유사한 비율의 유병률을 보인다고 한다. 또한 우울증의 유병률도 증가되는데, 입원 시 31%, 퇴원 후 4개월 후에 38%, 1년 후에 37%의 유병률을 보고하였다(Bennet, Owen, Koutsakis, & Bisson, 2002). 따라서 재활기간에 환자의 심리적 문제를 다루어 줄 필요가 있다.

환자가 겪는 우울증 발생을 예측하는 가장 강력한 요인은 배우자의 정서적 상태, 배우자와의 관계, 사회적 지지 체계이므로 심리적 개입 시 배우자도 따로, 또 같이 참여할 것을 권한다.

심장질환으로 인한 스트레스나 부정정서를 경험하는 환자들을 위한 가장 근본적인 접근법은 스스로가 그 문제를 직면하고 해결책을 찾을 수 있도록 도와주는 것이다. 건강심리학자들은 문제중심의 해결 접근법을 통해 환자들이 겪는 어려움을 탐색하고 문제점을 구체적이고 명확하게 파악하고 목표를 설정한다. 설정된 목표에 도달하기 위해 계획을 세우고 도움이 되는 기술이나 능력에 대한 정보를 자발적으로 얻는 등의 행동촉진 방법 등을 실시한다. 이 외에도 어떤 부적응적인 사고가 심장 재활 프로그램 동안 어려움을 주는지를 파악하고 인지적 개입을 실시할 수도 있고, 개인의 스트레스를 감소시키기 위해 변화시킬 수 있는 요소를 제시하고 적용하는 스트레스 관리훈련, 또한 환자의 생각과 걱정에 대한 집착을 버리고 현재 그리고 여기에 집중하는 마음챙김 명상 등을 재활 프로그램에 넣을 수 있다.

고혈압

고혈압은 혈관에 가해지는 혈류의 압력이 높은 상태로서 매우 흔한 심혈관계 질환이다. 국내에서 성인 3명 중 1명이 고혈압 환자인데, 나이가 들수록 증가하여 65세 이상의 성인은 2명 중 1명이 고혈압 환자이다. 고혈압 환자는 다른 사람들에 비해 심뇌혈관질환의 위험이 2.6배 높다(Chobanian et al., 2003; Cornelissen & Fagard, 2005). 고혈압 환자 248명을 대상으로 한 연구에서 고혈압은 뇌졸중에 대한 가장 중요한 위험요인이었다. 관상동맥 질환의 위험도는 고혈압과 정상혈압 사이에 해당하는 고혈압 전 단계에 있는 집단군의 위험도가 2.51배 높고, 고위험군의 고혈압 집단군은 관상동맥 질환이 발병할 위험도가 5.08배 높았다(Cornelissen & Farad, 2005; Ehrman, Gordon, Visich, & Keteyian, 2003). 고혈압을 치료하면 뇌졸중은 35~40%, 심근경색은 20~25%, 심부전은 50% 이상 감소한다.

고혈압은 이렇게 흔하고 위험한 질환이지만 진단과 치료가 제대로 이루어지고 있지 않다. 미국에서는 고혈압 유병률이 증가하고 있는 반면 자신의 상태에 대해 인식하고 있는 비율이나 혈압을 조절하려 노력하는 사람들의 비율이 낮은 것으로 파악되었다. 본인이 고혈압 환자이면서도 이를 모르고 있는 사람이 30%나 되고 고혈압을 치료하여 목표 혈압 이하로 도달한 사람은 겨우 34% 정도였다(Chobanian et al., 2003; Fields et al., 2004; JNC, 1997). 미국에서는 고혈압을 중요 공중보건 문제로 보고 있는데(Fields et al., 2004) 우리나라도 마찬가지다.

우리나라 국민 10명 중 3명은 고혈압 환자

고혈압 환자 10명 중 4명은 자신에게 질환이 있는지도 모른다.

고혈압 환자 10명 중 4명은 고혈압 치료를 받지 않고 있다.

고혈압 환자 10명 중 3명은 적정 혈압을 유지하지 못한다.

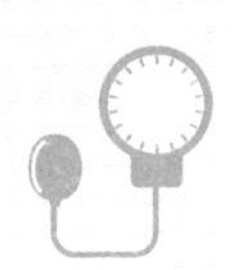

[그림 8.7]
우리나라 고혈압 유병률
출처 : 2009~2013년 국민건강영양조사

생리적 체계

혈압계

심장은 혈액을 전신에 보내주는 '펌프' 역할을 하고 혈관은 혈액을 운반하는 '파이프' 역할을 한다. 혈관은 심장에서 전신으로 혈액이 나가는 (대)동맥과 전신에서 심장으로 혈액이 들어오는 (대)정맥, 그리고 더 미세한 혈관인 소동맥과 소정맥이 있으며, 각 혈관끼리 연결하는 그물 모양의 모세혈관으로 구성되어 있다(국민고혈압사업단). 대동맥에서 내뿜어진 혈액은 소동맥-모세혈관 순으로 흘러가는데 심장에서 멀어질수록 혈액의 양에 비해 점점 혈관이 작아져서 저항을 받게 된다. 고속도로가 끝나고 일반도로로 연결되는 길에서 한꺼번에 많은 차들이 몰리면 정체가 되는 것을 떠올리면 된다. 대동맥 안에서 혈액이 흘러가는 진행에 저항이 생기면 이 힘은 대동맥의 벽을 밀게 된다. 이때 심장의 수축하는 운동과 혈관의 저항 사이에서 압력이 생기는데, 혈관 벽을 미는 압력(힘)을 혈압이라고 부른다.

심장근육이 수축하여 혈액을 몸속으로 내보낼 때의 압력을 수축기 혈압이라 하고, 수축되었던 심장근육이 이완될 때의 혈압을 확장기 혈압이라고 한다.

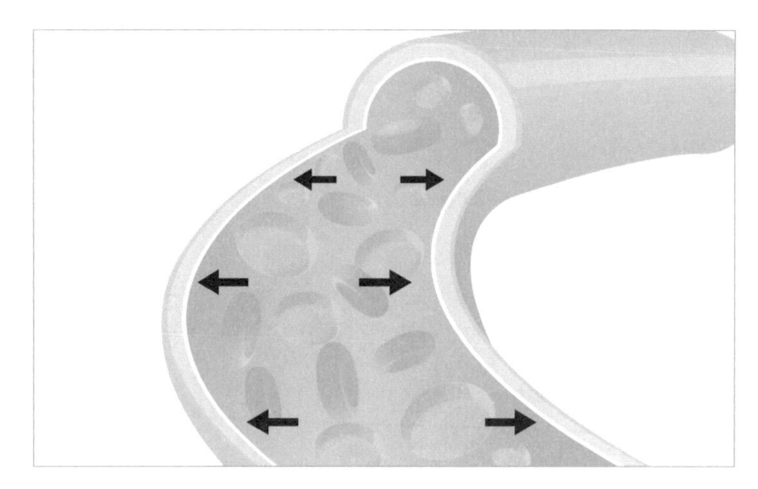

[그림 8.8]
혈압이란 혈액이 순환하면서 혈관 벽에 가하는 압력이다.

진단 및 측정

진단

대한고혈압학회에서 2013년에 발표한 고혈압 진료지침에 따르면 정상혈압은 수축기(최고) 혈압이 120mmHg 미만, 확장기(최저) 혈압은 80mmHg 미만이다. 정상혈압은 임상적으로 심혈관질환의 위험도가 가장 낮은 최적 혈압으로 본다.

측정

고혈압 진단기준은 안정을 취했을 때 측정한 혈압에 적용한다. 그러나 혈압은 수시로 변하는 특징을 가지고 있는데, 이를 **혈압 변동성**이라고 한다. 낮과 밤이 다르고 감정상태나 운동 정도에 따라 다르다. 주로 낮 시간에는 혈압이 높아지고 잠을 자는 밤 시간에는 혈압이 떨어진다. 또한 하루 중에서 아침 시간에 혈압이 가장 높아지는 경향이 있는데, 이를 **아침 기상 고혈압**(morning BP surge)이라고 한다. 지극히 정상적인 생리적 현상이지만 고혈압 환자는 아침 기상 고혈압이 심하게 나타난다. 이는 심장 비대, 미세혈관 손상 등과 관련이 있으며, 심혈관질환 및 뇌졸중 발생이 아침 시간대에 많은 것도 '아침 기상 고혈압'을 주목해야 하는 이유다(권혁문, 2013). 임상장면에서 특히 주의해야 할 현상은 '백의(white coat) 고혈압'으로 평소

분류		수축기 혈압(mmHg)		확장기 혈압(mmHg)
정상혈압		<120	그리고	<80
고혈압 전단계	1기	120~129	또는	80~84
	2기	130~139	또는	85~89
고혈압	1기	140~159	또는	90~99
	2기	≥160	또는	≥100
수축기 단독 고혈압		<140	그리고	<90

[표 8.1]
고혈압 진단기준
출처 : 대한고혈압학회 2013년 고혈압 진료지침. 대한의학회 일차 의료용 고혈압 임상진료지침 근거기반 가이드라인 2014

에 혈압이 높지 않다가도 병원에 와서 흰 가운을 입은 의료진에게 진찰을 받을 때만 혈압이 높아지는 경우이다. 반복 측정하면 긴장이 풀려 고혈압이 아닌 것으로 밝혀지므로 성급한 약물 처방 및 복용은 금물이다.

이처럼 수시로 변하는 혈압을 측정해서 고혈압을 진단하기 위해 가정에서 혈압을 여러 번 측정하라고 지시하기도 한다. 최근에는 자동 전자 측정기를 이용해서 가정에서 **24시간 혈압 감시**(ambulatory blood pressure monitoring, ABPM)가 가능해졌다. 정확한 혈압 측정을 위해서는 지시대로 올바른 방법으로 측정해야 하며 측정하기 전에 필요한 것들은 다음과 같다.

- 혈압 측정 30분 전부터는 담배와 카페인 섭취를 금지한다.
- 혈압 측정 전에 5분 이상의 안정을 취한다.
- 등받이가 있는 의자에 등을 기대고 편안한 자세로 측정한다.
- 혈압 측정 시 다리를 꼬거나 팔짱을 끼지 않는다.(권혁문, 2017)

원인과 위험요인

원인

고혈압 환자 중 95%는 특별한 원인이 없으며, 이를 **본태성 고혈압**(essential hypentension) 혹은 **1차성 고혈압**이라고 한다. 나머지 5%는 고혈압이 2차적인 증상

글상자 8.1

2017년 고혈압 진단기준 논란 – 140mmHg 혹은 150mmHg?

여러분의 혈압이 145(수축기)/93(확장기)이면 우리나라에서는 고혈압으로 분류되나 일본에서는 정상으로 분류된다. 같은 혈압이지만 나라마다 적용기준이 달라서 그렇다.

2017년도 미국내과학회(ACP)와 가정의학회(AAFP)는 60세 이상 노인의 고혈압 진단기준을 수축기 혈압(최고혈압) 140mmHg 이상에서 150mmHg 이상으로 완화하도록 권고했다. 이에 앞서 2년 전 일본에서는 전 연령을 기준으로 수축기 혈압 147mmHg, 확장기 혈압 94mmHg로 기준을 대폭 완화했으며, 2013년 유럽심장학회(ESC)·고혈압학회(ESH)에서도 노인 고혈압 환자의 수축기 혈압을 140~150mmHg 사이로 조정하도록 권장하고 있다.

나이가 들어 혈압이 오르는 것은 노화 현상에 불과하기 때문에 부작용 위험이 있는 고혈압 약을 먹을 필요가 없다는 것이 노인의 진단기준을 완화한 미국의 입장이다. 노인 고혈압의 가장 큰 특징 중 하나는 확장기 혈압은 그대로이거나 감소하는 반면, 수축기 혈압은 지속적으로 증가한다. 따라서 확장기 혈압은 낮으면서 수축기 혈압만 높은 수축기 단독 고혈압이 노인들에게 흔하다. 수축기 혈압이 높다는 이유로 혈압약을 복용하면 확장기 혈압이 필요 이상으로 낮아져 기립성 저혈압으로 인한 사망위험에 노출될 수 있다. 노인 고혈압의 이러한 유병 특성은 우리나라에서도 관찰된다. 연세의대 예방의학교실 김현창 교수팀은 국민건강영양조사 결과를 토대로 국내 고혈압 환자들을 하위유형별로 분류해 유병률을 조사한 결과, 고령층의 수축기 단독 고혈압이 늘어나는 경향을 발견했다. 그러나 현재 우리나라에서는 140/90mmHg가 고혈압의 기준이고 노인이라고 예외를 두지 않고 있다. 이는 미국이나 일본보다 낮은 수치다.

그렇다면 우리나라도 외국처럼 노인의 고혈압 진단기준을 완화해야 할까? 이 질문에 대한 답은 다음 연구결과를 고려하고 나서 생각해도 늦지 않을 것 같다. 2015년 11월, 미국국립보건원은 산하의 국립 심장·폐·혈액연구원 주도로 진행되었던 Systolic Blood Pressure Intervention Trial(SPRINT) 연구 결과를 발표했다(Williamson, 2015). 연구 대상군의 평균연령은 67.9세였으며, 75세 이상 고연령층도 30% 가깝게 포함됐다. 이들 가운데 절반은 집중 혈압조절군(수축기 혈압 120mmHg 미만), 나머지는 표준조절군(수축기 혈압 140mmHg 미만)에 할당했으며, 이를 통해 두 그룹의 건강상태, 곧 심장병, 뇌졸중, 신장질환뿐 아니라 뇌에 끼치는 영향까지를 비교하였다. 최종적으로 2,636명을 3.1년간 추적한 결과 집중 혈압조절군이 표준조절군 대비 심혈관계 질환 발생률과 사망률이 각 34%, 33% 낮았다고 보고했다. 연구를 주도한 Jeff Williamson 교수는 75세 이상인 노인 고혈압 환자 중에서도 수축기 혈압을 140mmHg 미만으로 유지하는 것이 심혈관 질환 및 사망위험을 줄일 수 있다고 강조했다. 이는 각국에서 고혈압 기준을 150mmHg 미만으로 권고했던 지침에 반하는 의견으로서 논란이 벌어졌다.

미국고혈압학회(ASH)의 회장은 지금까지 일반인들에 널리 적용할 수 있는 고혈압 진단의 절대기준을 찾아왔지만 여러 임상시험 결과들이 일관되지 않아 절대기준이 있는지 의심이 든다는 입장을 취했다. 고혈압의 진단기준에 대해서는 여전히 논란이 많다.

출처: SPRINT Research Group Wright JT Jr, Williamson JD, et al. (2015). A randomized trial of intensive versus standard blood-pressure control. *The New England Journal of Medicine*. *373*, 2103–2116.

으로 나타나는 **속발성 고혈압**(secondary hypentension) 혹은 **2차성 고혈압**이다. 2차성 고혈압은 신장병이나 내분비계통 질환이 그 원인인 경우가 대부분이다(Beevers, 2005). 이때 원인 질환을 치료하면 혈압은 저절로 떨어진다.

고혈압의 원인 중 조절이 불가능한 요인으로는 나이, 인종, 유전적인 요인 등이 있고, 조절이 가능한 요인으로는 체질량 지수(체중), 생활습관, 알코올, 흡연, 비만, 이상지질혈증, 당뇨병 등이 있다.

조절 불가능한 요인

연령과 성별 나이가 들어감에 따라 혈압이 증가하는데, 이는 나이가 들수록 동맥의 탄력이 감소하여 확장이 잘 되지 않기 때문이다(박승정, 2015). 노화로 인해 혈관이 딱딱해져 수축기 혈압은 올라가고, 혈관에 탄력이 없어져서 확장기 혈압은 떨어질 수 있다. 즉, 수축기 혈압과 확장기 혈압의 차이가 커질 수 있다. 60세 이상이 되면 남녀 모두 고혈압의 유병률이 50% 이상이다. 전체적으로 남성의 유병률은 여성보다 5~10% 정도 높다. 여성은 완경기 이후인 50대에 혈압이 급격히 증가하므로 이에 대한 적극적인 진단/관리 노력이 필요하다(Park et al., 2013).

유전 부모 양쪽 모두가 고혈압이면 그 자녀의 약 80% 이상이, 부모 중 한쪽이 고혈압이면 자녀의 약 25~40%가 고혈압이 된다(유동준, 1992). 이렇게 비율이 높은 이유는 유전뿐 아니라 가족 간 공유된 생활습관 때문이기도 할 것이다.

조절 가능한 요인

비만 과체중이나 비만인 사람들은 정상체중인 사람들보다 고혈압 발생 위험이 더 높다. 심장에서 나가는 혈액량이 증가하게 되어 혈관벽에 가해지는 압력이 높아지기 때문이다. 또 체중이 늘면 인슐린의 분비가 증가되는데, 인슐린은 체내에 물과 소금을 저장하는 작용을 하기 때문에 혈압이 올라간다. 비만 중에서도 특히 복부비만이 문제가 되는데 복부비만군(남 ≥ 90cm, 여 ≥ 80cm)에서의 BMI, 수축기 혈압 및 확장기 혈압이 높은 것으로 나타났다.

체중에 따른 혈압의 차이는 1kg당 1mmHg 정도이다. 따라서 체중이 어느 정도 늘면 혈압이 얼마나 올라갈지, 또 체중을 어느 정도 감량하면 혈압이 얼마나 내려갈지 어느 정도는 예측할 수 있다.

소금 섭취 혈압을 올리는 원인 중 위험도가 크다고 알려진 것이 염분이다. 일반적으로 소금 섭취량을 줄이면 혈압이 감소한다. 짠 음식을 먹은 후 체내의 수분량이 증가해서 몸이 부은 경험이 있을 것이다. 염분을 과다섭취하면 물을 많이 마시게 되고 이로 인해 혈액량이 증가하여 혈압이 증가한다. 우리나라 사람들은 유독 짜게 먹는 것을 즐긴다. 세계보건기구(WHO)에서 권장치인 2,000mg보다 2.5배나 많은 양의 소금을 섭취하니 주의할 필요가 있다.

알코올 미국 하버드대학교의 연구에 따르면 매일 맥주나 포도주를 3잔 이상 마시는 여성은 그렇지 않은 여성보다 40% 이상 고혈압이 발생할 확률이 증가한다고 한다. 과음이 어떻게 혈압을 올리는가 하는 기제는 아직 정확히 밝혀지지 않았다.

스트레스 제4장에서 스트레스에 대한 반응으로 혈압이 올라간다고 설명했다. 예를 들어 매우 나쁜 소식을 듣거나, 실험실에서 어려운 문제를 푸는 사람의 혈압을 측정하면 높은 수치를 기록한다. 그러나 대부분 일시적인 현상이며 상황이 끝나면 고혈압 상태도 종료된다. 아직 스트레스와 고혈압 간의 직접적 관계를 입증하는 신뢰할 만한 연구는 없다.

증상 및 합병증

증상

고혈압은 여러 해 동안 아무 증상도 나타나지 않을 수 있다. 합병증으로 심장, 뇌 또는 콩팥이 손상되고 나서야 건강에 이상이 있음을 깨닫고 병원에 가는 경우가 많다. 이러한 이유로 고혈압을 '소리 없는 저승사자', 또는 '침묵의 살인자'라고 부른다. 그러나 개인차가 있어서 혈압이 조금만 올라가도 심한 증상을 호소하는 사람도 있다. 예민한 환자들은 혈압이 갑자기 올라가면 종종 '뒷머리가 띵하다', '어지럽다', '쉽게 피로해진다' 등의 증상을 호소한다. 특히 정신적 · 육체적 과로 후 피로한 상태에서 이러한 증상이 잘 나타난다. 증상이 없더라도 혈압을 재보기 전에는 고혈압이 있는지 없는지 알 수 없기 때문에 1~2년에 한 번씩은 혈압을 측정해야 한다.

합병증 고혈압을 제대로 치료하지 않고 방치하면 동맥경화증이 발생할 수 있고 동맥경화증을 원인으로 하는 다양한 질환이 합병증으로 올 수 있다.

우리나라에서 가장 흔한 고혈압 합병증은 **뇌졸중**이다. 고혈압은 뇌졸중 발생에 가장 큰 위험요인이고, 또 혈압치료 결과에 따라 뇌졸중 재발률이 감소한다 (PATS, 1995, PCG, 2001; Rashid, Leonardi-Bee, & Bath, 2003). 뇌졸중은 다음 절에서 다룬다.

고혈압이 오랫동안 지속되어 동맥이 점차 좁아지고 탄력성이 없어지게 되면 심장이 몸으로 혈액을 보내는 일이 점점 어려워진다. 심장의 기능이 저하되면서 손상되는데, 그런 경우 폐와 다리에 수분이 차고 호흡곤란과 부종이 생긴다.

관상동맥에 동맥경화증이 진행되면 협심증과 심근경색증으로 발전하게 된다. 고혈압은 관상동맥 질환의 주요 위험요인으로 급성 심근경색증 발생에 관여하며 (Yusuf et al., 2000), 수축기 혈압이 140mmHg 이상이면 모든 연령에서 허혈성 심장질환의 발생이 매우 가파르게 증가하고(Whitlock et al., 2009), 120mmHg 이상에서 혈압이 높을수록 사망률이 증가한다(Lewington, 2002; Mancia et al., 2007).

만성신부전증(만성콩팥병)을 동반한 고혈압은 신장에 혈액을 공급하는 혈관의 기능을 약화시킨다. 신장이 점차 손상되어 몸에서 노폐물과 약물을 제거하는 기능이 약화된다. 또 이로 인해 혈압이 더 올라가는 악순환이 반복된다.

또한 고혈압이 장기화되면 눈에 있는 미세혈관에 영향을 미친다. 안구의 망막에 있는 미세혈관에 출혈이 생기기도 하는데, 이로 인해 시력저하나 상실이 초래되기도 한다.

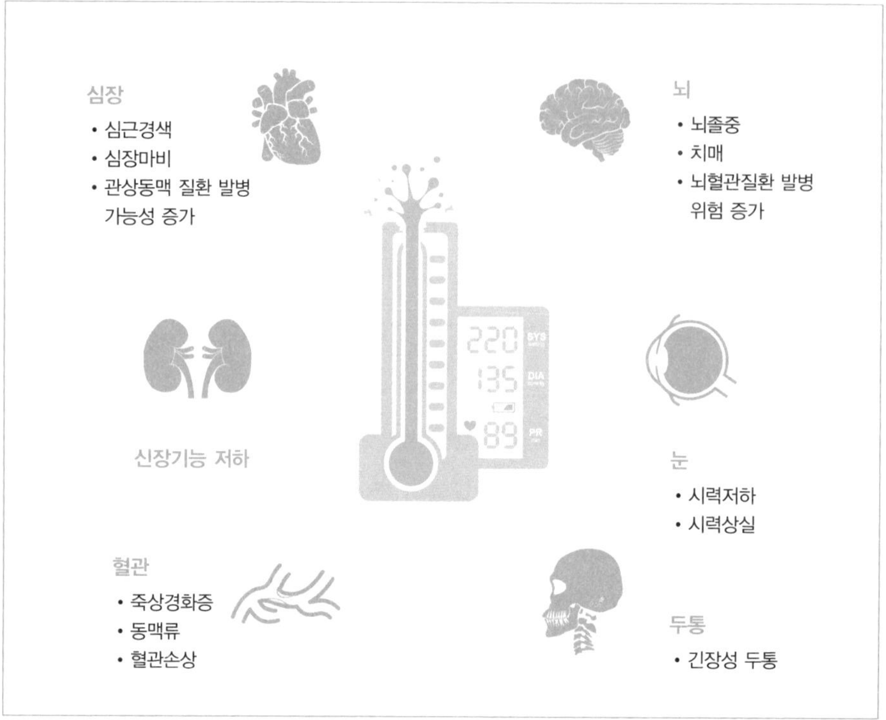

심장
- 심근경색
- 심장마비
- 관상동맥 질환 발병 가능성 증가

뇌
- 뇌졸중
- 치매
- 뇌혈관질환 발병 위험 증가

신장기능 저하

눈
- 시력저하
- 시력상실

혈관
- 죽상경화증
- 동맥류
- 혈관손상

두통
- 긴장성 두통

[그림 8.9]
신체부위별 고혈압 동반질환

치료 및 관리

약물치료

일반적으로 약 3개월간 생활개선, 운동요법, 식이요법을 실행해도 여전히 최고혈압이 140mmHg 이거나 최저혈압이 90mmHg 이상일 때는 약물치료를 시작한다. 약의 선택은 혈압 수치보다는 환자의 임상적 특성과 합병증에 따라 정하게 된다.

생활습관 개선

건강한 식습관, 운동, 금연, 절주 등과 같은 비약물치료 또는 생활요법은 혈압을 떨어뜨리는 효과가 뚜렷하기 때문에 고혈압 환자뿐 아니라 고혈압 전 단계인 사람에게도 고혈압의 예방을 위하여 적극적으로 권장한다. 약물치료를 시행하고 있는 고혈압 환자도 생활요법을 병행함으로써 약의 복용량을 줄이고 그 효과를 최대화하며, 약의 부작용을 줄일 수 있다. 또한 생활습관을 개선하면 다른 심혈관질환의 발생 위험도 동시에 감소시키는 효과를 얻을 수 있다.

그러나 생활요법은 혼자서 지속적으로 유지하기가 쉽지 않고, 혈압이 매우 높은 경우 최대한 노력하더라도 목표혈압까지 혈압을 낮추기가 어렵다. 따라서 고혈압 환자에게 지속적으로 생활요법을 유지할 수 있도록 동기를 부여하면서 동시에 생활요법의 한계점을 이해하도록 교육해야 한다.

- 긴장 완화
- 규칙적인 신체활동은 여러 기제를 통해 안정 시 혈압을 낮추는 효과가 있다.
- 비만일 경우 체중감량
- 동맥경화증의 위험요인 조절
- 섬유소가 풍부한 채소와 잡곡, 콩류 및 해조류(소금기를 잘 헹구어낸 것으로)를 많이 섭취한다. 나트륨은 혈압, 혈액량 등을 일정한 범위로 유지시키는 작용을 하지만 과다 섭취할 경우 고혈압의 위험을 높인다.

사회심리적 관리

고혈압을 치료하기 위해 다양한 인지행동치료 기법들이 사용되어 왔다. 여기에는 바이오피드백, 점진적 근육이완법, 최면 및 명상과 같은 기법들도 포함되는데, 이 모두는 몸을 이완시킴으로써 혈압을 감소시킨다.

또 고혈압은 분노와 관련이 있기 때문에 역할연기와 같은 행동기법을 통해 갈등을 관리하고 분노를 조절하는 훈련을 하는 것이 도움이 된다(Davidson, MacGregor, Stuhr, & Gidron, 1999; Larkin & Zayfert, 1996). 이러한 비약물적 접근 중 체중감소, 신체운동 및 인지행동치료는 상당히 효과가 좋다(Linden & Chambers, 1994). 게다가 경제적이고 실시하기도 쉽다. 그러나 준수율이 높지 않은데, 그 이유는 고혈압은 증상이 없어 많은 사람들이 스스로 스트레스 강도가 아주 높을 때만 취약하다고 생각하기 때문이다.

고혈압 환자의 삶의 질은 정상혈압인 사람보다 유의하게 낮고(Carvalho,

[그림 8.10]
고혈압의 위험요인
출처 : Flynn J. T, et al. (2013). *Pediatric Hypertension*(3rd ed.). Springer International Publishing.

Siqueira, Sousa, & Jardim, 2013; Khosravi et al., 2010; Trevisol, Moreira, Kerkhoff, Fuchs, & Fuchs, 2011), 당뇨병보다도 삶의 질이 더 낮은 것으로 나타났다(Ha, 2015). 이에 심리적 중재를 필요로 한다.

뇌졸중

세계보건기구(WHO)는 **뇌졸중**(stroke)을 "혈관성 원인에 의해 갑자기 발생해서 24시간 이상 지속하거나 사망을 초래하는, 국소 또는 전반적 뇌기능장애를 보이는 임상 징후"라고 정의한다. 뇌졸중으로 인한 국내 사망률은 OECD 국가 중 상당히 높은 수준으로서 암에 이어 사망 원인 2위, 단일 장기질환으로는 사망 원인 1위를 차지하고 있다(질병관리본부, 2016).

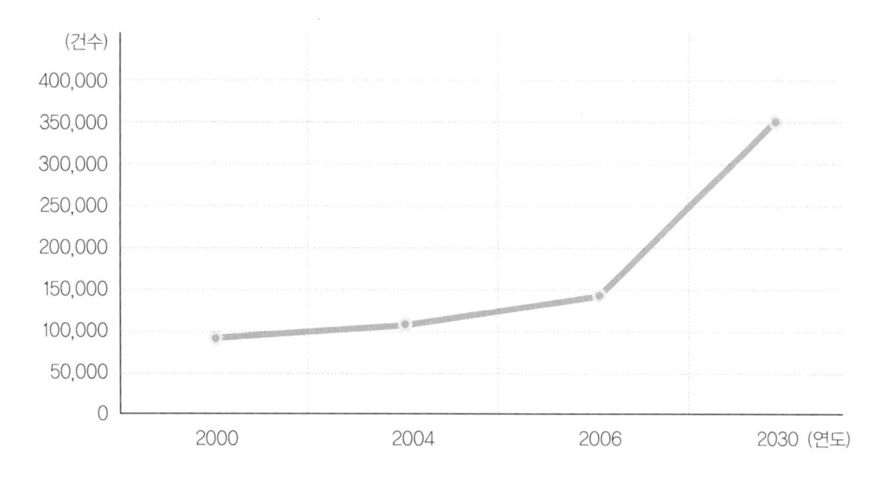

[그림 8.11]

우리나라의 뇌졸중 발생 예상 건수(2000~2030년)

출처 : 건강보험심사평가원. 뇌졸중 급여 적정성 평가결과 보고서, 2007.

생리적 체계 및 증상

뇌졸중은 뇌의 혈관이 죽상경화와 동맥경화로 인해 막히거나 또는 뇌혈관이 터져 뇌에 손상이 오고, 이에 따른 신경학적 이상이 발생하는 질환이다. 혈관이 막혔느냐 아니면 터졌느냐에 따라 뇌졸중은 크게 두 가지로 나눈다. 죽상판이나 혈전이 뇌혈관을 막아서 뇌로 가는 산소나 영양분이 제대로 공급되지 않아 발생하는 **뇌경색**(허혈성 뇌졸중)과 뇌 안에서 혈관이 터져 출혈로 인해 뇌 압력이 증가하거나 대뇌가 두개골로 밀리면서 손상을 입는 **뇌출혈**(출혈성 뇌졸중)이 그것이다.

뇌경색

뇌졸중의 약 80%를 차지한다. 뇌혈관이 막히는 이유의 대부분은 혈액이 응고된 덩어리인 '혈전'이다. 콜레스테롤이 침착되어 만들어진 죽상판이 파열되면서 혈관에 손상을 입히게 되면 혈전이 만들어진다. 혈전이 혈관을 막아서 발생하는 뇌경색을 **혈전성 뇌경색**이라고 부른다. 뇌혈관 자체에서 생기는 혈전이 아니라 심장에서 만들어져 혈관을 따라 이동하다가 뇌혈관을 막는 경우를 **색전성 뇌경색**이라고 부른다.

뇌출혈

출혈성 뇌졸중(hemorrhagic stroke, 뇌출혈)은 뇌혈관이 터져 피가 흘러나와 뇌에

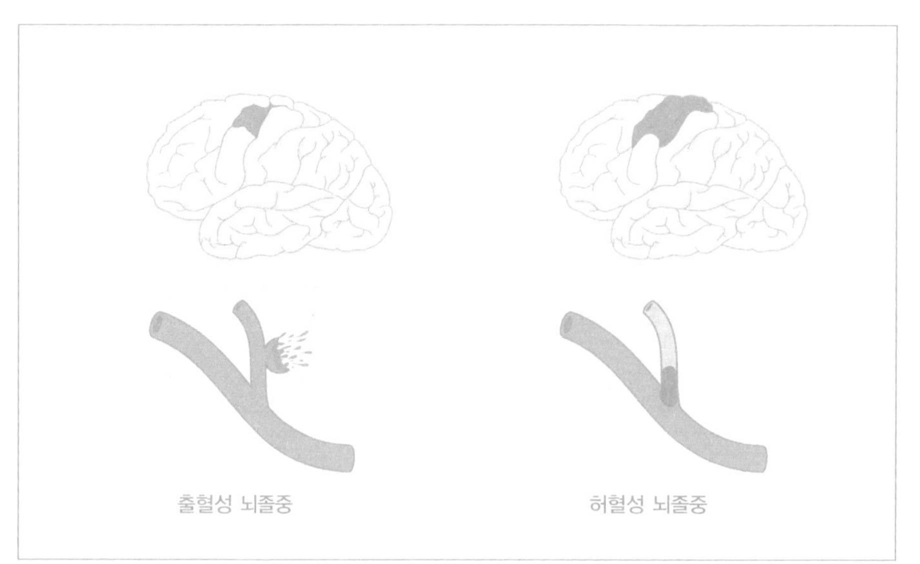

[그림 8.12]
출혈성 뇌졸중(뇌출혈)과 허혈성 뇌졸중(뇌경색)의 생리학적 기전

고여서 발생한다. 뇌혈관의 출혈은 혈액 공급을 차단시켜서, 또한 흘러나온 피가 고이면서 뇌를 압박해 뇌손상을 일으킨다. 뇌출혈은 터진 혈관의 위치에 따라 뇌 속 혈관이 터지는 뇌 실질내 출혈과 뇌를 둘러싸고 있는 얇은 막인 지주막 아래 위치한 혈관이 터지는 지주막하 출혈로 나누어진다.

증상

미국 뇌졸중협회에서는 뇌졸중의 위험신호로 다음 징후들을 소개한다(American Heart Association, 2004a).

- 갑자기 한쪽 얼굴, 팔, 다리에 힘이 없거나 감각이 둔해진다.
- 갑자기 혼란스럽고 이해하기 어려우며 말을 못하거나 발음이 이상하다.
- 갑작스럽게 술 취한 사람처럼 비틀거리며 걷는다.
- 갑자기 한쪽 눈이 안 보이거나 물체가 2개로 겹쳐 보인다.
- 갑작스럽고 원인을 알 수 없는 심각한 두통이 생기면서 울렁거리고 토한다.

F(Face Dropping)
한쪽 얼굴에 안면 떨림과 마비가 온다.

S(Speech Difficulty)
말할 때 발음이 이상하다.

A(Arm Weakness)
팔 다리에 힘이 없고 감각이 무뎌진다.

T(Time to call 119)
증상이 발생하면 바로 119로 전화한다.

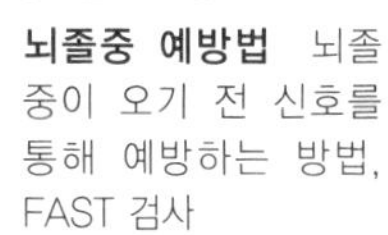

[그림 8.13]
뇌졸중 예방법 뇌졸중이 오기 전 신호를 통해 예방하는 방법, FAST 검사

뇌졸중 증상을 한마디로 표현하면 '갑자기 나타나는 증상'으로, 전조증상의 종류가 다양하고 많다. 이 중에 제일 흔하게 볼 수 있는 증상을 쉽게 외울 수 있는 방법으로 '빨리'라는 뜻의 FAST를 이용하여 뇌경색 초기증상을 표현하였다(그림 8.13).

24시간 이내에 증상 호전이 없이 지속되는 경우 뒤따르는 문제를 열거하자면 반신마비(한쪽 뇌에 이상이 오면 반대쪽 신체에 운동이나 감각마비), 언어장애, 시야장애, 걸음걸이 이상, 어지럼증, 메스꺼움과 구토, 두통, 복시(두 눈을 뜨고 한 물체를 보았을 때 겹치거나 둘로 보임), 음식물을 삼키기 어려움, 치매, 식물인간 상태 등이다.

위험요인

조절 불가능한 요인

노화(연령) 나이가 들면 뇌혈관계의 기능이 점차 퇴화되면서 뇌졸중의 위험성이 증가한다. 55세 이후에는 10년마다 뇌졸중의 위험이 2배씩 증가한다(Wolf et al., 1992; Brown et al., 1996). 우리나라의 경우에도 인구 1,000명당 연령별 뇌졸중 유병률은 50대 24.3명, 60대 58.0명, 70대 이상 67.5명으로 연령 증가에 따라 상승한다(국민건강영양조사 제3기. 2005). 뇌졸중의 약 72%가 65세 이상에서 일어나며, 50대에 비해 70대가 4배 높은 발생빈도를 보인다.

[표 8.2]
뇌졸중의 위험요인

조절 불가능한 요인	조절 가능한 요인
연령(노화)	만성질환 : 고혈압, 고지혈증, 당뇨병, 동맥질환
성별	심장질환 : 심방세동, 심장판막증
가족력	생활습관 : 흡연, 운동부족, 식습관, 비만, 음주 약물

성별 뇌졸중 발생률은 남성이 여성보다 높은데(건강보험심사평가원, 2006) 이는 생물학적 요인뿐 아니라 뇌졸중의 위험인자와 관련된 생활습관의 차이에 의한 것으로 추정된다. 단 85세 이상 연령대에서는 여성이 남성보다 뇌졸중 발생률이 더 높은데, 이는 고위험군 남자들이 85세 이전에 이미 심뇌혈관질환으로 사망하였기 때문일 것으로 추측된다(Sacco et al., 1998).

유전/가족력 뇌졸중의 주요 위험인자인 고혈압, 당뇨, 이상지질혈증 등과 이로 인한 뇌졸중의 발생에 유전적 요인이 관여한다. 쌍생아 연구결과는 유전적 요인의 관련성을 강하게 시사하는데, 일란성 쌍생아에서 뇌졸중 발생 **일치율**(concordance rate)은 이란성 쌍생아보다 약 5배 높다(Brass et al., 1992). 그러나 뇌졸중 1차 예방을 위하여 유전검사를 시행할 근거는 아직 부족하다.

조절 가능한 요인

고혈압/당뇨병 심혈관계 위험요인인 고혈압은 뇌졸중의 위험요인으로 작용하며, 동시에 다른 위험요인들과 상호작용하여 뇌졸중의 위험성을 높인다. 100만 명 이상 성인을 대상으로 하는 메타분석에서 뇌졸중으로 인한 사망률은 수축기 혈압 115mmHg, 확장기 혈압 75mmHg 이상부터 지속적으로 증가하였고, 40~69세 연령에서는 수축기 혈압 20mmHg, 확장기 혈압 10mmHg씩 증가할 때마다 뇌졸중으로 인한 사망률이 2배가량 증가한다.

당뇨병 또한 뇌졸중의 위험요인이다. 당뇨병은 허혈성 뇌졸중의 발병 위험을 1.8~6배 증가시키며 혈당이 높을수록 뇌졸중 발병 위험이 증가한다. 특히 55세 이하의 젊은 연령에서 당뇨병이 있는 경우 뇌경색 위험이 10배나 증가하고 60~80%

의 당뇨병 환자가 뇌졸중이나 관상동맥 질환으로 사망한다. 당뇨병이 있으면 급성 뇌경색 치료약의 효과가 감소하기도 한다. 프레이밍햄 연구에서 당뇨병의 허혈성 뇌졸중에 대한 위험도는 남녀 각각 1.4, 1.72였다.

또한 당뇨병을 동반한 뇌경색이 발생하면 뇌경색 병변이 더 크고 증상도 심해 결국 후유증이 더 심하게 남게 된다.

흡연/음주 흡연에 의한 뇌졸중 위험 증가는 모든 연령과 성별 및 인종에서 관찰된다. 그리고 고혈압, 당뇨 등을 동반할 때 위험이 더 커진다. 흡연은 남녀 모두에서 허혈성 뇌졸중의 위험을 1.5~2배, 출혈성 뇌졸중은 2~4배가량 올린다. 흡연량과 뇌졸중 위험도 사이에 용량의존성 관계가 있어서 담배를 많이 피울수록 뇌졸중 위험이 커진다. 또한 금연 시 위험도는 2년 후부터 감소하여 끊은 지 5년이 지나면 전혀 담배를 피운 적이 없는 사람과 위험도가 비슷해진다. 7,735명의 중년 남성을 약 12년 동안 추적 관찰한 결과에 의하면, 금연 시 뇌졸중 발생 위험은 급격하게 감소하게 되는데, 이러한 효과는 경도의 흡연자(하루 20개비 미만) 및 고혈압이 동반된 흡연자에게서 더욱 뚜렷하게 나타났다.

음주의 경우 메타분석에 의하면 하루 60g 이상의 알코올을 섭취하면 뇌졸중, 특히 출혈성 뇌졸중의 위험이 증가한다. 또한 뇌졸중 발생 이전에 알코올 섭취가 많았던 환자는 재발 가능성이 높다.

비만 국내 연구를 포함하여 대부분의 역학연구 결과를 살펴보면 심혈관질환의 위험은 신체질량지수(BMI)에 비례해서 상승한다. 체중보다 지방의 분포가 뇌졸중 위험과의 관계가 더 뚜렷한데 복부지방을 측정하는 허리-엉덩이 비율이 상위 20%에 해당하는 사람이 하위 20%인 사람보다 뇌졸중 위험이 2.3배 더 높다. 체중감량은 혈압감소와 혈당의 안정화 및 혈중 지질의 감소를 통해 뇌졸중 위험을 낮춘다.

심리적 요인 스트레스는 혈압을 높인다. 혈압의 상승은 혈관손상으로 이어지고, 이것은 뇌졸중 발생의 원인인 혈전을 만들어서 뇌졸중의 발병 가능성을 높이게 된다. 뇌졸중의 급성 촉발요인으로는 부정적 정서, 분노, 놀람 등이 있다(Koton, Tanne, Bortstein, & Green, 2014). 화를 많이 내고 공격적인 성격의 사람들, 즉 A유형 성격의 소유자들은 교감신경계 항진/저하 기복이 심해지고, 이것이 출혈성 뇌졸중의 발병 가능성을 높일 수 있다. 심장질환과 마찬가지로 우울은 뇌졸중의 위험요인이자 예측요인이다(May et al., 2002; Neu et al., 2004). 또한 관상동맥성 심장질환 및 고혈압과도 연관이 있는 분노의 표현 또한 뇌졸중과 연관성이 있는 것으로 보인다.

뇌졸중의 영향

뇌졸중 생존자의 90% 이상이 뇌 병변 부위에 따라 여러 가지 다양한 형태의 장애를 경험하며, 이들 중 대부분이 평생 반신마비라는 장애를 안고 살아야 한다(Anderson, Vestergaard, Ingemann-Nelsen, & Laurizen, 1995). 또한 반신마비로 인해 의존적 생활, 지적퇴행, 우울, 좌절, 불안과 같은 신체적 · 정서적 고통으로 삶의 질이 손상된다.

정서문제

뇌졸중은 장애를 유발하는 중요한 질병으로 한 개인의 삶에 커다란 충격이며 매일의 삶에서 이루어지는 활동뿐 아니라 직업이나 사회활동에도 제한을 받게 되며 심리정서적으로도 적응이 필요하다.

뇌졸중 후 우울증(poststroke depression, PSD)은 뇌졸중 환자에서 가장 흔히 나타나는 기분이나 정서장애로 기능장애를 유발하여 일상생활 동작 및 인지기능에 심각한 장애를 초래하고 재활치료를 어렵게 만든다(Parikh, 1990; Hama, 2011; Robinson, 2010). 또한 환자뿐 아니라 보호자의 삶의 질도 저하되고, 환자의 자살률을 포함한 사망률도 올린다(Morris, 1993; House, 2001). PSD가 뇌졸중 환자의 회복에 많은 영향을 미침에도 불구하고 환자들의 신체적 증상과 인지 및 언어기능의 손상과 **질병인식불능**(anosognosia), 감정표현의 어려움과 같은 행동학적 증상들로 인하여 이를 인지하고 평가하는 과정이 쉽지 않으며, 때로는 뇌졸중에 의한 신체적 증상이 우울증으로 과잉 진단되기도 하고 우울증을 뇌졸중의 한 증상으로 간과하는 경우도 많아 임상장면에서 적절한 진단과 치료가 이루어지지 않고 있다.

사회적 관계문제

뇌졸중으로 인해 신체적 · 심리적 · 사회적 기능 이외에 뇌졸중 환자의 삶의 질에 영향을 미치는 다른 요인은 가족의 지지라 할 수 있다. 가족의 도움을 통해 환자가 퇴원 후 생활을 지속하기 때문에 뇌졸중 환자의 간호에 가족의 지지가 매우 중요한 부분을 차지한다(Briggs, 1982). 그러나 환자를 돌보는 첫 1년 동안 가족 간호자의 28%가 수면부족과 건강상태 악화를 경험하는 것으로 보고된 연구결과(Brocklehurst, Morris, Andrews, Richards, & Laycock, 1981)에서 가족의 부담을 엿볼 수 있다.

Angeieri 등(1997)이 뇌졸중 3년 후 우울의 위험요인을 조사한 연구에서 우울과 사회적 지지는 유의한 관계가 있었으며, Fukunishi, Aoki와 Hosaka(1997)의 연구에서는 사회적 지지가 없다고 생각하는 환자들의 우울이 더 심하였다고 보고하였다.

인지 · 운동문제

뇌졸중의 후유증으로 발생부위 반대 측 신체에 반신마비로 인한 운동능력의 감소가 특징적으로 일어나고(Davins, 1994) 언어장애, 감각기능의 장애 및 지각 · 인지장애도 흔하게 발생된다. 인지기능에서는 주의집중력, 기억력, 문제해결 능력의 저하와 편측 무시 등이 발생한다. 또 뇌졸중에서는 병소의 위치나 병인의 분류에 따라 증상과 예후가 매우 이질적으로 나타나는데, 예를 들어 우반구에 병소가 있는 경우 대표적으로 언어장애가 발생하고 좌반구에 병변이 있는 경우 시운동성 지각결여와 기억장애 및 좌측 무시가 발생한다. 인지기능의 저하는 활동을 계획하고 수행하는 기능의 손상, 독립적인 일상생활의 어려움(이성란, 권혁철, 2003)을 포함한다. 또한 재활 프로그램을 따라하기 어렵게 만들어 기능회복을 방해하는 요인으로 작용한다(Jongbloed, 1986).

뇌졸중 후 재활치료(post-stroke rehabilitation)란 뇌졸중 후 환자가 신체적 · 정신적 기능의 최상 단계, 독립성 및 삶의 질을 회복할 수 있게끔 돕는 일련의 과정을 말한다. 목표가 분명하고 조직적인 재활치료는 단기간 내에 가능한 한 많은 기능을 회복할 수 있게 돕는다.

심리치료

상당수의 뇌졸중 환자들은 심리적 문제를 겪는다. 그들은 언제 다시 뇌졸중이 찾아올지 모르는 두려움으로 불안한 심리상태가 이어지며, 후유장애로 인한 자존감 상실을 경험하면서 우울증에 빠진다. 뇌졸중 자체만으로 인지기능의 저하 등의 후유증이 나타나는데, 이런 상태에서 우울증이 더해지면 인지기능의 추가적 저하 및 삶의 질 저하, 일상생활의 수행 저하 등의 2차적인 증상이 더해져서 고통이 배가 된다. 우울증이 심해지면 치료 의지를 상실하여 재활의 골든 타임을 놓칠 수 있고, 자살 위험이 커지기 때문에 뇌졸중 후 심리치료를 통해서 우울증을 직접적으로 다루어 줘야 한다.

심리치료의 초기단계에서는 뇌졸중 환자들에게 일단 자신의 질환과 후유장애에 대한 정보를 제공하고, 이를 받아들이는 수용의 태도를 조성한다. 또한 우울증이 삶에 미치는 영향 및 관련 정보를 제공한다.

뇌졸중 환자 및 보호자에게 지지적인 개입, 병에 대한 교육절차를 적용했을 때 대조군에 비해 보호자의 스트레스나 우울반응, 불안감이 개선되고 삶의 질이 향상되었다는 연구결과가 보고되었다(Legg et al., 2011). 2008년 Robinson 등은 문제해결 방식의 심리치료 집단이 위약집단에 비해 뇌졸중 후 우울증의 발생이 낮다고 보고했다. 또한 2009년 Mitchell 등은 간단한 심리사회-행동학적 개입이 뇌졸중 발병 12개월 후 우울증 발생을 낮출 수 있다는 것을 보여주었다.

인지 및 언어치료

뇌졸중 발병 후에는 다양한 인지 및 행동적 문제가 발생한다. 인지적 훈련은 주의력과 집중력 증진을 위한 치료로 시작된다. 최근에는 컴퓨터 기술의 발달로 환자 스스로 재활훈련을 시행하고 피드백을 받을 수 있는 인지훈련이 시행되고 있다. 더불어 언어적 후유증이 남은 뇌졸중 환자를 위한 재활치료도 이루어지고 있다. 가령 실어증 환자는 언어치료 전문가의 도움을 받아 컴퓨터를 이용한 치료나 훈련된 자원자를 통한 치료를 활용할 수 있다.

운동 재활치료

뇌졸중 환자의 88%는 반신마비 증상을 보이는데 지속적인 재활치료를 통해 운동능력을 회복해 나가야 한다. 운동기능 향상을 위한 재활치료법은 **반복적인 과제지향적 운동훈련**(task oriented motor training)을 중심으로 이루어진다(대한뇌졸중학회, 2009) 뇌졸중 후 마비된 부위의 회복을 위한 근력훈련뿐만 아니라 심혈관 건강과 체력을 향상시키기 위해 규칙적인 유산소 운동을 하는 것도 효과적임이 많은 연구결과에서 밝혀졌다(Gordon et al., 2004). 여러 연구결과를 근거로 뇌졸중 환자를 위한 운동훈련은 보통 유산소 운동인 산책 및 걷기, 부위에 따른 근력운동의 세트 반복과 스트레칭으로 이루어진다.

제2형 당뇨병

생리적 체계와 원인

우리가 먹은 탄수화물이 포도당으로 분해되어 혈당수준이 상승하면 췌장이 이를 감지하여 인슐린을 분비한다. 인슐린은 세포 안으로 포도당이 들어갈 수 있도록 문을 열어주는 열쇠와 같은 역할을 해서 혈액 속에 과도하게 존재하는 포도당을 세포 속으로 들여보내고, 간에 글리코겐이라는 형태로 저장시킨다. 그렇게 해서 혈액 내 혈당(포도당) 수준을 떨어뜨려 항상성을 회복한다. 인슐린은 우리 몸에서 혈당을 조절하는 유일한 호르몬이므로 인슐린 분비에 문제가 생기면 혈당이 과도하게 상승하게 된다. 포도당은 혈액 속에서 어느 수준을 넘게 되면 소변으로 배출되는데,

그 과정에서 많은 염분과 물이 필요하기 때문에 당뇨 초기 증상인 잦은 소변, 갈증, 탈수 현상이 일어나게 된다.

제1형 당뇨병은 자가면역질환으로 인슐린을 생산하는 췌장의 세포가 공격을 받아 인슐린이 생산되지 못하기 때문에 생긴다. 제1형 당뇨병에 관해서는 이후 면역계 질환에서 더 자세히 다룰 것이다.

제2형 당뇨병은 제1형과는 달리 인슐린은 분비가 되지만 세포가 인슐린에 둔감하게 반응하는 인슐린 저항성 때문에 발생한다. 즉, 문을 열고자 하는 열쇠(인슐린)에는 문제가 없지만 열쇠구멍인 세포가 열쇠를 잘 받아들이지 못하여 포도당이 세포 속으로 원활하게 들어가지 못하는 것이다. 인슐린 저항이 생기면 췌장은 일시적으로 인슐린 생성을 증가시켰다가 인슐린을 생성하는 세포가 바닥나게 되면 인슐린 생성이 감소되어 제2형 당뇨병이 발생한다(Alper, 2000).

세포가 인슐린에 둔감하게 반응하게 되는 이유는 무엇일까? 인슐린 저항성의 원인은 주로 비만, 과식, 고지방식, 운동부족, 스트레스, 노화로 알려져 있다. 제2형 당뇨병은 당뇨 환자의 90%를 차지하며 주로 성인기에 발병한다고 알려졌으나 요즘에는 '성인병'이라는 말이 무색하게도 발병 연령대가 어려졌다(Malik et al., 2010).

증상 및 합병증

증상

혈액 속에 포도당 수준이 높아지면 소변 생산량이 많아지고 이는 잦은 배뇨, 갈증으로 이어진다. 만약 이때 충분한 수분 보충이 이루어지지 않는다면 어지러움, 두통, 빠른 심장박동 등의 탈수 증상이 나타날 수 있다. 이 외에도 흐릿한 시력, 피로, 입 마름, 무기력, 발기부전, 생리불순, 감각상실, 피부, 잇몸, 비뇨기의 잦은 감염, 다리, 발, 손가락의 통증 및 경련, 베인 상처나 찰과상으로부터의 더딘 회복, 급성 가려움 및 졸음 등의 증상이 일어날 수 있다.

합병증

혈당이 제대로 조절되지 않으면 다른 기관에도 영향을 미치게 된다. 먼저 혈액 속 높은 혈당은 망막세포 혈관을 손상시켜 시각손상을 일으키고 눈근육에 영향을 미쳐 시야가 흐릿하게 보일 수도 있다.

또 높은 혈당 수준은 단백질 같이 꼭 필요한 성분을 배출되게 함으로써 신장기능을 저하시킬 수도 있고, 혈액의 흐름을 방해한다.

당뇨는 혈관과 신경에 손상을 일으켜 통증을 비롯한 감각이 둔해져서 발에 상처가 나면 회복이 더딘데다가 상처가 났다는 것도 모르고 관리를 하지 않아 살이 썩는 경우도 생긴다. 또한 당뇨는 알츠하이머병과 혈관성 치매의 위험요인이다(Xu et al., 2009). 이러한 합병증의 결과 당뇨는 기대수명을 단축시킨다. 당뇨는 복부비만, 고혈압, 고지혈증과 더불어 죽음의 4인방 중 하나인데, 이 증상들의 조합은 심장발작,

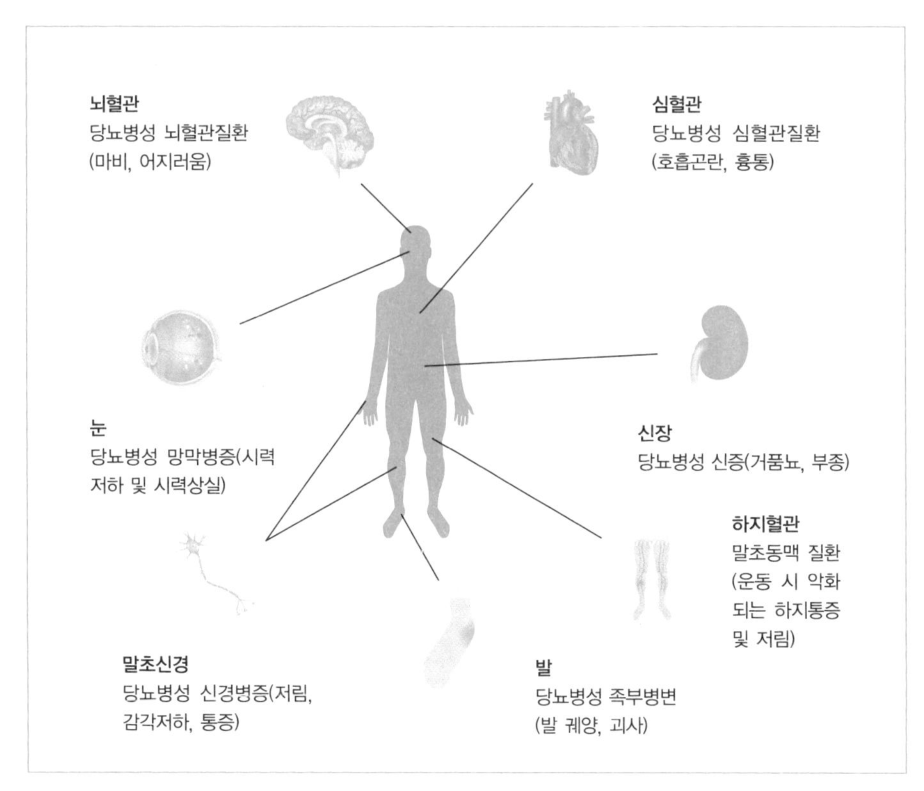

[그림 8.14]
당뇨병으로 발생하는 합병증

뇌졸중의 위험을 치솟게 하므로 거의 치명적이다(Weber-Hamann et al., 2002).

당뇨의 관리

자기관리

제1형이든 제2형이든 당뇨병 환자는 자신이 혈당을 관리하고 건강문제를 최소화하기 위한 생활방식으로 살아야 한다. 제2형 당뇨병 환자에게 식이조절과 운동은 필수이다. 현재의 식단과 활동에 대해 파악하고 어느 부분에서 변화가 필요한지를 인식한 다음 매일 꾸준히 실천해 나가는 자세가 필요하다.

처방준수 및 교육

제2형 당뇨병 환자들은 자신들이 직면한 건강 위험에 대해 자각하지 못하고 지속적인 약물복용과 행동변화가 필요하다는 것을 모르는 경우가 많으므로 교육이 필요하다(Mann, Poneiman, Leventhal, & Halm, 2009). 심장질환이 당뇨의 가장 심각한 잠재적 합병증이라는 것을 아는 사람들은 당뇨 환자의 3분의 1에 불과했다. 또 몇 주일만 약물을 복용하고 단것을 안 먹으면 낫는다고 믿는 환자들도 많다. 또 처방된 약을 먹지 않고 민간요법에 의존하면서 혈당 체크를 소홀히 하는 환자들도 있다.

심리적 중재

앞에서 언급한 대로 스트레스와 당뇨 간의 관련성에 관한 증거가 축적되면서 (Herschbach et al., 1997), 많은 건강심리학자들이 당뇨환자들에게 스트레스 관리 프로그램을 실시하고 있다. 국내 한 연구(전진수, 권정혜, 김명식, 2010)에서 스트레스 관리 집단치료를 받은 실험집단은 통제집단에 비해 공복혈당이 지속적으로 감소되었다.

당뇨병 환자들은 홍보나 교육을 통해 평생 자기관리를 해야 한다는 것을 알게 되더라도 심각한 합병증이 생기기 전에는 증상을 체감하지 않기 때문에 동기가 결여된 경우가 많다. 또 한편으로는 당뇨병 진단 후 우울을 경험하거나 자기관리를 감

당뇨병 환자의 일일 체크리스트	
1	나는 최소 1회 이상 혈당(혈압)을 측정하였고 목표혈당(혈압) 이내임을 확인하였다.
2	나는 내 발을 잘 관찰하고 이상 여부를 확인하였다.
3	나는 약물을 적절한 시간에 복용 또는 주사하였고, 잔여량을 확인하였다.
4	나는 균형 잡힌 식사를 규칙적으로 했으며, 과식은 하지 않았다.
5	나는 적당한 양의 운동을 하였다.
6	나는 최근 1주일 내 체중을 측정하였으며, 목표체중 이내임을 확인하였다.
7	나는 술을 마시지 않았거나, 1~2잔 이내로 마셨다.
8	나는 현재 금연하고 있다.
9	나는 응급상황 시 도와줄 사람이 옆에 있거나 연락할 사람이 있다.

[표 8.3]
당뇨병 환자의 일일 체크리스트
출처 : 대한의학회 2014 당뇨병 관리 지침서 근거기반 환자 정보

당할 수 있을지 불안해한다. 여러 연구들은 인지행동치료 등의 심리적 중재가 당뇨병 환자의 심리건강과 웰빙을 증진시킴은 물론이고 자기관리 행동을 지속하도록 도왔고 그 결과 혈당수준이 개선됨을 보였다. 가령 자기관리에 대한 자아 효능감을 목표로 한 개입은 혈당 수준 조절을 달성하기 위한 지침 준수를 증진시켰다(Cherrington, Wallston, & Rothman, 2010). 또 다른 연구에서는 전화를 통한 짧은 인지행동적 개입만으로도 제2형 당뇨병 환자들의 자기관리 행동을 증진시킬 수 있었다(Sacco, Malone, Morrison, Friedman, & Waells, 2009).

참고문헌

권혁문(2017). 심혈관 질환의 위험요인 관리와 예방 편-100세 시대 두근두근 심장혈관이야기. 서울 : 대학의학서적.

김진호, 한태륜 등(2002). 재활의학(제2판, p. 349). 서울 : 군자출판사.

김한수(2013). (김한수 박사와 함께 하는) 알기쉬운 고혈압 심장병 이야기. 서울 : 군자출판사.

국민고혈압 사업단. 고혈압의 정의. www.hypertension.or.kr/viewC.php?vCode=101001&main_num=1&sub_num=1&sub_num2=1-20171029

대한뇌졸중학회(2009). 뇌졸중. 서울 : 이퍼블릭코리아

박승정(2009). 심장병 예방과 치료. 서울 : 가림출판사.

박승정(2015). 심장병 119. 서울 : 가림출판사.

변광호, 장현갑(2005). 스트레스와 심신의학. 서울 : 학지사

아산병원(2017). 질환백과. http://www.amc.seoul.kr/asan/healthinfo/disease/diseaseDetail.do?contentId=32084-20171028

유동준(1992). 건강한 삶 : 뇌졸중, 고혈압, 동맥경화증, 심장병의 치료 및 예방. 서울 : 선경제약, 한국성인병예방협회.

이성란, 권혁철(2003). 뇌졸중환자의 인지기능이 일상생활 활동에 미치는 영향. KAUTPT, 10(3), 41-1.

임세중(2013). 일반적으로 잘 알려져 있는 혈관질환의 위험인자. 심장과 혈관, 15(2), 66.

장문선, 김영환(1997). 분노표현방식과 사회적 지지가 심장혈관반응에 미치는 영향. 한국심리학회지 : 임상, 16(2), 197-207.

장현갑(1998). 관상성 심장병 발생에 있어서 심리, 사회적 영향에 관한 고찰. 한국심리학회지 : 건강, 3(1), 1-17.

전진수, 권정혜, 김명식(2010). 스트레스관리 집단치료가 제2형 당뇨병의 혈당조절에 미치는 지속적 효과. 한국심리학회지 : 건강, 15(1), 51-66.

질병관리본부(2005). 국민건강영양조사. http://knhanes.cdc.go.kr/

통계청(2007). 2005년 시도별 생명표 및 사망원인 통계결과.

한국정신신체의학회(2012). 정신신체의학. 서울 : 집문당.

Davidson. C.(2005). 심장동맥심장병 (조승연, 옮김). 서울 : 아카데미아.

American Association of Cardiovascular and Pulmonary Rehabilitation.(2003). *Guidelines for Cardiac Rehabilitation and Secondary Prevention Programs.*(4th ed.), Champaign, IL: Humankinetics.

American Heart Association.(2005). Heart disease and stroke statistics-2004 update. Dallas, Texas: American Heart Association, 2003. *Heart Disease and Stroke*.

Alper, J.(2000). New insights into type 2 diabetes. *Science*, *289*(5476), 37-39.

Andersen, G., Vestergaard, K., Ingeman-Nielsen, M., & Jensen, T. S.(1995). Incidence of central post-stroke pain. *Pain*, *61*(2), 187-193.

Angeleri, F.(Ed.).(1997). *Analysis of the Electrical Activity of the Brain*. John Wiley & Son Limited.

Bankier, B., Januzzi, J. L., & Littman, A. B.(2004). The high prevalence of multiple psychiatric disorders in stable outpatients with coronary heart disease. *Psychosomatic Medicine*, *66*(5), 645-650.

Barefoot, J. C., Dodge, K. A., Peterson, B. L., Dahlstrom, W. G., & Williams, R. B.(1989). The Cook-Medley hostility scale: item content and ability to predict survival. *Psychosomatic Medicine*. *51*(1), 46-57.

Bartone, P. T., Valdes, J. J., & Sandvik, A.(2016). Psychological hardiness predicts cardiovascular health. *Psychology*, *Health & Medicine*, *21*(6), 743-749.

Beevers, D. G.(2005). The end of β blockers for uncomplicated hypertension?. *The Lancet*, *366*(9496), 1510-1512.

Bennett, P., Owen, R. L., Koutsakis, S., & Bisson, J.(2002). Personality, social context and cognitive predictors of post–traumatic stress disorder in myocardial infarction patients. *Psychology and Health*, *17*(4), 489-500.

Berkman, L. F., Blumenthal, J., Burg, M., Carney, R. M., Catellier, D., Cowan, M. J., Czajkowski, S. M., DeBusk, Robert., Hosking, James., Jaffee, Allan., Kaufmann, P. G., Mitchell, P., Norman, James., Powell, L. H., Raczynski, J. M., & Schneiderman, N.(2003). Effects of treating depression and low perceived social support on clinical events after myocardial infarction: The Enhancing Recovery in Coronary Heart Disease Patients (ENRICHD) randomized trial. *JAMA*, *289*(23), 3106-3116.

Brass, L. M., Isaacsohn, J. L., Merikangas, K. R., & Robinette, C. D.(1992). A study of twins and stroke. *Stroke*, *23*(2), 221-223.

Brocklehurst, J. C., Morris, P., Andrews, K., Richards, B., & Laycock, P.(1981). Social effects of stroke. Social Science & Medicine. *Part A: Medical Psychology & Medical Sociology*, *15*(1), 35-39.

Brown, R. D., Whisnant, J. P., Sicks, J. D., O'Fallon, W. M., & Wiebers, D. O.(1996). Stroke incidence, prevalence, and survival: secular trends in Rochester, Minnesota, through 1989. *Stroke*, *27*(3), 373-380.

Cannon, C. P., Braunwald, E., McCabe, C. H., Rader, D. J., Rouleau, J. L., Belder, R., & Skene, A. M.(2004). Intensive versus moderate lipid lowering with statins after acute coronary syndromes. *New*

England Journal of Medicine, *350*(15), 1495-1504.

Cherrington, A., Wallston, K. A., & Rothman, R. L.(2010). Exploring the relationship between diabetes self-efficacy, depressive symptoms, and glycemic control among men and women with type 2 diabetes. *Journal of Behavioral Medicine*, *33*(1), 81-89.

Chobanian, A. V., Bakris, G. L., Black, H. R., Cushman, W. C., Green, L. A., Izzo, J. L., Jones, W. D., Materson, J. B., Oparil, J., Wright Jr, T. J., Jr, & Roccella, E. J.(2003). Seventh report of the joint national committee on prevention, detection, evaluation, and treatment of high blood pressure. *Hypertension*, *42*(6), 1206-1252.

Chobanian, A. V., Bakris, G. L., Black, H. R., Cushman, W. C., Green, L. A., Izzo Jr, J. L., Jones, W. D., Materson, J. B., Oparil, J., Wright Jr, T. J., Jr, & Roccella, E. J.(2003). The seventh report of the joint national committee on prevention, detection, evaluation, and treatment of high blood pressure: the JNC 7 report. *JAMA*, *289*(19), 2560-2571.

Clark, A. M., Hartling, L., Vandermeer, B., & McAlister, F. A.(2005). Meta-analysis: secondary prevention programs for patients with coronary artery disease. *Annals of Internal Medicine*, *143*(9), 659-672.

Cornelissen, V. A., & Fagard, R. H.(2005). Effects of endurance training on blood pressure, blood pressure-regulating mechanisms, and cardiovascular risk factors. *Hypertension*, *46*(4), 667-675.

Davidson, K., MacGregor, M. W., Stuhr, J., & Gidron, Y.(1999). Increasing constructive anger verbal behavior decreases resting blood pressure: a secondary analysis of a randomized controlled hostility intervention. *International Journal of Behavioral Medicine*, *6*(3), 268-278.

de Carvalho, M. V., JARDIM, P. C. B., & Sousa, A. L. L.(2013). A INFLUENCIA DA HIPERTENSAO ARTERIAL NA QUALIDADE DE VIDA. *Arquivos Brasileiros de Cardiologia*, *100*(2), 164-174.

Devins, G. M.(1994). Illness intrusiveness and the psychosocial impact of lifestyle disruptions in chronic life-threatening disease. *Advances in Renal Replacement Therapy*, *1*(3), 251-263.

Ehrman, J. K., Gordon, P. M., Visich, P. S., & Keteyian, S. J.(2003). *Clinical Exercise Physiology*. Human Kinetics, 261-80.

Eng, P. M., Fitzmaurice, G., Kubzansky, L. D., Rimm, E. B., & Kawachi, I.(2003). Anger expression and risk of stroke and coronary heart disease among male health professionals. *Psychosomatic Medicine*, *65*(1), 100-110.

Everson, S. A., Kaplan, G. A., Goldberg, D. E., Lakka, T. A., Sivenius, J., & Salonen, J. T.(1999). Anger expression and incident stroke: Prospective evidence from the Kuopio ischemic heart disease study.

Stroke, *30*, 523-528.

Fields, L. E., Burt, V. L., Cutler, J. A., Hughes, J., Roccella, E. J., & Sorlie, P.(2004). The burden of adult hypertension in the United States 1999 to 2000: a rising tide. *Hypertension*, *44*(4), 398-404.

Flynn, J. T.(2013). *Pediatric hypertension*. J. R. Ingelfinger, & R. J. Portman (Eds.). Humana press.

Ford, E. S., Giles, W. H., & Dietz, W. H.(2002). Prevalence of the metabolic syndrome among US adults: findings from the third National Health and Nutrition Examination Survey. *JAMA*, *287*(3), 356-359.

Frasure-Smith, N., & Prince, R.(1985). The ischemic heart disease life stress monitoring program: Impact on mortality. *Psychosomatic Medicine*, *47*(5), 431-445.

Fukunishi, I., Aoki, T., & Hosaka, T.(1997). Correlations for social support with depression in the chronic poststroke period. *Perceptual and Motor Skills*, *85*(3), 811-818.

Gonder-Frederick, L. A., Carter, W. R., Cox, D. J., & Clarke, W. L.(1990). Environmental stress and blood glucose change in insulin-dependent diabetes mellitus. *Health Psychology*, *9*(5), 503.

Gordon, N. F., Gulanick, M., Costa, F., Fletcher, G., Franklin, B. A., Roth, E. J., & Shephard, T.(2004). Physical activity and exercise recommendations for stroke survivors: an American Heart Association scientific statement from the Council on Clinical Cardiology, Subcommittee on Exercise, Cardiac Rehabilitation, and Prevention; the Council on Cardiovascular Nursing; the Council on Nutrition, Physical Activity, and Metabolism; and the Stroke Council. *Stroke*, *35*(5), 1230-1240.

Gordon, T., Castelli, W. P., Hjortland, M. C., Kannel, W. B., & Dawber, T. R.(1977). High density lipoprotein as a protective factor against coronary heart disease: the Framingham Study. *The American Journal of Medicine*, *62*(5), 707-714.

Grundy, S. M., Pasternak, R., Greenland, P., Smith, S., & Fuster, V.(1999). Assessment of cardiovascular risk by use of multiple-risk-factor assessment equations: a statement for healthcare professionals from the American Heart Association and the American College of Cardiology. *Circulation*, *100*(13), 1481-1492.

Halford, W. K., Cuddihy, S., & Mortimer, R. H.(1990). Psychological stress and blood glucose regulation in Type I diabetic patients. *Health Psychology*, *9*(5), 516.

Hama, S., Yamashita, H., Yamawaki, S., & Kurisu, K.(2011). Post-stroke depression and apathy: Interactions between functional recovery, lesion location, and emotional response. *Psychogeriatrics*, *11*(1), 68-76.

Harvard Health Publications.(2007). What triggers heart attacks? *Harvard Heart Letter*, *17*(11), 1-2.

Herschbach, P., Duran, G., Waadt, S., Zettler, A., Amm, C., Marten-Mittag, B., & Strian, F.(1997).

Psychometric properties of the Questionnaire on Stress in patients with Diabetes-Revised (QSD-R). *Health Psychology*, *16*(2), 171-174.

House, J. S., Landis, K. R., & Umberson, D.(1988). Social relationships and health. *Science*, *241*(4865), 540-545.

House, A., Knapp, P., Bamford, J., & Vail, A.(2001). Mortality at 12 and 24 months after stroke may be associated with depressive symptoms at 1 month. *Stroke*, *32*(3), 696-701.

House, A., Dennis, M., Mogridge, L., Warlow, C., Hawton, K. E. I. T. H., & Jones, L. E. S. L. E. Y.(1991). Mood disorders in the year after first stroke. *The British Journal of Psychiatry*, *158*(1), 83-92.

Hosoya, T., Matsushima, M., Nukariya, K., & Utsunomiya, K.(2012). The relationship between the severity of depressive symptoms and diabetes-related emotional distress in patients with type 2 diabetes. *Internal Medicine*, *51*(3), 263-269.

Hubbert, H., Feinleb, M., Mc Namara, P., & Castelli, W. P.(1983). Obesity as an independent risk factor for cardiovascular disease: a 26 year follow-up of participants in the Framingham study. *Circulation*, *67*, 968.

Joint National Committee on Detection, Evaluation, and Treatment of High Blood Pressure.(1997). The 6th Report of the Joint National Committee on detection, evaluation, and treatment of high blood pressure (JNC VI). *Archives of Internal Medicine*, *157*, 2413-2446.

Jolliffe, J. A., Rees, K., Taylor, R. S., Thompson, D., Oldridge, N., & Ebrahim, S.(2001). Exercise-based rehabilitation for coronary heart disease. *The Cochrane Database of Systematic Reviews*, *1*(1).

Jongbloed, L. Y. N.(1986). Prediction of function after stroke: a critical review. Stroke, 17(4), 765-776.

Jung, J. E., Kim, G. S., Chen, H., Maier, C. M., Narasimhan, P., Song, Y. S., & Sakata, H.(2010). Reperfusion and neurovascular dysfunction in stroke: from basic mechanisms to potential strategies for neuroprotection. *Molecular Neurobiology*, *41*(2-3), 172-179.

Karlsen, B., Oftedal, B., & Bru, E.(2012). The relationship between clinical indicators, coping styles, perceived support and diabetes-related distress among adults with type 2 diabetes. *Journal of Advanced Nursing*, *68*(2), 391-401.

Kaprio, J., Koskenvuo, M., & Rita, H.(1987). Mortality after bereavement: a prospective study of 95,647 widowed persons. *American Journal of Public Health*, *77*(3), 283-287.

Kissebah, A. H., & Peiris, A. N.(1989). Biology of regional body fat distribution: Relationship to non-insulin-dependent diabetes mellitus. *Diabetes/Metabolism Research and Reviews*, *5*(2), 83-109.

Kobasa, S. C.(1979). Stressful life events, personality, and health: an inquiry into hardiness. *Journal of Personality and Social Psychology*, *37*(1), 1.

Koton, S., Tanne, D., Bornstein, N. M., & Green, M. S.(2004). Triggering risk factors for ischemic stroke A case-crossover study. *Neurology*, *63*(11), 2006-2010.

Kuper, H., Marmot, M., & Hemingway, H.(2002). Systematic review of prospective cohort studies of psychosocial factors in the etiology and prognosis of coronary heart disease. *In Seminars in Vascular Medicine*, *2*(3), 267-314.

Larkin, K. T., & Zayfert, C.(1996). Anger management training with mild essential hypertensive patients. *Journal of Behavioral Medicine*, *19*(5), 415-433.

Law, M. R., Wald, N. J., Wu, T., Hackshaw, A., & Bailey, A.(1994). Systematic underestimation of association between serum cholesterol concentration and ischaemic heart disease in observational studies: data from the BUPA study. *BMJ*, *308*(6925), 363-366.

Legg, L. A., Quinn, T. J., Mahmood, F., Weir, C. J., Tierney, J., Stott, D. J., Smith, L. N, & Langhorne, P.(2011). Non-pharmacological interventions for caregivers of stroke survivors. Cochrane Database System Review.

Leor, J., Poole, W. K., & Kloner, R. A.(1996). Sudden cardiac death triggered by an earthquake. *New England Journal of Medicine*, *334*(7), 413-419.

Lewington S, Clarke R, Qizilbash N, Peto R, Collins R, Prospective Studies C.(2002). Age-specific relevance of usual blood pressure to vascular mortality: a meta-analysis of individual data for one million adults in 61 prospective studies. *Lancet*, *360*, 1903-13.

Lin, E. H., Heckbert, S. R., Rutter, C. M., Katon, W. J., Ciechanowski, P., Ludman, E. J., & Von Korff, M.(2009). Depression and increased mortality in diabetes: unexpected causes of death. *The Annals of Family Medicine*, *7*(5), 414-421.

Linden, W., & Chambers, L.(1994). Clinical effectiveness of non-drug treatment for hypertension: A meta-analysis. *Annals of Behavioral Medicine*, *16*(1), 35-45.

Lindley, R. I., Wang, J. J., Wong, M. C., Mitchell, P., Liew, G., Hand, P., & Chen, C.(2009). Retinal microvasculature in acute lacunar stroke: a cross-sectional study. *The Lancet Neurology*, *8*(7), 628-634.

Lim, J. S.(2010). *Diabetes awareness survey and diet survey in low-income diabetes patients* (Doctoral dissertation, MS Thesis).

Macleod, J., Smith, G. D., Heslop, P., Metcalfe, C., Carroll, D., & Hart, C.(2002). Psychological stress and cardiovascular disease: empirical demonstration of bias in a prospective observational study of Scottish men. BMJ, 324(7348), 1247.

Maddi, S. R.(2006). Hardiness: The courage to grow from stresses. *The Journal of Positive Psychology*, *1*(3), 160-168.

Malik, V. S., Popkin, B. M., Bray, G. A., Despres, J. P., Willett, W. C., & Hu, F. B.(2010). Sugar-sweetened beverages and risk of metabolic syndrome and type 2 diabetes: a meta-analysis. *Diabetes Care*, *33*(11), 2477-2483.

Mancia, G., Messerli, F., Bakris, G., Zhou, Q., Champion, A., & Pepine, C. J.(2007). Blood pressure control and improved cardiovascular outcomes in the International Verapamil SR-Trandolapril Study. *Hypertension*, *50*(2), 299-305.

Mann, D. M., Ponieman, D., Leventhal, H., & Halm, E. A.(2009). Predictors of adherence to diabetes medications: the role of disease and medication beliefs. *Journal of Behavioral Medicine*, *32*(3), 278-284.

Martens, E. J., Smith, O. R. F., Winter, J., Denollet, J., & Pedersen, S. S.(2008). Cardiac history, prior depression and personality predict course of depressive symptoms after myocardial infarction. *Psychological Medicine*, *38*(2), 257-264.

Morris, P. L., Robinson, R. G., & Samuels, J.(1993). Depression, introversion and mortality following stroke. *Australian & New Zealand Journal of Psychiatry*, *27*(3), 443-449.

Myrtek, M.(2007). Type A behavior and hostility as independent risk factors for coronary heart disease. Contributions *Toward Evidence-Based Psychocardiology: A Systematic Review of the Literature*. Washington DC: American Psychological Association, 159-183.

Neu, P., Schlattmann, P., Schilling, A., & Hartmann, A.(2004). Cerebrovascular reactivity in major depression: a pilot study. *Psychosomatic Medicine*, *66*(1), 6-8.

PATS, C. G.(1995). Post-stroke antihypertensive treatment study. A preliminary result. *Chinese Medical Journal*, *108*(9), 710.

Parikh, R. M., Robinson, R. G., Lipsey, J. R., Starkstein, S. E., Fedoroff, J. P., & Price, T. R.(1990). The impact of poststroke depression on recovery in activities of daily living over a 2-year follow-up. *Archives of Neurology*, *47*(7), 785-789.

Park, J. H., & Bae, S. H.(2011). A Systematic Review of Psychological Distress as a Risk Factor for Recurrent Cardiac Events in Patients with Coronary Artery Disease. *Journal of Korean Academy of Nursing*, *41*(5).

Park, J. K., Lim, Y. H., Kim, K. S., Kim, S. G., Kim, J. H., Lim, H. G., & Shin, J.(2013). Changes in body fat distribution through menopause increase blood pressure independently of total body fat in middle-aged women: the Korean National Health and Nutrition Examination Survey 2007-2010. *Hypertension Research*, *36*(5), 444.

Pearson, T. A., Blair, S. N., Daniels, S. R., Eckel, R. H., Fair, J. M., Fortmann, S. P., Franklin, B. A., Goldstein, B. L., Freenland, P., Grundy, M. C., Hong, Y., Miller, H. N., Lauer, M. R., Ockene, S. I., Sacco, K. R., Sallis, F. J., Smith, C. Sidney., Sone, J. N., & Taubert, A. K.(2002). AHA guidelines for primary prevention of cardiovascular disease and stroke: 2002 update: consensus panel guide to comprehensive risk reduction for adult patients without coronary or other atherosclerotic vascular diseases. *Circulation*, *106*(3), 388-391.

Pollard, T. M., & Schwartz, J. E.(2003). Are changes in blood pressure and total cholesterol related to changes in mood? An 18-month study of men and women. *Health Psychology*, *22*(1), 47.

Primožič, S., Avbelj, M., Dernovšek, M. Z., & Oblak, M. R.(2012). Specific cognitive abilities are associated with diabetes self-management behavior among patients with type 2 diabetes. *Diabetes Research and Clinical Practice*, *95*(1), 48-54.

PROGRESS Collaborative Group.(2001). Randomised trial of a perindopril-based blood-pressure-lowering regimen among 6105 individuals with previous stroke or transient ischaemic attack. *The Lancet*, *358*(9287), 1033-1041.

Rafanelli, C., Roncuzzi, R., Milaneschi, Y., Tomba, E., Colistro, M. C., Pancaldi, L. G., & Di Pasquale, G.(2005). Stressful life events, depression and demoralization as risk factors for acute coronary heart disease. *Psychotherapy and Psychosomatics*, *74*(3), 179-184.

Rashid P, Leonardi-Bee J, & Bath P.(2003). Blood pressure reduction and secondary prevention of stroke and other vascular events: a systematic review. *Stroke*, *34*, 2741-8.

Robinson, R. G., & Spalletta, G.(2010). Poststroke depression: a review. *The Canadian Journal of Psychiatry*, *55*(6), 341-349.

Rosengren, A., Hawken, S., Ounpuu, S., Sliwa, K., Zubaid, M., Almahmeed, W. A., & INTERHEART investigators.(2004). Association of psychosocial risk factors with risk of acute myocardial infarction in 11 119 cases and 13 648 controls from 52 countries (the INTERHEART study): case-control study. *The Lancet*, *364*(9438), 953-962.

Rozanski, A., Blumenthal, J. A., & Kaplan, J.(1999). Impact of psychological factors on the pathogenesis of cardiovascular disease and implications for therapy. *Circulation*, *99*(16), 2192-2217.

Russ, T. C., Stamatakis, E., Hamer, M., Starr, J. M., Kivimaki, M., & Batty, G. D.(2012). Association between psychological distress and mortality: individual participant pooled analysis of 10 prospective cohort studies. *BMJ*, *345*, e4933.

Sacco, R. L., Boden-Albala, B., Gan, R., Chen, X., Kargman, D. E., Shea, S., Paik, M. C., & Hauser, W, A.(1998). Stroke incidence among white, black, and Hispanic residents of an urban community: the Northern Manhattan Stroke Study. *American Journal of Epidemiology*, *147*(3), 259-268.

Sacco, W. P., Malone, J. I., Morrison, A. D., Friedman, A., & Wells, K.(2009). Effect of a brief, regular telephone intervention by paraprofessionals for type 2 diabetes. *Journal of Behavioral Medicine*, *32*(4), 349.

Sacks, F. M., Pfeffer, M. A., Moye, L. A., Rouleau, J. L., Rutherford, J. D., Cole, T. G., Brown, L., Warnica, W. J., Malcolm, O. A., Wun, C., Davis, R. B., & Braunwald, E.(1996). The effect of pravastatin on coronary events after myocardial infarction in patients with average cholesterol levels. *New England Journal of Medicine*, *335*(14), 1001-1009.

SPRINT Research Group.(2015). A randomized trial of intensive versus standard blood-pressure control. *New England Journal of Medicine*, *373*(22), 2103-2116.

Stewart, D. E., Abbey, S. E., Shnek, Z. M., Irvine, J., & Grace, S. L.(2004). Gender differences in health information needs and decisional preferences in patients recovering from an acute ischemic coronary event. *Psychosomatic Medicine*, *66*(1), 42-48.

Surwit, R. S., & Williams, P. G.(1996). Animal models provide insight into psychosomatic factors in diabetes. *Psychosomatic Medicine*, *58*(6), 582-589.

Surwit, R. S., & Schneider, M. S.(1993). Role of stress in the etiology and treatment of diabetes mellitus. *Psychosomatic Medicine*, *55*(4), 380-393.

Syme, S. L.(1987). Social determinants of disease. *Annals of Clinical Research*, *19*(2), 44-52.

Taylor, R. S., Brown, A., Ebrahim, S., Jolliffe, J., Noorani, H., Rees, K., Skidmore, B., Stone, A. J., Thompson, D. R., & Oldridge, N.(2004). Exercise-based ehabilitation for patients with coronary heart disease: systematic review and meta-analysis of randomized controlled trials. *The American Journal of Medicine*, *116*(10), 682-692.

Thanvi, B., Treadwell, S., & Robinson, T.(2008). Early neurological deterioration in acute ischaemic stroke: predictors, mechanisms and management. *Postgraduate Medical Journal*, *84*(994), 412-417.

Trevisol, D. J., Moreira, L. B., Kerkhoff, A., Fuchs, S. C., & Fuchs, F. D.(2011). Health-related quality of life and hypertension: a systematic review and meta-analysis of observational studies. *Journal of Hypertension*, *29*(2), 179-188.

Vittinghoff, E., Shlipak, M. G., Varosy, P. D., Furberg, C. D., Ireland, C. C., Khan, S. S., ... & Hulley, S.(2003). Risk factors and secondary prevention in women with heart disease: the Heart and Estrogen/progestin Replacement Study. *Annals of Internal Medicine*, *138*(2), 81-89.

Wade, D. T., Legh-Smith, J., & Hewer, R. A.(1987). Depressed mood after stroke. A community study of its frequency. *The British Journal of Psychiatry*, *151*(2), 200-205.

Weber-Hamann, B., Werner, M., Hentschel, F., Bindeballe, N., Lederbogen, F., Deuschle, M., & Heuser, I.(2006). Metabolic changes in elderly patients with major depression: evidence for increased accumulation of visceral fat at follow-up. *Psychoneuroendocrinology*, *31*(3), 347-354.

Whitlock, G., Lewington, S., Sherliker, P., Clarke, R., Emberson, J., Halsey, J., et al.(2009). Body-mass index and cause-specific mortality in 900,000 adults: collaborative analyses of 57 prospective studies. *The Lancet*, *373*(9669), 1083-1096.

World Health Organization.(2001). *Second-hand smoke kills*. Let's clear the air. Retrieved May 31, 2001.

World Health Organization.(2012). Global recommendations on physical activity for health. http://www.mydialogue. info/files/.

Wilcox, S., & Stefanick, M. L.(1999). Knowledge and perceived risk of major diseases in middle-aged and older women. *Health Psychology*, *18*(4), 346.

Williamson, J. D., Wright Jr, J. T.,: SPRINT Research Group et al.(2015). A randomized trial of intensive versus standard blood-pressure control. *The New England Journal of Medicine*. *373*, 2103-2116.

Williams, R. B., Barefoot, J. C., Califf, R. M., Haney, T. L., Saunders, W. B., Pryor, D. B., & Mark, D. B.(1992). Prognostic importance of social and economic resources among medically treated patients with angiographically documented coronary artery disease. *JAMA*, *267*(4), 520-524.

Wing, R. R., Matthews, K. A., Kuller, L. H., Meilahn, E. N., & Plantinga, P. L.(1991). Weight gain at the time of menopause. *Archives of Internal Medicine*, *151*(1), 97-102.

Wolf, P. A., D'agostino, R. B., O'neal, M. A., Sytkowski, P., Kase, C. S., Belanger, A. J., & Kannel, W. B.(1992). Secular trends in stroke incidence and mortality. The Framingham Study. *Stroke*, *23*(11), 1551-1555.

Yusuf, S., Reddy, S., Ounpuu, S., & Anand, S.(2001). Global burden of cardiovascular diseases: part I: general considerations, the epidemiologic transition, risk factors, and impact of urbanization. *Circulation*,

104(22), 2746-2753.

Yusuf, S., Sleight, P. E. T. E. R., Pogue, J. F., Bosch, J., Davies, R., & Dagenais, G.(2000). Effects of an angiotensin-converting-enzyme inhibitor, ramipril, on cardiovascular events in high-risk patients. The *New England Journal of Medicine*, *342*(3), 145-153.

Yang, H., Wei, Y., Gao, X., Xu, X., Fan, L., He, J., & Zhang, C.(2009). Risk factors for gestational diabetes mellitus in Chinese women-a prospective study of 16 286 pregnant women in China. *Diabetic Medicine*, *26*(11), 1099-1104.

HEALTH PSYCHOLOGY 09

면역계 질환

01_ 림프 및 면역계의 구조와 면역반응을 이해한다.

02_ 심리신경면역학의 개념과 발전 및 연구법에 대해 배운다.

03_ 대표적인 면역계 질환인 알레르기, 자가면역질환, 후천성 면역결핍증(AIDS)에 대해 알아보고 건강심리학자의 역할에 대해 생각해본다.

림프 및 면역계는 우리 몸속에 침입한 병원체나 종양세포 등을 탐지하고 죽임으로써 질병으로부터 보호하는 기능을 하는 신체기관을 말한다. 림프계는 몸 전체에 피져 있으며, 마치 필터처럼 혈액 속 이물질을 걸러내는 역할을 한다. 이 장에서는 림프 및 면역계의 구조와 면역반응, 심리신경면역학, 그리고 면역계의 이상으로 발생하는 질병에 대해 알아보고 건강심리학자가 할 수 있는 일에 대해 생각해본다.

> (HIV 보유자로서) 긍정적 태도를 지녀야 하고 운동해야 합니다 …… 약도 매일 먹어야 해요.

– 매직 존슨(1991년 자신이 HIV 양성임을 공표한 뒤 아직까지도 AIDS 증상 없이 활발한 활동을 벌이고 있는 전 농구선수)

림프 및 면역계

림프의 구조

림프(lymph)는 그리스 · 로마신화에 등장하는 샘의 정령인 님프(nymphe)에서 유래된 단어로 라틴어로는 '물'이라는 뜻이다. 그 뜻처럼 림프는 우리 몸속을 흐르고 있는 연황색의 투명한 액체이다. 그렇다면 림프는 어디서 어떻게 만들어질까(그림 9.1, 9.2)?

림프의 탄생은 혈액 순환에서 시작된다. 혈액은 심장 수축운동으로 생긴 혈관의 압력에 의해 순환하는데, 그 과정에서 혈액 속 액체성분이 모세혈관에서 체세포 사이로 배어나오게 된다. 이 상태의 액체를 조직액이라고 한다. 조직액은 다시 모세혈관으로 흡수되기도 하고, 또 일부는 세포 사이 공간에 그물 모양을 이루고 있는 모세림프관(lymph capillary)으로 들어온다. 이 액체는 이제 '림프'라는 이름을 갖게

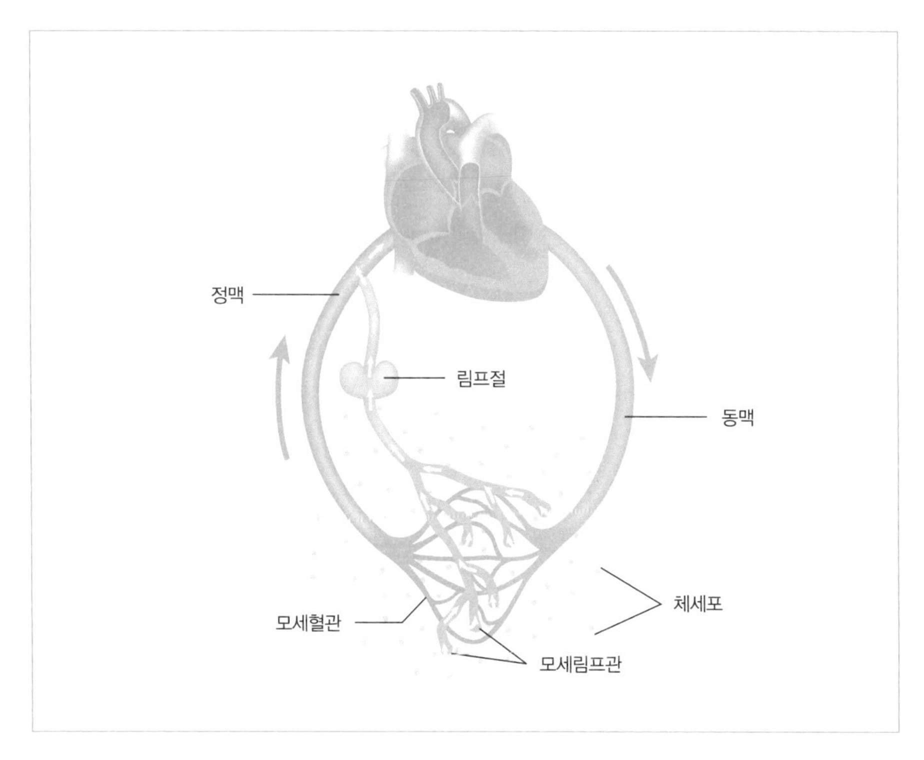

[그림 9.1]
모세혈관과 림프관

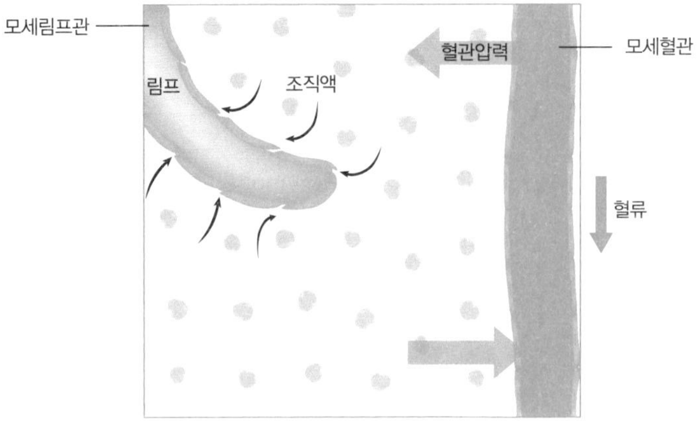

[그림 9.2]
림프의 생성

된다. 림프는 조금 큰 림프관 속으로 들어가 순환하다가 마지막에는 심장으로 모여 다시 혈액으로 돌아간다.

림프관은 몸속에 그물처럼 퍼져 있는데, 혈관과 다른 점은 말초 부분이 막혀 있고 모두 심장 쪽을 향해 뻗어 있다는 점이다. 다시 말해 혈액은 심장에서 출발해 동맥, 모세혈관, 정맥을 거쳐 다시 심장으로 돌아가지만 림프는 어느 림프관으로 들어오든 심장 쪽으로 향해 흐른다.

림프는 림프관을 타고 흐르는 도중에 반드시 하나 이상의 **림프절**(lymph node, 임파선)을 통과하게 된다. 강낭콩과 비슷하게 생긴 림프절은 림프가 들르는 정거장으로, 우리 몸 여러 군데에 분포되어 있다. 림프절은 림프구가 세포 조각, 박테리아, 이물질 등의 불순물을 삼킬 수 있도록 걸러내는 역할을 한다.

면역체계를 구성하는 대표적인 세포는 **백혈구**(white blood cell)이다. 백혈구를 분류하면 과립구(granulocyte), 단핵구(monocyte), 림프구(lymphocyte)의 세 가지로 크게 나눌 수 있다.

그중 림프구는 T림프구(혹은 T세포), B림프구(혹은 B세포), 자연살해(natural killer, NK)세포로 구성된다. T림프구는 직접 세포 독성물질을 분비하여 항원(바이러스에 감염된 세포나 종양세포)을 죽이는 세포성 면역에 관여한다. B림프구는 항체를 만들어 항원을 물리치는 체액성 면역에 관여하고, NK 세포는 병들거나 감염된 세포, 종양세포를 인식하여 직접 제거하는 역할을 한다.

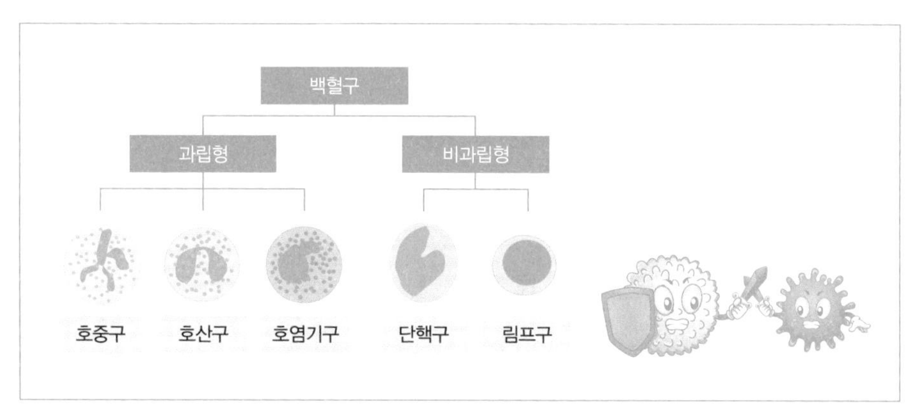

[그림 9.3]
백혈구 구성과 식균작용

림프구 이외 백혈구 중 단핵구는 혈액 속을 순환하다가 조직에 들어가는데, 조직에 들어간 단핵구는 **대식세포**(macrophages)로 분화된다. 과립구 중 호중구, 호산구와 대식세포는 몸속에 있는 이물질을 잡아먹는 **식균작용**(phagocytosis)을 하며, 호염기구는 염증 반응에 관여하는 것으로 알려져 있다(그림 9.3).

림프계

림프계(lymphatic system)는 림프조직으로 구성되어 있는 장기(림프절, 가슴샘, 지라, 편도) 및 다른 곳에 산재되어 있는 림프조직들을 아우르며 체내 면역계에서 중요한 역할을 담당한다(그림 9.4). **림프조직**(lymphatic tissue)은 면역기능을 담당하는 세포(림프구)들로 구성되어 있고, 면역세포가 태어나 자라나는 **1차 림프기관**(primary lymphoid organ)과 림프구의 면역반응이 일어나는 **2차 림프기관**(secondary lymphoid organ)으로 나뉜다. 1차 림프기관으로는 골수와 가슴샘이 대표적이며 2차 림프기관에는 림프절, 지라, 편도 등이 있다. 면역세포를 침입자와 싸우는 전투병이라 비유한다면 1차 림프기관은 면역세포가 생겨나 자라는 훈련소이고 2차 림프기관은 실제 면역세포가 침입자와 싸우는 전투 지역으로 비유할 수 있다.

1차 림프기관

골수 적혈구, 백혈구, 혈소판과 같은 혈액세포를 만드는 조직이다. 골수의 세포는 두 종류의 림프구를 만들어내는데, 한 종류는 골수에서만 림프구로 분화하는 세포고 다른 한 종류는 골수에서 만들어지기는 하지만 가슴샘에서 분화하는 세포다. 두 세포는 분화 · 성숙되는 장소에 따라 이름이 달라지는데, 골수에서 분화하고 성숙되는 림프구를 **골수유래세포**(bone marrow derived cell)의 첫 알파벳을 따서 **B세포**(B cell)라고 한다.

가슴샘 심장, 위, 폐 아래에 있고 한자어로 흉선(胸線)이라고도 한다. 나비 모양 혹은 잎이 2개 붙어 있는 모양으로 생겼다. 면역체계의 발달과 성숙에 관여하는 티모신(thymosin)이라는 호르몬이 분비되며, 골수에서 만들어진 **T세포**(T cell)가 분화 · 성숙된다. T세포라는 이름은 **흉선유래세포**(thymus derived cell)의 알파벳 첫 글자를 딴 것이다.

2차 림프기관

림프절 크기가 수 mm에서 1~2cm 정도 크기의 강낭콩처럼 생겼으며 우리 몸 구

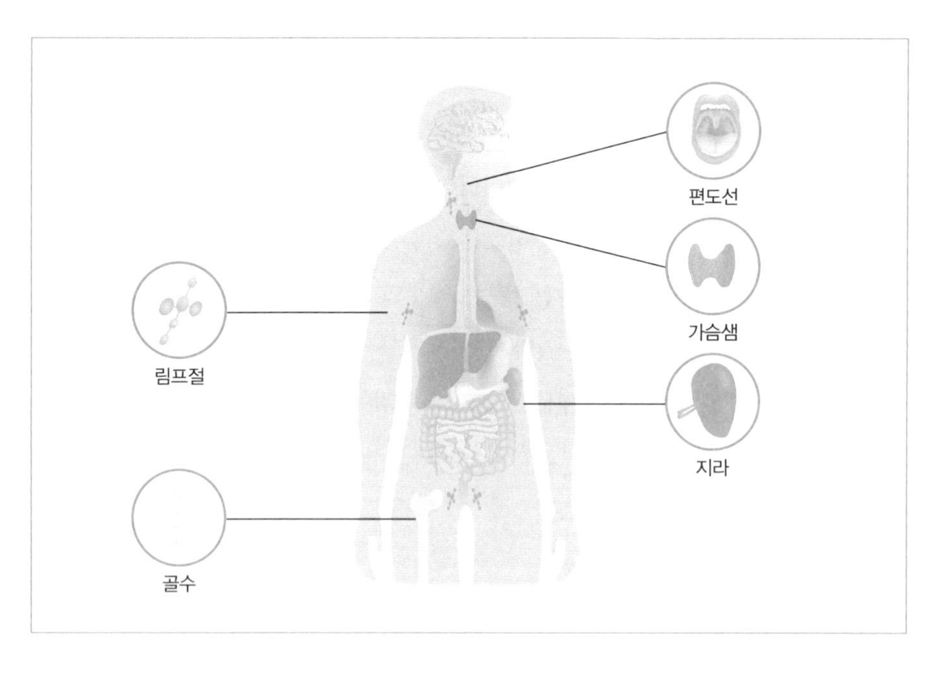

[그림 9.4]
림프기관

석구석, 림프관 중간중간 약 500군데 이상 위치하여 여러 이물질을 처리하는 역할을 한다. 여러분이 마사지를 받을 때 집중적으로 누르는 겨드랑이, 사타구니, 목 부위가 림프절이 많이 모여 있는 곳이다. 림프절 안에는 림프구 및 백혈구들이 있어서 림프관을 타고 흘러 들어온 병원 항체에 대한 식균작용을 한다.

지라 한자어로 '비장(脾臟)'이라고도 하며 적혈구와 림프구를 만들고 저장하였다가 필요할 때 내보내는 저장고 역할을 한다. 또 혈액 속 세균을 죽이고 손상되거나 오래되어 기운이 없는 적혈구를 파괴한다.

편도선 목젖 양쪽에 붙어 있는 작은 기관이다. 입과 코를 통해 들어온 세균을 방어하고 제거하는 역할을 한다. 감기에 걸리면 가장 먼저 편도선이 붓는 것은 침입자를 제거하기 위해 면역세포들이 늘어나기 때문이다.

면역반응

면역반응(immune response)이란 우리 몸 안으로 외부 이물질이 들어왔을 때 보이는 방어반응이다. 면역계는 어떤 물질이 '자기' 것이고 어떤 것이 '외부'에서 온 것인지 구별하여 외부에서 들어온 침입자를 공격하고 제거하는 역할을 한다. 이러한 면역반응은 자연면역과 획득면역으로 나뉜다.

먼저 **자연면역**(natural immunity)은 우리가 태어날 때부터 가지고 있는 면역력이기 때문에 **선천면역**이라고도 하며, 병원체 등의 이물질이 침입했을 때 발생하는 비특이성 면역 기제(nonspecific immune mechanism)이다.

획득면역(acquired immunity)은 태어난 후 얻을 수 있는 **후천면역**이며, 특정 항원에 대해 특이적으로 반응한다고 하여 특이성 면역 기제(specific immune mechanism)라고 불린다. 다시 말해 이물질을 기억하는 특징이 있어 다음번에 같은 이물질이 침입했을 때 보다 빠르게 반응할 수 있다. 획득면역은 예방접종 등을 통해 인위적으로 만들어줄 수 있는데, 이렇게 인위적으로 획득한 면역은 **인공면역**(artificial immunity)이라 한다.

자연면역(선천면역, 비특이성 면역기제)

자연면역은 상처나 감염 부위에 침입한 병원체를 방어하는 것으로 해부학적 장벽, 식균작용, 염증반응 등이 포함된다.

해부학적 장벽 예를 들어 피부나 코, 입안의 점막이 장벽 역할을 해서 1차적인 보호 기능을 한다. 해부학적 장벽은 외부에서 몸 안으로, 또는 몸의 한 부위에서 다른 부위로 세균이 통과하는 것을 방어한다.

식균작용 그런데 어떤 병원체는 장벽을 통과하거나 우회하여 몸속으로 들어온다. 앞에서 설명했듯 이때 백혈구가 세균을 제거하는 면역반응이 일어나는데, 이를 식균작용(phagocytosis)이라고 한다(그림 9.5).

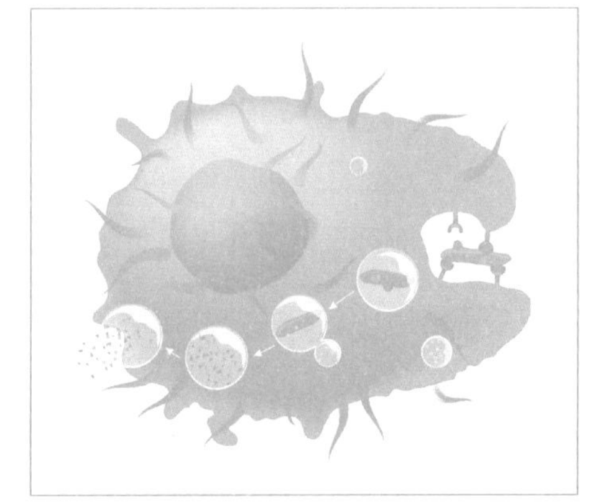

[그림 9.5]
대식세포의 식균작용

염증반응 염증반응(inflammatory response)은 식균작용과 함께 일어나는 감염에 대한 국소반응이다(그림 9.6). 감염이 되면 감염부위 주변에서 히스타민이라는 화학물질이 분비된다. 히스타민이 주변 모세혈관으로 들어가면 모세혈관이 확장되고 투과성이 높아지면서 백혈구가 감염된 부분으로 이동한다. 백혈구는 세균을 공격하고, 죽은 미생물, 세포잔해, 백혈구들이 모여 고름이 된다. 모세혈관이 확장되고 혈류량이 커져서 염증부위가 붉게 변하며 화끈거린다.

NK 세포도 자연면역과 관계가 있는 세포로 간과 골수에서 성숙한다. T세포 중 하나인 살해 T세포(세포독성 T세포)와는 달리 항원 수용체가 없고 바이러스에 감염된 세포나 암세포를 직접 공격해 없앤다. 바이러스에 감염된 세포나 암세포는 다른 세포와 달리 세포 표면에 특정 단백질이 적어지는 등 이상이 생기는데, NK 세포는 이 이상을 감지해 바이러스에 감염된 세포나 암세포를 제거한다고 알려져 있다.

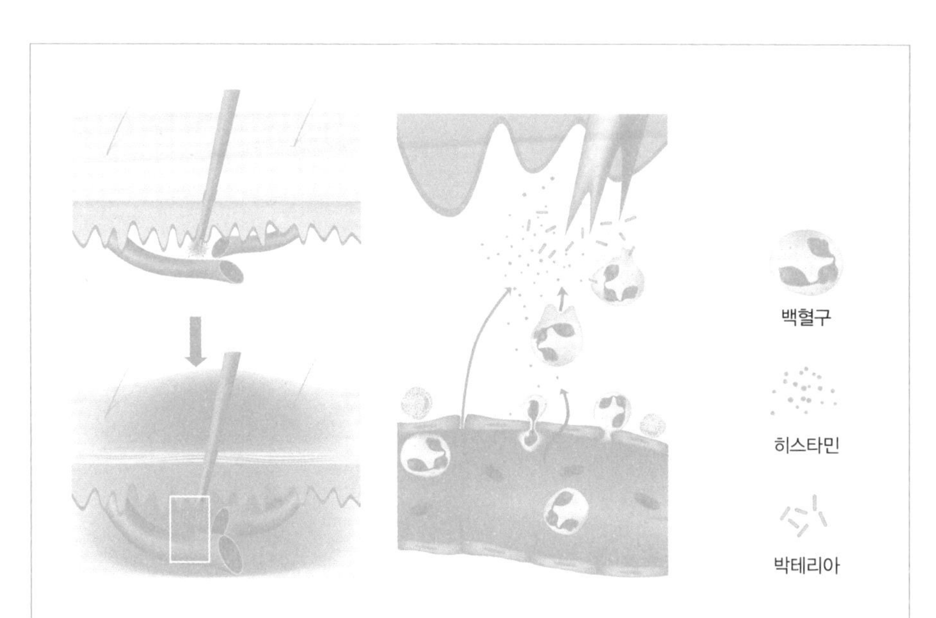

[그림 9.6]
염증반응

획득면역(후천면역, 특이성 면역기제)

체액성 면역 체액성 면역(humoral immunity)은 혈액 속에서 일어나기 때문에 '체액성'이라 불린다. 세균, 바이러스 등의 항원이 몸속에 들어왔을 때 백혈구의 일종인 B세포는 항원을 알아차리고 T세포의 일종인 도움 T세포(helper T-cell)의 도움으로 형질세포(plasma cells)로 분화하여 항체를 분비하여 세균을 제거한다. 이렇듯 항원이 몸속으로 처음 침입했을 때의 면역반응을 1차 면역반응(primary immune response)이라 한다. 1차 면역반응 중 항원에 접촉했던 B세포의 일부는 그 항원에 대한 기억세포로 보관되어 다음 침입에 대비한다. 다시 말해 기억세포들은 그 항원을 '기억'하고 있다가 다음 침입 때 1차 면역반응보다 빠르게 항체를 생산할 수 있다. 이것이 2차 면역반응(secondary immune response)이다(그림 9.7).

세포성 면역 세포성 면역(cell-mediated immunity)은 체액성 면역처럼 혈액에 항체를 방출하는 것이 아니라 세포 수준에서 일어난다(그림 9.8).

세포성 면역에 관여하는 세포는 가슴샘(흉선)에서 분화 · 성숙하는 T세포(림프

[그림 9.7]
1차 면역반응과 2차 면역반응

구)이다. T세포는 백혈구의 일종으로 림프구 중 4분의 3을 차지하며 백혈구 중에서도 30% 정도를 차지한다.

몸속으로 이물질이 들어오면 T세포는 그 지역으로 이동한다. 침입자를 확인한

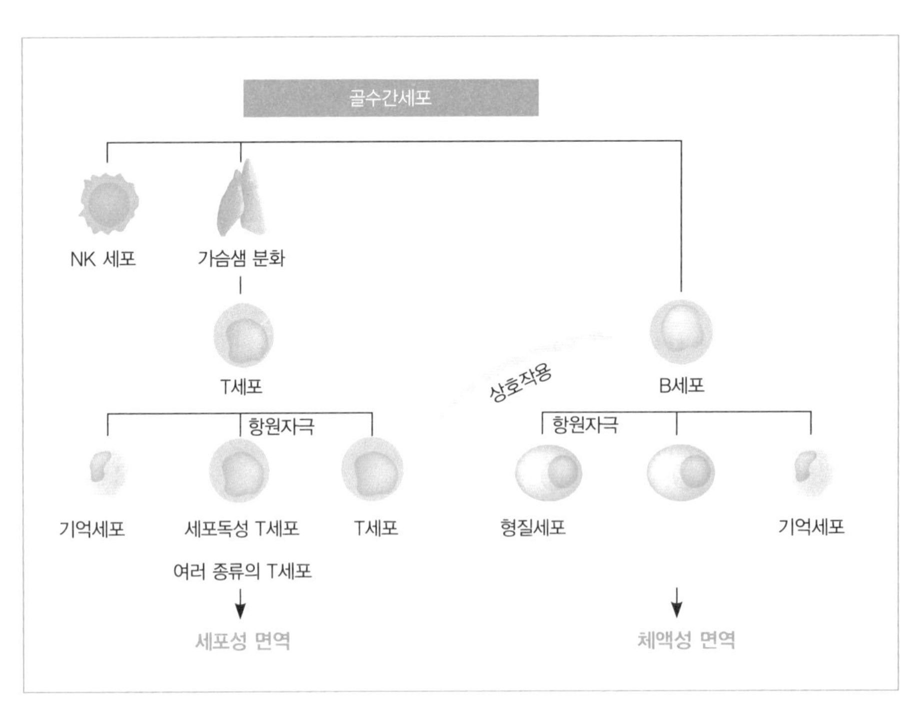

[그림 9.8]
면역세포의 생성부터 면역반응까지

T세포는 [그림 9.8]의 왼쪽에서 보듯이 여러 T세포를 생산한다. 이 중 기억 T세포는 차후 접촉에 대비하여 해당 항원을 기억하는 역할을 한다.

이렇게 세포성 면역에서는 기억 T세포에 의해 1차 면역반응 이후 2차 면역반응이 형성된다. 기억 T세포는 장기간 살아 있다가 이전과 동일한 항원을 만나면 빠르고 강력한 면역반응을 일으킨다.

심리신경면역학

심리신경면역학이란 무엇인가

심리적 요인이 건강과 질병에 영향을 미칠 수 있을까? 아마 대부분의 사람들이 고개를 끄덕일 것이다. 현대인들에게 스트레스성 혹은 심인성 질환이란 너무도 흔하고, 어쩌면 친근하기까지 한 병명이기 때문이다. 그러나 우울, 불안, 스트레스, 낙관성과 같은 심리적 요인이 정확히 어떤 생리적 기제로 질병을 일으키고 건강을 증진시키는지에 대해서는 아직 확실한 답이 나와 있지 않다. **심리신경면역학**(psychoneuroimmunology)이란 이러한 답을 추구하는 행동 · 신경내분비계 · 면역계의 상호작용을 연구하는 건강심리학의 한 분야이다.

발전 과정

1970년대까지만 하더라도 연구자들은 면역계를 완전히 독립된 체계라고 믿고 있었다. 다시 말해 면역계는 감염에 대한 감시 · 보호 역할을 홀로 수행하며, 신경계나 내분비계로부터 오는 정보에 전혀 영향을 받지 않는다고 생각했던 것이다.

그러나 이러한 믿음을 뒤흔드는 하나의 실험이 발표되었다. 1975년 미국 로체스터대학교의 심리학자 로버트 아더(Robert Ader)와 면역학자 니콜라스 코헨(Nicholas Cohen)이 면역계도 뇌처럼 학습이 가능하다는 것을 실험으로 증명한 것이다. 처음에 아더는 쥐에게 사카린 수용액과 시클로포스파미드(cyclophosphamide)라는 구토 유발제를 주어 물의 단맛과 메스꺼움을 연합시키는 실험을 하고 있었다. 단맛과 메스꺼움을 연합 학습한 쥐들은 예상대로 사카린 수용액을 거부했다. 그런데 실험을 하는 도중 건강했던 쥐들이 잇달아 병들어 죽는 일이 일어났다. 사실 시클로포스파미드는 면역계를 억제하는 약물이었던 것이다. 실험용 쥐가 계속 죽어 나가자 아더는 시클로포스파미드 대신 사카린 수용액만을 주었는데, 그래도 쥐들은 계속 병이 들어 죽었다. 이것을 본 아더는 면역학자 니콜라스와 함께 사카린 수용액과 시클로포스파미드를 이용하여 쥐의 면역기능에 대한 고전적 조건형성 실험을 실시했다. 사카린 용액(조건자극)과 면역계 억제(무조건반응)를 일으키는 시클로포스파미드(무조건자극)를 연합시키자, 쥐들은 사카린 수용액(조건자극)만 마셨을 때도 면역기능이 저하(조건반응)되는 증후를 보였으며 계속 폐사했다(Ader & Cohen, 1975). 당시 의학계에서는 말도 안 되는 일이라고 하였지만, 이는 면역계도 다른 신체체계와 마찬가지로 고전적 조건형성과 같은 학습이 가능하다는 것을 보여준 첫 번째 역사적인 실험이었다.

아더와 코헨의 실험 이후 많은 연구자들이 면역계와 신경내분비계 간의 관계를 밝히기 위해 연구를 수행했고, 점차 두 체계가 연관되어 있다는 증거가 쌓이기 시작했다. 1980년대에 들어와 스트레스에 극히 취약한 후천성면역결핍증(AIDS)이 유행하기 시작하면서 스트레스가 면역기능에 미치는 영향에 대한 연구가 활발해졌고, 1987년에는 심리신경면역학 분야의 학술지인 *Brain, Behavior, and Immunity*가 창간되면서 학문적 발전을 이어갔다.

면역계가 신경내분비계와 상호작용하며 심리적 및 사회적 요인과 영향을 주고받을 수 있다는 것을 보여주는 하나의 증거로는 면역기관인 비라, 가슴샘, 림프절에 교감신경이 분포되어 있으며 면역계 세포에 신경전달물질, 호르몬, 신경펩타이드 수용체들이 존재한다는 것이다(Sadock & Sadock, 2003). 또 다른 연구에서는 하루 종일 우울한 장면을 연기한 연기자는 면역반응이 억제되고 즐거운 장면을 연기한 연기자들은 면역반응이 증가했다(Futterman, Kemeny, Shapiro, & Fahey, 1994).

심리신경면역학 연구의 장기적인 목표는 심리적 요인(사회적 관계, 문화적 환경, 생활양식)이 어떻게 질병을 발생시키고 건강을 증진시킬 수 있는지에 대한 포괄적인 이해를 제공하는 것이다.

스트레스와 면역 기능

스트레스는 교감신경계와 시상하부-뇌하수체-부신피질(hypothalamic-pituitary-adrenal, HPA) 축을 활성화시킨다. HPA 축이 활성화되면 부신수질은 에피네프린과 노르에피네프린을, 부신피질은 코르티솔을 방출한다. 이 세 가지가 주요 스트레스 호르몬인데, 에피네프린은 스트레스 상황에서 투쟁-도피 반응을 준비시키는 호르몬이며[1] 노르에피네프린은 교감신경계를 자극하여 심장을 더 빨리 뛰게 하고 소화는 더디게 한다. 코르티솔 호르몬이 방출되면 백혈구의 수는 감소되고, 사이토카인 분비는 줄어든다. 사이토카인은 세포 간 정보를 전달하는 단백질로서 B세포가 항체를 생산하게 해서 면역반응을 진행하는 역할을 한다. 그러므로 스트레스로 인해 사이토카인 분비가 줄어들면 면역기능이 약화된다.

심리신경면역학 연구는 대부분 다양한 **스트레스원**(stressors)과 면역기능 간의 관계에 초점을 두고 있다. 스트레스와 질병의 관계를 밝히기 위해서는 실험 대상이 스트레스를 경험하고, 면역력 저하로 인한 건강상태의 변화를 장기간 측정할 수 있어야 한다. 실제로 이러한 연구를 제대로 수행하기란 현실적으로 힘들다. 사람을 대상으로 하는 연구에서는 동물처럼 일부러 스트레스를 주면서 질병을 유도할 수 없으므로, 실험연구가 아닌 상관연구를 수행한다. 다시 말해 심리적 요인과 면역기능, 질병 간 상관을 분석하게 되므로 인과관계 추론이 어렵다.

스트레스는 건강 관련 행동을 바꾸는 방식으로도 면역기능에 영향을 주어 다양한 질병을 일으킨다는 연구결과가 축적되어 있다(Stojanovich & Marisavljevich, 2008). 예를 들어 실연 후 먹지도, 자지도 않고 술만 마신다면 그러한 행동변화가 면역을 저하시킬 수 있다는 말이다.

스트레스와 면역에 대한 연구결과들을 종합해보면 장기간의 시험, 실직, 간병 등의 만성적 스트레스는 면역기능에 악영향을 미치는 것으로 나타난다. 그중 심리신

---

1 에피네프린은 뒤에서도 설명하겠지만 알레르기 반응의 치료를 위해 사용된다.

경면역학자들이 특히 주목했던 것은 만성질환을 앓고 있는 환자들의 간병인들이었다. 만성질환인 알츠하이머병의 경우 간병을 하는 가족 구성원 또한 장기간의 경제적·신체적·심리적 스트레스를 받게 된다. 알츠하이머병 환자를 간병하는 사람들의 경우 간병을 하지 않았던 사람들보다 면역기능이 약화되고 정신적·신체적 건강 악화를 경험하는 것으로 나타났으며(Kiecolt-Glaser, McGuire, Robles, & Glaser, 2002), 간병인들의 건강은 환자의 상태가 나빠짐에 따라 더 악화되었고 간병이 끝났을 때도 회복이 어려웠다(Aneshensel, Botticello, & Yamamoto-Mitani, 2004).

스트레스와 질병

많은 심리신경면역학자들의 기본 가정은 심리적 스트레스가 가중되면 면역학적 변화를 가져오고, 이러한 변화가 질병의 위험을 높인다는 것이다. 그러므로 심리적 스트레스와 불안, 우울 등 부정적 상태를 감소시키는 중재기법이 특정 질병을 예방하거나 치료하는 데 임상적으로 효과가 있는지 연구하기도 한다.

불안과 스트레스를 줄이는 치료적 접근은 스트레스의 신경내분비 반응의 강도와 기간을 줄이고 면역기능에 변화를 주어서 질병으로부터 회복을 촉진한다는 연구결과들이 있다. 심리치료, 명상 외에 꾸준한 운동도 면역기능 강화에 도움이 되는데, 비훈련군에 비하여 훈련군에서 대식세포의 식균작용과 호구의 활동능력이 증가된다는 연구결과가 있다(Escribano et al., 2005).

면역계 질환

면역기능 자체에 문제가 생기는 질환에는 과민반응(알레르기), 자가면역질환, 면역결핍증이 있다. 이에 대해 하나하나 알아보기로 한다.

과민반응이란

앞서 설명했듯 우리 몸은 항원에 대해서 면역반응이 발생하여 이후에 같은 항원에 노출될 때 빠르게 대처한다. 그러나 우리는 살면서 무수한 항원에 노출되므로 그 모든 항원에 대해 면역반응이 일어난다면 몸이 감당할 수 없을 것이다. 따라서 우리 몸은 해롭지 않은 항원에 노출될 때에는 보통 **면역관용**(immune tolerance)을 보인다. 다시 말해 면역반응이 일어나지 않는다. 그런데 어떤 문제로 인해 면역관용을 보여야 할 항원에 대해 비정상적으로 예민하게 반응하게 되는 경우가 있는데, 이를 **과민반응**(hypersensitivity reactions)이라고 한다.

알레르기

과민반응은 반응 기제와 시간에 따라 1형부터 4형까지 네 가지 종류로 나뉘는데, 그중 항원에 대해 즉시 반응하는 **1형 과민반응**(type I hypersensitivity)이 우리가 일반적으로 말하는 **알레르기**(allergies)이다. 알레르기라는 말은 1906년에 Pirquet란 사람이 처음으로 사용한 용어인데, *Alos*(다른)와 *Ergos*(반응)의 합성어이다.

알레르기 환자는 정상적으로는 면역반응이 거의 혹은 전혀 일어나지 않는 이물질인 **알레르겐**(allergens)에 대해 면역반응을 보인다. 음식, 꽃가루, 집먼지 등 매우 다양한 종류의 물질이 알레르겐으로 작용하여 알레르기 반응을 일으킬 수 있다. 반응증상이 발생하는 부위는 대개 피부(두드러기, 습진), 눈(결막염), 비강(비루, 비염), 폐기관지(천식), 소화계(위장염)이며 반응의 강도나 종류 역시 사소한 불편에서 죽음에 이르기까지 매우 다양하다. 다시 말해 어떤 알레르기 반응은 생명을 위협할 수도 있고, 또 어떤 알레르기 반응은 단지 콧물만 나는 데 그친다.

면역글로불린 E 항체 중 하나인 **면역글로불린**(Immunoglobulin E, **IgE**)은 알레르기 환자에서 높은 농도로 나타나며 알레르기 반응과정에 중요한 역할을 한다. 즉시형 과민반응은 특정 알레르기를 일으키는 항원, 즉 알레르겐에 반응하여 생성된 IgE

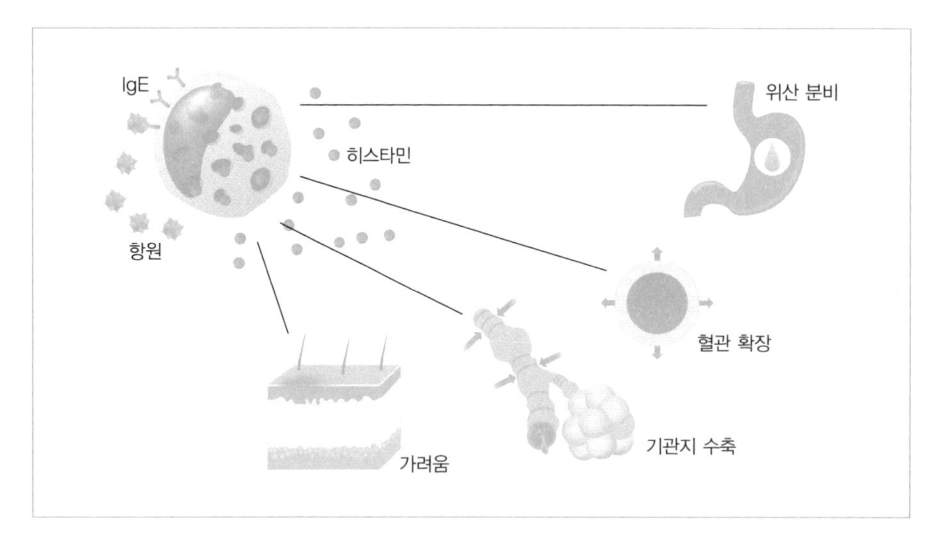

[그림 9.9]
알레르기 반응

항체를 지닌 개인이 반복해서 동일한 알레르겐에 노출되었을 때 일어난다. 처음에 인체에 해롭지 않은 물질(항원)에 대해 그에 대항하는 항체가 만들어지는 민감화가 일어나면, 그 이후에 면역체계가 알레르기 항원에 대해 기억을 계속 가지고 있기 때문에 알레르기 반응이 일어나는 것이다. IgE는 직접 면역세포에 붙어서 독성물질을 방출하게 만드는데, 이러한 물질은 조직에 혈액 공급을 증가시키고, 모세혈관을 자극한다. 그 결과 다양한 증상이 나타난다(그림 9.9).

알레르기의 종류

아나필락시스 쇼크 아나필락시스 쇼크(anaphylactic shock)는 가장 심한 형태의 전신 알레르기 반응이다. 피부, 호흡계(입, 코, 기도, 허파), 소화계(입, 식도, 위, 장), 심혈관계(심장, 혈관) 등 몸 여러 부분에 나타난다. 아나필락시스 쇼크는 치명적이다. 기도 수축, 혈압 저하, 복통, 메스꺼움 ,전신의 가려움, 홍조, 두드러기 등의 증상을 나타낸다. 원인은 주로 벌에게 쏘이는 것, 음식물(특히 갑각류, 땅콩, 견과류, 달걀, 생선), 항생제와 같은 약물이며 천식이나 다른 알레르기가 있는 사람에게 아나필락시스 쇼크가 일어날 위험성이 크다. 항히스타민제, 에피네프린 주사는 알레르기 반응으로 인해 방출된 물질들을 중화시켜 모세혈관을 원래대로 좁혀주고 심장을 자극하여 혈압을 높여준다.

알레르기 비염 알레르기 비염은 알레르기를 일으키는 원인물질인 항원(화분, 먼지 등)에 코 점막이 노출된 후 과민반응으로 인해 증상이 발생하는 질환이다. 연속적으로 일어나는 심한 재채기, 맑은 콧물, 코 막힘 등의 세 가지 주요 증상이 특징이다.

알레르기 비염은 1년 내내 나타날 수도 있고 1년 중 어느 기간에만 집중적으로 나타날 수 있다. 증상의 기간에 따라 연중 짧은 기간에만 발생하는 간헐적(intermittent) 알레르기 비염과 한 달 이상 오랜 기간 발생하는 지속성(persistent) 알레르기 비염으로 분류하며, 계절성 알레르기 비염은 식물의 꽃가루가 날아다니는 계절과 관련이 있는 경우가 많으나 계절과 관련 없이 통년성으로 발생하기도 한다.

국내 알레르기 비염의 경우 2005년 7.79%에서 2008년 9.08%로 유병률이 증가하고 있는 추세다(성현우 외, 2012).

치료는 가능한 한 원인에 대한 노출을 피하는 환경요법과 증상을 완화시키는 약물요법, 원인이 되는 항원을 소량부터 농도를 차츰 높여가며 투여, 둔감화를 통해 면역반응을 조절하고자 하는 면역요법 등으로 분류할 수 있다.

알레르기 결막염 알레르기 유발 항원이 눈의 결막에 접촉하여 결막에 과민반응을 유발하여 발생한 결막의 염증질환을 알레르기 결막염(allergic conjunctivitis)이라고 한다. 주로 양쪽 눈에 동시에 발생하고 끈적끈적하고 투명한 분비물이 생긴다. 눈이나 눈꺼풀의 가려움증, 결막의 충혈, 눈의 화끈거림을 동반한 전반적인 통증, 눈부심, 눈물 흘림과 같은 증상을 주로 호소하며, 이 외에도 결막이나 눈꺼풀이 부풀어 오르는 증상이 동반되어 나타날 수 있다.

물론 알레르기를 일으키는 항원을 없애거나 피하는 것(회피요법)이 좋지만, 정확한 항원을 찾기가 어려워 대부분 증상치료에 중점을 두게 된다. 이 때문에 다른 알레르기 질환들과 마찬가지로 항히스타민제 등을 사용한다.

알레르기 천식 알레르기 천식(allergic asthma)은 유전적 요인과 환경적 요인이 합

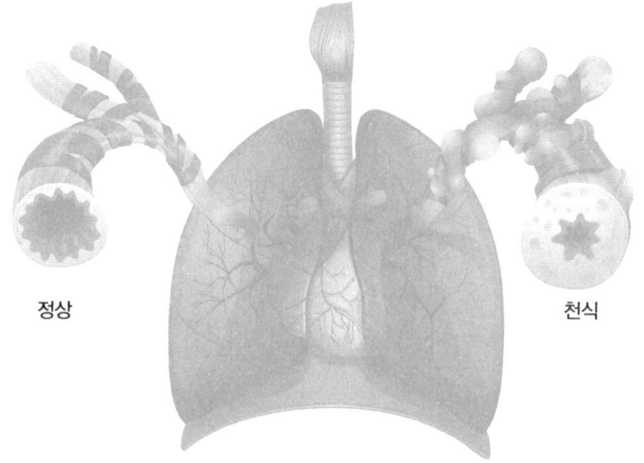

[그림 9.10]
천식으로 인한 기도의 변화

쳐져서 생기는 대표적인 알레르기 질환으로, 알레르기를 유발하는 물질(알레르겐)에 대한 과민반응으로 인해 기도에 염증이 생기는 질환이다. 허파 안에는 공기가 드나드는 수천 개의 작은 관(세기관지)이 있는데, 천식이 있는 경우 세기관지가 과민해지면서 자극에 반응하여 부풀어 오르거나 점액을 분비하고 주위근육을 빡빡해지도록 만든다(그림 9.10). 그로 인해 숨쉬기가 어려워지므로 쌕쌕거림(천명), 기침, 호흡곤란 등의 증상을 보인다. 천식의 국내 유병률은 2005년 4.61%, 2008년 4.57%였다(성현우 외, 2012).

천식의 원인에 대해서는 아직 명확하게 밝혀지지 않았지만 유전적인 요소의 중요성이 입증되었다.

위생가설(hygiene hypothesis)을 주장하는 학자들도 있는데, 이들은 천식이 현대사회에서 당연시되는 청결에서 비롯되었다고 주장한다. 면역계가 완전하지 않은 상태의 유아들이 먼지와 박테리아가 드문 위생적인 환경 속에서 성장하느라 감염에 대응할 필요성이 줄어든 인체의 면역계가 알레르기 항원(먼지, 박테리아)에 예민하게 반응하여 천식을 유발한다는 것이다.

천식을 유발하는 요인으로는 원인이 되는 알레르겐과 악화요인이 있다. 대표적인 알레르겐은 집먼지 진드기, 꽃가루, 동물 털이나 비듬, 바퀴벌레, 식품, 약물 등이다. 대표적인 악화요인으로는 감기, 담배연기와 실내오염, 대기오염, 식품첨가제, 운동 등 신체적 활동, 기후 변화, 황사, 스트레스 등을 들 수 있다.

천식 치료에는 주로 흡입제가 사용된다. 흡입제를 사용하면 약물이 필요한 곳에 직접 도달하기 때문에 소량으로도 효과를 낼 수 있으며 부작용이 덜하다. 또 알레르기 유발물질들을 피하는 것도 하나의 방법이다.

피부 알레르기　피부 알레르기 중 가장 흔한 것이 아토피 피부염이다. **아토피 피부염**(atopic dermatitis)이란 다양한 종류의 알레르겐 때문에 상승하는 IgE 반응으로 만성적으로 피부가 악화되는 상태이다. 아토피 피부염은 가족력과 매우 밀접한 관련이 있고 보통 2개월~3세 때 극성을 부리다가 12~13세쯤 그 증상이 거의 사라지게 된다. 그러나 다 나은듯 했던 아토피 피부염이 17~18세 이후 갑자기 재발하거나 발병하는 경우가 있는데, 이를 '성인 아토피 피부염'이라고 부른다. 영유아기에 발생하는 아토피 피부염과는 달리 성인 아토피 피부염은 스트레스, 환경 호르몬 등으로 인해 발병하고 목의 양측, 팔다리가 맞닿는 부분에 주로 생기는데 계절에 상관없이 완화와 악화를 반복하며 만성화되는 경우가 많다. 또 눈과 입 주변, 목, 귀 등 얼굴에 가려움증과 습진이 집중되는 증상으로 인해 일상생활에 지장을 주고, 심할 경우 대인기피증이 생겨 사회생활이 어려워지기도 한다.

아토피 피부염이 있는 사람에게는 알레르기 접촉 피부염, 두드러기, 얼굴이 붓는 등의 증상도 나타날 수 있다. 알레르기 접촉 피부염은 자극제 또는 알레르기 항원으로 작용할 수 있는 물질(니켈, 고무, 합성세제, 방부제 등)에 노출된 부위에 발생하는 질환이다. 두드러기(urticaria)는 피부가 가렵고 부어오르는 급성 알레르기 반응이다. 보통 특별한 치료를 하지 않아도 곧 좋아지지만 드물게 몇 주간 지속되기도 한다.

치료는 알레르기 원인이 되는 물질들을 피하는 회피요법, 피부 보습, 가려움증과 염증을 완화시키는 약물치료를 함께 사용한다.

음식 알레르기 음식 알레르기의 증상은 발진, 복통에서부터 생명을 위협하는 아나필락시스 쇼크에 이르기까지 다양하다. 보통 우리가 흔히 섭취하는 대부분의 식품이 알레르기 반응을 일으킬 수 있지만 특히 많이 보고되는 원인 식품은 우유, 달걀, 땅콩, 생선, 갑각류 등이다. 음식 알레르기를 관리하는 최선의 방법은 알레르기 유발 음식을 피하고 대체식품을 섭취하여 부족한 영양을 채워주는 것이다.

많은 사람들이 자신이 음식 알레르기를 가지고 있다고 생각하는데, 사실 실제로 음식에 알레르기 반응을 나타내는 사람은 10명 중 1명도 되지 않는다. 대부분의 사람은 단지 특정 음식에 대한 불쾌한 경험 때문에 혐오증을 갖고 있거나, 유당 불내증 같이 우유나 유제품의 젖당을 소화하기 위한 효소가 적게 분비되는 경우이거나, 커피를 마시면 카페인으로 인해 불안, 떨림 등의 증상이 쉽게 나타나는 과민성을 갖고 있는 경우다. 이런 음식 혐오증, 불내성, 과민성의 경우에는 항히스타민제와 같은 알레르기 약을 복용해도 아무런 차도 없이 증상이 반복될 뿐이다.

알레르기와 심리사회적 요인

알레르기 질환은 자연스럽게 없어지는 경우도 있으나 이후 천식, 알레르기 비염, 결막염, 성인 아토피 피부염 등과 같은 다른 형태의 알레르기 질환으로 진행되는 경우가 있다. 이를 알레르기 행진이라고 한다. 알레르기 질환은 유전적 요인 외에도 환경, 사회경제적 상태, 생활습관 및 지리적 요인 등 다양한 요인과 관련성이 있는 것으로 보고되고 있으나 아직 정확한 발병원인은 밝혀지지 않았다. 그러나 여러 연구들은 사회 및 심리적 요인이 알레르기의 발병의 위험요소로 작용하거나, 알레르기 질환으로 인해 영향을 받을 수 있다는 것을 밝혔다.

스트레스, 성격 및 감정상태와 아토피 질환과의 관련 기제는 지속적으로 연구되고 있다. 스트레스를 받을 때 순환계로 분비되는 호르몬과 신경 펩티드[2]는 면역매개와 신경성 염증과정을 조절하는 데 기여함으로써 질병 발생에 영향을 준다.

사회심리적 요인과 아토피 질환의 양방향 관련성(bidirectional relationship)을 메

2 신경에서 만들어지고 방출되어 몸속에서 여러 일을 하는 물질

타분석으로 알아본 결과 9개 중 6개 연구에서 아토피 질환으로 인해 정신건강이 나빠질 위험이 1.9배에서 4.5배 높은 것으로 나타났다(Chida, Hamer, & Steptoe, 2008).

스트레스가 낮은 집단을 기준으로 할 때 천식은 스트레스가 높은 집단이 1.1배, 알레르기 비염은 스트레스가 보통인 집단은 1.13배, 높은 집단은 1.32배, 아토피 피부염은 스트레스가 보통인 집단은 1.17배, 높은 집단은 1.18배로 위험도가 높은 것으로 나타났다(한지영, 박현숙, 2016). 특히 청소년기 천식은 반복적인 천명[3], 호흡곤란 등의 다른 사람들과 다른 모습으로 인해 자아존중감에 영향을 미치고, 사회적·신체적 활동 참여를 제한함으로써 정상적 발달을 저해할 수 있다(Katon, 2010). 천식은 청소년의 신체건강(비만, 신체 제한), 정신건강(불안, 우울, 자존감) 및 사회건강(사회 상호작용, 또래수용)을 저하시키며(Lu et al., 2012), 건강관련 삶의 질에도 악영향을 미친다(Cui, Zack, & Zahran, 2015).

알레르기 비염은 모든 연령층에 영향을 미치지만 특히 10대에 최고에 달하는 질병으로 건강에 치명적이지는 않지만 여러 합병증의 근원이 되고 삶의 질과 학교생활에 영향을 줄 수 있다(Greiner et al., 2011).

아토피 피부염은 심한 소양감을 특징으로 하는 만성적이고 재발이 잦은 질환이기 때문에 환경 적응능력, 불면증, 정서장애를 유발할 수 있으며 심할 경우 대인관계나 사회 활동에 지장을 줄 수도 있다(소은선, 여지영, 2012). 이에 심리적 지원의 필요성이 대두된다.

자가면역질환

면역계의 주요 임무는 자기 항원에는 반응하지 않으면서 자신의 것이 아닌 물질(항원)을 인식하고 반응하는 것이다. 그런데 외부의 항원뿐 아니라 자신의 체세포를 공격하는 경우가 발견되었다. 자기 항원과 비자기 항원을 구분하는 과정에서 혼선이 생기면 자기 항원을 이물질로 인식하는 **자기 반응성 림프구**(self-reactive

---

3 호흡 시 쌕쌕 소리가 나는 것

lymphocyte)가 성숙하게 되는데, 건강한 사람의 경우에는 자기관용에 의해 조절이 된다.

자기 항원에 대한 면역체계의 비정상적인 반응을 **자가면역**(autoimmune)이라고 하며, 면역계가 자신의 신체를 공격하는 질환을 통칭하여 **자가면역질환**(autoimmune disease)이라고 한다. 자가면역질환 발병원인은 아직 알려지지 않았다.

자가면역질환은 일반적으로 질환이 일어나는 기관이나 조직에 따라 분류한다.

하나 또는 소수 장기에 국한되어 자기 항원이 공격의 표적이 되는 기관특이성 범주(organ-specific category)에 해당하는 자가면역질환에는 갑상선기능저하증, 갑상선기능항진증, 제1형 당뇨병이 있다.

항체가 표적장기와 관련되지 않은 항원 사이에서 일어나는 경우인 비기관특이성 범주(nonorgan-specific category) 또는 전신성 범주(systemic category)에 해당하는 질환에는 전신 홍반성 낭창, 다발성 경화증, 류머티스 관절염, 원발성 쇼그렌 증후군, 강직성 척추염 등이 있다.

자가면역질환 : 기관특이성 범주

갑상선기능저하증 갑상선기능저하증(hypothyroidism)은 면역계에 이상이 생겨 갑상선을 공격하는 항체를 만들고 백혈구가 갑상선을 공격하여 갑상선기능이 떨어지는 질환이다. 목의 앞쪽에 위치한 갑상선의 딱딱한 부종 때문에 목이 굵어져 보이며, 전신 부종, 건조하고 창백한 피부, 식욕은 떨어지지만 신진대사 저하로 인한 체중증가, 변비, 기억력 저하, 추위에 민감, 의욕상실 등의 증상이 나타난다.

갑상선기능항진증 갑상선기능항진증(hyperthyroidism)은 갑상선을 자극하는 효과가 있는 항체가 만들어져 갑상선이 호르몬을 과잉분비하는 질환이다. 필요한 양보다 많이 분비된 갑상선 호르몬이 전신에 작용하여 나타난다. 갑상선 부음, 식욕이 좋은데도 불구하고 체중이 감소함, 더위 탐, 빠른 맥박, 손 떨림, 과민함, 신경질, 설사, 돌출된 눈 등의 증상이 나타난다.

제1형 당뇨병 제1형 당뇨병(type I diabetes)은 혈당조절 호르몬인 인슐린을 생산하는 췌장 β-세포가 공격을 받아 생기는 일종의 자가면역질환이다. 우리가 식사를 하게 되면 탄수화물이 분해되어 최종적으로는 포도당의 형태로 혈액 속으로 들어간다. 식사 후 '혈당이 높아지는' 현상이다. 혈당이 어느 정도 수준을 넘으면 췌장의 β-세포가 인슐린을 분비하여 혈액 속의 포도당을 세포 속으로 이동시키고 간에서 포도당을 글리코겐으로 변환시킴으로써 혈당을 낮춘다. 그런데 β-세포가 면역계의 공격을 당하면 인슐린 생산이 중단되고, 혈액 속의 포도당 농도는 과도하게 상승하여 질병 발생 위험을 높인다. 따라서 제1형 당뇨병의 경우 부족한 인슐린을 평생 인위적으로(주로 주사로) 공급해야 하므로 **인슐린 의존성 당뇨병**이라고도 부른다. 또 소아 연령에서 주로 발병하기 때문에 '소아 당뇨'라고도 한다. 제1형 당뇨병은 소아 만성질환 중에서도 유병률이 가장 높은 질병 중의 하나다. 우리나라의 경우 100,000명당 약 1.1명으로 비교적 낮은 발생률을 보이지만(The Diamond Project Group, 2006), 1995년에서 2000년 사이의 발생률을 살펴보면 15세 미만 청소년에게서 연간발생률이 100,000명당 1.13명에서 1.52명으로 증가 추세를 보였다(Shin, 2008).

참고로 당뇨병 환자의 90% 이상을 차지하는 제2형 당뇨병은 인슐린은 분비되지만 몸의 세포에 인슐린 저항이 생겨 혈당이 높아지는 질병으로, 비만, 과로, 스트레스, 과한 당분섭취가 원인이다. 제2형 당뇨병은 제8장 심혈관계 질환에서 다루었다.

제1형 당뇨병은 대부분 어린 나이에 발병하기 때문에 환아와 부모 모두 수용하기 힘들어하고 대처에 어려움을 겪는다. 완치될 수 없기 때문에 평생 증상을 조절하고 관리해야 하므로 식이요법, 인슐린 주사, 규칙적인 운동을 지속하기 위한 심리적 지원이 필요하다. 관리를 잘하지 못하면 증가된 혈당 수준으로 인한 혈관손상으로 심혈관계 질환(고혈압, 심장질환)에 취약해지고, 망막손상, 신장질환이 발생할 위험이 높아진다. 또한 당뇨병 환자들이 췌장암에 걸릴 위험이 비당뇨병 환자들에 비해 2배나 높다는 보고(Huxley, Ansary-Moghanddam, de Gonzalez, Barzi, & Woodqard, 2005)가 있어 건강관리에 세심한 주의를 기울여야 한다.

자가면역질환 : 비기관특이성 범주(전신성 범주)

전신 홍반성 낭창 전신 홍반성 낭창(systemic lupus erythematatosus, SLE)은 온몸(피부, 관절, 신장, 허파, 신경 등 전신)에 염증이 생기는 만성 자가면역질환이다. 흔히 '루푸스'라고도 부르는데, 라틴어로 '늑대'를 뜻한다. 환자의 양쪽 볼에 생기는 나비 모양 홍반이 늑대에 물린 모습을 연상시키는 데서 비롯된 듯하다. 얼굴 피부 발진, 만성염증, 통증, 부종을 보이며 신체 내 기관(장기)들의 결합조직이 공격을 받으면 생명이 위험할 수 있다. 증상은 재발과 완화를 반복한다. 원인은 몇 가지 유전자와 호르몬, 환경적 요인(자외선, 감염, 임신, 출산, 수술, 약물 알레르기, 정신적 스트레스 등)이 복합적으로 작용하여 발생하는 것으로 알려져 있지만 구체적인 관계는 아직 확실하지 않다.

자가항체가 지속적으로 검출되지만 주요 장기 침범이 없는 경우 증상을 억제하는 치료에 초점을 맞추게 된다. 이러한 증상치료에 쓰이는 약제로 염증을 가라앉히는 소염제를 들 수 있다.

다발성 경화증 다발성 경화증(multiple sclerosis, MS)은 면역체계가 뉴런의 수초(myelin)를 손상시키는 자가면역질환으로 주로 젊은 연령층에서 발생한다. 세계적으로 약 백만 명의 사람이 다발성 경화증을 앓고 있으며, 남성보다 여성에게 2배 정도 많이 발생하는 편이다. 원인은 여러 가지 가설이 제기되어 연구되고 있지만, 현재로서는 세균이나 바이러스 감염, 살충제 노출, 중추신경계에 대한 면역반응 등으로 추정하고 있다.

뉴런의 수초는 마치 고무테이프가 전선의 합선을 막아주는 것처럼 축색들을 절연하는 역할을 하며, 뉴런을 따라 흐르는 정보의 속도를 높여준다. 따라서 수초가 손상되면 뉴런은 축색을 통해 정보를 보내기 어려워져 기능이상을 보인다(그림 9.11).

다발성(multiple)이라 부르는 이유는 손상되는 영역이 공간적으로 넓게 분포되어 있으며, 뇌로 감각정보를 가져오는 통로(감각 경로)와 근육에 명령을 내리는 통로(운동 경로) 모두에서 일어날 수 있기 때문이다. 또 시간적으로도 증상의 재발과 완화를 반복하기 때문이기도 하다. 손상된 영역에는 딱딱한 흉터, 혹은 플라크

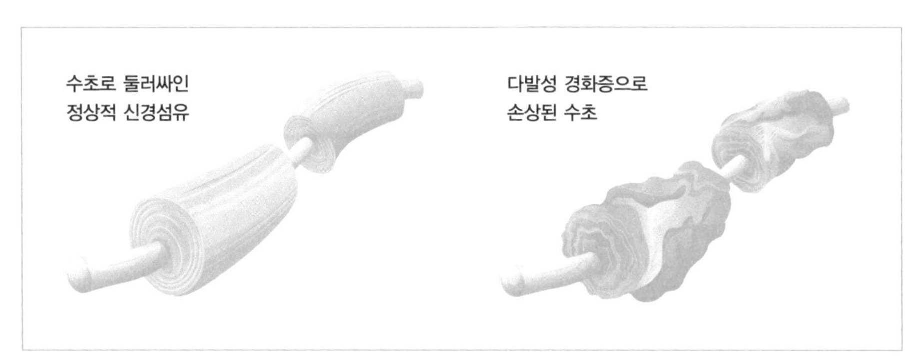

[그림 9.11]
다발성 경화증

(plaque)가 형성되는데, 이 때문에 경화증(sclerosis)이라 부른다. 감각상실과 운동장애, 그리고 피로 · 통증 · 우울증 등의 증상이 발생한다. 다발성 경화증은 환자의 정서적 · 사회적 · 직업적 기능을 파괴하며 완치되지는 않는다.

류머티스 관절염 관절염은 '관절에 생기는 염증'을 의미하며 관절과 다른 연결조직들을 공격하는 100개 이상의 질병을 통칭한다. 연골이 닳아 염증이 생기는 경우가 '퇴행성 관절염'이라면, **류머티스 관절염**(rheumatoid arthritis)은 자신의 세포를 공격 대상으로 삼는 자가면역질환이다.

연골, 관절낭, 인대, 힘줄, 근육 등으로 구성된 관절은 뼈들을 연결하며 움직일 수 있게 한다. 연골은 뼈의 끝부분을 덮고 있고, 관절에서 뼈끼리 마찰되는 것을 방지해준다. 그런데 면역 시스템 교란으로 인해 자기 몸의 관절부위를 적으로 인식하고 공격하면 염증이 생겨 관절에 물이 차고 붓게 되는 것이다. 병이 진행되는 동안 관절의 윤활막, 힘줄집과 윤활주머니에 염증이 진행된다. 윤활막이 붓고 두꺼워지면 많은 양의 윤활액이 나온다(그림 9.12). 연골과 인대가 상하기도 하므로 결국 뼈도 손상되어 미란(erosion)이라 부르는 구멍이 생긴다. 드물게는 관절이 부서질 수도 있다. 심한 경우 염증이 눈, 피부, 폐 같은 다른 조직에 영향을 주기도 한다.

류머티스 관절염 역시 좋아졌다가 다시 나빠지는 완화와 재발을 반복한다. 치료 목적은 재발 방지와 완화기의 유지 또는 연장이다. 다른 자가면역질환과 마찬가지로 직접적인 치료법은 아직 없다.

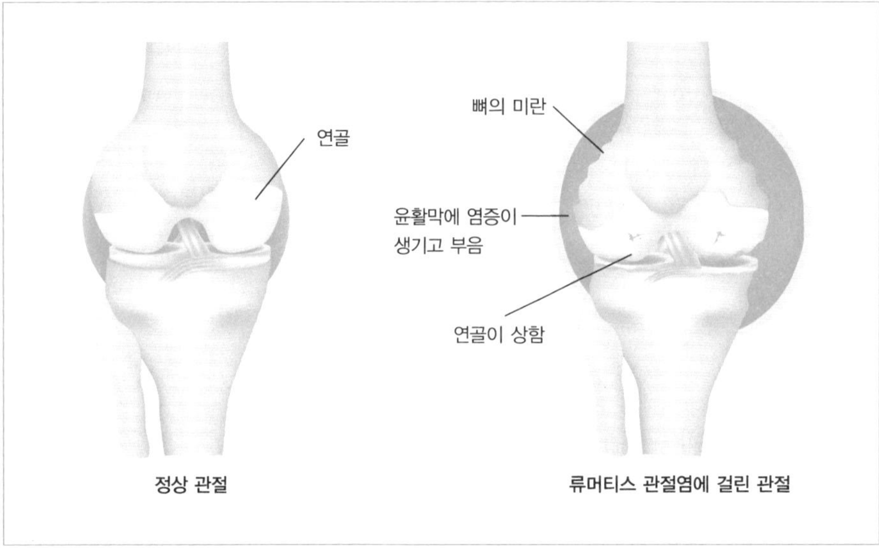

[그림 9.12]
정상 관절과 류머티스 관절염

원발성 쇼그렌 증후군 입이 마르고 눈이 건조한 증상이 나타나는 자가면역질환이다. 쇼그렌 증후군이라는 명칭은 1933년 스웨덴 의사인 헨릭 쇼그렌(Henrik Sjogren)이 처음 발견했기 때문에 붙여졌다. 쇼그렌 증후군은 인체 밖으로 액체를 분비하는 외분비샘(침샘, 눈물샘, 생식기 외분비샘, 피부의 피지샘 등)에 림프구가 침입해 염증이 생겨 분비장애를 일으키는 만성 자가면역질환이다. 원발성 쇼그렌 증후군(primary Sjogren's syndrome)은 다른 동반질환 없이 구강건조증과 건조성 각결막염만 자발적으로 발생하며 속발성 쇼그렌 증후군은 류머티스 관절염, 낭창 등 다른 병의 결과로 나타난 경우이다.

외분비샘의 분비장애 증상을 완화하기 위해 인공눈물, 인공타액, 질 윤활제 등을 사용한다.

강직성 척추염 강직성 척추염(ankylosing spondylitis)은 척추에 염증이 생겨 관절이 둔해지는 자가면역질환이다. 척추 이외에도 발뒤꿈치, 앞가슴뼈와 같이 인대나 힘줄이 뼈에 붙는 부위에 염증이 생기며, 관절 외에도 눈, 위장관계, 허파, 심장, 콩팥, 전립샘 등 다른 장기에도 염증이 침범할 수 있다.

강직성 척추염을 방치하면 척추가 대나무처럼 연결되는 강직(bamboo spine)을 초래할 수 있다. 그 결과 척추운동이 어려워지고 등이 앞으로 굽으며 목도 움직이기 어려워진다.

자가면역질환과 심리사회적 요인

제1형 당뇨병 환자들은 매일 혈당을 확인하고 인슐린 주사, 식이요법 등 철저한 자기관리를 평생 실행해야 한다. 더불어 운동요법은 인슐린요법 및 식이요법과 함께 3대 치료방법으로 널리 알려져 있다(American Diabetes Association, 2008).

제1형의 당뇨병 아동을 대상으로 연구한 결과 스트레스는 포도당의 신진대사와 조절에 영향을 미친다. 청소년기의 스트레스 사건은 대사조절을 악화시키며 가족 갈등과 부모의 낮은 관심은 혈당 조절 및 자기관리를 어렵게 한다.

당뇨병으로 생긴 삶의 변화는 우울과 불안, 행동문제와 같은 심리적 어려움으로 이어질 수 있으므로 건강심리학자들이 중요한 역할을 한다. 건강심리학자들은 치료과정, 치료 준수, 스트레스 대처과정에 대한 효과적인 프로그램을 개발하고 개인에 맞게 시행할 수 있다. 또 당뇨병 환자가 당뇨를 관리하기 위한 자기조절력을 기르고 가족이 치료에 참여할 수 있도록 도울 수 있다.

제1형 당뇨병 환자들을 위한 교육 프로그램으로 당뇨병 캠프가 있다. 당뇨병 캠프의 주요 구성 프로그램으로는 자가 간호, 심리상담, 놀이, 운동, 영양 교육 등의 내용으로 구성되는데, 이러한 다학제적 접근은 당뇨 환자들의 건강관리에 매우 효과적인 것으로 알려져 있다(Kienle, Meusers, Quecke, & Hilgard, 2013; Wigert & Wikström, 2014). 캠프에 참가한 아동은 안전이 보장된 공간에서 여러 가지 경험을 즐기며 긍정적인 관계 형성과 심리사회적 지지를 얻게 된다(Cheung, Young, Cureton, & Canham, 2006).

류머티스 관절염은 1980년대에 들어서 심리학적 치료효과가 의학적 치료 효과만큼이나 크다는 사실이 밝혀지기 시작했다(Fries, 1983). 스트레스는 류머티스 관절염의 발병과 경과 모두에 영향을 미칠 수 있다. 류머티스 관절염 환자는 심리적 스트레스를 받게 되면 관절의 근육긴장 수준이 심하게 높아졌다가 떨어지는 경향을 보인다(Anderson, Stoyva, & Vaughn, 1982). 또한 신체적 문제와 함께 정서적 문제(우울, 무력감)도 함께 나타나며, 종종 통증 때문에 대인관계 손상이 초래된다(Young, 1992).

류머티스 관절염 질환의 가장 일반적인 합병증은 우울이다(Dickens, McGowan, Clark-Carter, & Creed, 2002). 류머티스 관절염 환자의 우울 정도는 다른 만성질환자보다 더 높으므로 치료를 요하는 경우가 많다.

면역결핍증

면역결핍증(immune deficiency)은 말 그대로 면역이 결핍된 상태로서 쉽게 감염되거나 암세포에 효과적으로 대항하지 못하게 되는 질환이다. 건강한 유아는 어머니의 태반 또는 모유를 통해 생후 6개월 동안 보호받는다. 그러나 유전적 문제로 인해 유아기에 면역결핍이 발생하는 경우가 있는데, 이를 선천성면역결핍증이라고 한다.

면역결핍은 선천적보다 후천적으로 발생하는 경우가 더 많다. **후천성면역결핍증**(acquired immune deficiency syndrome, AIDS)은 세균, 바이러스, 기생충 등에 의한 감염으로 인해 나타난다. 대표적인 예는 전 세계적으로 발생하는 **인간면역결핍바이러스**(human immunodeficiency virus, HIV)의 감염으로 인한 발병이다. 면역결핍으로 인해 면역계가 효과적으로 감염에 대응하지 못하게 되면, 정상인에게는 심각하지 않은 감염도 치명적일 수 있다.

원인 및 증상

후천성면역결핍증(AIDS)은 1980년대 초 그 정체가 밝혀진 병이다. 이 질환은 대부분 인간면역결핍바이러스 HIV라고 하는 바이러스에 의해 발생한다. 이 바이러스는 면역계의 T세포와 대식세포를 파괴하는 작용을 한다. AIDS의 첫 발병사례는 1959년 콩고에서 보고되었고, 1980년대에 들어 발병자 수와 사망자 수가 늘어났다. 2015년 기준으로 전 세계 HIV 감염인은 3,500만 명이다(UNAIDS, Fact Sheet 2014, 2015). 우리나라의 경우 질병관리본부 자료에 의하면 2016년 기준 HIV/AIDS 감염 내국인은 11,439명으로, 이 중 남성(92.8%, 10,618명)은 여성(7.2%, 821명)에 비해 압도적으로 많다.

HIV에 감염된 사람이 증상을 나타내기 시작하면 AIDS가 발병한 것이다. 그러나 HIV에 감염되더라도 수년간 증상이 나타나지 않을 수 있어 자신이 감염되었다는 사실을 인지하지 못하는 경우가 흔하며 증상이 나타나기 시작했을 때는 이미 신체의 면역력이 상당 부분 약화되어 있는 경우가 많다.

AIDS의 주요 증상으로는 체중감소, 기도 감염의 재발(부비강염, 기관지염, 기관염, 인후염), 전립선염, 피부발진, 구강궤양이 있다. 보통 AIDS로 진행된 후에는 진행속도가 다양하긴 하지만 평균 10개월을 살지 못한다.

감염 및 예방

AIDS는 면역력 약화로 인한 다양한 감염증상을 보이는 전염병이다. HIV는 HIV-1, HIV-2, 두 종류가 있는 것으로 알려져 있으며, HIV-1은 독성과 감염력이 더 강하며, HIV-2는 독성이 낮고 노출되었을 때 감염될 확률이 상대적으로 낮다. 따라서 HIV-1에 감염된 경우가 많다.

HIV가 가장 밀집한 곳은 혈액과 정액, 질 분비액으로 알려져 있기 때문에 HIV 감염은 주로 성행위 및 수혈을 통해 일어난다. 안전하지 않은 성관계, 감염된 사람으로부터의 수혈, 오염된 주삿바늘을 통한 주사 등이 감염의 가장 일반적인 경로이며 태반을 통해 태아가 감염되거나 모유를 통해 신생아가 감염되기도 한다. 감염자의 침, 눈물, 소변 속에도 HIV가 존재하기는 하지만 농도가 워낙 낮기 때문에 감염 가능성은 무시할 정도이다. 실제로 이러한 분비물에 의해 감염된 기록은 없다.

HIV는 몸 밖에서는 매우 약해지며 금방 죽는 바이러스이다. 따라서 인간 대 인간의 직접 접촉 경로를 차단함으로써 질병을 예방할 수 있다. 성관계 시 콘돔을 사용하고, 약물 투여 시 주사기를 공유하지 말며, 산모로부터의 태아감염을 막기 위해 제왕절개를 하고 모유 수유를 피하는 것이 바람직하다.

치료

효과적인 약물치료, 조기발견, 생활양식의 변화로 AIDS로 인한 사망률은 점차 줄어들고 있다. 우리나라의 경우에도 생존율은 약 83%로, 치료를 잘 받는 경우에는 생존율이 상당히 높고 HIV에 감염되고도 30년 이상 생존하는 경우가 많다. 특히 세 가지 종류의 약을 동시에 사용한다고 하여 칵테일 요법으로도 불리는 HAART(Highly active antiretroviral therapy, 고강도 항레트로바이러스 치료법)은 HIV 감염으로 인한 질환의 진행을 늦추고 생존기간을 연장시키는 데 놀랄 만한 치료성과를 보였다. 이 장의 맨 앞에서 언급했던 매직 존슨은 1991년에 자신의 HIV 감염을 공표하고 프로농구 팀으로부터 은퇴를 선언했는데 AIDS 예방 캠페인을 벌이는 등 활발한 활동을 하면서 2018년 초 현재까지 살고 있다. 2015년 한 인터뷰에서 그도 매일 '칵테일' 약을 먹는다고 했고 HIV를 보유한 상태지만 바이러스가 활동을 하지 않아 아직 AIDS로 진행하지는 않았다고 말했다.

이제는 AIDS가 사망하는 질환이 아닌 치료 · 조절이 가능한 만성질환으로 대중이 인식해야 할 때다. 그런 면에서 우리나라의 HIV 보유자들이 사회적 낙인효과가 두려워 치료를 중단하기도 한다는 사실은 안타깝다. HIV 보유자는 실명등록시 국가로부터 치료비를 지원받는다. 보건소에서는 매년 한 번씩 HIV 보유자와 연락을

글상자 9.1

AIDS 공포

2017년 가을, 부산에서 20대 여성 AIDS 환자가 상습적으로 성매매를 하다 적발되면서 AIDS 공포가 확산되었다. 한 포털사이트 질문 게시판에는 AIDS 관련 질문이 이어졌고 감염 사실을 확인하기 위해 'AIDS 자가검사키트'를 사는 사람들도 많이 생겼다.

하지만 HIV 보유자가 앉은 자리에 앉거나, 모기를 통해서 감염된다거나 하는 확실하지 않은 정보들로 인해 AIDS에 대한 편견은 심화되고 있다. 이러한 상황에서 가장 필요한 것은 HIV 감염경로와 예후에 대한 명확한 지식일 것이다.

AIDS를 일으키는 HIV는 주로 혈액과 정액, 질 분비액에 밀집해 있으므로 성행위나 혈액을 통해 감염된다. 또한 HIV는 공기나 음식을 통해 전파되는 바이러스가 아니며 몸 밖에서는 오래 생존하지 못한다. 따라서 일상생활에서의 접촉(악수, 포옹, 키스, 공동화장실 사용, 애완동물) 등으로는 감염되지 않는다. 또한 HIV에 감염되었다고 해도 AIDS가 발병되기까지는 시간이 오래 걸리며 발병이 된다고 하더라도 관리를 잘하면 30년 이상 살 수 있는 만성질환의 일종일 뿐이다.

취하여 치료 여부를 확인하는데, 신상이 드러날까 두려운 나머지 보건소와 연락을 끊는 경우가 매년 수백 건씩 발생하고 있다.

후천성면역결핍증과 심리적 요인

우리나라에서 HIV/AIDS에 대한 편견과 감염인에 대한 사회적 낙인은 심각하며 우울증 등 심각한 심리적 후유증을 낳는다. 우리나라 연구에서 HIV 감염인은 직장, 지인, 가족들의 사회적 지원을 받지 못하고 살아가는 경우가 많고 자살과 같은 극단적인 선택을 할 가능성이 크다고 보고했다(Kang, 2014). 우울증이 심할수록 치료에 빠지는 날이 더 많고(Judd et al., 2005), 우울증이 있는 환자는 우울증이 없는 환자에 비해 3배 이상 의학적 치료 권유에 비순응적이었다(Di Matteo, Lepper, & Croqhan, 2000). 이렇듯 우울증은 HIV 감염 환자들의 자기관리를 방해하고 치료과정에서도 나쁜 결과를 가져오므로 심리치료가 필요하다.

참고문헌

성현우, 조성대, 박신영, 양준모, 임대현, 김정희, 손병관(2012). 국민건강보험공단의 자료를 이용한 알레르기 질환 전국 연령별 유병률 조사. 소아알레르기 호흡기, 22(3). 224-231.

소은선, 여지영(2012). 청소년 대상의 건강상태, 생활습관과 아토피 피부염의 관계. *Child Health Nursing Research*, *18*(3), 143-149.

질병관리본부(2017, 8). 2016 HIV/AIDS 신고 현황.

한지영, 박현숙(2016). 청소년 알레르기 질환 유병률과 관련 요인-2013년 청소년 건강행태 온라인조사 활용. 한국데이터정보과학회지, 27(1), 155-168.

American Diabetes Association.(2008). Standards of medical care in diabetes-2008. *Diabetes Care*, *31*(Suppl. 1), 12-54.

Anderson C. D., Stoyva, J. M., & Vaughn. L. J.(1982). A test of delayed recovery following stressful stimulation in four psychosomatic disorders. *Journal of Psychosomatic Research*, *26*, 571-580.

Aneshensel, C. S., Botticello, A. L., & Yamamoto-Mitani, N.(2004). When caregiving ends: The course of depressive symptoms after bereavement. *Journal of Health and Social Behavior*, *45*, 422-440.

Cheung, R., Young Cureton, V., & Canham, D. L.(2006). Quality of life in adolescents with type 1 diabetes who participate in diabetes camp. *The Journal of School Nursing*, *22*, 53-58. doi: http://dx.doi.org/10.1177/10598405060220010901

Dickens, C., McGowan, L., Clark-Carter, D., & Creed, F.(2002). Depression and rheumatoid arthritis: A systematic review of the literature with meta-analysis. *Psychosomatic Medicine*, *64*, 52-60.

Di Matteo MR. Lepper HS, Croqhan TW.(2000). Depression is a risk factor for noncompliance with medical treatment: meta-analysis of the effects of anxiety and depression on patient adherence. *Arch Intern Med*, *160*, 2101-2107.

Escribano, B. M., F. M. Castejon, R. Vivo, R. Santisteban, E. I. Aguera & M. D. Rubio.(2005). *Vet Commun*. *29*, 149-158.

Fries, J. F.(1983). Toward an understanding of patients outcome measurement. *Arthritis and Rheumatism*, *26*, 679-704.

Futterman, A., Kemeny, M., Shapiro, D., and Fahey, J.(1994). Immunological and physiological changes associated with induced positive and negative mood, *Psychosomatic Medicine*, *56*, 499.

Greiner, A. N., Hellings, P. W., Rotiroti, G. and Scadding, G. K.(2011). *Allergic rhintis*. *Lancet*, *278*,

2112-2122.

Huxley, R., Ansary-Moghaddam, A., de González, A. B., Barzi, F., & Woodward, M.(2005). Type-II diabetes and pancreatic cancer: A meta-analysis of 36 studies. *British Journal of Cancer*, *92*, 2076-2083.

Judd F, Komiti A, Chua P, Mijch A, Hoy J, Grech P, et al.(2014). Nature of depression in patients with HIV/AIDS. *Australian and New Zealand Journal of Psychiatry*, *39*, 826-832.

Kang, Sun K.(2014). A Phenomenological Study of People Living with HIV's Experiences on Adaptation Process. *GRI Review*, *16*(2), 177-202.

Katon, W.(2010). Asthma, suicide risk, and psychiatric comorbidity. *The American Journal of Psychiatry*, *167*, 1020-1022.

Kiecolt-Glaser, J. K., McGuire, L., Robles, T. F., & Glaser, R.(2002). Emotions, morbidity, and mortality: New perspectives from psychoneuroimmunology. *Annual Review of Psychology*, *53*, 83 – 108.

Kienle, G. S., Meusers, M., Quecke, B., & Hilgard, D.(2013). Patient-centered diabetes care in children: An integrated, individualized, systemsoriented and multidisciplinary approach. *Global Advances in Health and Medicine*, *2*, 12-19. doi: http://dx.doi.org/10.7453/gahmj.2013.005

Olatunji BO, Mimiaga MJ, O'Cleirigh C, Safren SA.(2006). Review of treatment studies of depression in HIV. *Top HIV MED*, *14*, 112-124.

Robert Ader, Nicholas Cohen.(1975). Behaviorally Conditioned Immunosuppression, *Psychosomatic Medicine*, *37*(4), 333-340.

Sadock BJ, Sadock VA.(2003). *Synopsis of Psychiatry*, 9th ed. Lippincott Williams & Wilkins, Baltimore, Md, 132-135, 822-826.

Shin, C. H.(2008). Epidemiologic characteristics of type 1 diabetes in children aged 14 years or under in Korea, 1985-2000. *Korean Journal of Pediatrics*, *51*, 569-575.

Stojanovich L, Marisavljevich D.(2008). Stress as a trigger of autoimmune disease. *Autoimmune Rev*, *7*, 209-213.

The Diamond Project Group.(2006). Incidence and trends of childhood Type 1 diabetes worldwide 1990-1999. *Diabetic Medicine*, *23*, 857-866. doi: http://dx.doi.org/10.1111/j.1464-5491.2006.01925.x

UNAIDS. Fact Sheet 2014. 2015. http://www.unaids.org/en/resources/campaigns/globalreport2013/factsheet

W. Cui, M. M. Zack, and H. S. Zahran.(2015). Health-related quality of life and asthma among United States adolescents. *The Journal of Pediatrics*, *166*(2), 358-364.

Wigert, H., & Wikström, E.(2014). Organizing person-centred care in paediatric diabetes: multidisciplinary teens, long-term relationship and adequate documentation. BMC Research Notes, 3, 72. doi: http://dx.doi.org/10.1186/1756-0500-7-72

Y. Chida, M. Hamer, & A. Steptoe.(2008). A bidirectional relationship between psychosocial factors and atopic disorders: a systematic review and meta-analysis. *Psychosomatic Medicine*, *70*(1), 102-116.

Y. Lu, K. K. Mak, H. P. van Bever, T. P. Ng, A. Mak, & R. C. Ho.(2012). "Prevalence of anxiety and depressive symptoms in adolescents with asthma: a meta-analysis and meta-regression". *Pediatric Allergy and Immunology*, *23*(8), 707-715.

Young, L. D.(1992). Psychological factors in rheumatoid arthritis. *Journal of Consulting and Clinical Psychology*, *60*, 619-627.

HEALTH PSYCHOLOGY 10

물질남용

01_ 물질사용, 남용, 중독의 개념을 이해한다.

02_ 알코올, 니코틴 남용과 의존에 영향을 미치는 요인에 대해 배운다.

03_ 알코올 및 니코틴 문제의 치료 및 예방법에 대해 알아본다.

물질은 과하게 사용하게 되면 신체적·심리적 건강에 악영향을 미친다. 이 장에서는 물질 작용의 생리적 기전과 중독의 원인들에 대해 알아본다. 더불어 물질 관련 및 중독장애에 포함되는 10가지 물질 중 가장 흔하게 남용되고 있는 알코올과 니코틴에 대해 자세히 다룰 것이다.

> “나는 페이스북에 중독된 것이 아니다. 그냥 시간 날 때마다 사용할 뿐이다. 점심 때, 쉬는 시간, 취침 전, 그럴 때, 아무 때나, 언제나!”

– 출처 불명

물질사용, 남용 및 중독

우리가 흔히 접하는 각종 약, 커피의 카페인, 술의 알코올, 담배의 니코틴부터 불법 약물까지, 중추신경계에 작용하는 향정신성 약물을 **물질**(substance)이라고 한다. 물질이 몸에 들어와 어떻게 영향을 끼치고 중독으로 이어질 수 있는지 살펴보도록 하자.

물질의 생리적 작용 기제

물질이 몸 안에서 작용하기 위해서는 신경계의 목표 지점에 도착해야 한다. 물질이 신체로 들어가서 목표물에 도착하는 과정을 투약 경로(route of administration)라고 부른다. 일반적인 투약은 구강을 통해 섭취, 허파로 흡입, 좌약으로 직장 투입, 피부에 패치, 혈관 · 근육에 주사하는 방식으로 이루어진다. 입을 통해 복용하는 것이 쉽고 편리하기는 하지만 어떤 약물은 소화기 장벽을 통과하지 못하므로 흡입이나 주사하는 방법을 쓰게 된다. 물질은 몸에 흡수되면 혈류를 따라 이동하여 신경계에 도달한다.

혈뇌장벽

혈관벽에 틈이 있는 여타 모세혈관과 다르게 뇌의 모세혈관은 단단히 결합되어 있고 성상세포[1]의 종말단추로 덮여 있다. 이를 혈관과 뇌 사이의 보호벽이라는 뜻으로 **혈뇌장벽**(blood-brain barrier)이라 하며(그림 10.1), 입자가 큰 화학물질이 뇌 속으로 들어오는 것을 차단하여 독소로부터 뇌를 보호한다. 그러므로 입자가 작고 이온성을 띠지 않고 특수 화학구조를 가진 물질만이 혈뇌장벽을 통과하여 뇌 속으로 들어올 수 있다. 일단 뇌세포 속으로 들어온 물질은 뉴런과 교세포를 통해 빠르게 신경계 수용체에 도달하여 효과를 낸다.

1 성상세포는 별 모양으로 생겨서 성상세포라고 부르며 신경계의 활동을 지원해주는 세포다. 성상세포는 혈관과 뇌의 내벽에 붙어 뉴런을 제자리에 붙잡아 주고 뉴런과 혈관 사이의 물질들을 운반한다.

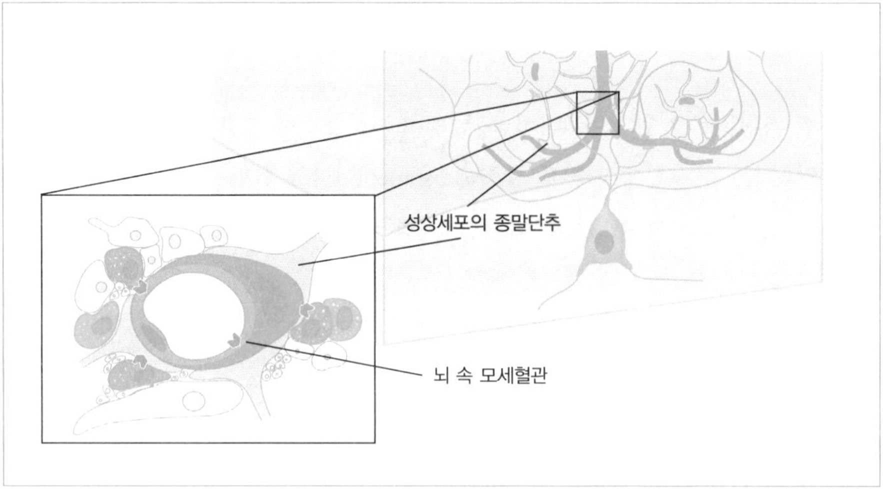

[그림 10.1]
혈뇌장벽

시냅스 작용

시냅스 작용이란 하나의 뉴런에서 다른 뉴런으로 **신경전달물질**(neurotransmitter)[2]을 통해 정보가 전달되는 과정을 의미하며 **시냅스**(synapse)[3]에서 일어난다(그림 10.2). 신경전달물질은 세포체, 축색, 축색종말에서 합성되어 소낭에 저장되었다가 신호를 받고 분비된다. 이어진 뉴런의 수용기(시냅스 후 수용기)와 마치 자물쇠와 열쇠처럼 작용한 후 남은 신경전달물질은 불활성화되거나 재흡수되어 재사용된다. 물질은 시냅스에서 다음과 같이 신경전달물질의 효능제나 길항제 역할을 함으로써 효과를 발휘한다.

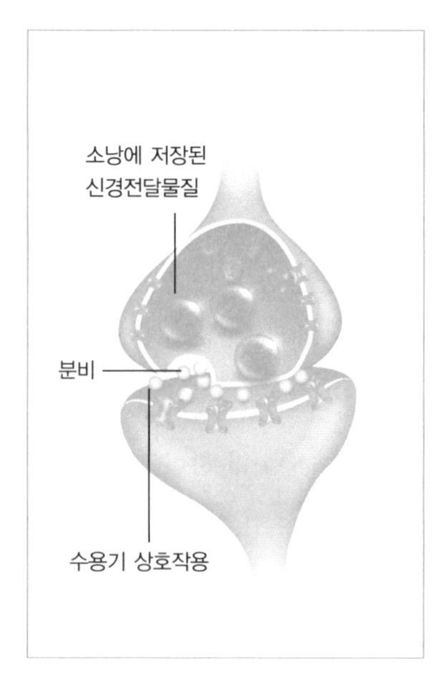

[그림 10.2]
시냅스에서의 신경전달물질 작용

2 신경세포에서 방출되어 다른 신경세포들에게 정보를 전달하는 화학물질
3 신경세포의 축색 끝부분과 다른 세포의 세포체, 수상돌기의 접합부

효능제(agonists) 자연적으로 분비되는 신경전달물질을 모방하거나 그 효과를 증진하는 역할을 하는 물질이다. 니코틴은 아세틸콜린 효능제로 작용하여 심장을 빨리 뛰게 만든다. 코카인은 도파민의 재흡수를 차단함으로써 도파민이 지속적으로 활동하여 흥분, 쾌감을 유지하게 한다. 우울증 치료제로 쓰이는 선택적 세로토닌 재흡수 억제제(SSRI)는 세로토닌 재흡수를 차단함으로써 세로토닌의 활동을 지속시킨다. 알코올은 뇌의 브레이크라고도 불리는 억제성 신경전달물질인 GABA의 효능제로, GABA의 활동을 증가시켜 몸을 이완/마비시키고 졸린 상태로 만든다.

길항제(antagonists) 효능제와는 반대로 신경전달물질이나 효능제의 작용을 차단하는 물질이다. 수면을 관장하는 아데노신의 길항제인 카페인은 결과적으로 졸음을 방지한다.

물질사용, 중독과 금단

물질사용이란 어떤 물질(약물)을 섭취, 흡입, 주사하는 행동을 말한다. 물질사용과 관련된 용어들을 정리하자면 아래와 같다.

물질오용

처방 지시를 준수하지 않고 다른 증상에 사용한다든지, 용량이나 복용기간을 지키지 않는 등 임의로 약물을 사용하는 것을 말한다. 물질오용(substance misuse)은 때로 생명을 위협하기도 한다. 예를 들어 불안을 감소시키는 항불안제와 진정제는 소량이라도 같이 복용하게 되면 혼수상태에 빠지거나 심하면 사망에 이를 수 있다. 완벽한 조커 연기를 펼쳤던 배우 히스 레저(1979~2008)의 안타까운 죽음도 진통제, 수면제 등 여러 약물을 함께 복용했기 때문이라고 알려졌다. 또한 미취제의 일종인 아산화질소를 '파티 약물'로 사용하고 진정제를 성범죄에 이용하는 등 물질오용은 사회적 문제이기도 하다.

물질남용

치료 목적을 자신이나 남에게 해가 되는 쪽으로 장기간 물질을 사용하는 것을 의미한다. 다시 말해 자신의 감정, 인식, 행동에 인위적인 변화를 일으키기 위해 습관적으로 물질을 사용하며, 그로 인해 사회적 또는 직업상의 기능장애가 나타날 수 있다. 물질남용(substance abuse)은 물질의존으로 이어질 수 있다.

물질의존

일상 대화에서 '알코올중독', '카페인중독' 할 때 사용하는 중독(addiction)이라는 단어는 엄밀히 말해 물질의존(substance dependence)을 뜻한다. 물질의존이란 물질의 만성적인 사용으로 인해 정상적으로 기능하기 위해 물질이 필수로 작용해야 하는 상태를 말한다. 예를 들어 숙면을 취했는데도 일어나자마자 커피를 마시지 않으면 잠이 덜 깨서 몸을 가누기도 힘들다면 각성상태가 되기 위해 커피에 의존하는 것이다. 의존 상태에서 물질을 갑자기 중단할 경우 뒤에서 설명할 금단현상이 나타날 수 있다.

중독

우리말로 중독(intoxication/addiction)이라는 말은 크게 두 가지 뜻을 가진다. 첫째가 물질의 독성에 의한 신체증상을 의미하는 'intoxication'이고 둘째는 물질의존과 내성을 보이는 'addiction'이다. 첫째 의미를 사용한 예는 '납중독', '수은중독' 같은 것이고 두 번째 의미를 사용한 예는 '마약중독'이다. 중독(addiction)은 일반인들이 왜곡된 의미로 사용하는 단어라는 이유로 DSM-5에서는 '물질사용장애'라는 용어를 사용한다.

내성

정상적인 상태에서 작용을 일으킬 수 있는 용량을 사용하면 반응이 근소하거나 나타나지 않아 용량을 늘려야만 효과가 나타나는 현상을 내성(tolerance)이라 한다. 신체가 물질에 적응하는 과정이기도 하다. 알코올을 예로 들면 지속적으로 술을 마시는 사람의 경우 내성이 생겨 같은 양의 술로는 더 이상 취기가 오르지 않기 때문에 이전과 같은 효과를 얻기 위해 더 많은 양의 술을 마시게 된다. 따라서 '나는 저 사람보다 술이 세다.'는 것(같은 성, 유사한 체격을 전제로 했을 때)은 알코올에 대한 나의 내성이 저 사람보다 심하다는 뜻이다.

금단

오랫동안 과다하게 물질을 사용한 사람이 갑자기 물질사용을 중단하거나 감량하는 경우 혈액이나 조직에 물질 농도가 저하되었을 때 나타나는 증상을 말한다. 금단(withdrawal)증상은 물질의 종류에 따라 다르지만 보통 손 떨림, 식은땀, 불안, 우울감 등 불쾌한 증상이다.

물질관련 및 중독장애

DSM-5의 장애군 중 하나인 물질관련 및 중독장애(substance-related and addictive disorders)는 10가지 약물을 포함하는 물질관련장애와 도박장애를 다루는 비물질관련장애로 나뉜다. 물질은 어떤 것이든 과다하게 사용하면 뇌 보상체계가 직접 활성화되며 고양감 상태의 쾌락이 나타난다. 이 장애에서는 뇌 회로의 변화로 인해 반복되는 재발과 약물관련 자극에 노출되었을 때 유발되는 강한 갈망감이 나타난다. 물질관련 및 중독장애에 포함된 약물은 알코올, 카페인, 대마, 환각제 등이다. 이 장에서는 그중 가장 흔하게 남용되는 알코올과 담배에 대해 살펴볼 것이다.

알코올

적절한 음주는 건강에 이롭다는 연구결과들이 있다. 어떤 술이든 알코올(alcohol)이 12g 포함된, 즉 표준 잔에 1~2잔씩 술을 매일 마시는 사람은 음주를 전혀 하지 않는 사람에 비해 당뇨병과 심혈관질환에 걸릴 위험이 적다는 것이다. 이를 지지하는 연구자들은 알코올이 혈관을 확장시키고 혈당을 낮추는 데 도움이 되기 때문에 건강상 이롭다고 주장한다. 그래서 건강을 위해 '적절한 음주'를 권하기도 하고 알코올 중독의 치료목표로 '금주'가 아닌 '적절한 음주'를 잡기도 한다.

그러나 과연 우리나라에서 적절한 음주가 가능할 것인지는 생각해봐야 할 문제이다. 우리나라의 음주 문화—쉽게 과음으로 이어지는 음주 분위기와 과도한 섭취량, 고열량/고지방 안주 섭취 등—를 고려했을 때 '적절한' 선에서 '건강에 좋은' 음주를 이어가기가 어렵다.

음주 현황

술(liquor)이란 물과 에틸 알코올을 주성분으로 하는 물질을 말한다.

우리나라의 음주 역사는 원시시대로 거슬러 올라간다. 당분이 많은 과일이나 곡류에 야생의 곰팡이와 효모가 알코올을 생성했고, 그것을 우연히 맛본 사람들이 곡물에 곰팡이를 번식시킨 것(누룩)에 익힌 곡물과 물을 첨가해 직접 술을 빚어 마시게 된 것이다(박록담, 2005).

우리나라 음주 문화에 대한 내용이 담겨 있는 책(송기호, 2009)을 보면 우리 민족은 고래로 음주가무를 즐겼기에 후한서[4]에서 "동이족은 모두 토착민으로서 술 마시고 노래하며 춤추기를 좋아한다."고 총괄적으로 서술할 정도였다. 조상들은 식사 때 반주를 하는 것이 기본이었고 손님이 오면 술상부터 차린다고 할 정도로 술을 즐겼다. 가뭄과 기근이 들면 곡식 소비를 줄이기 위해서 조정에서 금주령을 내렸지만 아프다는 핑계로 치료용으로 쓰였던 청주를 약주라 하며 마시곤 하였다. 또 1977년에 경주 안압지에서는 연회 때 사용한 것으로 추정되는 참나무 주사위가 출토되었다. 주사위에는 면마다 글이 새겨져 있어 주사위를 굴린 사람은 글의 지시에 따라 어떤 행동을 하게 되어 있는데, 그 내용은 대체로 술 석 잔 한 번에 마시기, 소리없이 춤추기 등으로 현대 술자리 벌칙과 비교해도 크게 다를 것이 없는 내용이다.

이렇듯 음주가무를 즐겼던 우리 민족은 1970~80년도까지만 해도 1인당 연간 알코올 소비량이 OECD 회원국 중 최상위권을 차지했지만 다행히 90년대부터 술 소

4 중국 남북조시대 남조 송나라의 역사가 범엽(范曄)이 당시 전해지던 다양한 후한시대 역사서를 참고해 집필함

비량이 줄고 있다. 2015년에는 1인당 연간 알코올 소비량이 9리터로 OECD 평균에 못 미칠 정도가 되었다(OECD, 2017).

그러나 음주로 인한 문제는 여전히 심각하다. 과거에도 술이 사람을 미치게 한다고 하여 광약(狂藥)이라고도 불렀던 바, 음주음전 등 범죄행위는 사회적으로 큰 문제를 일으키고 있다. 또 알코올성 간질환, 알코올성 위염 등 알코올 관련 사망률은 인구 10만 명당 9.3명으로 하루에 13명이 사망하는 것으로 보고되었다(통계청, 2016).

대사과정 및 신체적 영향

대사과정

술을 마시면 20% 정도는 위벽을 통해, 나머지 80%는 소장 속 혈관으로 흡수되어 온몸으로 퍼진다. 알코올은 흡수가 빠른 반면 분해는 매우 느리게 진행된다. 간은 시간당 7~10g의 알코올을 분해할 수 있는데, 이는 맥주로 2잔, 소주로 2/3잔에 해당하는 양이다. 분해 가능한 양을 초과하게 되면 알코올은 혈관 속에 그대로 남아 있게 된다. 혈액 100ml당 존재하는 알코올의 양(g)을 **혈중 알코올 농도**(blood alcohol concentration, BAC)라고 한다.

[그림 10.3]을 보면 BAC 수준에 따른 반응상태를 알 수 있다. 술이 몸에 흡수되어 혈중 최고농도에 도달하기까지는 약 30~90분 정도가 소요되는데, BAC 증가 수준은 다른 음식의 섭취상태나 음주량, 음주 속도, 술의 알코올 함유량, 간의 알코올 분해능력에 따라 사람마다 조금씩 다르다. 그러나 일반적으로 체중이 적게 나가는 사람이나 위에서 알코올을 분해하는 효소가 적게 분비되는 여성의 경우 남성보다 술에 빨리 취할 수 있다.

흡수된 알코올은 분해효소인 알코올 탈수소효소(alcohol dehydrogenase, ADH)에 의해서 아세트알데히드로 전환되고, 다시 분해효소인 아세트알데히드 탈수소효소(acetaldehyde dehydrogenase, ALDH)에 의해서 아세트산으로 전환된다. 최종적으로 아세트산이 분해되면서 이산화탄소와 물로 바뀌면 알코올 대사가 완료된다(그림 10.4).

[그림 10.3]
혈중 알코올 농도

알코올 대사는 불안발작과 관련 있는 젖산과 통풍을 일으키는 요산, 그리고 간과 혈액의 지방을 증가시킨다. 또한 아세트알데히드는 체내에서 안면 홍조, 빈맥, 오심, 구토 등을 일으킬 수 있다.

신체에 미치는 영향

뇌 술을 마셨을 때 '필름이 끊기는' 현상을 블랙아웃(blackout)이라고 한다. 블랙아웃은 BAC가 급속도로 상승했을 경우 발생하는 증상으로, 마치 컴퓨터 전원이 나가 작업 중이던 문서를 잃는 것처럼 기억이 사라진다. 이러한 뇌의 기능이상은 술을 깨면 다시 정상으로 돌아온다.

그러나 심각한 음주 행동이 오랫동안 이어지는 경우에는 술을 마시지 않은 상태에서도 기억상실이 나타날 수 있다. **코르사코프 증후군**(Korsakoff syndrome)이라고도 하는 알코올성 기억상실증은 급성일 때에는 정신적 혼란을 보이고 지남력이 손상되며 만성으로 진행되면 단기기억이 심하게 손상되고 이전의 사건들을 기억하지 못하는 역행성 기억상실이 나타나기도 한다. 코르사코프 증후군은 알코올이 뇌손상을 일으키고 비타민 B1(티아민)의 흡수를 방해하여 나타나는 질병으로 알려져 있다.

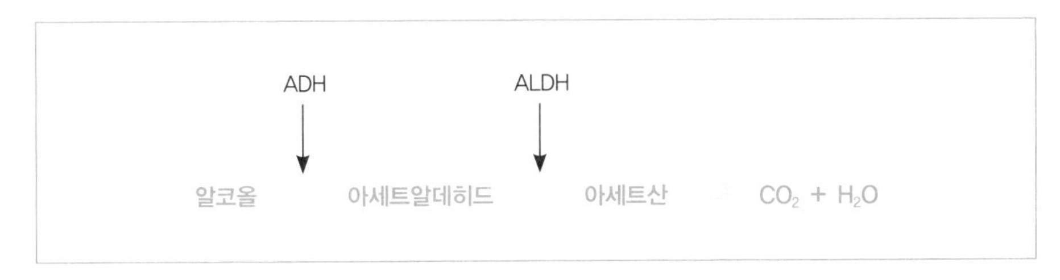

[그림 10.4]
알코올 분해과정

또 다른 인지적인 손상은 **알코올성 치매**(alcoholic dementia)로도 나타난다. 알코올성 치매는 다른 원인이 아닌 알코올 때문에 발생하며, 술을 마시지 않은 상태에서도 치매증상이 나타나는 장애이다. 알코올성 치매에 걸리면 뇌세포가 죽으면서 뇌가 쪼그라들고 기억장애, 추상적 사고 · 판단 · 충동 통제능력에 손상을 입게 된다.

간 간은 알코올을 분해하는 역할을 하면서 아세트알데히드에 의해 손상을 받는다. 장기간의 심각한 음주는 간에 지방을 축적하고 붓게 하며 혈액의 흐름을 원활하지 못하게 한다. 간세포가 손상을 입고 죽으면 간염이 생기고, 만성적인 염증으로 인해 정상적인 간 조직이 딱딱하게 굳으면 간경화라고도 부르는 **간경변증**(liver cirrhosis)으로 이어질 수 있다. 간경변증은 복수, 복막염, 신장기능 약화 등 합병증을 일으키며 간암의 원인이 되기도 한다.

암 알코올은 직 · 간접적으로 종양을 유발하는 것으로 알려져 있다. 간암, 구강암, 식도암, 후두암, 직장암과 관련 있는 것으로 보인다.

심혈관계 알코올이 심혈관계에 미치는 영향은 앞에서 말했듯 부정적인 것만은 아니다. 그러나 알코올이 분해되면서 나오는 아세트알데히드는 심장근육에 손상을 주어 심장박동을 불규칙하게 만든다. 술을 많이 마시는 사람의 경우 심장질환, 관상동맥 질환, 고혈압 등의 발생 확률이 높다.

임신과 태아 발달 알코올은 임신과 태아 발달 과정에도 해로운 영향을 끼친다. 알코올은 뇌하수체, 시상하부에 직접적으로 영향을 끼쳐 월경을 중단시키고 비타민 B1의 흡수를 방해함으로써 여성의 불임을 유발한다.

또 임신 기간에 지나치게 많은 술을 마실 경우 **태아 알코올 증후군**(fatal alcohol syndrome, FAS)이 나타날 수 있다. 임신한 여성이 마신 술은 혈관을 타고 태반을 지나 태아에게 흘러가 산소와 영양분 공급을 방해하게 된다. 그 결과 태아 알코올 증후군 아기는 신장 · 체중 미달, 지적장애와 같은 중추신경계 장애, 얼굴 기형, 주요 기관의 손상을 보인다.

심리사회적 영향

술을 마시게 되면 사람이 달라지는 모습을 종종 보았을 것이다. BAC의 상승은 판단력, 주의력, 통제력, 조절능력을 저하시켜 자신과 타인에게 부정적인 영향을 끼친다. 이러한 **행동 탈억제**로 인해, 다시 말해 행동을 억제하지 못해 작은 불편도 참지 않고 시비를 걸거나 멋대로 행동한다. 음주는 살인, 폭행, 강도, 자살, 배우자 학대 등과 같은 다양한 사회문제와 관련이 있다. 또 감정을 조절하는 능력이 약해져 느닷없이 큰소리로 웃거나 또는 펑펑 울기도 한다.

매해 발생하는 수많은 자동차 사망사고는 음주운전 때문인 경우가 많다. 우리나라 음주운전의 기준은 BAC 0.05%로, 0.05% 이상 면허정지, 0.10% 이상인 경우는 면허취소이다. 2001년 음주운전 삼진아웃제를 도입하여 처벌 강화에 나섰지만 음주운전은 좀처럼 근절되지 않고 있다. 특히 재발률이 40%에 달할 정도로 만성적인 음주운전이 잦다.

이렇게 술을 마시면 공격성이 증가되고 판단력을 상실하여 음주운전 등의 위험 행동을 하게 되는 현상을 **알코올성 근시**(alcohol myopia)라는 이론으로 설명할 수 있다. 알코올성 근시 이론에 따르면 알코올은 지각의 범위를 좁히고 정보처리를 제한한다. 술을 마시게 되면 전체적인 맥락은 보지 못하고 자신의 눈에 띄는 하나의 자극에만 주의를 기울이게 된다. 다시 말해 술을 마시면 '근시'가 되어 자신의 행동이 미래에 가져올 결과를 보지 못하며 자신의 잘못이나 결점을 인정하는 높은 수준의 인지기능을 잃게 되어 자신의 좋은 점, 피상적인 특징에만 주의를 기울여 자신감이 충만해진다. 또한 술을 마시면 눈앞에 벌어지는 일에 주의의 초점이 모아져서 스트레스는 눈에 보이지 않는다. 술 마시는 동안은 스트레스를 잊게 된다는 말이다. 따라서 평소에는 참았을 작은 시비가 주먹다짐으로 이어지며 수줍음을 많이 타는 사람이 '용감무쌍'해져서 사랑고백을 하게 되고 일터나 가정에서의 걱정, 근심을 잊게 되는 것 모두 알코올성 근시로 설명할 수 있다.

음주 시작 및 지속 이유

유전, 그리고 환경

우리나라와 같은 동양인의 경우 아세트알데히드를 분해하는 효소가 유전적으로 부족하기 때문에 술을 마시고 나면 얼굴이 붉어지거나 가슴이 두근거리는 경험을 하는 사람이 많다.

알코올남용과 의존에서도 마찬가지다. 일란성 쌍둥이의 경우 알코올남용이나 의존에 대한 일치율이 이란성보다 높은 것으로 미루어볼 때 일부 유전의 영향을 받는다(Ball, 2008). 그러나 유전만으로는 남용이나 의존을 예측할 수 없다. 환경적 요인이 추가되면 음주 문제가 더 잘 설명된다. 가족 알코올중독(familial alcoholism)과 같이 가족 안에서 알코올 관련 문제를 공유하는 경우에도 유전뿐만 아니라 양육 방식, 음주 학습과 같이 환경적인 측면이 함께 작용하는 것으로 알려져 있다. 부모의 낮은 관심을 포함한 불안정한 가정환경은 알코올사용의 기폭제로 작용한다(Bates & Labouvie, 1995).

긴장 및 스트레스 감소

여러분은 왜 술을 마시는가? 스트레스를 풀기 위해서, 화를 삭이기 위해서, 슬픔을 달래기 위해서 술을 마신다고 답한다면 **긴장감소 가설**(tension reduction hypothesis)을 말하고 있는 것이다. 음주의 긴장감소 가설에서는 불안, 우울, 무력감 등의 부정정서, 긴장을 감소시키기 위해 술을 마신다고 상정한다. 알코올이 신경을 안정시키고 '다운'시켜주는 효과가 있기 때문이고, 그러한 긴장감소 효과로 인해 음주 행동이 강화된다는 것이다. 그러나 긴장감소 가설에 관한 연구결과는 일관되지 않다. 처음에는 부정적 정서가 감소하더라도 계속 마시게 되면 오히려 증가하기도 한다. 그리고 긴장감소 효과에는 스트레스가 풀릴 것이라는 기대나 상황, 성별 등이 함께 복잡하게 작용하는 것 같다.

여러분 중에는 기분 나쁜 일이 있을 때 도피하기 위해 술을 마시는 사람이 있을 것이다. 알코올이 긴장을 감소시켜서라기보다 술을 마시면 불안, 우울 같은 부정적 정서가 별로 느껴지지 않아서, 다시 말해 알코올의 **스트레스 반응 완충**(stress response-dampening, SRD) 효과를 기대한다.

사회학습 모형

친구들과 즐거운 시간을 보내면서 술의 맛과 향을 즐긴 경험을 하면 음주 행동이 **정적 강화**(positive reinforcement)를 받는다. 한 번 긍정적인 경험을 한 사람들은 술을 마시면 또 그런 좋은 경험을 하리라는 기대를 하게 되기 때문에 음주 행동이 증가하게 된다. 또는 술을 마셨을 때 우울, 불안, 스트레스가 줄어드는 것을 경험하면 **부적 강화**(negative reinforcement)로서 음주 행동이 증가한다. 또 다른 학습 방법은 **모델링**(modeling)이다. 사람들은 다른 사람들이 술을 즐기는 것을 보면서 음주를 시작할 수 있다는 말이다. 부모가 술을 마시는 가정의 경우 자녀가 그것을 모방하여 음주 행동이 나타날 수 있다(Van der Zwaluw et al., 2008).

음주를 한 번 시작한 후 계속 마시는 이유에 대해서는 첫째, 음주를 스트레스 해소법, 부정적 정서를 대처하는 방법으로 생각하거나 책임감을 회피하는 방법으로 사용하기 때문이다. 둘째, 사람들은 다른 사람들이 마시는 양을 관찰하고 그에 맞추어 자신의 음주량을 조절하는 경향이 있다. 술을 많이 마시는 사람을 볼 때에는 술을 약간 마시거나 아예 마시지 않는 사람을 볼 때보다 술을 더 많이 마신다(Thomas, Randall, & Carrigan, 2003). 만약 부모가 지나치게 술을 많이 마시는 경우 그것을 본 자녀는 더 많이 술을 마시게 된다. 셋째, 갑자기 술을 끊으면 금단증상으로 불쾌한 경험을 하게 되고 그러한 금단증상을 없애기 위해 술을 마신다. 이러한 부적 강화로 인해서 과도한 음주 행동이 지속될 수 있다.

글상자 10.1

사회생활용 음주

우리나라에서 사회생활을 하기 위해서는 술 한두 잔 정도는 해야 한다는 말이 있다. 회사나 모임, 군대와 같이 사회적인 상황에서 사람들은 다른 이들의 압력 때문에, 또는 거부했을 때 받게 될 부정적인 평가 때문에 술을 마시게 된다.

사회적 맥락에서의 대표적인 상황은 회사에서의 회식, 그리고 대학생들에게서 나타나는 **사회적 음주**(social drinking)일 것이다.

우리나라 사회는 술에 대해서 유난히 관용적이고 술을 잘 마시는 사람을 긍정적으로 평가한다.

대학생의 경우에도 술자리에서 직 · 간접적인 사회적 압력을 느껴 술을 마시게 되는 경우가 많다. 특히 대학에 들어가 선배들과 처음 만나는 신입생 환영회 자리에서는 신고식을 명목으로 무분별하게 술을 마시게 된다. 천천히 마신다면 술의 이완 효과 때문에 치사량에 도달하기 전에 대부분 잠이 들지만 빠른 속도로 마시면 치사량에 이를 수 있다. 특히 성인이 되기 전까지 술을 거의 접해 보지 않은 대학생 새내기가 자신의 주량이나 몸 상태를 알지 못한 상태에서 주는 대로 술을 받아먹거나 선배들의 강압으로 인해 짧은 시간에 많은 술을 마시게 되면 단 한 번의 폭음으로도 치명적인 손상 또는 사망으로까지 이어질 수 있다.

문제는 술을 마시는 사람들 대부분이 음주로 인한 손상, 위험성에 대해 별로 고려하지 않는다는 것이다. 술은 주변에서 쉽게 구할 수 있어 위험성을 낮게 평가할 수도 있지만 중독(intoxication) 상태를 이끌 수 있는 '독극물'이라는 사실을 잊어서는 안 된다.

알코올 기대 효과

물만 마시고도 취할 수 있을까? 만약 그 물을 술이라고 생각한다면 가능할 수도 있다. **알코올 기대**(alcohol expectancy) 효과란 실제 알코올의 생리적 작용에 더하여 음주를 하는 사람이 알코올에 대해 갖고 있는 기대와 믿음, 예컨대 '술을 마시면 긴장이 풀릴 것이다.', '술을 마시면 용기가 생길 것이다.'와 같은 믿음이 합쳐져 효과를 낸다는 것이다. 같은 자리에 앉아 같은 양의 술을 마시더라도 마시는 사람의 기대, 태도에 따라 알코올에 대한 반응도 다르게 나타난다. 음주에 긍정적인 태도를 갖고 있다면 그 사람은 알코올에 대해 긍정적인 반응을 경험할 것이다. 따라서 이러한 기대는 음주를 더 일찍 시작하게 하고 음주량을 늘려 내성을 촉진시키며 문제성 음주를 지속시킬 위험이 있다.

알코올관련장애

DSM-5의 **알코올관련장애**(alcohol related disorders)는 알코올사용장애, 알코올중독, 알코올 금단, 기타 알코올로 유발된 장애, 명시되지 않는 알코올관련장애로 나누고 있다. 그중 알코올사용장애와 알코올중독, 알코올 금단의 특징 및 진단기준에 대해 알아보도록 하자.

알코올사용장애

DSM-5에 제시된 **알코올사용장애**(alcohol use disorders)의 11개 진단기준은 DSM-IV에서의 알코올의존과 알코올남용을 모두 통합한 것이다. DSM-5에서는 알코올 의존과 남용의 상관이 매우 높다는 그동안의 연구를 수용하여 두 장애를 알코올사용장애로 통합하고 심각도를 세 등급으로 구분하고 있다. DSM-5에서는 11개 기준 중 2개 이상에 해당하면 알코올사용장애로 진단하는데, 진단기준의 2~3개에 해당하면 경도(mild), 4~5개에 해당하면 중등도(moderate), 6개 이상에 해당하면 중증(severe)으로 심각도를 세분한다.

다음 질문에 답하면서 여러분도 위험한지 평가해보자.

1. 술을 원래 의도보다 더 많은 양 또는 오랜 동안 마신 적이 많은가?
2. 계속 술을 줄이거나 조절하려 했지만 그러지 못했나?
3. 알코올을 구하고 마시는 데 많은 시간을 보내는가? 또 음주 후유증에서 회복하는 데 오래 걸리는가?
4. 음주에 대한 갈망, 강한 바람, 혹은 욕구를 경험한 적이 있는가?
5. 알코올사용 혹은 그 후유증으로 인해 직장에서 일하는 데, 학교에서 공부하는 데 지장이 있나? 가정에서 역할을 수행하는 데 문제가 있는가?

6. 음주로 인해 지속적으로 사회생활이나 대인관계 문제가 반복됨에도 불구하고 계속 마시는가?
7. 음주의 후유증으로 인해(예 : 술이 덜 깨서) 중요한 사회, 혹은 직업 활동 또는 여가 활동을 포기하거나 줄인 적이 있는가?
8. 신체적으로 다칠 위험이 있는 상황(예 : 운전)에서도 반복적으로 술을 마시나?
9. 알코올사용으로 인해 지속적 혹은 반복적으로 신체적 · 심리적 문제가 발생하거나 악화될 수 있음을 알면서도 계속 술을 마시는가?
10. 내성이 다음 중 하나의 형태로 나타나는가?
    a. 취하기 위해 혹은 원하는 효과를 얻기 위해 현저하게 증가된 양의 알코올이 필요하다.
    b. 같은 양의 술을 마시면 현저하게 감소된 효과가 나타난다.
11. 술이 깨면서 혹은 술을 먹지 않으면 금단이 다음 중 하나의 형태로 나타나는가?
    a. 전형적인 금단증상들이 나타난다(몸 떨림, 불면, 짜증, 식은땀, 오심 또는 구토, 환시, 환각, 불안, 초조 등).
    b. 금단증상을 완화하거나 피하기 위해서 알코올(또는 벤조디아제핀 같은 비슷한 물질)을 사용한다.(APA, 2013)

엘빈 옐리네크(Elvin M. Jellinek, 1952)는 남성 알코올장애 환자 2,000명을 대상으로 조사한 결과 알코올로 인한 장애는 진행성이며 4단계를 거친다고 말했다. **전알코올 증상단계**(pre-alcoholic phase)는 사회적 음주단계이다. 두 번째 단계는 **전조단계**(prodromal phase)로서 점차 음주량과 빈도, 술을 마시는 속도가 증가하는 시기이다. 이 시기는 문제성 음주에 해당한다. 과음 시 종종 블랙아웃이 생기며 점점 술에 집착하게 되고 몰래 마시는 일도 생긴다. 전조단계의 음주자는 자신이 정말 원한다면 술을 끊을 수 있다고 생각한다. 세 번째 단계는 **결정적 단계**(crucial phase)로서 음주에 대한 조절력을 서서히 상실하게 되어 한 번 술을 입에 대면 멈추지 못하고 더 이상 마시지 못하는 상태가 될 때까지 술을 마신다. 아침부터 술을 입에 대기도 하며 식사를 거르면서 술을 마시기도 한다. 빈번한 과음으로 인해 부적응 문제가 발생하게 되는데, 특히 가정과 직장에서 심각한 문제가 발생한다. 그러나 이 단계까지는 아직 통제력이 일부는 유지되고 있어 며칠간 술을 끊을 수도 있지만 또 마시게 되면 이전으로 돌아간다. 마지막 **만성단계**(chronic phase)는 누가 보아도 알코올의존임을 알 수 있는 단계이다. 이 단계에 들어서게 되면 알코올에 대한 내성이 심해지고 심한 금단증상을 경험하게 되어 알코올에 대한 통제력을 완전히 상실하게 된다. 며칠간 술만 마시거나 외모, 사회적 적응에 무관심해지며 술을 마시기 위해 사는 사람처럼 살아간다. 영양실조, 신체적 질병이 나타나며 가족, 직장, 대인관계 등의 생활 전반에 심각한 부적응이 나타나면서 폐인이 된다. 옐리네크는 이러한 4단계가 순차적으로 여러 해에 걸쳐서 발전한다고 주장했으나 최근의 연구에 의하면 10대에 알코올사용장애자가 되기도 하는 등 개인에 따라 단기간에 만성단계로 진행되는 경우도 있다.

알코올중독

여기서 말하는 **알코올중독**(alcohol intoxication)은 일상생활에서 흔히 이야기하는 '중독(addiction)'이 아니라 쉽게 말해 '심하게 취한 상태'라고 할 수 있다. 다시 말해 알코올사용으로 인해 나타나는 부적응적인 후유증을 말한다. DSM-5에 제시된 알코올중독의 진단을 위한 조건은 과도하게 알코올을 섭취하여 심하게 취한 상태 혹은 직후에 임상적으로 심각한 문제적 행동변화 및 심리적 변화(부적절한 성적 혹은 공격적 행동, 기분 가변성, 판단력 손상)가 나타난다는 것이다.

술을 마시는 사람이라면 누구나 어느 정도 수준의 중독상태를 경험할 수 있다. 앞서 살펴본 BAC에 따른 신체적 · 심리적 변화가 알코올로 인한 중독증상들이다. 약한 증상은 대부분 표준 잔으로 2잔 정도 술을 마셨을 때부터 관찰된다. 알코올중독의 증상은 BAC가 높을수록 심하게 나타나며 중독상태에서는 폭행, 범죄, 음주운전, 자살행동 발생률 및 완수율이 높아진다.

알코올 금단

알코올의존 상태일 때 알코올을 중단(혹은 감량)할 경우 **알코올 금단**(alcohol

withdrawal)이 발생할 수 있다. DSM-5에 제시된 알코올 금단 진단을 위한 기준은 알코올을 사용하다가 중단(혹은 감량)한 지 수 시간 혹은 수 일 이내에 자율신경계 항진(발한, 빈맥), 손 떨림, 불면, 오심 또는 구토, 일시적인 환각이나 착각, 정신운동 초조, 불안, 대발작 중 두 가지 이상이 나타나는 것이다. 금단을 겪는 사람은 알코올 금단증상을 없애기 위해 다시 술을 마시게 되므로 알코올사용장애 재발의 원인이 되며 지속적으로 사회적 · 직업적 기능이 저하된다.

알코올사용장애의 치료와 예방

알코올의존이 심한 경우 해독(detoxification)을 통해 술에서 깨는 과정이 꼭 필요한데, 외래치료보다는 입원을 하는 것이 권장된다. 입원을 하면 술로부터 차단되고, 금단증상 관리가 용이하기 때문이다. 알코올사용장애자는 우울, 불안이나 정신병적 증상을 나타낼 수 있으므로 약물 혹은 심리치료로 다루어 줄 필요가 있다. 심리치료로는 인지행동치료(CBT)를 많이 사용한다. 자가 모니터링과 동기강화, 음주를 대체할 수 있는 스트레스 조절기술을 배우는 것은 인지행동치료의 주요 구성요인이다. 16주 동안의 재발방지 치료로 약물과 위약, 인지행동치료를 서로 다르게 조합하여 실시한 결과, 약물과 인지행동치료를 병행한 집단의 참가자들이 다른 집단보다 더 오래 단주에 성공하였다(Kreibel, 2010).

제2장에서도 설명했지만 **혐오치료**(aversion therapy)란 **역조건 형성**(counterconditioning)의 일종으로, 음주치료를 위해서는 알코올을 조건 자극을 불쾌한 혐오적 반응(대개 구토를 일으키는 약물)을 일으키는 무조건 자극과 짝짓게 된다. 불쾌한 효과를 일으키는 무조건 자극으로 흔히 사용되는 약물은 디설피람(disulfiram)이란 제품으로 안타부스(antabuse)를 비롯한 몇 가지가 나와 있다.

최근에는 초기~중기 환자에게 **가상현실**(virtuall reality, VR)을 활용한 혐오치료를 적용하기도 한다. 3차원 시청각 자료에 후각을 가미한 가상현실을 통해 환자에게 음주 갈망을 유도한 후 강력한 혐오반응을 유발시켜 음주 갈망을 떨어뜨리는 방법을 사용한다. 우리나라의 경우 법무부에서 알코올중독범죄자 VR 치료 프로그램을 개발하여 2018년 시행을 앞두고 있다. 이 프로그램은 법원으로부터 치료명령,

보호관찰, 수강명령을 받은 대상자에게 적용할 예정이다.

동기면담(motivational interviewing, MI)은 윌리엄 밀러(William Miller)와 스테판 롤닉(Stephen Rollnick)에 의해 개발된 모델로, 술을 조절하고자 하는 동기가 결여된 알코올 사용자를 위한 접근법이다. 범이론적 모형에서 말하는 변화단계의 초기단계에 있는 알코올 사용자에게 음주의 해악을 깨닫고 지속적 음주가 자신의 삶이 지향하는 바와 어떻게 충돌하는지 보게 해서 통찰을 얻고 행동변화에의 의지를 다지도록 도와준다. 위에서 설명한 인지행동치료 등 다른 치료를 실시하기 전 혹은 초기단계에서 진행하는 경우도 많다 .

알코올사용장애 환자들의 **자조집단**(self-help group) 중 가장 널리 알려진 익명의 알코올 중독자들(Alcoholics Anonymous, A.A.)[5]은 참가자들이 서로 금주에 대한 사회적인 강화를 제공할 수 있다는 점에서 치료를 도울 수 있다. A.A.는 한 번 알코올 중독자면 평생 알코올 중독자인 것으로 규정한다. A.A. 모임은 술이 그들의 생활과 성격에 어떤 영향을 미쳤으며, 이것을 다루기 위해 무슨 행동을 했는지, 오늘 어떻게 살아가고 있는지에 대해 이야기한다. '적절한 음주(혹은 통제된 음주)'를 인정하지 않고 무조건 금주만을 목표로 삼는다는 점, 전문가의 관리나 지도가 없다는 것과 잘 통제된 효과연구가 드물다는 문제가 지적된다.

위에서 A.A.에서는 통제된 음주를 치료목표로 삼지 않는다고 했는데, 인지행동치료 등 다른 모형에서는 음주량을 줄여 적당량만 마시도록 자신의 행동을 조절, '통제'할 수 있게 되는 것을 치료목표로 삼는 경우도 많다.

예방

알코올로 인한 문제를 예방하기 위하여 주로 사용되는 접근법은 알코올남용의 위험을 알리는 정책, 캠페인, 예방 프로그램 등이 있다. 예방 프로그램은 성인, 노인을 대상으로 진행되기도 하지만 최근에는 청소년을 위한 예방 프로그램 및 지원 문제가 대두되고 있다. 청소년기에는 뇌의 가변성이 높아 자극에 쉽게 반응하기 때문

---

5 A.A.에 대해 더 자세히 알고 싶다면 익명의 알코올 중독자들 한국지부 홈페이지(www.aakorea.org)를 참고하기 바란다.

에 음주를 일찍 시작할수록 알코올남용이나 의존으로 이어질 위험이 커진다.

따라서 되도록이면 알코올을 시작하는 나이를 늦추는 것이 중요하다. 이는 아직 음주를 시작하지 않거나 습관으로 굳어지지 않은 아동이나 청소년을 대상으로 문제적 음주 행동의 예방 프로그램이 중점적으로 이루어져야 함을 시사한다. 청소년을 알코올로부터 보호할 수 있는 정책과 더불어 부모를 대상으로 한 부모-자녀 의사소통의 향상 또한 예방책이 될 수 있으며, 청소년이 또래집단, 사회적 압력 상황에서 음주 제안에 저항할 수 있도록 도와주는 프로그램이 효과적이다.

니코틴

담배를 끊은 사람과는 상종을 하지 말라는 말이 있다. 그만큼 금연이 어렵다는 말이다. 왜 담배는 유독 끊기 어려운 것일까?

흡연 현황

담배에 함유된 **니코틴**(nicotine)은 알코올, 카페인과 더불어 세계에서 가장 많이 사용되는 물질 중 하나이다. 1492년 콜럼버스가 항해일지를 쓰면서 처음 역사상에 등장한 담배는 17세기에 필리핀, 중국, 일본을 거쳐 광해군 10년(1618)에 우리나라에 들어온 것으로 알려져 있다. 담배가 우리나라에 들어온 초기에는 여성이 남성보다 더 많이 피웠고, 남녀노소 구분이 없었으며 아무 앞에서나 피워도 상관이 없었다. 그러나 담배 냄새를 싫어한 광해군이 담배를 피우는 신하들을 보고 "입 냄새가 좋지 않다."고 말한 것이 계기가 되어 그 이후로 윗사람이나 계급이 높은 사람 앞에서는 담배를 피우는 것이 예절에 어긋나게 되었다고 한다.

또 담배는 만병통치약으로 불리기도 했다. 16~18세기 때까지만 하더라도 병을 낫게 하고 정신을 맑게 하는 약으로 사용되던 담배는 우리나라에서도 1970년대에는 민간요법으로 전래되었다. 그러나 담배에 들어 있는 각종 유해성분 및 중독에 대한 연구가 지속적으로 진행됨에 따라 사회적 · 개인적 폐해에 대한 인식이 퍼지기 시작하였다. 그러나 우리나라의 흡연율은 아직도 전 세계적으로 최상위권에 속한다. 2015년 OECD 통계에 따르면 우리나라 15세 이상 남성의 흡연율은 31%로 같은 해 흡연율을 파악한 15개 국가 가운데 가장 높았다(OECD, 2017).

흡연의 영향

니코틴은 흥분제로 중추신경계와 말초신경계 모두에 영향을 준다. 흡연 후 7초 만에 뇌에 도달하고 30~40분이 지나서야 효과가 반으로 감소한다. 니코틴은 아세틸콜린, 에피네프린, 노르에피네프린, 도파민과 같은 신경전달물질을 방출시키는데, 이 신경전달물질들은 대뇌피질을 각성시킨다. 그 결과 심장박동수, 혈압이 증가하고 동맥을 수축시켜 심혈관질환의 위험성을 높이고 혈액 속 콜레스테롤 수치를 높여 동맥을 막히게 한다.

담배에는 니코틴 이외에도 4,000가지의 화학물질이 포함되어 있다.

타르(tar)는 담배를 태울 때 발생하는 점성의 검은색 액체로, 20종 이상의 발암물질이 포함되어 있다. 아크롤레인과 포름알데히드는 염증을 일으키는 합성물의 일종이며, 단백질 조직을 파괴하고 세포손상을 일으킨다. 질산 산화물과 시안화수소산은 흡연할 때 생성되는 가스인데 산소의 신진대사에 영향을 미치기 때문에 위험하다. 타르는 담배연기를 통하여 허파로 들어가 혈액에 스며들어 우리 몸의 모든 세포, 모든 장기에 피해를 주기도 하고, 잇몸, 기관지 등에는 직접 작용하여 표피세포 등을 파괴하거나 만성염증을 일으키기도 한다.

담배 연기를 들이마시는 것은 오염된 공기를 마시는 것처럼 호흡기에서의 점액분비를 유도함과 동시에 섬모를 손상시켜 섬모 활동을 감소시킨다. 점액이 쌓이면 이를 제거하기 위해 기침을 하게 되는데, 그 기침이 또 기관지 벽을 자극한다. 이러한 작용은 각종 하기도질환에 취약한 상태를 만든다.

벤조피렌(benzopyrene)은 특히 폐암의 원인이 되는 것으로 알려졌다. 흡연으로 인한 암 때문에 사망한 경우는 거의 대부분이 폐암이지만 백혈병, 유방, 입술, 구강, 인두, 식도, 췌장, 후두, 호흡기, 방광, 신장 등 다른 암들과도 관련되어 있다.

흡연의 위험성은 담배를 피우는 개인에게만 국한되지 않는다. 흡연자의 배우

글상자 10.2

전자담배와 물담배

전자담배는 당초 흡연식 담배의 대안제품으로 등장한 것으로 2003년 중국에서 최초로 개발되었다. 전자담배는 니코틴이 함유된 용액을 전자장치로 흡입함으로써 흡연과 같은 효과를 낼 수 있도록 만든 담배(국민건강증진법 시행령 제27조의 2 제1호)이다.

전자담배 제조사들은 담배 대신 전자담배로 흡연 욕구를 충족시키면서 카트리지의 니코틴 양을 차츰 줄여가는 원리로 금연이 가능하다고 광고하고 있다. 그러나 전자담배가 금연에 효과가 있다는 연구 근거는 빈약하다.

물담배는 담배를 증발시켜 피우는 것으로, 연기는 보통 유리로 된 물통을 통과시킨 다음 흡입한다. 이상한 나라의 앨리스를 본 사람들은 앨리스가 물담배를 피우는 애벌레를 만나는 장면을 본 적이 있을 것이다. 물담배(시샤) 사용은 아랍권의 독특한 문화였지만 우리나라에서도 볼 수 있다. 그러나 세계보건기구(WHO)는 30분 이상 피우게 되는 물담배의 유해성을 경고했다. 게다가 물이 필터 역할을 제대로 하지 못하기 때문에 독성물질에 노출될 위험이 있고, 물담배 파이프를 여럿이 돌려쓸 경우 질병이 전염될 위험도 있다.

자, 자녀는 물론 얼굴을 알지 못하는 타인의 건강까지 위협한다. **간접흡연**(passive smoking)은 환경상의 담배연기(environmental tobacco smoke, ETS)라고도 한다. 간접흡연에 노출되어 있는 사람들은 폐암에 의한 사망 확률이 높을 뿐만 아니라 직접 흡연을 하는 경우와 똑같이 심장질환의 위험성을 높인다. 특히 태아와 어린 아동에게 위험하다. 임신 중 흡연은 유산, 조산의 위험성을 높이고 태아의 뇌로 산소가 잘 운반되지 않아 태아 저산소혈을 일으키는데, 이로 인해 아기는 영구적인 인지능력 손상을 받을 수 있다. 또한 건강하던 아기가 원인 모르게 사망하는 **유아 돌연사 증후군**(sudden infant death syndrome, SIDS)의 위험성도 커진다.

흡연 시작 및 유지 이유

또래관계/사회적 압력

흡연은 흔히 청소년기에 가족 또는 친구들의 영향으로 시작하는 경우가 많다. 우리나라의 경우 첫 흡연 경험이 평균 만 12.7세이고 매일 흡연하기 시작하는 연령이 평균 만 13.9세이다(질병관리본부, 2017). 우리나라 중고생들의 흡연 여부에 가장 큰 영향을 미치는 심리적 요인은 '자기효능감'과 더불어 '친구 흡연 여부'라고 한다(강정석, 임사라, 2017). 청소년기에 흡연을 시작하는 많은 이들은 또래집단 내에서 처음 담배를 배운다. 담배를 배운 청소년은 흡연하는 또래 무리와 더 많이 어울리게 된다. 또 가족 내에 부모가 흡연을 하고 있는 경우 아이가 흡연할 가능성이 커진다. TV, 영화와 같은 미디어에서 흡연 장면을 보는 것 또한 청소년 흡연에 영향을 미친다. 최근 TV에서는 흡연 장면을 보여주지 않거나 담배를 보이지 않도록 처리하는 등 흡연 조장을 하지 않도록 노력하고 있다.

체중조절

다이어트를 위해 흡연을 시작하고 유지하는 경우도 있다. 흡연이 식욕을 떨어뜨리지만 혈액순환을 방해하고 세포기능을 저하시키는 활성산소를 증가시키므로 오히려 내장지방을 축적할 수 있다. 체중증가를 두려워하거나 체중증가가 예상된다면 금연 프로그램에 체중관리를 포함시키면 된다.

니코틴 수준 유지

니코틴 적정 모형(nicotine-titration model)에 따르면 니코틴에 신체적으로 의존하는 흡연자는 자기 몸속의 혈중 니코틴 수준을 유지하기 위해 담배를 피운다. 그러나 니코틴만이 흡연 지속 이유라고는 할 수 없다. 니코틴 수준을 유지하기 위해 흡연을 하는 것이라면 담배 아닌 다른 방식으로 니코틴을 투여했을 때 흡연을 대체할 수 있어야 하는데 그렇지 않다. 니코틴 중독 말고도 다른 요소도 흡연을 지속하게 만드는 것이다.

정적 강화와 부적 강화

담배의 연기와 냄새가 주는 즐거움, 이완되는 느낌, 손으로 들고 있거나 만지는 만족감 등은 정적 강화를 일으키며 불쾌한 금단증상을 피하기 위해 담배를 피우기도 한다. 흡연자들은 흔히 살기가 고달파서, 긴장, 불안, 우울을 해소하기 위해 담배를 피운다고 하는데 사실 그러한 부정적 정서의 많은 부분은 금단증상 혹은 금단증상을 예상한 데서 발생한 것이다.

낙관적 편향

흡연이 폐암의 가장 큰 위험요소임에도 불구하고 정작 담배를 피우는 사람들은 위험하다고 실감하지 못하는 낙관적 편향을 보인다. 이 낙관적 편향이 계속 담배를 피우게 되는 주범 중 하나라는 것이다. 흡연자들은 담배를 피워도 자신은 폐암 등 건강문제를 비켜갈 것이라고 생각하며, 조기 사망 위험성도 상당히 과소평가하고 있었다(Schoenbaum, 1997).

담배 관련장애

담배사용장애

담배사용장애(tobacco use disorder)는 과도한 담배 사용으로 부적응적인 문제가 나타나는 것을 말한다. DSM-5 진단기준에 따르면 지난 12개월 동안 임상적으로 중대한 장애나 괴로움에 이르는 문제성 담배 사용 패턴으로서 아래 11개 항목 중 2개 이상이 해당되는 경우 담배사용장애로 볼 수 있으며 진단기준의 2~3개에 해당하면 경도, 4~5개에 해당하면 중등도, 6개 이상에 해당하면 중증으로 심각도를 구분한다.

다음 질문에 답하면서 여러분도 위험한지 평가해보자.

1. 원래 의도했던 것보다 더 많이, 혹은 더 오래 담배를 피운 적이 있는가?
2. 계속 담배를 줄이거나 조절하려고 했지만 그러지 못했는가?
3. 담배를 구하거나 피우는 데 많은 시간을 보내는가?
4. 담배를 피우고 싶다는 강한 바람, 혹은 강력한 욕구나 충동을 경험한 적이 있는가?
5. 흡연으로 인해 직장, 학교, 가정에서의 역할을 잘 수행하지 못하는가?

6. 흡연으로 인해 지속적 혹은 반복적으로 사회생활이나 대인관계 문제가 반복됨에도 불구하고 지속적으로 흡연하는가?
7. 흡연 때문에 중요한 사회, 혹은 직업 활동 또는 여가 활동을 포기하거나 줄인 적이 있는가?(예 : 그러한 활동들이 금연장소에서 시행되어서)
8. 위험한 상황에서 반복적으로 담배를 사용하는가?(예 : 침대에서 흡연하기)
9. 담배 때문에 생기거나 악화될 수 있는 신체적 혹은 심리적 문제가 있다는 것을 알면서도 지속적으로 흡연하는가?
10. 내성이 다음 중 하나의 방식으로 나타나는가?
    a. 원하는 효과를 얻기 위해 더 많이 담배를 피워야 한다.
    b. 같은 양의 담배를 사용하면 효과가 현저하게 줄어든다.
11. 금단증상이 다음 중 하나의 방식으로 나타나는가?
    a. 담배 특유의 금단증후군이 나타난다(금단증상들은 밑에서 자세히 설명).
    b. 금단증상을 줄이거나 피하기 위해 담배를 피운다.(APA, 2013)

담배 금단

담배 금단(tobacco withdrawal)은 적어도 몇 주 이상 담배를 매일 사용하다가 사용을 급격히 중단하거나 줄였을 때 24시간 내에 여러 부적응적인 증상이 나타나는 것을 말한다. 대개 담배 사용을 중단하고 90~120분 후부터 나타나기 시작해 24~48시간에 최고조에 달하고 몇 주 또는 몇 달간 지속된다. 담배의 금단증상은 불쾌하거나 우울한 기분, 불면, 과민성, 좌절감, 분노, 불안, 집중력장애, 초조, 심장박동수 감소, 식욕증가 등이다. 이 중 4개 이상의 징후가 나타나 사회적 · 직업에서 현저한 곤란이 나타날 때 담배 금단으로 진단된다.

금연과 예방

담배를 끊기 어려운 이유는 담배에 대한 갈망이 너무 큰 반면 금연했을 때의 금단증상은 매우 불쾌하기 때문이다. 담배를 입에 문 지 10초도 안 되어 부정적 정서가 감소되는 즉각적 강화효과는 대체할 것을 찾기 어렵다. 심지어 담배를 구하기란 너무 쉽다. 금연 클리닉에서는 성공적인 금연을 위해서 보통 단일 치료법보다는 개인에게 맞는 방법을 여럿 활용하도록 권한다.

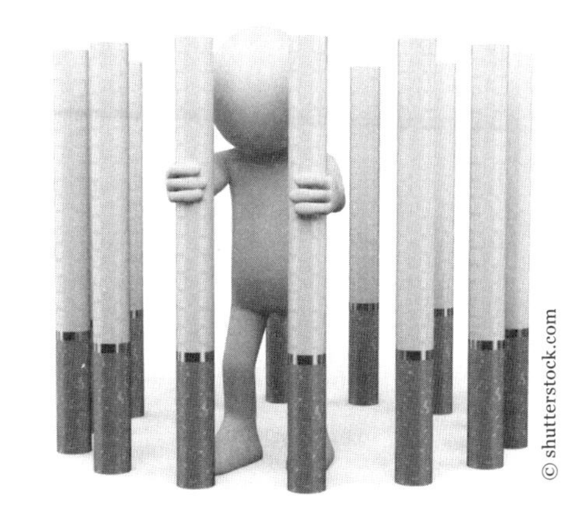

니코틴 대체요법

혼자서 금연하기 힘든 사람들을 위해 니코틴이 함유된 패치 등을 이용하여 니코틴을 외부에서 공급하는 방법을 니코틴 대체요법(nicotine replacement therapy)이라 한다. 니코틴 대체제로는 패치, 껌, 사탕 등이 있다. 니코틴을 대체하기 위해 니코틴 패치를 붙인다고 담배를 바로 끊을 수 있는 것은 아니다. 다만 금연을 하려는 사람이 금단증상으로 힘들어하지 않고 담배를 끊을 수 있도록 도와주는 보조제로서 다른 치료와 결합하여 사용한다.

심리학적 접근

담배를 피움으로써 받게 되는 보상과 즐거움이 있기 때문에 흡연자가 금연을 결심하는 것 자체가 어려운 일일 수 있다. 만약 금연을 위한 심리 서비스를 받고자 결심하더라도 도중에 금연을 하고 싶은 마음과 다시 담배를 피우고 싶은 양가감정, 또 그로 인한 스트레스로 인해 심리적 고통을 경험할 수 있다. 따라서 치료를 시작하고 전 과정을 잘 진행하기 위해서 변화 동기를 다루는 동기면담을 활용하는 경우가 많다. 가장 중요한 것은 흡연자 스스로 변화 결심을 말하도록 유도하는 것이다. 동기면담에서는 치료를 받고자 하는 사람의 선택할 권리와 자신이 결정한 것의 결과에 대한 책임을 받아들일 것을 강조한다.

음주와 마찬가지로 흡연에 대해서도 혐오치료를 실시할 수 있다. 여러 개비의 담배를 한꺼번에 매우 빨리 피우는 급속흡연법이 있는데 통제가 잘된 치료효과 연구는 많지 않다.

인지행동치료에서는 흡연, 금연과 관련된 비합리적인 신념을 다룬다. '담배는 스트레스를 낮춰준다.'거나 '나는 절대로 금연을 성공하지 못할 것이다.' 등의 비합리적인 인지적 특성에 초점을 맞추고 수정함으로써 행동을 바꾸게 해준다.

여러 가지 접근법을 함께 사용하는 **다중 양식 치료**(multimodel intervention)에서는 금연 동기강화, 구체적 계획 작성을 통해 스스로 금연 실행을 하도록 돕는다. 자신의 흡연 습관을 기록하고 주변 환경을 변화시키면서 자기강화를 하도록 하며 니코틴 대체요법과 혐오치료 등을 함께 사용하기도 한다.

또한 앞서 언급했듯이 흡연이 처음 시작되는 시기는 청소년 초기일 경우가 많다. 일단 담배를 피우게 되면 그만두는 것은 매우 어렵다. 청소년기에 흡연을 시작할 경우 성인이 되어서도 흡연할 가능성이 높고, 흡연기간이 길수록 금연은 더 어려워진다. 따라서 청소년을 대상으로 한 금연 및 예방 프로그램은 장기적인 관점에서 흡연율을 낮추는 데 매우 중요하다. 흡연으로 인한 폐해를 교육하고 사회적 상황에서 흡연 권유를 거절할 수 있도록 도와주며 스스로 흡연을 하지 않겠다는 다짐을 하게 하는 것이 예방단계에서 다루어지고 있는 내용들이다.

재발방지

금연을 하겠다고 결심한 사람들의 절반 정도는 6개월 이내에 다시 담배를 피우게 된다. 그중 안타까운 경우는 성공적으로 금연을 해온 많은 사람이 한 개비의 담배를 피운 후 완전히 금연에 실패했다는 느낌 때문에 포기하게 되는 것이다. 이런 현상을 **절제위반효과**(abstinence violation effect)라고 한다. 제2장에서도 설명했듯이 절제위반효과를 방지하기 위해서는 한 번의 실수가 완전한 실패는 아니라는 것을 주지시켜 재발로 가는 길을 차단해야 한다.

금연을 위한 여정은 일직선으로 된 도로를 걷는 것이 아니다. 제2장의 행동변화의 범이론적 모형에서도 설명했지만 변화는 나선형으로 단계들을 거치면서 일어난다(그림 10.5).

행동변화의 시작점은 흡연자마다 다를 수 있다. 숙고 전 단계에 있었던 사람들은 18개월에 걸쳐 25% 정도의 금연율을 보인 반면, 숙고단계나 준비단계에서 중재 프로그램을 시작한 참가자들은 같은 기간에 더 많은 발전을 보였다(그림 10.6).

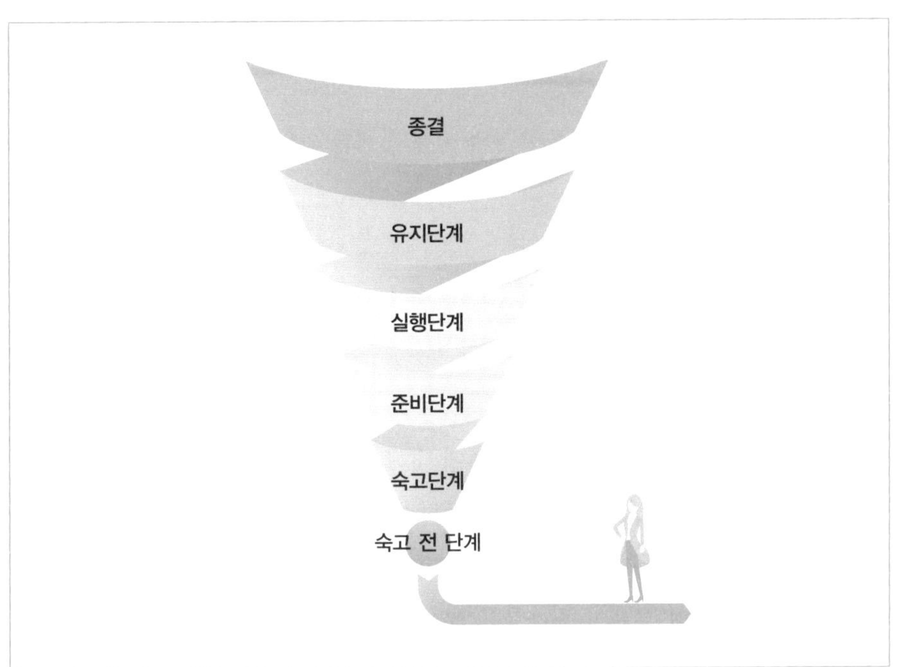

[그림 10.5]
행동변화의 범이론적 모형

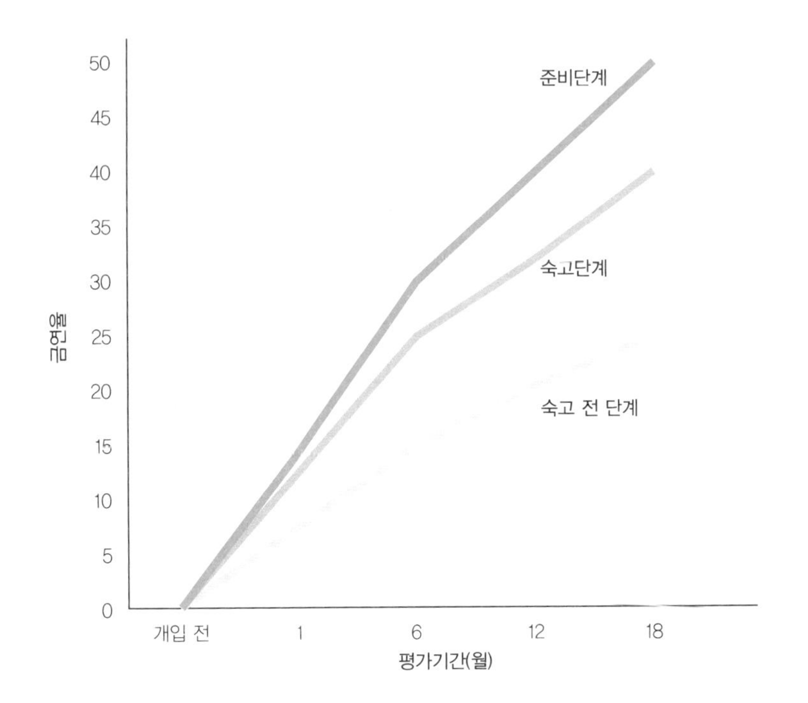

[그림 10.6]
행동변화 단계에 따른 흡연자들의 금연율

출처 : Prochaska, J. O. (1996). Revolution in health promotion : Smoking cessation as a case study. In R. J. Resnick & R. H. Rozensky(Eds.), Health psychology through the life span : Practice and research opportunities(pp. 361–375)/ Washington, DC : American Psychology Association.

또 행동변화의 범이론적 모형에 따르면 실행단계에서 준비단계로, 유지단계에서 다시 담배를 피우고 금연을 포기하는 역행을 하기도 한다. 따라서 효과적으로 금연을 유지하고 재발을 방지하기 위해서는 치료를 받는 대상의 현재 상태를 확인하고 2단계에서의 적절한 목표를 제시하여야 한다.

기타 물질

기타 물질 중 우리나라에서 자주 남용되는 대마초와 필로폰에 대해 알아보자.

마리화나(marijuana)라고도 하는 **대마초**(cannabis)는 대마의 잎과 꽃에서 얻는 마약류의 물질로, 400여 종 이상의 화학물질이 들어 있다. 대마초를 피우면 환각효과와 함께 기분이 좋아지고, 긴장이 풀리며 식욕이 증가한다. 대마초는 통증을 완화시키는 효과가 있어 치료 목적으로 사용되기도 한다. 중국, 인도 등 아시아 지역에서는 기원전부터 통증조절을 위해 사용했었고, 영국의 빅토리아 여왕은 생리통 완화를 위해 대마초를 사용했다고 한다. 현재는 더 효과 좋은 약품이 개발되면서 대마초를 대신하고 있지만, 일부에서는 아직도 의사의 처방에 따라 사용한다.

대마초는 담배나 알코올에 비해 의존이 잘 발생하지 않고 금단증상도 심각하지 않은 것으로 알려져 있다. 그러나 지속적 사용은 사고력, 기억력, 학습능력의 손상, 호흡기 문제, 심장발작 위험의 증가 등을 야기할 수 있다. 국가에 따라서는 대마를 소지하는 것만으로도 법적인 문제가 발생한다. 우리나라의 경우 1976년부터 대마관리법을 통해 사용, 소지, 재배, 양도, 수입, 수출 등을 금하고 있다. 그러나 대마초를 합법화하고 있는 국가도 있다.

필로폰(Philopon)이란 소위 히로뽕이라고 불리는 각성제 성분의 물질이다. 10mg 소량을 사용하는 것만으로도 졸림, 피로감이 없어지고 기분이 상쾌해지는데 남용하면 강력한 의존이 발생한다. 필로폰의 중독증상은 혈관수축, 혈압상승, 불면, 환각 등이다.

대마초와 필로폰중독의 치료는 알코올과 담배사용장애의 치료방법과 유사하다.

참고문헌

강정석, 임사라(2017). 청소년의 효과적인 흡연 예방 및 금연 활동 전략 개발에 관한 연구 : 메타분석과 시장 세분화 기법의 적용. 사회과학연구, 41(1), 75-107.

박록담(2005). 한국의 전통명주 1 – 다시 쓰는 주방문. 코리아쇼케이스.

송기호(2009). 시집가고 장가가고. 서울대학교출판문화원.

익명의 알콜음주자들. Available from: URL: http://www.aakorea.org

질병관리본부(2017, 5, 25). 제12차(2016년) 청소년건강행태온라인조사 통계.

통계청(2017, 9, 22). 사망원인통계. http://kostat.go.kr/portal/korea/kor_nw/2/1/index.board?bmode=read&bSeq=&aSeq=363268&pageNo=1&rowNum=10&navCount=10&currPg=&sTarget=title&sTxt

American Psychiatric Association(2013). Diagnostic and Statistical Manual of Mental Disorders (Fifth ed.). Arlington, VA: American Psychiatric Publishing.

Ball, D.(2008). Addiction science and its genetics. *Addiction*, *103*, 360-367.

Bates, M. E., & Labouvie, E. W.(1995). Personality-environment constellations and alcohol use: A process-oriented study of interindividual change during adolescence. *Psychology of Addictive Behaviors*, *9*(1), 23-25.

Kreibel, J.(2010, April 30). Behavioral and drug therapy together help treat alcoholism. *National Institute on Alcohol Abuse and Alcoholism*. https://www.niaaa.nih.gov/research/niaaa-research-highlights/behavioral-and-drug-therapy-together-help-treat-alcoholism.

NON-MEDICAL DETERMINANTS OF HEALTH: Acohol consumption (2017 June), OECD Health Statistics 2017 Definitions, Sources and Method: Final data for June 30, 2017. Retrieved November 3, 2017, http://stats.oecd.org/index.aspx?queryid=30126

NON-MEDICAL DETERMINANTS OF HEALTH: Tobacco consumption (2017 June), OECD Health Statistics 2017 Definitions, Sources and Method: Final data for November 10, 2017. Retrieved November 11, 2017, http://stats.oecd.org/index.aspx?queryid=30127

Prochaska, J. O.(1996). Revolution in health promotion: Smoking cessation as a case study. In R. J. Resnick & R. H. Rozensky(Eds.), Health psychology through the life span: Practice and research opportunities(pp. 361-375) Washington, DC: American Psychology Association.

Schoenbaum.(1997). Do Smokers Understand the Mortality Effects of Smoking? Evidence from the Evidence Health and Retirement Survey. *American Journal of Public Health*, *87*(5), 755-759.

Thomas, S. E., Randall, C. L., & Carrigan, M. H.(2003). Drinking to cope in socially anxious individuals: A controlled study. *Alcoholism: Clinical and Experimental Research*, *27*, 1937-1943.

Van der Zwaluw, C. S., Scholte, R. H. J., Vermulst, A. A., Buitelaar, J. K., Verkes, R. J., & Engels, R. C. M. E.(2008). Parental problem drinking, parenting, and adolescent alcohol use. *Journal of Behavioral Medicine*, *31*, 189-200.

찾아보기

ㅇ

기타

지은이

김미리혜

뉴욕주립대학교 심리학과 임상심리학 전공 박사
덕성여자대학교 심리학과 교수
덕성여자대학교 웰빙건강심리센터 센터장
뉴욕 Center for Stress and Anxiety Disorders 심리치료 실장 역임
서울인지치료상담센터(현 마음사람인지행동치료센터, 마음사랑 상담센터) 부소장 역임

박예나

덕성여자대학교 일반대학원 심리학과 임상건강심리학 전공 박사과정
덕성여자대학교 웰빙건강심리센터 연구원
가톨릭대학교 서울성모병원 정신건강의학과 정서연구실 연구원
가톨릭대학교 서울성모병원 정신건강의학과 마음챙김 명상치료사
서울심리지원 동북센터, 국립정신건강센터, 대한신경정신의학회, 긍정학교 등 강의

최설

덕성여자대학교 일반대학원 심리학과 임상건강심리학 전공 석박사통합과정
덕성여자대학교 웰빙건강심리센터 연구원
노원평생건강관리센터 스트레스 상담사
서울시 평생학습 프로그램 마음챙김 명상/긍정심리 훈련 강사
서울심리지원 동북센터 연구원 역임

김유리

덕성여자대학교 일반대학원 심리학과 임상건강심리학 전공 석박사통합과정
덕성여자대학교 웰빙건강심리센터 연구원
경기도 교육청 에듀클러스터 '전공기초교양 심리학' 강사
인제대학교 서울백병원 섭식장애정신건강연구소 연구원 역임